高等学校交通运输与工程类专业规划教材

Introduction to Transportation Engineering
交通运输导论

黄晓明　陈　峻　等　编　著

人民交通出版社股份有限公司
China Communications Press Co.,Ltd.

内 容 提 要

本教材根据交通运输类专业的特点,介绍了包括交通工程、交通运输、智能交通、道路与机场工程、轨道交通工程、桥梁工程、地下空间工程、港口与航道工程等方面的专业特点与内涵、专业主要内容及未来发展趋势,明确了交通运输工程专业人才知识结构及社会责任。

本教材共十一章,具有专业覆盖面全、知识点广等特点,并结合章节内容设置了课后思考题、研讨题,配备了相应的课程电子教案,以辅助教师授课和学生学习。

本教材适用于高等院校土建类和交通运输类专业的新生导论课程的讲授和学习,也可作为相关领域研究人员的参考用书。

本教材配套多媒体课件,可加入交通工程课群教学研讨 QQ 群(185830343)索取

图书在版编目(CIP)数据

交通运输导论 / 黄晓明等编著. — 北京:人民交通出版社股份有限公司,2014.7(2024.11重印)
ISBN 978-7-114-11436-6

Ⅰ.①交… Ⅱ.①黄… Ⅲ.①交通运输–理论–高等学校–教材 Ⅳ.①U-0

中国版本图书馆 CIP 数据核字(2014)第 157865 号

高等学校交通运输与工程类专业规划教材

书　　名	交通运输导论
编　　著	黄晓明　陈　峻　等
责任编辑	刘永超　卢俊丽
出版发行	人民交通出版社股份有限公司
地　　址	(100011)北京市朝阳区安定门外外馆斜街3号
网　　址	http://www.ccpcl.com.cn
销售电话	(010)85285911
总 经 销	人民交通出版社股份有限公司发行部
经　　销	各地新华书店
印　　刷	北京建宏印刷有限公司
开　　本	787×1092　1/16
印　　张	22.75
字　　数	665 千
版　　次	2014 年 7 月　第 1 版
印　　次	2024 年 11 月　第 6 次印刷
书　　号	ISBN 978-7-114-11436-6
定　　价	43.00 元

(有印刷、装订质量问题的图书由本公司负责调换)

高等学校交通运输与工程(道路、桥梁、隧道与交通工程)教材建设委员会

主 任 委 员：沙爱民　（长安大学）

副主任委员：梁乃兴　（重庆交通大学）

　　　　　　陈艾荣　（同济大学）

　　　　　　徐　岳　（长安大学）

　　　　　　黄晓明　（东南大学）

　　　　　　韩　敏　（人民交通出版社股份有限公司）

委　　　员：(按姓氏笔画排序)

马松林	（哈尔滨工业大学）	王云鹏	（北京航空航天大学）
石　京	（清华大学）	申爱琴	（长安大学）
朱合华	（同济大学）	任伟新	（合肥工业大学）
向中富	（重庆交通大学）	刘　扬	（长沙理工大学）
刘朝晖	（长沙理工大学）	刘寒冰	（吉林大学）
关宏志	（北京工业大学）	李亚东	（西南交通大学）
杨晓光	（同济大学）	吴瑞麟	（华中科技大学）
何　民	（昆明理工大学）	何东坡	（东北林业大学）
张顶立	（北京交通大学）	张金喜	（北京工业大学）
陈　红	（长安大学）	陈　峻	（东南大学）
陈宝春	（福州大学）	陈静云	（大连理工大学）
邵旭东	（湖南大学）	项贻强	（浙江大学）
胡志坚	（武汉理工大学）	郭忠印	（同济大学）
黄　侨	（东南大学）	黄立葵	（湖南大学）
黄亚新	（解放军理工大学）	符锌砂	（华南理工大学）
葛耀君	（同济大学）	裴玉龙	（东北林业大学）
戴公连	（中南大学）		

秘 书 长：孙　玺　（人民交通出版社股份有限公司）

前言
PREFACE

交通运输是经济发展的基本需要和先决条件,是现代社会的生存基础和文明标志,是社会经济的基础设施和重要纽带,是现代工业的先驱和国民经济的先行部门,是资源配置和宏观调控的重要工具,是国土开发、城市和经济布局形成的重要因素。交通运输对促进社会分工、大工业发展和规模经济的形成,巩固国家政治统一和加强国防建设,扩大国际经贸合作和人员往来发挥着重要作用,具有重要的经济、社会、政治和国防意义。

交通运输主要包含了公路与城市道路、铁路、水路、航空及管道运输基础设施的规划、设计、建设、养护、管理、运营及安全等方面的内容,国内交通运输类专业主要包括公路、铁路、航空和水路等大专业方向。交通运输整体属于工学(08)门类,根据交通运输类各专业的培养目标以及各学校的培养重点,我国目前交通运输类涉及的专业类主要分属交通运输类(0818)、土木类(0810)、水利类(0811)、机械类(0802)等,涉及的主要专业有交通工程(081802)、交通运输(081801)、交通设备与控制工程(081806T)、道路桥梁与渡河工程(081006T)、城市地下空间工程(081005T)、港口航道与海岸工程(081103)、土木工程(081001)等。但随着现代化人才培养卓越化、国际化、研究型的发展趋势,要求人才具有厚基础、宽口径、强能力的特色,高校一般采用专业类招生,在经过1~2年的基础课程学习后,再分专业进行专业能力培养。

本教材根据交通运输类专业的特点,主要介绍了专业的特点与内涵、专业主要内容及发展趋势、学习要求与知识储备。通过导论课程知识学习,为本科生全方位理解交通运输相关知识、激发专业学习兴趣和今后专业选择提供帮助。

根据多年教学经验及交通运输类专业特点,本教材编写的主要内容包括:交通运输系统综述,交通工程,交通运输,智能运输系统,道路与机场工程,轨道交通工程,桥梁工程,城市地下空间工程,港口与航道工程,交通运输工程专业的知识结构以及交通运输工程师的社会责任共11章。其中,第一章、第五章、第十章、第十一章由黄晓明编写,第二章由陈峻、王炜编写,第三章由毛海军编写,第四章由夏井新编写,第六章由李昶编写,第七章由王文炜编写,第八章由杜延军编写,第九章由谢耀峰编写,全书由黄晓明、陈峻统稿。

本教材内容一直处于更新完善过程中,读者对本书有任何建议,请直接与编者联系,邮箱为 huangxmseu@foxmail.com 或 chenjun@seu.edu.cn。

编著者

2014 年 4 月

目录 CONTENTS

第一章　交通运输系统综述 ·· 1
　第一节　交通运输发展简史 ·· 1
　第二节　交通运输的性质与现状 ·· 5
　第三节　各种运输方式的技术经济特征 ··· 15
　第四节　载运工具的种类 ·· 26
　第五节　中国道路交通规划 ·· 37
　第六节　现代化交通运输的发展趋势 ·· 48
　复习思考题 ··· 54

第二章　交通工程 ·· 55
　第一节　交通工程专业内涵及素质要求 ··· 55
　第二节　交通工程发展概况 ·· 58
　第三节　交通工程基本知识 ·· 60
　第四节　我国交通工程学科近期的研究任务 ·· 87
　复习思考题 ··· 89

第三章　交通运输 ·· 90
　第一节　交通运输专业内涵及素质要求 ··· 90
　第二节　交通运输系统规划与设计 ··· 93
　第三节　交通运输管理与控制 ··· 98
　第四节　交通运输专业展望 ··· 105

  复习思考题 ·· 105

第四章 智能运输系统 ·· 107
  第一节 智能运输系统内涵及素质要求 ··· 107
  第二节 智能运输系统发展概况 ·· 110
  第三节 智能运输系统体系框架 ·· 113
  第四节 典型的智能运输系统 ·· 123
  第五节 智能运输系统展望 ··· 131
  复习思考题 ·· 132

第五章 道路与机场工程 ·· 133
  第一节 道路工程的内涵及素质要求 ·· 133
  第二节 道路工程的勘测设计程序和分级 ·· 136
  第三节 道路几何设计 ··· 141
  第四节 路基路面结构设计及层位功能 ··· 151
  第五节 道路建筑材料 ··· 157
  第六节 城市道路工程及道路立体交叉 ··· 159
  第七节 机场工程 ··· 172
  复习思考题 ·· 176

第六章 轨道交通工程 ·· 177
  第一节 轨道交通工程的内涵及素质要求 ·· 177
  第二节 轨道交通工程的发展概况 ··· 181
  第三节 现代轨道交通工程设计 ·· 196
  第四节 轨道交通工程的展望 ·· 197
  复习思考题 ·· 198

第七章 桥梁工程 ··· 199
  第一节 桥梁工程的内涵及素质要求 ·· 199
  第二节 桥梁的分类 ·· 206
  第三节 桥梁结构的主要类型 ·· 207
  第四节 桥梁的基本组成 ·· 228
  第五节 桥面构造 ··· 229
  第六节 桥梁结构设计 ··· 243
  复习思考题 ·· 257

第八章　城市地下空间工程 ·· 258
第一节　城市地下空间工程的内涵及素质要求 ··· 258
第二节　城市地下空间工程发展概况 ··· 261
第三节　现代城市地下空间工程设计 ··· 266
第四节　岩土工程设计 ··· 273
第五节　城市地下空间工程展望 ·· 276
复习思考题 ··· 277

第九章　港口与航道工程 ·· 278
第一节　港口与航道工程的内涵及素质要求 ··· 278
第二节　港口与航道工程发展概况 ·· 284
第三节　港口与航道工程设计 ··· 288
第四节　港口与航道工程展望 ··· 314
复习思考题 ··· 317

第十章　交通运输工程专业人才的知识结构 ··· 318
第一节　概述 ·· 318
第二节　交通运输工程专业人才培养中的四要素 ·· 319
第三节　交通运输工程专业的知识结构 ··· 319
第四节　交通运输工程专业的实践技能 ··· 323
第五节　交通运输工程专业的能力结构 ··· 324
第六节　培养交通运输工程专业人才的综合素质和创新意识 ································ 326
复习思考题 ··· 331
附录　注册结构工程师执业资格制度暂行规定 ··· 332

第十一章　交通运输工程师的社会责任 ·· 335
第一节　交通运输工程师的法律意识 ··· 336
第二节　交通运输工程师的风险意识 ··· 338
第三节　交通运输工程师的环境意识 ··· 340
第四节　交通运输工程师的人文意识 ··· 343
第五节　交通运输工程师的可持续发展观 ·· 345
复习思考题 ··· 348

参考文献 ··· 349

第一章
交通运输系统综述

【学习目的与学习要求】

交通运输系统是国民经济发展的主要组成部分,从改革开放初期的制约经济发展,到中央做出扩大对交通基础设施建设投资规模的决定,我国的交通运输在促进和带动整个国民经济稳定持续发展的同时,其自身也进入了一个稳步发展的新时代。

作为一名未来的交通运输行业职业工程师,必须全面了解我国交通运输的现状,了解我国交通运输的主要方式及其特点,结合国家高速公路的建设,了解国家发展交通运输的必要性和紧迫性,了解我国交通运输发展的主要历程及远景规划,了解我国交通运输发展趋势。通过系统学习,掌握交通运输工程规划、设计、建设与管理的基本知识,增强投身交通运输建设事业的荣誉感和责任感。

第一节 交通运输发展简史

从世界范围内交通运输业发展的侧重点和起主导作用的角度考虑,可以将整个交通运输业的发展划分为5个阶段,即水运阶段,铁路运输阶段,公路、航空和管道运输阶段,综合运输阶段以及综合物流阶段。

由于交通运输是使用各种运载工具(如火车、汽车、船舶和飞机等),使运输对象——货物和旅客实现地理位置(空间)上的转移,所以运载工具是使运输对象空间场所移动成为可能的主要技术手段,是实现运输的工具和载体,是交通运输重要的组成部分。人们利用火车、汽车和自行车等地面运载工具,以及水上运载工具——船舶和空中运载工具——飞机等,实现通勤、通学、办理公务、参观游览及探亲访友、购物、就医和商品生产等方面的需要,使交通运输成为社会生产与消费中必不可少的重要组成部分。因此,了解交通运输的发展史就必须了解运输工具的发展史。

在陆路方面,自有人类以来,即有运输。因此,交通运输发展的历史与人类文明的发展史相始末。早期的人类以身体作为运输的工具,即以肩扛、背驮或以头顶作为运输方式。其后,方知驯养牛、马、骆驼、狗、象等动物驮运或拉曳重物以减轻人类本身的负担,并增加运输的数量。之后由于发明了各种运输配套工具,能充分利用动物的力量以增进运输的效能,使运输的发展进入文明时代。随着轮轴的发明,车辆的出现则更是揭开了现代运输发展的序幕。

在水运方面,木筏是早期人类使用的运输工具。由此可知,人类从一开始就知道,水路是最方便的运输方式,而木头的浮力可以为运输所用。美洲的印第安人与北美的爱斯基摩人甚至知道挖空木头可以增加浮力的原理,因而曾制造出十分精良的独木舟作为水上运输工具。在中国的周朝或其前,就已出现了独木舟;春秋时期的吴国已能制造出乘载92人的中型木船;到了汉武帝刘彻时期,已可建造出能乘载千余人的大木船。然后,人类又知道在舟、筏之上,装架动物的皮可以利用风力作为航行之助,这是帆船的前身。简言之,在文明初始之际,人类已制造出简单的车辆与帆船作为陆上与水上的交通工具,并在中国修建了历史上最早的大运河,改善了航路。

进入文明时期之后,帆船首先获得改良。船帆改用编织物制造,船身也有了较佳的设备;在船身之下还有骨架结构作为支撑;同时,帆具的装置方法也有了改进。到了希腊罗马时代,帆船在性能与尺寸方面都有了更进一步的发展,罗马的运货船达到可以装载千吨以上货物。陆路运输方面,我国在秦朝就已自国都咸阳铺设驿道通达各地。在欧洲,罗马人也有极为重要的贡献,铺设的道路不仅限于意大利境内,甚至连西欧、小亚细亚以及北非都有他们铺设的道路系统。此外,还发明了可使四轮马车回转的前轴及车把,更好地发展了马车运输。

总之,在文明时代的早期,人类的货物运输及贸易系利用帆船、固定车轴的简陋车辆及骆驼商队进行;人员的运输方式则以骑乘动物为主。遇有战争,在陆上使用战车,海上则使用桨帆船的战舰作为战争工具。

进入中世纪,一般说来,运输工具并无大的改进。其中,值得一提的是10世纪中马颈项圈的发明,后来证实它较之先前惯用的木扼,更能充分利用牛、马的力量以为运输之用。海运方面,最重要的发明则是罗盘。在罗盘未发明之前,中国人、腓尼基人、埃及人或是希腊、罗马人都只能在近海之内沿海岸线航行,才能把握方位。虽然当时也有天测航法,但这一方法在天空布有乌云时便失去效用,因而并不可靠。罗盘发明之后,人类海上运输的时代才算真正开始。

进入近代以后,机械化运输开始出现。但在18世纪之前,受道路路面崎岖不平的影响,两轮马车仍然是当时最主要的陆上运输工具。到了18世纪中叶,道路改进了,四轮马车才成为陆上运输的重要工具。

19世纪以后至今的交通运输,不但交通运输的技术进步了、运输方式改变了、运输工具增加了,同时交通运输的领域也扩大了。水路、铁路、公路、航空和管道运输的发展情况分别如下。

一、水路运输

1765年詹姆士·瓦特发明的蒸汽机于19世纪初被应用于水路运输,从此开始了海上运输的机械化时代。1807年,富尔敦将他所发明的汽船"克莱蒙脱"号展示于哈德逊河,证明了使用蒸汽机的汽船可以在海上及河上航行。1833年,一艘名叫"皇家威廉"号的加拿大汽船首次横渡了大西洋。其后约50年内,汽船的发展一日千里。船身由木制变成铁造,然后又变成钢制;早期的边轮推进器于19世纪中叶被螺旋桨推进器所取代;1854年与1897年的两年里第一个复合往复式蒸汽机及蒸汽涡轮先后均由英国人首次成功地应用于轮船上。进入20世纪后,蒸汽涡轮取代了蒸汽机,先由客轮开始,然后又用于货轮。古代商船如图1-1所示。

图1-1 古代商船

二、铁路运输

17世纪前后,英国的煤矿开始用木轮和有轮缘车轮的车辆运送煤和矿石。后因为木轮在行驶中受路面铺板磨损严重,改用铁车轮。可是铁车轮又损伤铺板,所以又把铺板改为铁板,而后又发展成棒形,这就是最初的铁轨。1776年,英国的雷诺兹首次制成凹形铁轨。1789年,英国的杰索普提出在车轮上装上轮缘的方案,这样就用不着防备脱轨的铁轨凸缘了。这时的铁轨形状已接近I形。

促使铁路获得巨大发展的是蒸汽机的发明和锻铁铁轨的出现。1804年,英国的特里维西克制成了牵引货车在铁轨上行驶的机车。1825年,英国的乔治·斯蒂芬森在斯克顿和达林顿之间铺设了世界上第一条客货两用的公共铁路。1830年,英国开始使用双头轨。1831年,美国人设计了现在使用的平底铁轨,并在英国首次制造。到了1855年,已经能用钢来制造钢轨,其形状和长度与现在的钢轨相似,它对铁路的发展起到了很大作用。

到了19世纪,英国、美国和西欧各国都进入了铁路建设高潮,横贯美国大陆的铁路就是在这个时期建成的。这种形势也影响着其他一些国家,到19世纪后半期,已扩展到非洲、南美洲和亚洲各国。从此,铁路成了陆地交通的主要工具。但美国早期的铁路运输,由于铁道不长且资本金不足,只起到弥补水运不足的作用,直到1850年左右,美国人才清楚地意识到唯有铁路运输才能促成在美国开发无穷无尽的资源。其后他们广借外债,致力于铁路的兴建。40年后,全美国由东到西、由南到北,已为铁路网所密布。

在第二次世界大战以前,蒸汽机车在马力与效能两方面都有长足的进步,直到战后它才被柴油动力所取代。但除了内燃机车外,铁路的发展还受自动车钩、空气制动机及标准轨距采用等因素的影响。进入20世纪后,铁路运输所完成的改进包括焊接的无缝钢轨、机械化养路装置、电子中央控制系统、闭塞信号系统以及自动化的列车控制系统等。尽管有了这一系列技术的重大进步,自第一次世界大战之后,铁路运输还是无法避免来自小汽车与货车的公路运输的激烈竞争。

为提高与公路运输竞争的优势,在长途城际铁路旅客运输方面,1964 年日本首先推出了最高运行速度达 200km/h 以上的高速铁路系统——新干线高速铁路,当时的东海道新干线最高速度为 210km/h。随着高速铁路网的扩展,列车速度随后又提高到 300km/h。法国 TGV 是欧洲最先发展的高速铁路系统,由 1981 年起陆续改进,至今第二代 TGV 车速可达 310km/h,而实际最高运行速度已达 300km/h。前联邦德国在 1988 年开始了高速铁路系统的运营,目前运行速度为 250~280km/h。此外,西班牙、意大利等国也相继建成了部分高速铁路系统。图 1-2 为现代高速列车。

在大、中城市,轨道交通系统被公认是解决城市交通问题最现代化、最有效的运输方式之一。在第二次世界大战前,仅在 10 多个城市设有轨道交通系统,目前则已超过 90 个城市。

三、公路运输

汽油发动机使用于道路车辆首先由德国人戴姆勒于 1887 年尝试成功。大约 8 年之后,美国开始发展汽车。其后若干年世界各先进国家的汽车运输,因道路缺乏坚固路面而停滞不前。但由于汽车的便利,时至今日,世界上各先进国家均建有巨大的、经过改造的公路系统,其中还包括高速公路,使得载货汽车、拖车能够运送大量的货物,公路运输成为最常见的出行方式。现代个人轿车见图 1-3。

图 1-2 现代高速列车

图 1-3 现代个人轿车

四、航空运输

在古代,人们曾尝试过模仿鸟类飞行,但是很难。最先把这一梦想变成现实的是 1782 年法国的蒙特哥菲尔兄弟。他们把燃烧羊毛和稻草、麦秆时产生的轻气体充进球形的袋子里当作气球飞了起来。1783 年,人类第一次成功地搭乘气球在巴黎郊外飞行了约 10km。

法国的吉法尔在 1852 年研制了功率大、质量轻、可装在气球上的蒸汽机,往指定方向飞行得以成功,这就是最初的飞艇。德国的利林塔尔研究了利用翼的升力在空中自由操纵的问题。根据对翼的正确认识,进而想到用重力和风力作动力,在 1850 年发明了没有发动机的飞机,这就是最初的滑翔机。

美国的莱特兄弟研制成功了可装在滑翔机上的轻型汽油发动机。1903 年,第一次实现了用螺旋桨作动力的飞行,这就是飞机的雏形。1914年,在美国首次开辟了从坦帕到圣彼得斯堡的定期航班。1919年,又开设了从伦敦到巴黎的定期航班。另一方面,飞机及飞机用的航空发动机的不断改进和完善,提高了运载能力、航程和速度,也推进了形成世界范围航空网的过程。

第二次世界大战后,民航机广泛采用了航程大的四发动机飞机。从而使横跨大西洋和太平洋的航线越加活跃,而且又开辟了从欧洲通过亚洲大陆南部沿岸直达远东的新航线。1959年,随着喷气式客机的航行,又出现了从欧洲经过北极飞往远东的航线,这就大幅度地缩短了飞行时间。1967年,又开辟了从欧洲飞过西伯利亚到远东这条最短距离的航线。航空港的建设、大型喷气式客机的就航和飞行技术的发展,对上述时期民航事业的发展起了很大作用。现代航空飞机见图1-4。

五、管道运输

管道运输是历史最短的一种运输方式。在美国人开发宾夕法尼亚州油田之后不久,人们于1865年开始利用管道来运送石油。但在此后50年间,美国管道运输的发展非常缓慢。进入20世纪后,大量油田的发现,管道运输成为一种重要的运输方式。1971年后,管道运输的货物已不限于原油及汽油等油类产品,甚至可采用煤浆管道来运送煤炭或石灰。

最早期所用的管道都是口径小、管壁厚的重铁管,容易腐蚀或破裂。第二次世界大战后,以改用大口径、薄管壁的轻管做试验,结果证实了轻管的实用性,因此使油管运输的输油量大大地增加。另一方面,压油技术也日新月异,早期所用的蒸汽推动的往复式压油机,后来改成柴油发动机推动的压油机。第二次世界大战后,采用可以遥控的、由电力推动的离心式压油机,省了人力,也减少了管道上的加压站数目。现代管道运输见图1-5。

图1-4　现代航空飞机

图1-5　现代管道运输

第二节　交通运输的性质与现状

一、交通运输的性质和作用

20世纪交通运输的发展虽然初步构筑起了交通运输综合体系,但是21世纪交通运输发展将是高新技术广泛应用、高速交通全面发展时代,人类社会的时空观念将发生深刻变革。为了保持我国经济稳定持续和较快的发展速度,中央做出了扩大对基础设施特别是交通基础设施建设的投资规模的决定,以此来促进和带动整个国民经济的稳定持续发展。因此,为了加快我国交通现代化的水平,交通基础设施建设任务在今后相当长的一段时间内仍然相当艰巨。

交通运输是现代经济社会正常运行的基础保障,市场经济条件下现代化大生产的发展,促进了生产专业化程度的不断提高,生产要素的快速交换是保障和维护社会生产正常运行的基本条件。没有现代化的运输体系就很难想象会有一个完善的市场经济,交通运输规模的大小是经济社会现代化程度的基本标志之一,现代经济社会在多大规模上运用多少资源来实现人与物在空间和时间上的变换,反映了经济社会的发达程度。纵观发达国家的经济社会发展过程,无不表明现代经济社会的发展,都经历了一个交通运输革命的阶段,交通运输的发展不仅是经济社会需求的一种直接反映,更是交通运输以主角的身份作用于经济社会发展过程的特殊时期。交通运输作为经济发展的先决条件,对于社会和经济的发展具有引导作用。

我国的经济正面临从起飞进入持续增长的历史发展时期,对于我国的现代化建设事业,首要的问题是如何进入经济的起飞状态和持续增长发展,也就是如何创造经济起飞和持续发展的条件。西方经济学家罗斯福指出:在创造前提条件和起飞时期,总投资中很高的份额必须投入社会先行资本。这种投资的最重要职能是降低运输成本,使得资源能更便宜而有效地结合起来,扩大国内市场,使外贸的有效引导成为可能。现代交通运输发展不仅是满足经济社会发展的要求,对国民经济有着巨大的促进作用,同时其自身巨大的物质、资金、劳动力及技术的需求,刺激并带动其他行业的迅速发展。世界经济发展史表明:基础设施产业除了在经济起飞和快速发展前有一个超前发展的阶段外,其在国民经济中的地位与作用还随着社会经济的发展而长盛不衰,这是任何其他产业所不具备的最重要特征之一。当今国际经济最发达的国家、地区和城市也是现代交通运输最发达的地区。特别是国际经济中心城市,如纽约、伦敦、东京、新加坡等也都无一例外地形成现代化的海港、航空港和立体网络化的铁路公路系统。

在我国当前经济生活中,经济结构的调整成为经济发展和提高经济效益最为关键的问题。我国经济突出的问题是一般加工产业在较低层次形成的生产能力远远超过市场需求,而交通运输等基础设施能力远远不能适应国民经济和社会发展需求。因此,扩大政府财政对基础设施的投入是扩大内需、避免重复建设的必然选择,也是为整个社会经济的稳定持续发展提供后劲的强大动力。加强基础设施建设,不仅可以拉动当前经济增长,还可以增强经济发展的后劲。

二、交通运输发展现状的评价

1. 公路、水路交通全面紧张和"瓶颈"制约状况已得到缓解

从新中国成立到改革开放之前,由于对交通运输的基础性和先导性认识不足,导致了对交通投资严重不足,使交通发展长期滞后。

改革开放以后,经济发展速度加快,交通发展长期滞后的严重后果充分暴露出来,交通运输全面紧张,成为当时国民经济的突出薄弱环节,严重制约国民经济的发展。其主要标志是基础设施总量和运力严重不足,能源生产只能"以运定产";干线公路通行能力严重不足,"行路难""运货难"已经成为当时人民群众强烈不满的主要问题之一。

20世纪80年代后期,中央把发展交通运输放在突出位置。特别是90年代以来,公路、水路交通基础设施有了很大发展,面貌有了明显改观,交通运输的紧张局面逐步得到缓解。1990~2012年,公路总里程由103万km增加到423.8万km(包括从2006年开始纳入统计的155万km村道),

公路密度由 10.7km/100km² 增加到 44.1km/100km²，是新中国成立以来增长最快时期，尤其是高速公路从无到有，发展到 9.62 万 km。图 1-6 为 2008~2012 年全国公路总里程及公路密度。全国等级公路里程 360.96 万 km，等级公路占公路总里程的 85.2%，其中，二级及以上公路里程 50.2 万 km，占公路总里程的 11.9%。图 1-7 为 2012 年全国各个公路技术等级的公路里程构成。

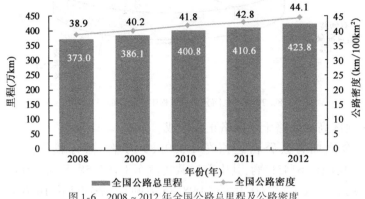

图 1-6　2008~2012 年全国公路总里程及公路密度

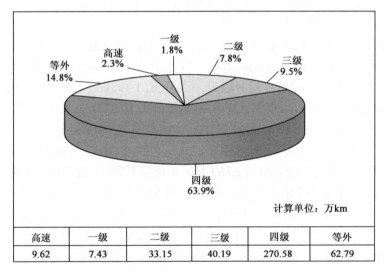

高速	一级	二级	三级	四级	等外
9.62	7.43	33.15	40.19	270.58	62.79

图 1-7　2012 年全国各个公路技术等级的公路里程构成

至 2012 年年底，全国有铺装路面和简易铺装路面公路里程 279.86 万 km，占公路总里程的 66.0%。各类型路面里程分别为：有铺装路面 229.51 万 km，其中沥青混凝土路面 64.19 万 km，水泥混凝土路面 165.32 万 km；简易铺装路面 50.35 万 km，未铺装路面 143.89 万 km（图 1-8）。全国农村公路（含县道、乡道、村道）里程达 367.84 万 km，全国通公路的乡（镇）占全国乡（镇）总数的 99.97%，通公路的建制村占全国建制村总数的 99.55%；其中通硬化路面的乡（镇）占全国乡（镇）总数的 97.43%，通硬化路面的建制村占全国建制村总数的 86.46%。全国公路桥梁达 71.34 万座、3 662.78 万 m，其中特大桥梁 2 688 座、468.86 万 m，大桥 61 735 座、1 518.16 万 m。全国公路隧道为 10 022 处、805.27 万 m，其中特长隧道 441 处、198.48 万 m，长隧道 1 944 处、330.44 万 m。全国公路养护里程 411.68 万 km，占公路总里程的 97.2%，全国公路绿化里程 220.21 万 km，占公路总里程的 52.0%。2012 年全国公路总里程中各类路面里程构成见图 1-8。

"五纵七横"国道主干线基本建成通车，初步形成了连接重要城市及地区的高速公路通

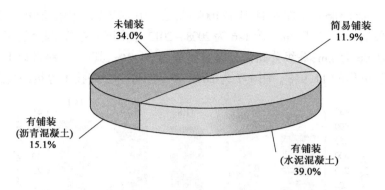

图 1-8　2012 年全国公路总里程中各类路面里程构成

道，许多经济发达地区高速公路干线网络正在形成。

2012 年年底，全国拥有公路营运汽车 1 339.89 万辆，拥有载货汽车 1 253.19 万辆、8 062.14 万吨位，平均吨位 6.43t/辆，其中普通载货汽车 1 184.58 万辆、6 963.29 万吨位，平均吨位 5.88t/辆；专用载货汽车 68.60 万辆、1 098.85 万吨位，平均吨位 16.02t/辆。拥有载客汽车 86.71 万辆、2 166.55 万客位，平均客位 24.99 客位/辆，其中大型客车 28.70 万辆、1 222.82 万客位，平均客位 42.60 客位/辆。

2012 年年底，全国内河航道通航里程 12.50 万 km，等级航道 6.37 万 km，占总里程的 51.0%，其中，三级及以上航道 9 894km，五级及以上航道 2.64 万 km，分别占总里程的 7.9% 和 21.1%。各等级内河航道通航里程分别为：一级航道 1 395km，二级航道 3 014km，三级航道 5 485km，四级航道 8 366km，五级航道 8 160km，六级航道 19 275km，七级航道 18 023km。各水系内河航道通航里程分别为：长江水系 64 122km，珠江水系 16 091km，黄河水系 3 488km，黑龙江水系 8 211km，京杭运河 1 437km，闽江水系 1 973km，淮河水系 17 285km。全国内河航道共有 4 186 处枢纽，其中具有通航功能的枢纽 2 360 处。通航建筑物中，有船闸 864 座、升船机 44 座。

2012 年年底，全国港口拥有生产用码头泊位 31 862 个，其中，沿海港口生产用码头泊位 5 623 个，内河港口生产用码头泊位 26 239 个。全国港口拥有万吨级及以上泊位 1 886 个，其中沿海港口万吨级及以上泊位 1 517 个，内河港口万吨级及以上泊位 369 个。全国万吨级及以上泊位中，专业化泊位 997 个，通用散货泊位 379 个，通用件杂货泊位 340 个。

2012 年年底，全国拥有水上运输船舶 17.86 万艘，净载质量 22 848.62 万 t，平均净载质量 1 279.38t/艘，载客量 102.51 万客位，集装箱箱位 157.36 万 TEU，船舶功率 6 389.46 万 kW。

全国国道网机动车 2012 年日平均交通量为 14 515 辆（当量标准小客车）。2012 年国道网车流量较大的地区主要集中在北京、天津、上海、江苏、浙江、广东和山东，上述地区国道网的日平均交通量均超过 2 万辆。全国国道网日平均行驶量为 244 883 万车公里（当量标准小客车）（图 1-9）。河北、江苏、浙江、山东、河南、广东的国道网日平均行驶量均超过 10 000 万车公里。全国国道网年平均交通拥挤度为 0.47。北京、天津、河北、山西、上海、浙江、湖北、广东的国道年平均拥挤度均超过 0.6。其中国家高速公路日平均交通量为 22 181 辆，日平均行驶量为 148 742 万车公里，年平均交通拥挤度为 0.37；普通国道日平均交通量为 10 845 辆，日平均行驶量为 111 164 万车公里，年平均交通拥挤度为 0.64。全国高速公路日平均交通量为 21 305 辆，日平均行驶量为 204 717 万车公里，年平均交通拥挤度为 0.35（图 1-10）。

2008～2012 年全国水上运输船舶拥有量见图 1-11。

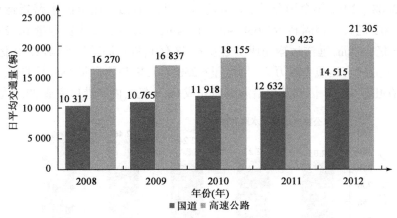

图 1-9 2008~2012 年国道、高速公路日平均交通量

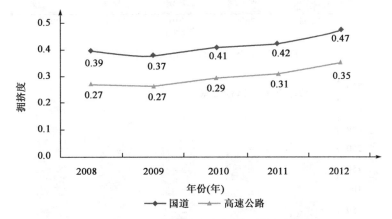

图 1-10 2008~2012 年国道、高速公路年平均交通拥挤度

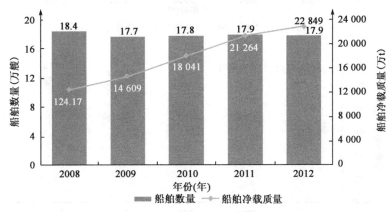

图 1-11 2008~2012 年全国水上运输船舶拥有量

2012 年全国营业性客车完成公路客运量 355.70 亿人、旅客周转量 18 467.55 亿人公里，全国完成水路客运量 2.58 亿人、旅客周转量 77.48 亿人公里。2008~2012 年全国公路、水路客运量见图 1-12。

2012 年全国营业性货运车辆完成货运量 318.85 亿 t、货物周转量 59 534.86 亿 t·km，平均运距 186.72m，全国完成水路货运量 45.87 亿 t、货物周转量 81 707.58 亿 t·km，平均运距

1 781.27km。2008～2012年全国公路、水路货运量见图1-13。在全国水路货运中，内河运输完成货运量23.02亿t、货物周转量7 638.42亿t·km,沿海运输完成货运量16.27亿t、货物周转量20 657.06亿t·km,远洋运输完成货运量6.58亿t、货物周转量53 412.10亿t·km,全年两岸间海上运输完成客运量166万人,货运量6 250万t,集装箱运量188万TEU。2012年全国港口完成货物吞吐量107.8亿t,其中沿海港口完成68.8亿t,内河港口完成39.0亿t(图1-14)。

图1-12　2008～2012年全国公路、水路客运量

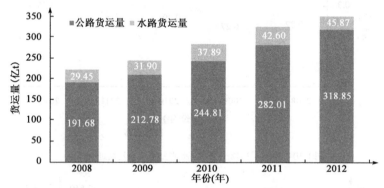

图1-13　2008～2012年全国公路、水路货运量

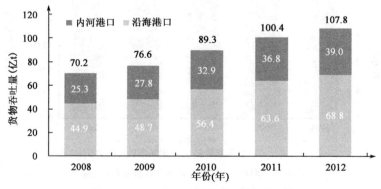

图1-14　2008～2012年全国港口货物吞吐量

2012年全国港口完成旅客吞吐量1.94亿人,其中沿海港口完成0.79亿人,内河港口完成1.15亿人(图1-15)。

2012年全国港口完成外贸货物吞吐量30.56亿t,其中沿海港口完成27.9亿t,内河港口完成2.7亿t(图1-16)。

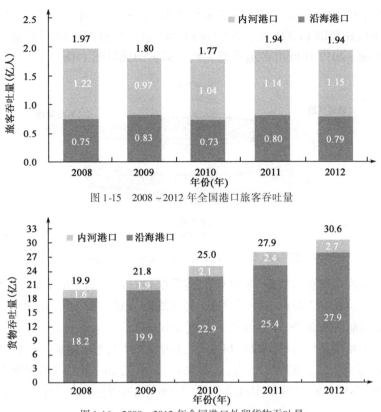

图 1-15　2008～2012 年全国港口旅客吞吐量

图 1-16　2008～2012 年全国港口外贸货物吞吐量

货物吞吐量超过亿吨的港口由上年的 26 个增加到 29 个,其中沿海亿吨港口 19 个,内河亿吨港口 10 个。

2012 年全国港口完成集装箱吞吐量 17 747 万 TEU,其中沿海港口完成 15 797 万 TEU,内河港口完成 1950 万 TEU(图 1-17)。集装箱吞吐量超过 100 万 TEU 的港口由上年的 19 个增加到 22 个。

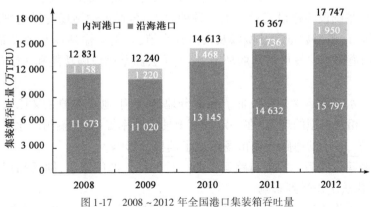

图 1-17　2008～2012 年全国港口集装箱吞吐量

2012 年年底,全国城市及县城拥有公交专用车道 5 255.8km,公共汽电车停车场面积 4 694.5万 m^2,保养场面积 973.1 万 m^2。全国有 15 个城市开通了轨道交通,拥有轨道交通车站 1 375 个,其中换乘站 116 个。城市客运轮渡在用码头 268 个。

全国拥有公共汽电车运营车辆 47.49 万辆、52.82 万标台。按燃料类型分,其中柴油车、天然气汽车、汽油车分别占 64.5%、18.2% 和 5.0%。拥有轨道交通运营车辆 12 611 辆、30 672 标台,其中地铁车辆 11 225 辆,轻轨车辆 1 247 辆。出租汽车运营车辆 129.97 万辆,城市客运轮渡 590 艘。2012 年城市客运系统完成客运量构成见图 1-18。

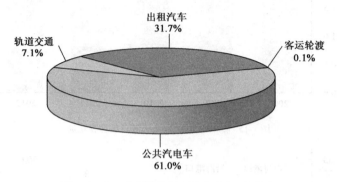

图 1-18　2012 年城市客运系统完成客运量构成

全国拥有公共汽电车运营线路 38 243 条,运营线路总长度 71.46 万 km。轨道交通运营线路 69 条,运营线路总长度 2 058km,其中地铁、轻轨线路分别为 55 条、1 699km 和 9 条、291km。城市客运轮渡运营航线 222 条,运营航线总长度 846km。

全年城市客运系统运送旅客 1 228.44 亿人,其中,公共汽电车完成 749.80 亿人,运营里程 346.82 亿 km;轨道交通完成 87.29 亿人,运营里程 2.81 亿 km;出租汽车完成 390.03 亿人,运营里程 1 566.28 亿 km,平均每车次载客人数 1.96 人,空驶率 29.7%;客运轮渡完成 1.31 亿人。

2. 公路、水路交通存在的主要问题

虽然公路交通运输业发展很快、成效很大,但在发展过程中还是存在不少问题和困难,集中表现在以下几个方面:

(1)运输生产力水平不高。在营业性客货运输车辆中,中、高档客车特别是高档客车和大吨位柴油货车以及集装箱等专用货车所占比例偏低,远不能满足广大旅客和货主的需求。

(2)运输站场基础设施建设滞后。由于种种原因,客货运输站场建设进度缓慢,到目前为止,在部分大中城市、相当数量的县城以及大多数乡镇,客货运输站场基础设施仍很短缺且设备简陋,成为制约道路运输发展的薄弱环节,影响了公路基础设施功能和车辆运输效率的充分发挥。

(3)运输组织水平和运输效率较低。在部分地区,由于地方保护主义比较严重,存在着地区之间相互排斥、相互封锁的现象,在一定程度上使空驶率提高、运输组织水平降低,对建立全国统一、开放、竞争、有序的道路运输市场造成了消极的影响。

(4)运输法制建设滞后。目前道路运输业执行的仍是部门规章,缺乏高层次的管理法规,使全行业的行政执法工作受到影响。

(5)运政管理工作需进一步改善和加强,运政管理人员素质有待进一步提高。

3. 发展仍是公路、水路交通的主要任务

当前公路、水路交通紧张状况的缓解是在社会生产力和人民生活水平总体不高的情况下实现的,因此,这种缓解是低水平的、被动的、脆弱的,面对未来新的要求,如不继续加快公路、水路交通基础设施的发展,仍会成为制约国民经济发展和地区开发的主要因素。

(1)目前我国经济发展水平仍然较低,按汇率法计算,2012年人均GDP超过6 100美元。因此,为实现到2050年基本现代化的目标,未来20年我国国民经济仍将保持较快的发展速度,其中2001~2010年间实现GDP翻一番,年均增长速度达到7%~8%。如果公路、水路交通基础设施不保持较快的发展速度,将会重现公路、水路交通全面紧张的局面。

(2)目前我国居民消费结构层次低,"十一五"期间,全国城镇居民人均消费性支出从2005年的7 943元人民币增长到2010年的13 471元,年均实际增长8.2%;人均食品支出4 805元,比2005年增长64.9%,食品支出占消费支出的比重(恩格尔系数)从2005年的36.7%下降至2010年的35.7%。随着人民生活水平的逐步提高,消费支出中用于住与行的比重将大幅度提高,小轿车进入家庭是大势所趋。世界主要发达国家每百人拥有小客车37~57辆,每百个家庭拥有小客车90~180辆。其中澳大利亚每百户家庭拥有小汽车183辆,美国为180辆、德国为173辆、意大利为145辆、法国为113辆、英国为106辆。我国目前城市每百户家庭轿车的拥有量虽已接近20辆,其中2012年北京将接近60辆、上海20辆、南京13.3辆、天津10.3辆。但随着经济的发展,人们对出行方式提出了更高的要求,必然会对公路基础设施的发展提出更高要求,带来更大压力。

(3)目前我国产业结构层次低,2012年第一产业比重为10.09%,第二产业增加值比重为45.31%,第三产业增加值比重为44.60%。而第一产业比重1998年美国仅为3.1%、日本仅为5.4%。我国经济在加快工业化的进程中,产业结构发生深刻的变化,劳动力将大规模转移。其中最为显著的特点是在产值比重与就业比重中,第一产业大幅度下降,第三产业大幅度上升。研究表明,第三产业对交通运输的需求是最强的,第三产业比重大幅度上升将会促使交通需求居高不下。2000~2012年三大产业比例见表1-1。

2000~2012年三大产业比例表 表1-1

年份(年)	国内生产总值(亿元)	产业增加值(亿元)			三大产业比重(%)		
		第一产业	第二产业	第三产业	第一产业	第二产业	第三产业
2000	99 215	14 945	45 556	38 714	15.06	45.92	39.02
2001	109 655	15 781	49 512	44 362	14.39	45.15	40.46
2002	120 333	16 537	53 897	49 899	13.74	44.79	41.47
2003	135 823	17 382	62 436	56 005	12.80	45.97	41.23
2004	159 878	21 413	73 904	64 561	13.39	46.23	40.38
2005	184 937	22 420	87 598	74 919	12.12	47.37	40.51
2006	216 314	24 040	103 720	88 555	11.11	47.95	40.94
2007	265 810	28 627	125 831	111 352	10.77	47.34	41.89
2008	314 045	33 702	149 003	131 340	10.73	47.45	41.82
2009	340 903	35 226	157 639	148 038	10.33	46.24	43.43
2010	401 513	40 534	187 383	173 596	10.10	46.67	43.24
2011	471 564	47 712	220 592	203 260	10.12	46.78	43.10
2012	519 322	52 399	253 304	231 617	10.09	45.31	44.60

（4）目前我国城市化水平低，2012年达到50%以上。提高城市化水平，转移农村人口，可以为经济发展提供广阔的市场和持久的动力，是优化城乡经济结构和促进国民经济良性循环和社会协调发展的重大措施。按照我国规划的每年城市化水平增加一个百分点计算，到2020年将有2.6亿人由农村转移至城市，城乡间、城市间客运以及人均出行率将保持快速增长态势。预计未来20年客运增长相对于经济增长的弹性系数接近1，而货运增长相对于经济增长的弹性系数在0.5左右，客运增长快于货运增长是今后交通发展的重要特征。

（5）随着经济全球化和我国加入世贸组织，对外贸易将继续保持增长。由于进出口贸易的85%以上依靠海运完成，因此必须大力发展海运，加快沿海港口的建设与结构调整，建立高效、经济的国际海运通道，保证国家经济安全，否则新一轮的沿海港口吞吐能力紧张局面将不可避免。

（6）加快西部地区交通建设，扭转西部地区交通落后状况，是社会生产力发展的内在要求，是实现我国第三步战略目标的重大举措。只有加快西部地区公路、水路交通基础设施建设，才能加快西部地区人流、物流、信息流，促进资源的开发与转化，使土地、矿产、森林、旅游等资源优势转化为经济优势，变为现实的社会生产力，同时为东部地区经济结构调整提供市场和能源、原材料支持，促进全国经济结构战略性调整。

（7）科学技术对现代社会生产力的发展越来越具有决定性的作用。21世纪是人类依靠知识创新和技术创新持续发展的时代，高新技术的发展将改变人们的工作、学习和生活方式，对交通运输这一传统产业将产生广泛而深刻的影响。因此必须利用电子信息等高新技术对传统的交通运输业进行改造，实现公路、水路交通跨越式发展，提升交通行业可持续发展能力和竞争能力。

（8）我国是发展中的大国，人均资源占有量不高，生态环境问题已日益突出，经济发展必须与节省资源、保护环境很好的协调，才能实现可持续发展。因此，今后公路、水路交通在为社会发展提供便利和为经济发展创造条件的同时，还必须努力提高对土地等资源的有效利用程度，加大对环境的保护力度，才能实现国家可持续发展的战略要求。

总之，今后5~10年是我国经济和社会发展的重要时期，是进行经济结构战略性调整的重要时期，也是完善社会主义市场经济体制和扩大对外开放的重要时期。在这10年中，我国劳动力将保持较高速度增长，人民币储蓄仍居高不下，这是我国经济实现高速增长的有力保证。2010年之后，我国劳动力增长速度放慢，老龄人口增高，社会保障负担加重，财政开支增加，经济增长速度放慢，我国经济开始进入从总量扩张向质量改善的转折期。因此，21世纪前20年是我国经济发展的关键时期。要适应经济和社会的发展需要，公路、水路交通必须抓住时机，加快发展。

4．交通运输发展五大趋势

进入21世纪，随着世界经济全球化的加剧、知识经济的到来和新技术革命的迅猛发展，社会要求交通运输提供更可靠、快捷方便的运输服务。未来几年，我国交通运输的发展趋势主要表现在以下几个方面。

（1）公路交通运输需求将继续保持快速增长。近年来，我国交通基础设施建设迅速发展，交通运输能力大大提高，但与日益增长的运输需求相比，交通运输仍存在着有效供给不足的问题。随着我国经济的进一步发展，交通运输需求将继续保持快速增长，对运输服务质量和服务水平的要求日益提高。

（2）智能运输系统是未来交通运输的发展方向。智能运输系统可提高交通安全水平，减少交通堵塞，提高路网的通行能力，降低运输对环境的污染，提高运输生产率和经济效益。随着智能运输系统技术的发展，电子技术、信息技术、通信技术和系统工程等高科技在交通运输领域将得到广泛应用，物流运输信息管理、运输工具控制技术、运输安全技术等均将产生巨大的飞跃，从而大幅度提高交通运输网络的通行能力。

（3）交通运输将与现代物流日益融合。物流业作为一种新的经济运行方式，已成为国民经济的重要服务部门之一。交通运输加速向现代物流的发展和融合，不仅是为了面对现有的国内市场的需求，同时更是为了应对经济全球化潮流和我国交通运输面临的压力和挑战。交通运输企业必须提高自身的物流服务水平，以满足日益提高的客户服务的要求。

（4）集约化经营、规模化发展是交通运输发展的方向。随着国民经济持续发展和人民生活水平不断提高，交通运输市场需求发生了转折性的变化，从要求"走得了"向"走得好"转变。同时，随着交通运输基础设施建设的大规模投入，尤其是高速公路的快速发展，为提高交通运输运营质量提供了条件。社会经济发展的大环境以及通达能力、运行条件改善的小环境，都对交通运输发展方向提出了战略性转变的要求。集约化经营、规模化发展成为现阶段中国交通运输发展战略的主要取向。

第三节　各种运输方式的技术经济特征

一、综合运输系统

综合运输体系这一概念提出于20世纪50年代初的前苏联，其初衷是运用计划的手段将各种运输方式的优势发挥出来。这一概念很快被我国借鉴过来，并于20世纪50年代成立了综合运输研究所来研究如何协调各种运输方式之间的关系，用计划的办法和行政的手段促成综合运输体系的建立。改革开放以后，经过我国运输经济专家不断完善，于20世纪80年代形成了较为系统的综合运输体系理论思想。在国家交通运输"六五"~"十五"发展计划和长期发展战略中都体现了综合运输体系的思想和发展策略。

现代的综合运输体系是市场经济发展到一定阶段，在科技创新和制度创新的作用下产生的一种现代交通运输的组织形式。其理论可概括为：为满足国民经济和社会发展的需要以及客货用户的要求，将铁路、公路、水运、民航、管道五种现代运输方式作为一个有机整体进行系统研究、系统规划和系统建设，形成整体的系统能力，并以市场经济为导向，以高新技术为基础，在充分发挥各种运输方式比较优势的前提下，为人类经济发展与社会进步及客货运输用户提供安全、快捷、方便、舒适、经济优质服务的综合系统，最终实现便利产品流通，增加生产者的经济价值。

综合运输体系的关键在于五种运输方式之间的联合贯通与协作配合，它要求各种运输方式在建设上要统筹规划，协调发展，合理布局；在组织管理上要扩大网络，资源整合，动作协同。综合运输体系由硬件设施与软件服务相结合的三个子系统组成：一是具有一定技术装备的综合运输网及其结合部系统；二是综合运输生产与装备系统；三是充分体现市场经济规律的综合运输组织管理和协调系统。

目前,综合运输体系的基础设施网络系统框架已经基本形成。综合运输大通道具备一定的能力,系统的通达度明显提高,技术装备和运输能力都有较大改善,各种运输方式共同组成的快速客运系统、集装箱运输系统、铁矿石运输系统、煤炭运输系统、进口原油运输系统,以及铁路、公路、内河、沿海运输的枢纽、场站等设施和装备都步入良性发展,智能交通技术的应用开始得到重视,运用现代信息技术建立的安全保障及支持系统、运营管理系统等都已取得了明显的进展。相对宽松的运输能力已经成为综合运输体系进一步发展的基本条件。我国已初步具备建立和大力推进国家综合交通体系建设的技术和物质条件。

二、铁路运输

1. 铁路运输的特点

铁路与公路、水运、航空、管道等运输方式组成国家交通运输网。铁路运输与其他运输方式相比较,具有运量大、运送速度快、不受气候条件的影响、运输准时、使用方便等特点,铁路与其他陆上运输方式比较,还具有占地少、能耗低、事故少、污染少等优势。所以,铁路在国民经济中承担着大部分的客货运输任务,是我国交通运输网的骨干之一。

2. 铁路机车和车辆

(1)铁路机车

铁路车辆本身没有动力装置,无论是客车还是货车,都必须把许多车辆连接在一起编成一列,由机车牵引才能运行。所以,机车是铁路车辆的基本动力。

铁路上使用的机车种类很多,按照机车原动力,可分为蒸汽机车、内燃机车和电力机车三种。蒸汽机车是以蒸汽为原动力的机车。其优点是结构比较简单,制造成本低,使用年限长,驾驶和维修技术较易掌握,对燃料的要求不高;其主要缺点是热效率太低。第一,总效率一般只有5%~9%,使机车的功率和速度的进一步提高受到了限制;第二,煤炭的消耗量大;第三,在运输中会产生大量的煤烟,污染环境;第四,机车乘务员的劳动条件差,因此,在现代铁路运输中,随着铁路运量的增加和行车速度的提高,蒸汽机车已不适应现代运输的要求。一些经济发达的国家已在20世纪60~70年代停止使用这种机车。我国也于1989年停止生产蒸汽机车,并采取自然过渡的办法,在牵引动力改革中逐步对蒸汽机车予以淘汰。

内燃机车是以内燃机为原动力的机车,与蒸汽机车相比,它具有热效率高,一般可以达到20%~30%。内燃机车一次加入燃料后,持续工作时间长,特别适用于在缺水或水质不良地区运行,而且便于多机牵引,乘务员的劳动条件较好。但缺点是机车构造复杂,制造、维修和运营费用都较大,对环境有较大的污染。

电力机车是从铁路沿线的接触网获取电能产生牵引动力的机车,所以电力机车是非自带能源的机车,热效率比蒸汽机车高一倍以上。电力机车启动快、速度高、善于爬坡;可以制成大功率机车,运输能力大,运营费用低,如果利用水利发电更为经济;不污染环境,劳动条件好,运行中噪声也小;同时便于多机牵引。但电气化铁路需要建设一套完整的供电系统,在基建投资上要比采用内燃机和蒸汽机大得多。从世界各国铁路牵引动力的发展来看,电力机车被公认为是最有发展前途的一种机车,它在运营上有良好的经济效果。

(2)车辆及其标记

铁路车辆是运送旅客和货物的工具,它本身没有动力装置,需要把车辆连接在一起由机车牵引,才能在线路上运行。

铁路车辆可分为客车和货车两大类。铁路货车的种类很多,可以从以下几个方面对其分类。

按照用途或车型可分为通用货车和专用货车两大类,通用货车又可分为棚车、敞车和平车三种。

①棚车。棚车车体由端墙、侧墙、棚顶、地板、门窗等部分组成。用于运送比较贵重和怕潮湿的货物。

②敞车。敞车仅有端、侧墙和地板,主要用于不怕湿损的散货或带包装的货物。敞车是一种通用性较大的货车,它的灵活性较强。

③平车,大部分平车只有一平底板。供装运特殊长大重型货物,因而也称作长大货物车。

专用货车是专供装运某些指定种类货物的车辆,主要包括:

①保温车。目前我国以成列或成组使用的机械保温车为多,车内装有制冷设备,可以自动控制车内的温度。一般用于运送新鲜蔬菜、鱼、肉等易腐的货物。

②罐车。其车体为圆筒形,罐体上设有装卸口。为保证液体货物运送时的安全,还设有空气包和安全阀等设备。罐车主要用于运送液化石油气、汽油、硫酸、酒精等液态货物或散装水泥等。

③家畜车。其主要是运送活家禽、家畜等的专用车。车内有给水、饲料的储运装置,还有押运人乘坐的设施。

按载重可分为20t以下、25~40t、50t、60t、65t、75t、90t等各种不同的车辆。为适应我国货物运量大的客观需要,有利于多装快运和降低货运成本,我国目前以制造60t车为主。

按轴数分为四轴车、六轴车和多轴车等。我国铁路以四轴车为主。

按制作材料分为钢骨车和全钢车。

①钢骨车。其车底架及梁柱等主要受力部分用钢材,其他部分用木材制成,因而自重轻,成本低。

②全钢车。此种车坚固耐用,检修费用低,适合于高速运行。

一般常见的标记主要有路徽和车号。凡中国铁道部所属车辆均有人民铁道的路徽;车号是识别车辆最基本的标记。车号包括型号和号码,型号又有基本型号和辅助型号两种。

①基本型号代表车辆种类,用汉语拼音字母表示。我国部分货车的种类及其基本型号如表1-2所示。

部分货车基本型号　　　　　表1-2

顺 序	车　种	基本型号	顺 序	车　种	基本型号
1	棚车	P	7	保温车	B
2	敞车	C	8	集装箱专用车	X
3	平车	N	9	家畜车	J
4	砂石车	A	10	罐车	G
5	煤车	M	11	水泥车	U
6	矿石车	K	12	长大货物车	D

②辅助型号表示车辆的构造形式以阿拉伯数字和汉语拼音组合而成。例如：P64A，表示结构为64A型的棚车。

③号码一般编在车辆的基本型号和辅助型号之后。车辆号码是按车种和载重分别依次编号，例如：P62.3319324。

3. 铁路货物运输种类

(1) 整车运输

整车运输是指一批货物至少需要一辆货车的运输。具体地说，凡一批货物的质量、体积或形状需要以一辆或一辆以上货车装运的，均应按整车托运。

我国现有的货车以棚车、敞车、平车和罐车为主。标记载质量（简称为标重）大多为50t和60t，棚车容积在100m³以上，达到这个质量或容积条件的货物，即应按整车运输。

整车运输装载量大，运输费用较低，运输速度快，能承担的运量也较大，是铁路的主要运输形式。

(2) 零担运输

凡不够整车运输条件的货物，即质量、体积和形状都不需要单独使用一辆货车运输的一批货物，除可使用集装箱运输外，应按零担货物托运。零担货物一件体积最小不得小于0.02m³（一件质量在10kg以上的除外）。每批件数不得超过300件。

(3) 集装箱、托盘和货捆

凡货容超过3m³，总质量为2.5~5t和货容为1~3m³，总质量未超过2.5t的货物应采用集装箱托运。

三、公路运输

公路运输是现代综合运输主要方式之一，同时，也是构成陆上运输的两个基本运输方式之一。公路运输在整个运输领域中，尤其是在国内运输领域中占有非常重要的地位。

公路运输是一种机动灵活、简捷方便的运输方式，在中短途货物的运输中，要比铁路、航空运输具有更大的优越性。公路运输已渗入到经济建设和社会生活的各个方面，在国民经济中占有越来越重要的地位。高速公路的建设和使用，为汽车快速、高效、安全、舒适地运行提供了良好的条件，标志着我国的公路运输事业和科学技术水平进入了一个崭新的时代。

1. 公路运输的特点

汽车货物运输是中短途运输的主力。汽车不仅为铁路、水路航空运输起集散货物的作用，而且是厂矿企业内部运输及城市货运的重要工具。在我国西北、西南及一些边远地区，还担负着长途干线运输。据统计，我国目前公路货运量，在全国总货运量中所占比重将近四分之三。汽车货物运输所以能取得如此重要的地位和发展的速度，主要是因其具有以下几个特点：

(1) 适应性

货运汽车按用途分为通用汽车、专用汽车；按道路适应分为普通汽车、越野汽车。在汽车技术功能设计上，一般汽车都能在山区及高原地带、严寒酷暑季节、风雪与雾中运行，受地理条件、天时气候、洪旱水位等限制较小，较之铁路、水路、航空有适应性强，运行范围广的特性。

(2) 灵活性

货运汽车车多样，单位运量小，运输灵活，在运用上既可完成小批量运输任务，又能随时集结承担大批量突击性运输;同时车随站点分布,线路交织成网,车辆来去方便,调度上可随机而动。从而使汽车货运具备了独特的机动灵活性。

(3)方便性

由于汽车和适应性和灵活性,承运货物既可在固定场站、港口、码头装卸,又可"以车就货"在街头巷尾、农村集镇、农贸市场就地装卸,实行"门到门"运输,因而在很多情况下比其他运输方式更为方便。

(4)快速性

汽车货运可以在短暂的时间内装好就走,较之铁路经过编组场要快;汽车技术速度比轮船高,且不受顺流逆流影响;不论在城市还在乡村,易于组织直达运输,较之铁路、水路中间环节少,运转速度快。

(5)经济性

从各种运输方式的始建投资效果来看,公路修建与汽车制造,比起铁路、航空来说,一般投资较小,见效较快,甚至可以做到当年投资、当年投产、当年受益。我国乡村公路的修建,由于易于兴办,地方、单位和个人都能办,其发展的速度和广度是其他运输方式所不及的。从各种运输方式的运送效果来看,由于公路网密度大,加之汽车运行适应性强,这就给汽车带来了选走捷径而求实效的有利条件,因而在一定的经济区域内相应地缩短货物运输距离,降低商品流转费用,加速资金周转,节约运力和能源,能够求得较好的社会经济效益和企业经济效益。

(6)联合运输的广泛性

由于汽车的适应性和灵活性,在开展联合运输中,汽车既可开展公铁、公水、公航等的联合运输,又可开展铁、公、水等"挑两头"的多种运输方式的联合运输;在汽车运输本身,还可开展干支线连接运输、区域联运、跨省联运等。这种广泛性的联运条件也是汽车货运的一大特点。

2. 公路运输的经营方式

(1)公共运输业

这种企业专业经营汽车货物运输业务,并以整个社会为服务对象,其经营方式有以下几种。定期定线:不论载货多少,在固定路线上按时间表行驶;定线不定期:在固定路线上视载货情况,派车行驶;定区不定期:在固定的区域内根据载货需要,派车行驶。

(2)契约运输业

按照承运双方签订的运输契约运送货物。与之签订契约的一般都是一些大的工矿企业,常年运量较大而又较稳定。契约期限一般都比较长。按契约规定,托运人保证提供一定的货运量,承运人保证提供所需的运力。

(3)自用运输业

自置汽车,随着中国的改革开放和加入 WTO 以后,汽车市场的不断放开,汽车价格的降低,自置汽车的比例将会有一定幅度的增长。

(4)汽车货运代理

汽车货运代理,大多数拥有运输工具,也有不拥有运输工具,他们作为中间人身份向货主揽货的同时向运输公司托运,借此收取手续费用和佣金。

3. 运费

运费均以"吨/里"为计量单位,一般有两种计算方法。一是按货物等级规定基本运费费率,另一是以路面等级规定基本运价。

公路运费率分为整车(FCL)和零担(LCL)两种,后者一般比前者高30%~50%,按我国公路运输部门规定,一次托运货物在2.5t以上的为整车运输,适用整车费率;不满2.5t的为零担运输,适用零担费率。凡每千克货物,体积超过$4 \times 10^{-3} m^3$的为轻泡货物。整车轻泡货物的运费按装载车辆核定的吨位计算;零担轻泡货物,按其长、宽、高计算体积,每$4 \times 10^{-3} m^3$折合1kg,以kg为计费单位。

四、航空运输

1. 航空运输的特点

航空运输是指采用商业飞机运输货物的商业活动,是目前国际上安全迅速的一种运输方式。

(1)具有较高的运送速度

航空运输与其他方式相比,具有较高的运送速度,从而提高商品在世界市场上的竞争力。当今国际市场商品的竞争异常激烈,市场行情瞬息万变。为了抢行就市,卖得好价以获得较好的经济效益,必须争取时间把货物运到急需的市场,这就必须依赖于航空运输,才有可能形成商品在国际市场上的竞争力。

(2)航空运输最适合于鲜活易腐商品和季节性强的商品运送

这些商品由于性质特殊,对时间要求极为敏感,如运送时间过长致使腐烂变质,商品就会失去使用价值或错过季节无法销售,滞存在仓库就要负担仓储费用,积压资金。采用航空运输,为这类商品的运输和销售争取了时间和提供了可能,并有利于开辟运输距离较远的市场,这是其他运输方式所无法比拟的。

(3)安全准确

由于航空运输管理制度比较完善,完空时间短而准,货物破损率低,被偷窃机会少,所以是比较安全的运输方式。

(4)可节省包装、保险、利息等费用

航空运费要高于其他运输费用,但由于运输速度快,商品在途时间短,周期快,库存期可相应缩短,因而可节省仓储费用,加快资金周转速度,相比较而言,节省了综合成本。

2. 航空运输的发展

世界航空运输的发展起步较晚,是在20世纪初开始的。世界上第一架飞机是在1903年由美国人莱特兄弟发明创造的,从此打开了航空史的新局面。1909年,法国最先创办了商业航空运输,随后德、英、美等国也相继开办。飞机制造于1920年起专为民航使用。然而,航空运输作为一种国际贸易货物运输方式,则是在第二次世界大战以后才开始出现的,但发展十分迅速,在整个国际贸易运输中所占的地位日益显著,航空运输量亦在逐步增大。

目前,全球约有1 000余家航空公司,30 000余个民用机场,6 000余架民用喷气式飞机,货运量日渐增多,航线四通八达,遍及全球各大港口和城市。

航空运输在中国还是一个正在成长的年轻事业。新中国成立以前虽然有中美合营的中国航空公司和中德合办的欧亚航空公司,但由于政局不稳和日本侵略等原因,航空运输一直得不到发展。新中国成立后,1955年1月开辟中苏航线,1956年开辟了缅甸航线,接着又开辟了朝鲜、越南、蒙古、老挝、柬埔寨等国航线。目前,已形成了一个以北京为中心的四通八达的航空运输网。现已有 50 余个大中城市建有 141 个机场,开辟 967 条国内外航线,与 40 多个国家签订空运协定,与 180 个航空公司建立业务关系,空运货物可通往欧、亚、美和大洋洲等数十个国家和地区。1997 年我国国际空运货物运量约为 50 万 t。

3. 航空运输设备

（1）航线

含义:航空器在空中飞行,必须有适于航空器航行的通路,经过批准开辟的连接两个或几个地点,进行定期和不定期飞行、经营运输业务的航空交通线即为航线。

种类:国内航线是指飞机的起讫点和经停点均在一国国境的航线,一般由国家民用航空管理机构指定。国际航线是指飞机的起讫点和经停点跨越一国国境,连接其他国家的航线。

（2）航班

含义:根据班机时间表在规定的航线上使用规定的机型,按照规定的日期、时刻飞行。从基地站出发的飞行称去程航班,返回基地站的飞行称回程航班。

种类:定期航班公布运价和班期,按照双边协定经营,向公众提供运输服务,对公众承担义务。不定期航班按包机合同,分别申请、个别经营,不对公众承担义务。

（3）航空站

含义:航空站即机场,是供飞机起飞、降落和停放及组织、保障飞行活动的场所。

组成:机场通常由跑道、滑行道、停机坪、指挥调度塔、助航系统、输油系统、维护修检基地、消防设备、货站及航站大厦等建筑和设置组成。

（4）航空器

含义:主要指的是飞机。

构成:飞机的构造包括机身、机翼、操纵装置、起落装置和推进装置等。

种类:按型号可分为普通型和高载重型;按航行速度和航程可分为短途和洲际型;按用途可分为客机、货机和客货混合机型。

五、航道运输

1. 内河运输

内河运输是水上运输的一个重要组成部分,同时,也是连接内陆腹地和沿海地区的纽带。它具有运量大、投资少、成本低、耗能少的特点,对一个国家的国民经济和工业布局起着重要的作用。世界各国都非常重视本国内河运输系统的建设。

（1）内河运输船舶

内河使用的船舶主要有以下四种:①内河货船是指本身带动力,具有货舱可供装货的船舶,内河货船具有使用方便、高度灵活的特点,运输作业主要在长江流域;②拖船和推船都是动力船,它本身不装载货物,而起拖带和推动驳船的作用;③内河驳船按有无动力,可分成机动驳船和非机动驳船,推驳船是一种一定尺度的标准型驳船,便于编队分支,所以又称为分支驳。分节驳上设有舵、锚以及生活设施和救生设备,整个驳船是一个长方形的货舱,以供装货;④河/海型船可在内河航行,也可在沿海航行。

（2）我国的内河运输

我国有 5 000 多条大小河流和众多的湖泊,是发展我国内河运输十分有利的自然条件。新中国成立以后,国家大力整治河流,疏通水道,沟通水系。

2. 海洋运输的特点

海洋运输是历史悠久的国际贸易运输方式。由于国际贸易是进行世界范围的商品交换,地理条件决定了海上运输的重要作用。目前国际贸易总运量中 2/3 以上的货物是利用海上运输完成的,从而使海上运输成为国际贸易中最重要的运输方式。

（1）港口

港口的作用是既为海洋运输服务,又为内陆运输服务。客货运输无论从船舶转入陆运工具,还是由陆运工具转入船舶,都离不开港口的服务工作。所以,一个现代化的港口,实际也是城市海陆空立体交通的总管,是"综合运输体系"的中心。

港口按地理位置分为:

①海湾港(Bay Port)指地濒海湾,又据海口,常能获得港内水深地势的港口。海湾港具有同一港湾容纳数港的特色,如大连港、秦皇岛港等。

②河口港(Estury Port)指位于河流入海口处的港口,如上海港、伦敦港、加尔各答等港。

③内河港(Inland Port)指位于内河沿岸的港口,居水陆交通的据点,一般与海港有航道相通,如南京港、汉口港等。

港口按用途目的分为:

①存储港(Enterport Port)一般地处水陆联络的要道,交通十分方便,同时又是工商业中心,港口设施完备,便于货物的存储、转运,为内陆和港口货物集散的枢纽。

②转运港(Port of Transshipment)位于水陆交通衔接处,一方面将陆运货物集中,转由海路运出;另一方面将海运货物疏运,转由陆路运入,而港口本身对货物需要不多,主要经办转运业务。

③经过港(Port of Call)地处航道要冲,为往来船舶必经之地,途经船舶如有需要,可作短暂停泊,以便添加燃料、补充食物或淡水,继续航行。

（2）海洋运输的特点

①运输量大。随着造船技术的日益发展和精益求精,船舶都朝着大型化发展。巨型客轮已超过 8 万 t,巨型油轮超过 60 万 t。就是一般的杂货轮也多在五六万 t 以上。因此,海上运输具有运输量大的优势。

②通过能力强。海上运输是利用天然航道完成的。这些航道四通八达,将世界各地港口联在一起,不像汽车、火车容易受道路或轨道的限制;再者如遇政治、经济贸易及自然等条件的变化,可随时改选最有利的航线。因此,通过能力强成为海上运输的另一大优势。

③运费低廉。一方面,海上运输所通过的航道均系天然形成,港口设施一般为政府修建,不像公路或铁路运输那样需大量投资用于修筑公路或铁路;另一方面,船舶运载量大,使用时间长,运输里程远,与其他运输方式相比,海运的单位运输成本较低,约为铁路运费的 1/5,公路运费的 1/10,航空运费的 1/30。

④速度较低。货船体积大,水流阻力高,风力影响大,因此速度较低,一般多在每小时 10～20 海里之间,最新的集装箱每小时 35 海里。如要提高船行速度,燃料消耗会大大增加,又极不经济。

⑤风险较大。船舶航行海上,进行货物运输,受自然条件和气候的影响较大,因此遇险的可能性也大。每年全世界遇险的船约 300 艘。

(3)我国海上运输的发展简况

20 世纪 50 年代,由于西方对我国进行封锁,我国不具备发展远洋船队的条件,主要是通过铁路运输与前苏联和东欧等国家进行贸易。

20 世纪 60 年代,贸易对象逐渐转向西方,进出口货物也逐渐以海运为主,当时我国海上运输能力薄弱,主要以租船为主。作为我国统一对外租船机构的中国租船公司灵活运用程租、期租等形式,及时租进了大量的船位,在 1958~1970 年间租船承担的进出口货物运量占我方派船承运量的 70% 以上。在这段时期,租船对完成对外贸易运输任务起了重要作用。

20 世纪 70 年代我国国营船队日益壮大,国轮货物承运量也逐年上升。2005 年年底,全国拥有水上运输船舶 20.73 万艘,净载质量 10 178.64 万 t,载客量 101.13 万客位,集装箱箱位 80.72 万 TEU,船舶功率 3 639.93 万 kW。水上运输船舶中,集装箱船 1 999 艘,集装箱箱位 75.31 万 TEU。已成为世界航运大国。仅中国远洋运输公司就拥有 600 余艘远洋货船,载重 1 700 多万吨,航行于 150 多个国家和地区,停靠 1 100 多个港口。

2005 年货物吞吐量超过亿吨的港口由上年的 8 个上升到 11 个,其中吞吐量超过 2 亿 t 的港口为 4 个。上海港吞吐量突破 4 亿 t,达 4.43 亿 t。其他 10 个亿 t 港的完成情况分别为:宁波港 2.69 亿 t、广州港 2.50 亿 t、天津港 2.41 亿 t、青岛港 1.87 亿 t、大连港 1.71 亿 t、秦皇岛港 1.69 亿 t、深圳港 1.54 亿 t、苏州港 1.19 亿 t、上海内河港 1.07 亿 t、南京港 1.07 亿 t。

(4)海上货轮分类

按货轮的功能(或船型)的不同划分为:

①杂货船。以装运零星杂货为主,有 2~3 层全通甲板,4~8 个舱口,甲板上有带围壁的舱口,上有水密舱盖,一般能自动启闭,时速约为 20 节。

②散装船。多用于装运煤炭、粮食、矿砂。这种船大都为单甲板。在舱内设有档板以防货物移动,其航速为 15 节左右。多用途船。这类货轮根据营运上的需要,可以改变它的运载功能。对油类、散货及矿砂都能装运。

③冷藏船。船上有制冷设备,温度可调节,以适合不同货物的需要。这种船吨位不大,多在 2 000~6 000t 之间,航速为 15 节左右。

④油轮。又叫油槽船,其船体分隔成若干个油舱,均为一层,并有纵向舱壁,以防未满载时,液体随船倾倒造成翻船。主机设在船尾,有油管通向油舱,利用空气压缩设备装卸油,载质量最大在 50 万 t 以上,航速约 16 节。

⑤木材船。船舱宽大,无中层甲板,舱口大,甲板上亦可装载木材,有各种系木设备和起重设备,载质量约在 7 000~15 000t 之间。

⑥集装箱船。吨位多在 10 000~68 950t 之间,航速为 20~26 节,最快的可达 35 节。

⑦滚装船。船的一侧或船的尾部可以打开并有伸缩跳板,装卸时,货物由拖车拖带(或自行开车)驶进驶出船舱,其装载速度较快。

⑧载驳船(缩写为 LASH),又称子母船,每条母船可载子船 70~100 条不等,每条子船载重 300~600t 不等。母船载重多在 5 万~6 万 t 之间,最小的为 2 万余吨,最大的为 20 万余吨。在港口设备不齐全,或港口拥挤,或港口至内地之间无合适的运输工具而又需要依靠江河运输的情况下,就可利用这种船,子船可以吊上吊下或驶进驶出。

按货物的载质量不同分为：

①巴拿马型船。这类船的载质量在 6 万~8 万 t 之间,船宽为32.2m。因通过巴拿马运河船闸时,船宽要受此限制。

②超巴拿马型船。指船宽超过 32.3m 的大型集装箱船,如第五代集装箱船的船宽为39.8m,第六代的船宽为42.8m。

③灵便型船。这类船的载质量为 3 万~5 万 t 之间,可作沿海、近洋和远洋运输谷物、煤炭、化肥及金属原料等散装货物的船。

六、管道运输

管道运输是随着石油的生产而产生和发展的。这是一种特殊的运输方式,它的运输工具就是管道,是固定不动的,只是物本身在管道内移动。即它是运输通道和运输工具合二为一的一种专门运输方式。

管道运输是货物在管道内借高压气泵的压力向目的地输送的一种运输方式。为了增加运量,加速周转,现代管道管径和气压泵功率都有很大增加,管道里程越来越长,最长达数千公里。现代管道不仅可以输送原油,各种石油成品、化学品、天然气等液体和气体物品,而且可以运送矿砂、碎煤浆等。

1. 种类

按铺设工程,可分为架空管道、地面管道和地下管道;按地理范围,可分为原油管道、成品油管道、系泊管道;按运输对象,可分为液体管道、气体管道、水浆管道。

2. 管道运输的优缺点

（1）特点

运输通道和运输工具合二为一;高度专业化,适于运输气体和液体货物;永远是单方向运输。

（2）优点

不受地面气候影响,并可连续作业;运输的货物无需包装,节省包装费用;货物在管道内移动,货损货差小;经营管理比较简单。

（3）缺点

适用范围小;机动灵活性差;固定投资大。

3. 我国石油管道运输的发展

我国最早的一条石油管道于 20 世纪 40 年代初期铺设,是从印度边境通到我国云南昆明的石油管道,由于该管道质量较差,效率很低,使用时间不长,便弃之不用了。新中国成立以后,随着石油工业的发展,我国的管道运输也有了较大的发展,目前,已有管道里程 1 万多 km,不少油田已有管道与海湾相通。我国向朝鲜出口的石油主要是通过管道来完成的。

七、联合运输的性质和作用

1. 联合运输的概念和特点

联合运输简称联运。就是各种运输方式在运输过程中遵照统一的规章或协议,使用同一运输凭证或通过代办中转业务,将各种运输方式紧密协调衔接起来,共同完成两程以上的运输工具的联运,如铁公水联运、铁公联运、铁水联运、公水联运和公航联运;二是由产、供、运、销各部门组成的运输大协作,如路矿协作、路厂协作。联运的实质就是把在自流的接力运输中,将货物需要到中转换地逐段重机关报办理托运的办法,改变为起运点实行全程包运制,即一次起票托运到底的一种经济的运输管理方法。它是各种运输方式开展协作的有效形式,但不改变参与联运的企业生产资料所有制和隶属关系。因此,联合运输不同于一般运输,它具有三个特点。一是具有组织运输的全程性;二是运程凭证的通用性;三是托运手续的简易性。实行联运后,货主托运货物,只要一次托运,一次结算,就可以在到达目的地收货,其铁装中转手续由联运机构(全权)代行办理,减少了过去到处拜码头的现象。对于承运企业(包括运输企业和联运企业)之间,实行"一次起票全程负责,分段计费,相互结算",这实际就是组织区域之间,企业之间以及各种运输方式之间的横向经济联系,把生产、运输、消费有机地联系起来,从而提高整个社会的经济效益。

2. 开展联合运输的重要意义和作用

商品流通的长途运输,往往不是一种运输方式所以能完成的,即使是比较短的运输过程,也不可避免地要有某种运输工具为之集、装、卸、散。特别是产品从生产到流通这样较长的过程常常是多种运输方式互为集、装、卸、散的过程。例如一个工厂生产出来的产品,由仓库搬运、装载上汽车,由汽车集并到火车站、港口,装上火车,轮船运达目的地后,又要卸下并装上汽车或人畜力车送货上门进入用户的仓库。由于多种运输方式,多种运输工具,多个集、装、卸、散环节的缘故,这就决定了各种运输方式、各个中转环节衔接得越快越紧,则商品在途时间越短,资金周转越快,工厂的良性生产循环越有保障,从而产、供、销各个环节紧密联结起来,形成一个息息相通、脉脉相连、环环相扣、四通八达、畅通无阻的运输网络。这是社会发展的必然要求,是交通运输业共同的发展方向。

几年来我国联运事业有了新的发展,江苏省正在向省、市、县三级联运服务网发展,吉林市组织了大联运,江都和阜阳实现了联运乡邮化,湖南省长沙、岳阳等地也在联运服务上出了成绩。综合他们的实践经验,归纳起来,联运发挥了以下几个方面的作用。

(1) 联运能促进疏理流通渠道,推动经济发展。

当前,我国城乡商品经济正在迅速发展,随着这种经济结构的变化,城乡的经济交往日益频繁,各种形式的联运正适应着这种新形势而发展起来,为商品经济的发展提供了快速、经济、安全、方便的运输服务,使流通渠道得到疏理。反过来,经济的发展,又推动了联运事业的不断前进,两者在这种良性的循环中互相促进。

(2) 联运能沟通各种运输方式之间的横向联系。

我国现行交通运输体制,属于纵向垂直型。铁、水、公、航(空)各成体系,以条条管理为主,缺乏横向的有机联系。铁水干线联运的开办,把铁路网络中 4 000 多个车站和水运干线网中 97 个港口之间彼此沟通了,加强了联运横向联系。又如众多的联运企业把公路、航运相互接通,组成大小不同的各种干、支联运网络。从这个意义讲,组织联运可在一定程度上改善现行交通运输体系纵向垂直型的缺陷,从运输组织工作上更好地满足国民经济发展的需要。

(3) 联运能挖掘运输潜力,提高运输效率。

从组织铁水联运专线方面来看,铁路组织直达列车和成组运输。水运组织专用船舶定线、定期运输,港口定专用码头进行装卸,彼此之间建立及时预确报的情报体系,使车、船港站紧密协调衔接起来,铁水全程联运组成统一的作业体系,运输工具、设备潜力得以充分发挥,运输效率高、经济效益好。大(同)—秦(皇岛)—上(海)之间实行煤炭铁水(干线)联运专线后,统计资料表明,铁路每天可节省30多辆货车,海上运输每年可节约330个航线上增加一两艘船舶的运力,一年可多运煤炭70万t。

在干、支线联运方面,建立以干线的站(车站)港(港口)为依托的干支联运后,站、港货物得到及时、迅速、安全地集散,货位周转得到加快,保证了站、港畅通。如长沙北站的车辆装卸时间由2.46天下降到1.37天,与此同时,由联运企业组织配载的车、船,一般也提高了装载率,使效率得到发挥。

(4)可以减少物资流通费用,方便货主,提高社会经济效益。

运输费用在商品流通费用中占很大比重,而在途中运输的货物又占用了大量的资金,需要支付大量的银行利息。要加速资金周转,减少在途资金,减少物资流通费用,节约银行利息支出,就必须组织合理运输,采用联合运输的方式,实行水陆联运。缩短货物待运时间,不仅可节约运费,而且可节约银行信贷利息。仅以上海运往东北三省的百杂货联运线为例,每年就可节约300万元,节约银行利息60万元。综合上述三项费用每年可代了货主的许多工作。据长沙市联运公司统计每年可为货主节约费用200多万元。长沙市宁乡县开办联运公司后,到长沙中转回宁乡的货物,由原来的3天,实现了1天到达,周转显然加快了。

第四节 载运工具的种类

交通运输业是随着各种载运工具的演变和技术更新而得到发展的。各种交通运输方式输送旅客和货物的速度以及能承运的容量,主要取决于载运工具的速度和容量。而各项交通运输工程设施的规划和设计,要考虑并满足这些设施的使用对象——载运工具的运行特性及需求。

类似于运输方式的分类,载运工具可分为以下五类:

(1)轨道载运工具。沿固定的轨道行驶,由电力、内燃机或蒸汽作动力的各种车辆。

(2)道路载运工具。利用汽油、柴油、电或其他能源作动力,通过轮胎在各种道路上行驶的各种车辆,如汽车(货车和客车等)、无轨电车、摩托车等。

(3)水上载运工具。利用螺旋桨、喷射水流在水中的推力而在水上行驶的载运工具,如各种螺旋桨船舶、水翼船、气垫船等。

(4)空中载运工具。利用螺旋桨或高速喷射气流在空气中的推力而在空中航行的载运工具,包括各种螺旋桨飞机、喷气式飞机、直升机等。

(5)其他载运工具。如各种液体或气体输送管道、索道缆车、行人自动步道、皮带输送机等。

各类载运工具具有不同的使用性能,而对于被输送旅客和货物来说,当然希望所乘坐的载运工具具有下述性能:

(1)速度快。

(2)容量大(一次装载能容纳的旅客数或货物量)。

(3)费用低(包括建设投资、运营管理、能源消耗等方面的费用)。

(4)安全可靠(事故少、耗损少、准点等)。

(5) 对环境污染少(空气、水质和噪声等)。
(6) 舒适(对客运)性好等性能。

然而,这些性能不可能完美地体现在某一种载运工具上,因为各项性能要求之间有些是彼此抵触的。例如,要求速度快,就势必要多消耗能源,导致费用增大。另一方面,不同运输对象或运输任务对载运工具的各项使用性能的要求也并不完全一样,有的要求容量大,速度可以低些;有的要求速度高,而容量并不大。如果所需的运输距离短,则实现高速所能获得的效益并不显著,就没有必要多耗费能源去争取高速。为此,便出现了具有不同使用性能的各种载运工具,分别适应于各种运输对象在速度、容量等方面的不同要求。用户可以根据各自的目的和要求,选择相应的载运工具。

一、轨道载运工具

轨道载运工具依靠车辆外部的轨道进行导向,车辆通过带凸缘的钢轮沿钢轨内侧行驶,轨道起着支承车辆和导向的作用,而驾驶员的作用仅是控制车辆的行驶速度。钢轮同钢轨之间的滚动阻力约是汽车轮胎在水泥混凝土路面上的滚动阻力的1/10,因而轨道载运工具单位质量的能源消耗最低。同时,其维护工作少,耐久性高,行驶平稳舒适,可适应不利的气候条件,对环境的污染小(蒸汽机牵引除外)。因此,轨道载运工具的使用性能好,运营费用低。然而,其初期投资高,且通达性受到限制。此外,其在坡道上行驶性能不如轮胎式车辆,制动距离长(驾驶时需高度注意安全),小半径转弯时噪声大于轮胎式车辆。

1. 轨道载运工具的种类

轨道载运工具广泛地应用于城市间的中长途客货运输、城市内和市郊的公共交通,特别是大量、快速的公共交通。

(1) 有轨电车

有轨电车由1辆、2辆或3辆车组成,每辆车有4~6个轴,长14~23m。这种车辆具有较好的动力特性和行驶舒适性,但由于它与公共汽车和汽车共用街道路权,且平交道口多,故运行速度低(通常小于20km/h),正点率低,单向输送能力一般低于1万人/h。因此,有许多国家的城市在20世纪五六十年代就基本上拆除了这种工具,取而代之的是无轨电车或公共汽车。

(2) 轻轨交通列车

轻轨交通列车,简称轻轨车,是对传统的有轨电车利用现代科技进行改造后的各种现代有轨电车的总称,由国际公共交通联合会(UITP)于1978年3月在比利时布鲁塞尔召开的会议上正式统一名称,英文为 Light Rail Transit(LRT)。

轻轨车可分为4轴车、6轴单铰接车、8轴双铰接车,可单节运行,也可编组运行。一般车辆长度为14~20m,铰接车辆长度为20~32m;车辆宽度为2.5~2.8m。轻轨车加速和减速性能好(1~2m/s,紧急制动时可达3m/s),最大速度通常为70~80km/h(有些能达到100~125km/h),运行速度一般为20~35km/h。一般的轻轨交通采用有平交的专用道。如果改为全封闭的专用道,则运行速度还可提高,这时称为轻轨快速交通。

与传统的有轨电车相比,轻轨车在电传动、制动、信号、车体结构与材料、空调等技术上作了很多改进,车体更轻,结构更合理、更舒适方便;与地铁相比,轻轨车轴重轻、转弯半径小,可在市区内较好地绕避各类障碍物,但运行速度较低,输送能力较小,单向输送能力为1~3万人次。

(3) 快速轨道交通列车

由4轴车辆编组而成的电动列车,在专用道上行驶。编组数一般为3~8节,也有少数线路超过10节。在市中心区多为地下或高架形式,在市郊多为地面或高架线路形式。每辆车长度为16~23m,宽度为2.5~3.2m,平均运行速度为30~50km/h,通行能力为20~40对次,单向输送能力可达3~8万人次。这种工具的旅客输送能力大,使用性能好,服务水平高,运营费小。虽然初期投资高,但对于客流量大而集中的城市,其边际费用较其他公共交通小。

(4) 市郊铁路列车

位于市域范围内、部分或全部服务于城市客运的城市间铁路,通常其路权不属于所在城市的政府,而由铁路部门经营,主要为城市郊区与中心区之间行程较长的通勤或短途旅客服务,故也称通勤铁路。这种铁路通常在郊区采用平交道口形式,在市区为高架或地下铁路。其站距长,运营组织方式与城市间铁路相近,可开行不停靠全部或部分中间站的直达列车;为减少环境污染,多采用电气化牵引方式。

(5) 铁路客货运输列车

由机车牵引若干辆挂车组成的旅客或货物列车。我国旅客列车挂有12~18节车辆,分为软卧车、硬卧车、软座车、硬座车、餐车、行李车和邮政车,每辆车的定员由32人到120人,车辆,自重为390~450kN,总重为510~640kN;2001年全国铁路平均运行速度达到69.4km/h。货物列车由棚车、敞车、平车、罐车、保温车等车辆组成,平均长度为14m,自重219kN,总重773kN,每延米55.26kN;2001年的平均运行速度为32.9km/h。

(6) 高速铁路列车

由高功率机车牵引若干挂车,或者同若干带动力的车辆一起组成的列车(图1-19~图1-21)。这种列车的最高速度可达到250~300km/h(2007年法国V150的最高纪录为574.8km/h),平均运行速度可达到160~200km/h。由于它的速度快、运量大、能耗低、舒适而安全、对环境污染小、经济效益好,因而成为极有发展前途的一种中长途高速载运工具。

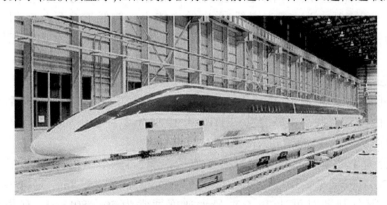

图1-19　日本超导磁悬浮列车MAGLEV

(7) 其他轨道式交通车辆或列车

世界各国还应用不同的概念研制了多种轨道式车辆,如悬挂式独轨车辆、跨坐式独轨车辆、中速或高速磁悬浮车辆、自动化导轨快速交通ACT(Automated Guideway Transit)车辆、橡胶轮和钢轮双用车辆或橡胶轮车辆等。

图 1-20　超导磁悬浮列车导轨

图 1-21　轮轨高速列车

　　磁悬浮列车实际上是依靠电磁吸力或电动斥力将列车悬浮于空中并进行导向,实现列车与地面轨道间的无机械接触,再利用线性电机驱动列车运行。虽然磁悬浮列车仍然属于陆上有轨交通运输系统,并保留了轨道、道岔和车辆转向架及悬挂系统等许多传统机车车辆的特点,但由于列车在牵引运行时与轨道之间无机械接触,因此从根本上克服了传统列车轮轨黏着限制、机械噪声和磨损等问题,所以它也许会成为人们梦寐以求的理想陆上交通工具。

　　磁悬浮列车分为常导型和超导型两大类。常导型也称常导磁吸型,以德国高速常导磁浮列车 transrapid 为代表,它是利用普通直流电磁铁电磁吸力的原理将列车悬起,悬浮的气隙较小,一般为 10mm 左右。常导型高速磁悬浮列车的速度可达 400~500km/h,适合于城市间的长距离快速运输。而超导型磁悬浮列车也称超导磁斥型,以日本 MAGLEV 为代表。它是利用超导磁体产生的强磁场,列车运行时与布置在地面上的线圈相互作用,产生电动斥力将列车悬起,悬浮气隙较大,一般为 100mm 左右,速度可达 500km/h 以上。这两种磁悬浮列车各有优缺点和不同的经济技术指标,德国青睐前者,集中精力研制常导高速磁悬浮技术;而日本则看好后者,全力投入高速超导磁悬浮技术之中。

　　尽管磁悬浮列车技术有上述的许多优点,但仍然存在一些不足:

①由于磁悬浮系统是以电磁力完成悬浮、导向和驱动功能的,断电后磁悬浮的安全保障措

施,尤其是列车停电后的制动问题仍然是要解决的问题。其高速稳定性和可靠性还需很长时间的运行考验。

②常导磁悬浮技术的悬浮高度较低,因此对线路的平整度、路基下沉量及道岔结构方面的要求较超导技术更高。

③超导磁悬浮技术由于涡流效应悬浮能耗较常导技术更大,冷却系统重,强磁场对人体与环境都有影响。

2. 轨道载运工具的动力特征

车辆的运动是依靠发动机产生的推动力克服运动中的阻力后得以实现的。对于内燃机来说,发动机所产生的功率通常用马力(hp,1hp = 745.7W)表示。发动机的马力,由于内部各附件的功率消耗而损失一部分,余下的功率,又因传递到驱动轮过程中的阻力损耗而进一步减少。实际作用在驱动轮上的功率为推动车轮行进的有效功率,而作用在驱动轮轮周上的切向力即为牵引力。牵引力随车辆速度的增加而下降。各机车制造厂通常都提供其相应产品的牵引特征曲线,供用户使用。此外,如果已知发动机的额定马力,则可用下式大致估算牵引力

$$F = \frac{52.4\eta \mathrm{HP}}{v} \tag{1-1}$$

式中:F——牵引力(N);

　　HP——柴油原动机的额定马力,约为总马力的0.93;

　　v——速度(km/h);

　　η——电动机械驱动系统的效率,为0.81 ~ 0.83。

对于电动机来说,所产生的功率以千瓦(kW)表示。电动机在1h内能持续运行而不出现过热的最大功率称为小时功率。而电动机在运行时间不受限制时所能产生的最大功率称为持续功率。小时功率一般比持续功率要大15% ~ 20%。电动机可以在短时段内超负荷产生比小时功率大30% ~ 50%的功率而不招致损坏。各电动机制造厂家也都提供相应的牵引特性曲线。同时,也可用下式估算牵引力

$$F = \frac{0.1456\eta_1 TS}{v} \tag{1-2}$$

式中:T——电动机扭矩(N·m);

　　S——电枢转数(r/min);

　　η_1——传动效率,为0.95 ~ 0.97;

　　v——机车速度(km/h)。

传到轮周上的牵引力不能超过车轮同钢轨接触面上的黏着力,否则机车驱动轮便会打滑,发生空转,这个牵引力限值称为黏着牵引力,它可由下式确定

$$F_{\max} = \mu W \tag{1-3}$$

式中:$F_{\max}$——黏着牵引力(kN);

　　W——转递摩擦力的车轮重(kN),推动计算时,为驱动轮重,制动计算时,为整个机车重(制动作用于所有的车轮上);

　　μ——黏着系数,随速度增加而降低,在0 ~ 60km/h范围内变动于0.36 ~ 0.26(电力机车)或0.33 ~ 0.256(内燃机车)。

车辆运动过程中需要克服各种阻力,包括车轮与钢轨行驶表面间的滚动阻力,车辆的空气

阻力,坡道上行驶的坡度阻力,曲线上行驶的曲线阻力等。这些阻力包括机车的和机车所牵引的车列的。当机车或带动力车辆所具有的有效牵引力同阻力相平衡时,车辆能以匀速行驶,而在变速时,还应能有足够的可用牵引力来克服速度变化时的惯性阻力,特别在起动时所需提供的牵引力很大。

二、道路载运工具

道路上行驶的车辆,有汽车(图1-22)、无轨电车、拖拉机、摩托车、自行车以及各种专用车和特种车等,其中主要是汽车。

图1-22 公共汽车示意图

汽车可分为客车和货车两大类。客车包括小客车、面包车、公共汽车(小型、中型和铰接式)等。货车可进一步分为整车(轻型、中型和重型)和组合车(各种拖挂式)两类。

1. 小客车

小客车为二轴四轮车辆,可坐2~6人,主要作为个人交通工具。按重力和尺寸大小,可分为小型、中型和重型三种。其重力变动于6.8~18kN之间;车身长度为3.5~5.6m,轴距变动于2.3~3.1m之间;车身宽度为1.6~2.0m,高度为1.15~1.65m。

2. 面包车

面包车通常由小客车或轻型货车的底盘改装而成,可乘坐6~15人。

3. 公共汽车

小型公共汽车通常有15~25个座位,供短途运送用,其车身长为5.5~7.6m,宽为2.0~2.5m。中型公共汽车可为二轴或三轴,车身长9~12m,宽2.4~2.6m,约有45个座位,最多可容纳100人以下(包括站立的)。把半挂车固定地联结在二轴中型公共汽车上,便组成铰接式公共汽车,其长度为16~18m,宽度为2.6m,包括站立乘客在内最多约可容纳150人。

4. 整车

整车(图1-23)系指载货区和动力设备装在共同的车架上不能分开的货车。整车包括二轴四轮(轻型货车)、二轴六轮、三轴(双后轴)和四轴(三后轴)货车四种。轻型货车的总重力一般小于45kN,二轴六轮货车的总重力大都在45~180kN范围内,而三轴和四轴的总重力可高达260~300kN。

5. 组合货车

组合货车由牵引车或整车同一个或多个挂车组合而成,可称为拖挂车(图1-23)。牵引车和挂车通过铰接方式连接,彼此可相对转动,因而也可称为铰接车。挂车有两种:前后各有一个或多个轴的全挂式,由整车或带半挂车的牵引车拖带,但不把重力转给前面;后端有一个或多个轴但前端无轴的半挂式,其前端放在牵引车或前面拖车的后端上,并把一部分重力转给前面。组合货车的总重力一般可达到400~500kN,通常用于长途运输。组合货车可由单拖挂货车、双拖挂货车、三拖挂货车等多种组合形式组成。单拖挂货车可以是牵引车加一辆半挂车,共有3个、4个或5个轴;也可以是整车加全挂车,共有4个、5个或5个以上轴。双拖挂货车由牵引车加半挂车再加上全挂车所组成,共有5个、6个或6个以上轴;也可以是整车加两辆全挂车,共有6个或6个以上轴。三拖挂货车则由牵引车加半挂车后再加上两个全挂车所组成,最多可有16个轴,总重力可达1 150kN。

图1-23 整车和组合货车示意

a)整车;b)整车带全挂(一般为4、5或6轴);c)牵引车带半挂(一般为3、4或5轴);d)牵引车带半挂和全挂(一般为5、6或7轴)

车辆的尺寸影响到对道路的车道宽度、净空和转弯半径等方面的要求,而车辆的质量则影响到对道路路面和桥梁的结构承载能力的要求。为此,一方面在变化繁多的各种车辆中选择一些代表性车辆(称作设计车辆),规定其尺寸和质量作为道路和桥梁设计的依据和标准;另一方面又对各种车辆的尺寸和质量的最大数值以法规形式做出限定。表1-3为以小客车、公共汽车或整车和铰接式公共汽车或单拖挂货车作为设计车辆时所规定的主要外廓尺寸,但各国对于车辆最大尺寸和质量的限定值并不一致。

设计车辆的外廓尺寸(m)　　　　表1-3

车辆类型		总 长 度			总 宽 度			总 高 度		
		中国	欧洲	美国	中国	欧洲	美国	中国	欧洲	美国
小客车、面包车		6(5)	—	5.8	1.8	—	2.1	2		2.44
整车、公共汽车		12	12	12.2	2.5	2.5	2.6	4	—	4.27
单拖挂货车	半挂	16	15.5	16.75	2.5	2.5	2.6	4	4	4.27
	全挂	(18)	18	19.8						

注:中国栏中括号内数字为城市道路规范的规定。

各国对道路上行驶车辆的最大轴重和总重有不同的限制。单轴最大允许轴重变动于 80~130kN 之间;双联轴最大允许轴重变动于 140~210kN 之间;三联轴最大允许轴重变动于 80~270kN 之间。整车的最大允许总重变动于 240~400kN 之间;半挂车和挂车的最大允许总重变动于 360~500kN 之间。我国规定的单轴最大允许轴重为 100kN,双联轴最大允许轴重为 180kN,三联轴最大允许轴重为 220kN,整车的最大允许总重为 400kN。

三、水上载运工具

水上的主要载运工具是各种船舶(图 1-24)。现代船舶以柴油机为主要动力装置,带动螺旋桨推进器产生推动力,使船舶行进。通常在船舶尾部设置舵装置以控制方向,在其首部两侧设锚、锚链等装置以帮助船舶停泊。

图 1-24 水上客轮

按载运对象的不同,船舶可分为货船、客船和客货船三大类。货船又可分为油船和干货船两类。前者运送液体货物;而后者运送固体货物,可细分为杂货船、散货船、专用货船(集装箱船、滚装船和载驳船等)等。这些船舶,有的在内河航行,受航道条件的限制,其尺寸、吃水深度和载重吨位度都较小;有的在沿海或远洋航行,其尺寸、吨位等都要大得多。近半个世纪以来,船舶有较大的发展,特别是货船,向着高度机械化和自动化的大型专用船舶的方向发展。它们虽然在所设计的用途方面有很高的效率,但对运输市场变化的适应能力却降低了。

1. 油船

载运散装液货(包括原油、成品油和各种液化气体等)的专用船舶。油船运输的特点是批量大,运距长。因而,油船往往是大型船舶。20 世纪 40 年代最大的油船可载运 16 000t,吃水深 10m;到 20 世纪 60 年代,载质量增长到 200 000t,船身长达 340m,吃水深重 8m;而到 20 世纪 80 年代,最大的油船可装载 600 000t。油船的平均航速为 13~16kn(1kn = 1knot = 1.852km/h)。油船的装卸,是通过船上接卸口同岸上的输油管或软管接通后,用油泵进行的,因而,船舶的停泊时间较短(一般很少超过 2d)。对于特大型的油船,由于船身长,吃水深,很少有合适的停靠码头,通常在港外的单点泊位(专用浮筒)碇泊,通过管道用油泵装卸液货。

2. 杂货船

杂货船用来载运各种桶装、箱装、包装或成捆的杂货。其载质量一般在 20 000t 以下。平均航速为 12~18kn。货物通过船上或岸上的吊杆装卸。现代化的杂货船,其自动化装备的程度很高,平均航速可超过 20kn。

3. 散装船

散装船是载运各种不加包装的块状、粉状或粒状干货。一些专用的散装船,只载运一种货物,如煤、矿石、粮食等。散货运输通常是批量大的大宗货物,因而其船型较大,货舱的容积大,货舱口也较大,便于装卸。沿海和近海运输的散装船,其载质量大多在 30 000t 以下;远洋运输的散装船则多为 30 000~60 000t,最大的可超过 100 000t。散装船的平均航速为 12~16kn。

4. 集装箱船

集装箱船是专门载运集装箱的货船。通过码头上的装卸桥,将集装箱吊放到船上或吊离船舶。由于装卸速度较快,船舶停港的时间较相同载质量的杂货船要短得多。同时,其平均航行速度也较快,一般可达 22~26kN。因而其航行周转的周期较其他船舶要短(也即相同时段内可航行的次数多)。集装箱船的载运能力,除了以载重吨表示外,还用集装箱的载箱数量(以 20ft 集装箱为标准箱,简称 TEU)表示。按载箱数多少分为第一代、第二代、第三代等(载箱数相应约为 1 000TEU、2 000TEU、3 000TEU 等)。近期的集装箱船已发展到第五代、第六代,载箱数达 5 000TEU 以上,船长达 175m 以上。载运集装箱的船舶,其部分舱位用来装载杂货时,称为半集装箱船。

5. 滚装船

滚装船是由牵引车或者有轮的设备(如叉车等),利用本身的动力,通过船尾或船首的跳板直接进出货舱装卸载货的挂车等。这种方法可以提高船舶的装卸效率,加速其周转,并实现水陆直达运输(也即不需中转装卸)。船舱内有多层甲板,以斜坡车道或升降平台相连;或者部分甲板供放置集装箱用(也即成为半集装箱船)。滚装船特别适用于海上短程横渡运输,以减少海关的延误。

6. 载驳船

载运船是载运驳船的船舶。货物(或集装箱)装在驳船上,后者再置放在载驳船的甲板上。到达目的港后,由载驳船上的装卸设备卸下驳船,然后再由推船将驳船送到各个内河港口。载驳船的主要优点是可以利用船上的设备装卸货物,而不需要等待码头空出泊位,同时,还可不通过转驳而直接到达内河港口。其载运能力与集装箱船相近。

7. 客船和客货船

载运旅客的船为客船。我国沿海和长江中下游输送旅客的船舶大多利用下层船舱装载货物,因而称为客货船。目前沿海航行的典型客货船,载质量 7 500t(载客量 900 人,载货量 2 000t),航速 18.1kn。长江中下游客货船的载质量约为 3 500t(载客量 1 200 人,载货量 450t),航速 15kn。

8. 内河货船

内河航道由于水浅、宽度有限、弯曲,都采用吨位小、吃水浅的船舶;并普遍采用由若干艘驳船编组成船队,用推船顶推或拖船拖曳的方式航行。拖驳船队运输比机动货船运输的运量大,投资小,成本低,适用于大宗货物和批量小、货种多的货物运输。驳船本身无动力装置,按船型可分为普通驳和分节驳两种。分节驳船体的首尾两端或一端呈箱形。前者称为全分节驳,适用于大宗货物运输。后者另一端为斜削流线型,称为半分节驳,适用于多货种、小批量货物运输。分节驳结构简单,造价低,航行阻力小,其载质量可达 3 000t。分节驳船(全分节或半分节)编成各种队列,由机动推船顶推行进。推船采用柴油发动机,其功率可达数千马力,因而驳船数可多达 30～40 艘,总载质量高达 50 000～70 000t,平均航速约 8kn。

四、空中载运工具

飞机是航空运输的主要载运工具。它是 20 世纪初新出现的,也是技术发展最迅速的一种载运工具,如图 1-25 所示。

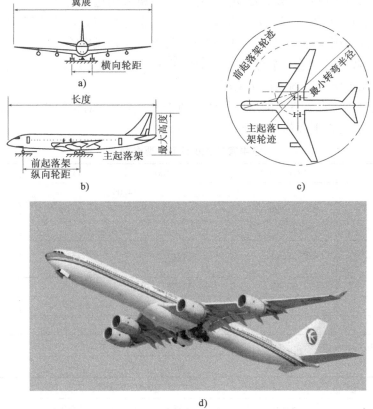

图 1-25　客机示意图

按运输类型的不同,民用飞机可分为:
(1)运输飞机。由航空公司定期航班或非定期航班使用的各种飞机。
(2)通用航空飞机。为工农业生产飞行、商业飞行,教学飞行等服务的各种飞机。
运输机可按航程距离分为:
(1)远程飞机。航程约在 8 000km 以上,主要用于洲际飞行。由于航程远,需耗用大量燃料,其机体尺寸和质量都很大(最大起飞质量 150t 以上,最重的达 350t),所需跑道长度也很长。

(2)中程飞机。航程为3 000~8 000km,适用于洲内和主要航线上飞行,最大起飞质量在100t以上。

(3)近程飞机。航程约在3 000km以下,适用于国内主要航线上飞行,其最大起飞质量在40t以上。

(4)短途飞机。航程约在1 000m以下,主要用于地方支线和通勤运输的飞行,其最大起飞质量在40t以下。

运输机可按其发动机和所产生推力的类型的不同而分为:

(1)活塞式。以汽油发动机为动力,带动螺旋桨旋转以产生推动力的飞机;大部分通用航空飞机采用这种类型。

(2)涡轮螺旋式。以燃气涡轮发动机为动力,带动螺旋桨旋转以产生动力的飞机;部分短程支线和通勤运输飞机以及少数双发动机通用航空飞机采用这种类型。

(3)涡轮喷气式。由燃气涡轮发动机向后喷射出高速气流以产生推动力的飞机;早期生产的喷气式运输机采用这种形式,但后来被摒弃,代之以涡轮风扇喷气式。

(4)涡轮风扇喷气式。在涡轮喷气式发动机的前部(或后部)加上一个风扇的飞机;目前被除短程飞机外几乎所有运输飞机所采用。

各类运输机中一些常见飞机的主要特性简列于表1-4中。对机场规划和设计有关的一些飞机特性的发展趋势,在下面作简要介绍。

空中客车320系列主要参数　　　　　　表1-4

项　目	A320-200	A321-100	A319	A318
翼展(m)	34.09			
机长(m)	37.57	44.51	33.84	31.44
机高(m)	11.76			
标准两级客舱布局载客(人)	150	186	124	107
货舱容积(m³)	37.42	51.76	27.64	21.21
商载(t)	16.3	21.6	12.9	11.1
空机重(t)	41	47.7	40.1	38.4
最大油箱容量(L)	23 860			
最大起飞总重(t)	73.5	83	64	59
最大巡航速度	0.82马赫数			
航程(km)	5 000	4 350	3 550	2 800
动力装置	两台涡扇发动机			
发动机型号	CFM公司 CFM56-5系列			
	IAE公司 V2500系列			普惠 PW6000

除了上述各类运输机外,可用于客货运输的还有直升机和短距起降飞机。直升机从旋翼的旋转运动获得升力,以几乎垂直的方向离开地面。它具有在空中逗留的能力和在相对小的场地上起降的能力。直升机可以是单组旋翼或双组旋翼,用一台或两台发动机作动力。其最大的巡航速度可达到240km/h。短距起降飞机具有较常规飞机大的爬升能力,可在较短的跑道上起降,但目前还未得到大规模应用。

第五节 中国道路交通规划

我国公路、水路交通实现现代化的三个发展阶段目标:第一阶段从"瓶颈"制约、全面紧张走向"两个明显"(即交通运输的紧张状况有明显缓解,对国民经济发展的制约状况有明显改善),这个目标将于近期达到;第二个阶段从"两个明显"到基本适应国民经济和社会发展的需要,这个目标将在2020年左右达到;第三个阶段从基本适应国民经济和社会发展需要到基本实现交通运输现代化,达到中等发达国家水平,这个目标将在21世纪中叶实现。为实现我国公路、水路交通现代化的目标,其关键是:在2020年前后,要努力完成公路主骨架、水运主通道、港站主枢纽和交通运输支持保障系统,即"三主一支持"系统的建设。

一、公路主骨架

公路主骨架是根据国家干线公路网规划(简称国道网,包括首都放射线、南北纵线和东西横线,见表1-5~表1-7)并考虑其他相关因素确定的。

首都放射线　　　　　　　　　　　　　　　　表1-5

编　号	路线简称	主控点	里程(km)
G101	京沈线	北京—承德—沈阳	858
G102	京哈线	北京—山海关—沈阳—长春—哈尔滨	1 231
G103	京塘线	北京—天津—塘沽	142
G104	京福线	北京—南京—杭州—福州	2 284
G105	京珠线	北京—南昌—广州—珠海	2 361
G106	京广线	北京—兰考—黄冈—广州	2 497
G107	京深线	北京—郑州—武汉—广州—深圳	2 449
G108	京昆线	北京—太原—西安—成都—昆明	3 356
G109	京拉线	北京—银川—兰州—西宁—拉萨	3 763
G110	京银线	北京—呼和浩特—银川	1 063
G111	京加线	北京—通辽—乌兰浩特—加格达奇	2 034
G112	京环线	北京环线[宣化—唐山(北)天津—涞源(南)]	942

南北纵线　　　　　　　　　　　　　　　　表1-6

编　号	路线简称	主控点	里程(km)
G201	鹤大线	鹤岗—牡丹江—大连	1 822
G202	爱大线	爱辉—大连(原:黑河—哈尔滨—吉林—大连—旅顺)	1 696
G203	明沈线	明水—扶余—沈阳	656
G204	烟沪线	烟台—连云港—上海	918
G205	山深线	山海关—淄博—南京—屯溪—深圳	2 755
G206	烟汕线	烟台—徐州—合肥—景德镇—汕头	2 324
G207	锡海线	锡林浩特—张家口—长治—襄樊—常德—梧州—海安	3 566

续上表

编号	路线简称	主控点	里程(km)
G208	二长线	二连浩特—集宁—太原—长治	737
G209	呼北线	呼和浩特—三门峡—柳州—北海	3 315
G210	包南线	包头—西安—重庆—贵阳—南宁	3 005
G211	银陕线	银川—西安	604
G212	兰渝线	兰州—广元—重庆	1 084
G213	兰磨线	兰州—成都—昆明—景洪—磨憨	2 852
G214	西景线	西宁—昌都—景洪	3 008
G215	红格线	红柳园—敦煌—格尔木	645
G216	阿巴线	阿勒泰—乌鲁木齐—巴仑台	826
G217	阿库线	阿勒泰—独山子—库车	1 082
G218	伊若线	伊宁—若羌(原:清水河—伊宁—库尔勒—若羌)	1 129
G219	叶孜线	叶城—狮泉河—拉孜	2 139
G220	北镇线	北镇—郑州(原:东营—济南—郑州)	526
G221	哈同线	哈尔滨—同江	639
G222	伊哈线	哈尔滨—伊春	332
G223	海榆(东)线	海口—榆林(东)	322
G224	海榆(中)线	海口—榆林(中)	296
G225	海榆(西)线	海口—榆林(西)	431
G226	楚墨线	楚雄—墨江	调整后撤消
G227	西张线	西宁—张掖	345
G228	资料暂缺	台湾环线	

东西横线   表1-7

编号	路线简称	主控点	里程(km)
G301	绥满线	绥芬河—哈尔滨—满洲里	1 448
G302	珲乌线	珲春—图们—吉林—长春—乌兰浩特	1 024
G303	集锡线	集安—四平—通辽—锡林浩特	1 265
G304	丹霍线	丹东—通辽—霍林河	818
G305	庄林线	庄河—营口—敖汉旗—林东	561
G306	绥克线	绥中—克什克腾	689
G307	歧银线	歧口—银川(原:黄骅—石家庄—太原—银川)	1 193

续上表

编号	路线简称	主控点	里程(km)
G308	青石线	青岛—济南—石家庄	659
G309	荣兰线	荣城—济南—宜川—兰州	1 961
G310	连天线	连云港—徐州—郑州—西安—天水	1 153
G311	徐峡线	徐州—许昌—西峡	694
G312	沪霍线	上海—南京—合肥—西安—兰州—乌鲁木齐—霍尔果斯	4 708
G314	乌红线	乌鲁木齐—喀什—红其拉甫	2 073
G315	西莎线	西宁—莎车(原:西宁—若羌—喀什)	2 746
G316	福兰线	福州—南昌—武汉—兰州	1 985
G317	成那线	成都—昌都—那曲	1 917
G318	沪聂线	上海—武汉—成都—拉萨—聂拉木	4 907
G319	厦成线	厦门—长沙—重庆—成都	2 631
G320	沪瑞线	上海—南昌—昆明—畹町—瑞丽	3 315
G321	广成线	广州—桂林—贵阳—成都	1 749
G322	衡友线	衡阳—桂林—南宁—凭祥—友谊关	1 045
G323	瑞临线	瑞金—韶关—柳州—临沧	2 316
G324	福昆线	福州—广州—南宁—昆明	2 201
G325	广南线	广州—湛江—南宁	771
G326	秀河线	秀山—毕节—个旧—河口	1 239
G327	连荷线	连云港—济宁—荷泽	395
G328	宁海线	南京—海安(原:南京—扬州—南通)	243
G329	杭沈线	杭州—宁波—沈家门	190
G330	温寿线	温州—寿昌	318

二、高速公路网新规划

高速公路是20世纪30年代在西方发达国家开始出现的专门为汽车交通服务的基础设施。高速公路在运输能力、速度和安全性方面具有突出优势,对实现国土均衡开发、建立统一的市场经济体系、提高现代物流效率和公众生活质量等具有重要作用。目前全世界已有80多个国家和地区拥有高速公路,通车里程超过了23万km。高速公路不仅是交通现代化的重要标志,也是国家现代化的重要标志。

从1988年上海至嘉定高速公路建成通车至今,在"国道主干线系统规划"的指导下,中国高速公路总体上实现了持续、快速和有序的发展,特别是1998年以来,国家实施积极的财政政策,高速公路得到快速发展,年均通车里程超过了4 000km,到2004年年底,中国高速公路通车里程已超过3.4万km,继续保持世界第二。高速公路的发展,极大提高了中国公路网的整体技术水平,优化了交通运输结构,对缓解交通运输的"瓶颈"制约发挥了重要作用,有力地促进了中国经济发展和社会进步。

当前,中国已进入全面建设小康社会的新时期,并将逐步实现现代化,经济社会发展对中国高速公路发展提出了新的更高要求,从国家发展战略和全局考虑,为保障中国高速公路快速、持续、健康发展,有必要规划一个国家层面的高速公路网。

从国家发展战略看,规划建设国家高速公路网有利于加快建设全统一市场,促进商品和各种要素在全国范围自由流动、充分竞争,对缩小地区差别、增加就业、带动相关产业发展都具有十分重要的作用。这是世界各发达国家经济社会发展的经验总结,是中国全面建设小康社会和实现现代化的迫切需要,也是经济全球化背景下提高国家竞争力的重要条件。

从新时期经济社会发展需求看,规划建设国家高速公路网是影响全局的基础性先决条件。21世纪头20年,中国经济总量要翻两番,这样的发展速度势必带动全社会人员、物资流动总量的升级,新型工业化对运输服务效率和质量也提出了更高的要求,特别是汽车化、城镇化和现代物流的快速发展使得制订国家高速公路网规划更显迫切。

从高速公路建设的现实需要看,迫切需要统一全面的总体规划指导布局和投资决策。一方面,中国虽然已有3万多公里的高速公路,但相对于中国广阔的国土、众多的人口和快速增长的交通需求,中国高速公路总量不足,覆盖能力有限,尚未形成网络规模效益。另一方面,由于没有制订全国统一的高速公路网规划,缺乏对各地高速公路建设进行指导和协调的强有力手段,不利于合理利用交通通道资源,不利于搞好跨区域通道的布局和衔接,无法统一命名和编号,特别是标志的混乱和不规范给使用者带来了许多不便。

规划建设国家高速公路网还有利于保证土地资源的合理和集约利用,有利于国家环境保护和能源节约;同时,对于加强国防以及应对重大自然灾害和突发事件都具有重大意义。

总之,随着新时期经济的快速发展,随着生活方式的转变和生活质量的提高,为满足对交通服务越来越高的要求,搞好公共服务,优化跨区域资源的配置和管理,很有必要规划和建设一个统一的国家级高速公路网。近几年交通运输部和国家发改委组织开展了大量调查、研究和论证工作,并广泛听取了各省、自治区、直辖市,以及国家有关部门和专家的意见建议,进一步修改完善了规划。2004年12月17日,《国家高速公路网规划》已经国务院审议通过,标志着中国高速公路建设发展进入了一个新的历史时期。

国家高速公路网是中国公路网中最高层次的公路通道,服务于国家政治稳定、经济发展、社会进步和国防现代化,体现国家强国富民、安全稳定、科学发展,建立综合运输体系以及加快公路交通现代化的要求;主要连接大中城市,包括国家和区域性经济中心、交通枢纽、重要对外口岸;承担区域间、省际以及大中城市间的快速客货运输,提供高效、便捷、安全、舒适、可持续的服务,为应对自然灾害等突发性事件提供快速交通保障。国家高速公路网是中国公路网中最高层次的公路通道,服务于国家政治稳定、经济发展、社会进步和国防现代化,体现国家强国富民、安全稳定、科学发展,建立综合运输体系以及加快公路交通现代化的要求;主要连接大中城市,包括国家和区域性经济中心、交通枢纽、重要对外口岸;承担区域间、省际间以及大中城市间的快速客货运输,提供高效、便捷、安全、舒适、可持续的服务,为应对自然灾害等突发性事件提供快速交通保障。

国家高速公路网规划采用放射线与纵横网格相结合的布局方案,形成由中心城市向外放射以及横连东西、纵贯南北的大通道,由7条首都放射线、9条南北纵向线和18条东西横向线组成,简称为"7918网",总规模约8.5万km,其中主线6.8万km,地区环线、联络线等其他路线约1.7万km。具体是:

(1) 首都放射线

7条:北京—上海、北京—台北、北京—港澳、北京—昆明、北京—拉萨、北京—乌鲁木齐、北京—哈尔滨。

(2) 南北纵向线

9条:鹤岗—大连、沈阳—海口、长春—深圳、济南—广州、大庆—广州、二连浩特—广州、包头—茂名、兰州—海口、重庆—昆明。

(3) 东西横向线

18条:绥芬河—满洲里、珲春—乌兰浩特、丹东—锡林浩特、荣成—乌海、青岛—银川、青岛—兰州、连云港—霍尔果斯、南京—洛阳、上海—西安、上海—成都、上海—重庆、杭州—瑞丽、上海—昆明、福州—银川、泉州—南宁、厦门—成都、汕头—昆明、广州—昆明。

此外,规划方案还有:辽中环线、成渝环线、海南环线、珠三角环线、杭州湾环线共5条地区性环线、2段并行线和30余段联络线。

规划方案的特点和效果是:

(1) 充分体现"以人为本"。最大限度地满足人的出行要求,创造出安全、舒适、便捷的交通条件,使用户直接感受到高速公路系统给生产、生活带来的便利。

①规划方案将连接全国所有的省会级城市、目前城镇人口超过50万的大城市以及城镇人口超过20万的中等城市,覆盖全国10多亿人口。

②规划方案将实现东部地区平均30min上高速,中部地区平均1h上高速,西部地区平均2h上高速,从而大大提高全社会的机动性。

③规划方案将连接国内主要的AAAA级著名旅游城市,为人们旅游、休闲提供快速通道。

(2) 重点突出"服务经济":强化高速公路对于国土开发、区域协调以及社会经济发展的促进作用,贯彻国家经济发展战略。

①规划方案加强了长三角、珠三角、环渤海等经济发达地区之间的联系,使大区域间有3条以上高速通道相连,还特别加强了与香港、澳门的衔接,在三大都市圈内部将形成较完善的城际高速公路网,为进一步加快区域经济一体化和大都市圈的形成,加快东部地区率先实现现代化奠定了基础。

②规划方案将显著改善和优化西部地区及东北等老工业基地的公路路网结构,提高区域内部及对外运输效率和能力,进一步强化西部地区西陇海兰新线经济带、长江上游经济带、南贵昆经济区之间的快速联系,改善东北地区内部及进出关的交通条件,为"以线串点、以点带面",加快西部大开发和实现东北等老工业基地的振兴奠定坚实基础。

③规划方案将连接主要的国家一类公路口岸,改善对外联系通道运输条件,更好地服务于外向型经济的发展。

④规划方案覆盖地区的 GDP 占到全国总量的 85% 以上,规划的实施将对促进经济增长、带动相关产业发展、扩大就业等做出重要贡献。

(3)着力强调"综合运输":注重综合运输协调发展,规划路线将连接全国所有重要的交通枢纽城市,包括铁路枢纽 50 个、航空枢纽 67 个、公路枢纽 140 多个和水路枢纽 50 个,有利于各种运输方式优势互补,形成综合运输大通道和较为完善的集疏运系统。

(4)全面服务"可持续发展":规划的实施将进一步促进国土资源的集约利用、环境保护和能源节约,有效支撑社会经济的可持续发展。据测算,在提供相同路网通行能力条件下,修建高速公路的土地占用量仅为一般公路的 40% 左右,高速公路比普通公路可减少 1/3 的汽车尾气排放,交通事故率降低 1/3,车辆运行燃油消耗也将有大幅度降低。

三、国家公路网规划(2013~2030 年)

公路交通的快速发展,有效缓解了我国交通运输紧张状况,显著提升了国家的综合国力和竞争力。但随着经济社会的快速发展,现有的国家公路网规划与建设仍面临一些亟待解决的问题:一是覆盖范围不全面,全国还有 900 多个县没有国道连接,有 18 个新增的城镇人口在 20 万以上的城市和 29 个地级行政中心未实现与国家高速公路相连接;二是运输能力不足,部分国家高速公路通道运能紧张、拥堵严重,不能适应交通量快速增长的需要;三是网络效率不高,普通国道路线不连续、不完整,国家公路与其他运输方式之间、普通国道和国家高速公路之间的衔接协调不够,网络效益和效率难以发挥。

1. 发展要求

(1)适应经济社会发展的要求。未来我国新型工业化、信息化、城镇化和农业现代化加快发展,人均国民收入稳步增加,经济结构加快转型,交通运输总量将保持较快增长态势,各项事业发展要求提高国家公路网的服务能力和水平。预计到 2030 年,全社会公路客运量、旅客周转量、货运量和货物周转量将分别是当前的 2.7 倍、3.2 倍、2.2 倍和 2.4 倍,主要公路通道平均交通量将超过 10 万辆/天,达到目前的 4 倍以上,京沪、京港澳等繁忙通道交通量将达到 20 万辆/天以上。

(2)促进城乡区域协调发展的要求。未来国家将加快实施区域发展总体战略和主体功能区战略,加快推进城镇化和城乡一体化发展,继续加大对革命老区、民族地区、边疆地区、贫困地区的扶持力度,要求发挥国家公路引导区域空间布局的作用,优化东部地区公路网络结构,加强中部地区东引西联通道建设,扩大西部地区路网覆盖,统筹城乡协调发展,提升公路交通公共服务水平。

(3)提高应急保障能力的要求。有效应对重大自然灾害、突发事件,要求从国家层面统筹考虑重要通道及其辅助路线、迂回路线的布设,提高公路网的安全性、可靠性和应急保障能力。

(4)构建综合交通运输体系的要求。加快转变交通运输发展方式,优化运输组织结构,合理配置和优化利用交通资源,发挥各种运输方式的比较优势和综合运输的组合效率,促进综合运输协调发展,要求发挥普通公路的基础作用和高速公路的骨干作用,加强与各种运输方式的衔接。

(5)实现公路可持续发展的要求。发挥公路网络的整体效率和效益,进而实现可持续发展,要求做好路网顶层设计,明确各层次路网的功能定位,促进国家公路与其他层次路网的协调发展,并为科学制定公路行业发展政策,更好地开展公路建设、管理和养护奠定规划基础。

2. 规划方案

国家公路网规划总规模 40.1 万 km,由普通国道和国家高速公路两个路网层次构成。

(1)普通国道网

由 12 条首都放射线、47 条北南纵线、60 条东西横线和 81 条联络线组成,总规模约 26.5 万 km。按照"主体保留、局部优化,扩大覆盖、完善网络"的思路,调整拓展普通国道网:保留原国道网的主体,优化路线走向,恢复被高速公路占用的普通国道路段。

补充连接地级行政中心和县级节点、重要的交通枢纽、物流节点城市和边境口岸;增加可有效提高路网运行效率和应急保障能力的部分路线;增设沿边沿海路线,维持普通国道网相对独立。

①首都放射线(12 条)

北京—沈阳、北京—抚远、北京—滨海新区、北京—平潭、北京—澳门、北京—广州、北京—香港、北京—昆明、北京—拉萨、北京—青铜峡、北京—漠河、北京环线。

②南北纵线(47 条)

鹤岗—大连、黑河—大连、绥化—沈阳、烟台—上海、秦皇岛—深圳、威海—汕头、乌兰浩特—海安、二连浩特—淅川、苏尼特左旗—北海、满都拉—防城港、银川—榕江、兰州—龙邦、策克—磨憨、西宁—澜沧、马鬃山—宁洱、红山嘴—吉隆、阿勒泰—塔什库尔干、霍尔果斯—若羌、喀纳斯—东兴、东营—深圳、同江—哈尔滨、嘉荫—临江、海口—三亚(东)、海口—三亚(中)、海口—三亚(西)、张掖—孟连、丹东—东兴、饶河—盖州、通化—武汉、嫩江—双辽、牙克石—四平、克什克腾—黄山、兴隆—阳江、新沂—海丰、芜湖—汕尾、济宁—宁德、南昌—惠来、正蓝旗—阳泉、保定—台山、呼和浩特—北海、甘其毛都—钦州、开县—凭祥、乌海—江津、巴中—金平、遂宁—麻栗坡、景泰—昭通、兰州—马关。

③东西横线(60 条)

绥芬河—满洲里、珲春—阿尔山、集安—阿巴嘎旗、丹东—霍林郭勒、庄河—西乌珠穆沁旗、绥中—珠恩嘎达布其、黄骅—山丹、文登—石家庄、青岛—兰州、连云港—共和、连云港—栾川、上海—霍尔果斯、乌鲁木齐—红其拉甫、西宁—吐尔尕特、长乐—同仁、成都—噶尔、上海—聂拉木、高雄—成都、上海—瑞丽、广州—成都、瑞安—友谊关、瑞金—清水河、福州—昆明、广州—南宁、秀山—河口、连云港—固原、启东—老河口、舟山—鲁山、洞头—合肥、丹东—阿勒泰、萝北—额布都格、三合—莫力达瓦旗、龙井—东乌珠穆沁旗、承德—塔城、天津—神木、黄骅—榆林、海兴—天峻、滨州港—榆林、东营港—子长、胶南—海晏、日照—凤县、大丰—卢氏、东台—灵武、启东—那曲、上海—安康、南京—德令哈、武汉—大理、察雅—萨嘎、利川—炉霍、台州—小金、张家界—巧家、宁德—福贡、南昌—兴义、福州—巴马、湄洲—西昌、东山—泸水、石狮—水口、佛山—富宁、文昌—临高、陵水—昌江。

此外,包括81条联络线。

(2) 国家高速公路网

由7条首都放射线、11条南北纵线、18条东西横线,以及地区环线、并行线、联络线等组成,约11.8万km,另规划远期展望线约1.8万km。按照"实现有效连接、提升通道能力、强化区际联系、优化路网衔接"的思路,补充完善国家高速公路网:保持原国家高速公路网规划总体框架基本不变,补充连接新增20万人以上城镇人口城市、地级行政中心、重要港口和重要国际运输通道;在运输繁忙的通道上布设平行路线;增设区际、省际通道和重要城际通道;适当增加有效提高路网运输效率的联络线(图1-26)。

① 首都放射线(7条)

北京—哈尔滨、北京—上海、北京—台北、北京—港澳、北京—昆明、北京—拉萨、北京—乌鲁木齐。

② 北南纵线(11条)

鹤岗—大连、沈阳—海口、长春—深圳、济南—广州、大庆—广州、二连浩特—广州、呼和浩特—北海、包头—茂名、银川—百色、兰州—海口、银川—昆明。

③ 东西横线(18条)

绥芬河—满洲里、珲春—乌兰浩特、丹东—锡林浩特、荣成—乌海、青岛—银川、青岛—兰州、连云港—霍尔果斯、南京—洛阳、上海—西安、上海—成都、上海—重庆、杭州—瑞丽、上海—昆明、福州—银川、泉州—南宁、厦门—成都、汕头—昆明、广州—昆明。

此外包括6条地区性环线以及若干条并行线、联络线等。

(3) 实施方案

① 建设需求

普通国道:规划总计26.5万km,其中,利用原国道10.4万km、原省道12.4万km、原县乡道2.9万km,合计占规划里程的97%,其余3%约0.8万km需要新建;目前达到二级及以上技术标准的普通国道路线约占60%,按照未来基本达到二级及以上标准测算,共约10万km需要升级改造。

国家高速公路:规划总计11.8万km,目前已建成7.1万km,在建约2.2万km,待建约2.5万km,分别占60%、19%和21%。

② 实施安排

"十二五"期间,加快推进普通国道改造,实现通车里程约26万km,其中二级及以上公路比重达到70%以上;有序推进对加强省际、区域和城际联系具有重要作用的国家高速公路建设,提高主要公路通道的通行能力,国家高速公路通车里程达9.5万km。

基本建成普通国道网和国家高速公路网,大约需要20年。

③ 实施要求

统筹安排,集中力量,加快推进普通国道建设,以既有路线升级改造为主,着力提升技术等级、服务能力和水平。科学论证、量力而行,有序推进国家高速公路建设,把握好建设节奏,合理确定建设时机,因地制宜确定建设标准。慎重决策国家高速公路远期展望线,原则上到2030年

第一章 交通运输系统综述

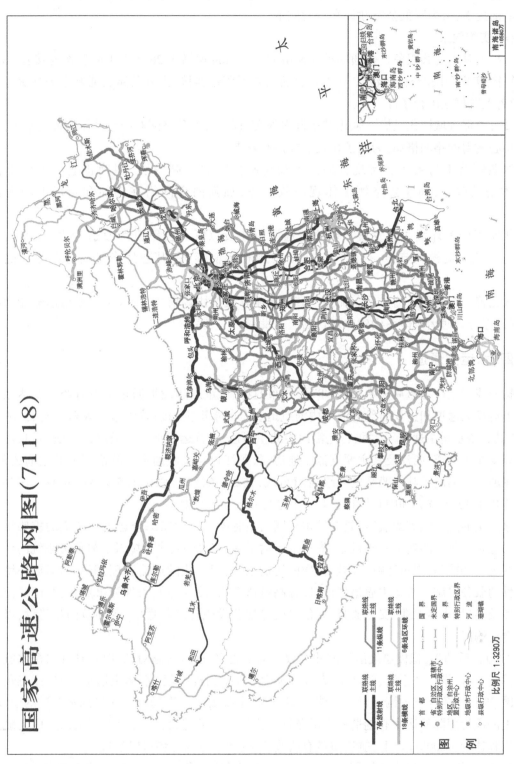

图1-26 国家高速公路网布局方案

左右,视区域经济社会和交通发展需求适时开展建设,灵活掌握建设标准。在满足安全和运输需求的前提下,努力降低公路建设和运营成本。

(4)实施效果

①扩大基本公共服务。普通国道规模由10.6万km调增至26.5万km,新增连接县(市)900多个,实现全国所有县级及以上行政区都有普通国道连接,提升公路交通基本公共服务能力,改善人民群众出行条件。

②有效促进城镇化发展。强化城市群内外交通联系,提升路网对中小城镇的覆盖水平,形成多中心放射的路网格局,为城镇化发展提供有效支撑。

③兼顾公平与效率。实现普通国道和高速公路的协调发展,明确普通国道侧重体现基本公共服务,高速公路侧重体现高效服务,加强两个网络在功能和布局上的衔接协调。

④实现资源环境协调发展。新增普通国道建设以既有公路升级改造为主,高速公路合理把握建设规模和节奏,有效降低土地占用和环境影响,促进公路建设与资源环境和谐发展。

⑤完善综合交通运输体系。加强与其他运输方式的协调衔接,统筹主要通道运输能力配置,促进综合交通运输体系构建和现代物流业发展。

四、水运主通道

按照我国生产力布局和水资源"T"形分布的特点,重点建设贯通东南沿海经济发达地区的海上运输大通道和主要通航河流的内河航道。全国水运主通道总体布局规划是发展"两纵三横"共5条水运主通道。"两纵"是沿海南北主通道,京杭运河淮河主通道;"三横"是长江及其主要支流主通道,西江及其主要支流主通道,黑龙江松花江主通道。除沿海南北主通道外,内河主通道由通航千吨级船队的四级航道组成,共20条河流,总长1.5万km左右。这些主通道连接了17个省会和中心城市,24个开放城市,5个经济特区。

水运主通道是国家级航道,是全国水运网的主骨架。是国家综合运输大通道的重要组成部分。它是高等级的航运基础设施、先进的运输工具、完善的安全保障及后勤服务系统的综合体。其主要功能是,提供通畅、高效、优质的运输条件,现代化的运输管理,舒适的运输环境和综合性的服务设施。水运主通道建设,以提高航道等级、改善通航条件为重点,同时还要使运输船舶及港口、水运工业、安全监督、通信导航等配套设施与之相适应,各环节同步建设,以形成综合运输能力。

"九五"后两年,积极建设沿海南北高效水运主通道,逐步实施对长江口、珠江口深水航道的整治,重点建设长江干流、西江干流、京杭运河(济宁到杭州段)水运主通道;和长江三角洲航道网、珠江三角洲航道网,形成"一纵两横两网"全线贯通的格局。长江口深水航道的建设,将为上海成为国际航运中心创造有利的条件。内河航道的建设,要力争使三级以上内河航道通航里程达到8 600km以上;航道质量有所改善;内河航运的优势得以显现。

到2010年,全面建成与外贸运输和海上运输相适应的海上南北高效运输大通道。内河航运,重点建设长江干线及其重要支流,进一步完善珠江及京杭运河,初步形成以"一纵三横"为主骨架,包括20条主要内河航道总长约1.5万km的内河运输主通道,使之成为为沿江工业带经济发展服务的航运体系。结合水资源综合利用工程,渠化航道,提高标准,改善航运条件。

五、港站主枢纽

重点建设在水运主通道、公路主骨架以及与铁路和航空干线交汇处的水运主枢纽港口、公路主枢纽站场。这些港口和站场,是多种运输方式相衔接的客货集散中心和综合运输组织服务中心。

全国主枢纽港口的布局规划是发展43个主枢纽,其中沿海港口20个,内河港口23个,覆盖了沿海14个开放城市、4个经济特区、海南经济特区的省会以及水运主通道上全部省会城市和大中城市的66%。"九五"后两年,沿海主枢纽港口要加强能源、外贸和重要原材料运输所需要的港口基础设施建设,力争使规划中的沿海和内河主枢纽港有一半左右建成,使我国沿海主枢纽港口布局有明显改善;沿海主枢纽港口码头专业化、大型化的趋势更加明显,增大对国际航线船舶大型化的适应性。2010年年前,继续加强煤炭、集装箱、矿石、石油等能源和外贸货物运输所需的沿海和内河主枢纽港建设,形成较完善的、以水运为主的集装箱联合运输系统,既有集装箱枢纽港,又有干线港和支线港,并形成我国集装箱国际枢纽港;建成现代化的以水运为中心的金属矿石、煤炭、石油、粮食等大宗能源、原材料联合运输系统;形成便捷的滚装运输和陆岛交通体系。

全国公路主枢纽站的布局规划是发展45个客货主枢纽站。这45个公路主枢纽站覆盖了全国30个省会城市、80.6%人口在100万以上的特大城市和73.3%工业产值在100亿元以上的城市。"九五"期间,起步建设公路主枢纽站。到2010年,全国45个公路主枢纽站基本建成,并完善相应的软硬件配套服务和管理设施。同时建设干线公路场站和支线公路站点,逐步形成以公路主枢纽站为中心、以干线公路站场和支线公路站点为支撑的多层次的公路运输站场体系,基本满足中长途旅客运输及集装箱和零担快件货物运输等的要求。

港站主枢纽按规划标准建成后,不仅主枢纽港站的吞吐能力和集疏运能力显著提高,而且所有主枢纽港站还要具有运输组织、中转换装、装卸储存、多式联运、通信信息以及生产、经营、管理和生活辅助服务等项基本功能。这对有效组织运输,压缩客货在港站滞留时间,减少中转环节,发展联合运输,培育和发展统一开放、竞争有序的运输市场等都具有重大意义。

六、交通支持保障系统

交通支持保障系统包括车辆船舶、安全监督、通信导航、救助打捞、公安消防、信息服务、交通教育、科技进步等部分。

在公路车辆方面,营运客车重点发展适应高速公路和干线长途运输需要的高速、安全、经济、舒适大中型高档客车、卧铺客车及适合农村使用的普通轻型客车和其他专用客车;营运货车大力发展重型车、汽车列车和轻型车,使重型车和汽车列车迅速成为干线长途运输和大宗货物运输的主力车型,并努力提高柴油车的比重;同时重视各种专用车和特种变形车的研制、生产和使用,以提高运输质量和效益。在水运船舶方面,远洋船队以发展大型集装箱船和散货船为重点;沿海船以建设大型、高效的能源运输船队为主,以配备适当的自卸船、滚装船、化学船为辅;内河以加强分节驳顶推船队建设为重点,适度发展江海直达和干支直达船舶。水上客运,在客运量较大的中短途航线上,重点发展高速客船;在旅游资源丰富的中长途航线上,大力发展旅游船;在海湾、陆岛、海峡航线上发展旅客滚装船。

在安全监督、通信导航、救助打捞、公安消防、信息服务、交通教育、科技进步等方面,吞吐量在 500 万 t 以上的沿海港口和沿海、内河主航道及其周围水域,建立起不同等级的船舶交通管理系统和完善的船舶报告系统、航行警告系统、搜寻救助系统和比较完善的航标导航系统。建设完善海上遇险和安全系统及内河通信系统,形成较为完整的海上救助系统。建设公路运输的通信枢纽和各级交换中心。建设从初级到高级的专业配套、结构合理、多个层次、多种形式、各类教育协调发展的交通教育体系;大力抓好公路、水路交通建设和运输生产发展的研究开发项目以及软科学项目,促进科技成果向运输生产的转化,推进交通运输决策的科学化和基础设施、装备以及管理方法手段的朝代化。上述规划设想实施后,我国交通支持保障系统的滞后状况将有大的改观。

随着公路主骨架、水运主通道和港站主枢纽及交通支持保障系统建设任务的完成,我国公路、水路运输将基本达到畅通、安全、高效的目标,并基本适应经济社会发展的需要。

第六节 现代化交通运输的发展趋势

交通运输系统的现代化是一个复杂的概念,它可以理解成为一种发展中国家追赶发达国家的过程;也可以理解成为一种采用高新技术改造传统交通运输系统的要求;或者是适应社会经济需求发展的要求。从表达形式上来看,可以是与发达国家基础设施规模的数量比较,可以是直接感受到的服务水平,也可以一种形象化的概念(例如立体交通、智能化交通等)。

对于"交通运输系统现代化"的理解,直接关系到城市交通运输系统的建设与改造,将影响到交通规划和交通发展战略的指导思想,从而产生不同方案和结果。例如国外某些城市在 20 世纪 50 年代进行的交通规划中,以最大限度地满足小汽车交通为目标进行规划,其结果交通用地占用了城市面积的 50% 以上,但最终还是没有能够解决交通拥挤问题,反而带来严重的环境污染。因此发达国家经过反思,在交通发展方向中提出了"后小汽车时代"等理念。

对于"现代化"的理解关系到交通运输系统的技术改造方向。例如,当信息技术迅速进入交通运输领域的时刻,是追求技术的先进性,还是注重技术的适用性;是简单模仿发达国家的技术改造计划,还是在认真分析国情的基础上确定实事求是的技术战略等问题,均需要明确"现代化"的确切目标,才能做出具体回答。

对于"现代化"的理解也关系到产业政策的制定。在社会经济现代化的进程中,传统的交通运输行业需要进行何种改造,企业将面临何种类型的挑战,政府应该如何管理运输市场和企业等问题都与"现代化"理念具有密切的联系。

交通运输系统所需要适应的需求是多方位的,基本可以反映为如下三方面的需求。

(1)适应经济发展的需求:建设国际经济中心城市;带动区域经济的发展;创造良好的投资环境;促进产业结构的调整等。

(2)适应社会发展的需求:建设支持城市群体可持续发展的交通运输系统,支持城市结构及布局的调整;为市民提供高水平的交通运输服务;迎接 WTO 的挑战等。

(3)适应生态环境持续发展的需求:建立生态条件良好的交通空间;降低交通环境污染程度;减少交通运输系统建设及运行对自然界资源的索取等。

同时,交通运输系统的建设又具有重要的引导作用,作为城市空间布局骨架的交通系统将引导城市的发展;交通运输业的技术改造将为信息产业创造巨大的市场;交通运输服务方式的现代化(例如现代物流服务),将促使传统的商业营销通道体系进行重组改造、企业联盟关系与方式的重组等。

一、21世纪我国交通运输发展趋势

改革开放以来,我国加快了交通基础设施建设,交通运输成为经济建设的战略重点;尤其是20世纪90年代以来,我国采取了一系列重大举措,增加投资力度,促进了交通运输快速发展,初步解决了煤炭等大宗散货运输的紧张矛盾。目前,我国交通运输发展正从"限制型"向"适应型"转变。

进入21世纪,我国国民经济仍将保持持续快速发展。到21世纪中叶基本实现现代化,人均国民生产总值达到中等发达国家水平,社会经济面貌将发生历史性巨大变化,人民生活将更加富裕。因此,交通运输发展的市场前景十分广阔。预测21世纪初期运输需求将保持增长,并呈现出客强货弱的特点,客运需求年均增长5%,货运需求年均增长2%;运输质量将得到全面提高,客运高速化、货运物流化将成为发展方向;交通管理与运输组织技术将发生根本变革。

1. 客运高速化

交通运输发展史,从根本上说,是一部以提高运输速度为目标的技术开发史。随着科学技术的发展,人类社会不断地改进交通工具,改善运输系统,以此来推进交通运输适应高效和快捷的运输需求。21世纪的交通运输,速度更快,效率更高。随着人民生活水平的提高和消费观念的改变,客运需求结构将发生变化,在生产性旅行需求增加的同时,消费性旅行需求将不断增加。旅客对运输需求已不再仅仅是数量上的满足,对改善旅行条件、缩短旅途时间、提高服务水平等质量方面的需求与日俱增。以高速化为重点,安全、舒适、便捷以及服务质量等可望在新世纪得以全面革新。

2. 货运物流化

21世纪是信息化时代,是知识时代。知识经济和经济知识化将主宰21世纪。知识经济将对社会的生产方式、生活方式、思维方式、经营管理方式产生重大影响。信息产业空前的发展,使货运业在现代经济社会中的基础性作用发生变化,货运业将融入整个物流系统之中,最突出的特点就是综合性,它把生产、经营、销售与流通等环节综合起来,进行全面的、系统的管理,其目的是注重货物运输的总体效率和效益。因此,未来货运业的发展,总量增长有限,但货运质量、效率、服务将全面提高。

3. 交通管理与运输组织技术将发生变革

科学技术是生产力,管理技术也是生产力。21世纪,随着电子技术、信息技术、通信技术和系统工程等高科技在交通领域的广泛应用,客货运输信息管理、运输工具控制、运输安全等技术均将产生巨大的飞跃,一种信息化、智能化、社会化的新型运输系统将形成,交通运输生产力将产生历史性跨越。

二、21世纪我国交通运输发展目标和任务

我国交通运输发展目标是:到21世纪中叶,建立一个可持续性的,以高速化和智能化为目

标的新型综合交通运输体系,并成为世界交通强国和运输大国。交通科学技术达到世界先进国家水平,交通运输技术装备、运输组织与运输管理,进入世界先进水平行列。铁路(含高速铁路)成为世界上最发达的系统;公路及其运输系统在世界上名列前茅;航空运输成为世界上最大的市场之一;水运成为世界航运强国。为实现上述目标,我国交通运输发展任务如下:

(1)继续加强交通基础设施建设,建立现代化交通运输体系

21世纪初期,我国交通运输的主题仍是发展。虽然改革开放以来,交通基础设施进行了大规模扩张,但是交通运输网络布局仍不完善,总体规模偏小,技术水平较低。

21世纪我国交通运输要适应社会经济持续快速发展的需要,首先必须扩大交通网规模,力争交通运输路网总量、质量实现新的突破,形成现代化综合交通运输体系。

①铁路应拓展和完善铁路网,建设高速铁路,提高路网规模,并建成现代化的铁路枢纽和客货运输中心,构筑起全方位的铁路运输网络。

②公路建设在国道主干线及公路主枢纽的基础上,进一步完善公路网络,形成以高速公路为骨架、主要公路客货运输站为枢纽,实现全国重要城市、工农业生产中心、交通枢纽和主要陆上口岸相连接,并通过发达的干、支线公路和农村道路连接全国各地,构成主干线、干线、支线相衔接、高效便捷的全国公路网。

③港口建设以集装箱运输系统为重点,形成由枢纽港、干线港和支线港组成的集装箱运输系统;不断完善煤炭、石油、矿石、粮食等运输系统,使各类货物通过以港口为中心的水水、水陆联运系统,实现快速、方便、安全地运输。

④机场建设按照合理布局的原则,加快扩充机场数量,形成由枢纽航空港、干线航空港和支线航空港组成的民用航空系统,使全国民用航空航线基本覆盖全国大中城市和边远、偏僻等交通不便及人口密度较大的地区。

(2)不断提高运输速度,大力发展高速交通

高速交通是衡量一个国家经济发展水平和科学技术实力的重要标志之一,是世界交通运输发展的必然趋势。我国高速交通发展,相对交通发达国家而言,起步较晚,总体滞后30年左右。高速水运20世纪80年代后才得到了较快发展,高速公路在1988年实现零的突破,高速铁路至今还是空白。21世纪,交通运输的运行高速化、运营优质化、运量集中化等发展趋势和特点,要求高速交通必须有一个大的发展。我国高速交通的发展,设想用50年左右的时间,初步完成全国高速交通系统的建设,形成由航空、高速铁路、高速公路、高速水运和其他高速交通方式所组成的高速交通运输体系,高速交通网络布局与区域社会经济发展相协调,高速交通主体技术装备达到世界先进水平。

①建设新型的高速列车系统,使运营速度达到 500~700km/h;同时,大力提高既有铁路列车速度,客运列车达到 200km/h 以上,货运列车 150km/h 以上。

②新建和改扩建民航机场,使占机场旅客吞吐量90%以上的40个城市的41个机场尽快达到现代化水平;建立先进空中管理服务系统,如枢纽航空港辐射式航线网络。

③建成由全国高速公路网为骨干的公路运输通道,提高汽车行驶速度,实现由小客车和大型客货汽车构成的快速运输。

④在沿海、内河及湖泊地区,因地制宜地发展高效舒适的水上高速客运,大幅度提高客船航速。货运船舶航速也将大幅度提高。

(3)依靠科技进步,促进交通运输可持续发展

交通发展需要消耗大量资源,同时又是环境的主要污染源之一。在实施可持续发展战略中,面对日益严峻的人口、就业、资源和环境等压力,建立对生态危害最小、消耗资源最低、运输效率最高的交通运输系统,是交通运输行业负有的特殊使命和责任。

① 建立综合交通系统

铁路、公路、水运、航空、管道等各种运输方式有着不同的特点和优势。充分利用和有效发挥各种运输方式的特点和优势,有利于最大限度地发挥交通运输对社会经济发展的良好促进作用。

未来中国交通运输发展,要结合人口众多、国土辽阔的国情,以铁路为骨干,公路为基础,积极发展航空运输,充分利用内河、沿海和远洋运输资源,形成全国统一、四通八达、各具不同功能的综合交通运输网络体系。

② 发展智能运输系统(ITS)

智能运输系统是指运用自动化、信息化、通讯与感测等技术,对运输工具和线路设施运行状况等信息进行交换和处理,进而增进运输的安全、效率与舒适,同时减少交通环境冲击的有效整合型运输系统。智能运输系统的大规模研究始于20世纪80年代中期,主要是智能公路系统。欧洲19个国家率先投入巨资联合研究开发,日本随后,美国则于1991年列入国家研究计划,并以技术基础雄厚,资金充足,而进入前列。目前,我国在智能运输系统研究开发方面处于一种零散的、初级的状态。改造既有运输系统及管理体系,发展智能运输系统,从而大幅度提高路网通行能力,是未来交通运输发展方向。

③ 开发交通环保技术

环境问题日益引起世界各国的广泛关注。21世纪交通科技发展重点之一是开发各类交通环保专项技术。预计21世纪,随着能源新技术的突破,对环境污染较大的燃油汽车将被环保型汽车所替代;公路路面将采用新材料和施工工艺,公路交通的噪声将大大减小;普通铁路将基本实现电气化,高速铁路将进入磁浮系统时代;城市轨道交通将采用低噪声新型电车;各种运输方式相互渗透,新型环保高速交通方式将产生并投入商业运营。总之,环保技术将日益渗透于交通运输发展进程之中。

(4) 十二五交通运输建设的基本原则

① 把发展作为第一要务,保持持续发展。按照"适度超前"的原则,把握发展节奏,合理有序、平稳较快地推进交通基础设施建设,加速形成基础设施网络,加快提升运输保障能力,优化交通结构、提升质量效率,坚持速度、结构、质量、效益相统一,在发展中促转变,在转变中谋发展,实现交通运输又好又快发展。

② 把统筹兼顾作为根本方法,推进协调发展。统筹各种运输方式协调发展,加快综合运输体系建设,坚持建、养、运、管并重,着力提升服务水平。统筹区域、城乡交通运输发展,进一步向西部地区、"老少边穷"地区倾斜,推进公共服务均等化,使人民群众共享交通改革发展的成果,实现交通运输协调发展。

③ 把深化改革作为强大动力,鼓励创新发展。坚持解放思想,抢抓战略机遇,深化交通运输领域的各项改革,坚持理念创新、科技创新、体制机制创新、政策创新,以世界眼光、战略思维谋划交通运输发展,以科技进步和信息化改造和提升交通运输业,建立和完善适应市场经济体制要求和符合交通运输发展规律的新体制、新机制,构建交通运输科学发展的政策环境,实现交通运输创新发展。

④把可持续发展作为基本要求,促进绿色发展。树立绿色、低碳的发展理念,继续推进资源节约型、环境友好型交通行业建设,加快建立以低碳为特征的交通运输体系,强化节能减排,集约节约利用资源,促进资源循环利用,加强生态和环境保护,实现交通运输绿色发展。

⑤把保障安全作为重要前提,坚持安全发展。牢固树立"安全第一"的思想,努力提高安全保障能力,强化安全监督管理,切实加强预防预警和应急处置体系建设,为经济社会发展提供安全可靠的运输服务,实现交通运输安全发展。

(5)十二五交通运输建设的基本目标

①基础设施

a. 公路网规模进一步扩大,技术质量明显提升。公路总里程达到450万km,国家高速公路网基本建成,高速公路总里程达到10.8万km,覆盖90%以上的20万以上城镇人口城市,二级及以上公路里程达到65万km,国省道总体技术状况达到良等水平,农村公路总里程达到390万km。

b. 沿海港口布局进一步完善,服务功能明显拓展。形成布局合理、保障有力、服务高效、安全环保、管理先进的现代化港口体系,港口码头结构进一步优化,深水泊位达到2 214个,能力适应度(港口通过能力/实际完成吞吐量)达到1.1。

c. 内河航道通航条件显著改善。"两横一纵两网十八线"1.9万km高等级航道70%达到规划标准,高等级航道里程达到1.3万km,内河水运得到较快发展,运输优势进一步发挥。

d. 民用航空保障能力整体提高。初步建成布局合理、功能完善、层次分明、安全高效的机场体系,运输机场数量达到230个以上,大型机场容量饱和问题得到缓解。

e. 邮政服务范围进一步扩大,能力进一步增强。基本建成覆盖城乡、惠及全民、水平适度、可持续发展的邮政普遍服务体系,邮政普遍服务局所总数达到6.2万个。

f. 运输枢纽建设取得明显进展。建成100个左右铁路、公路、城市交通有效衔接的综合客运枢纽,建设200个功能完善的综合性物流园区或公路货运枢纽。

②运输服务

a. 运输装备专业化、标准化水平显著提升。中高级营运客车比例达到40%,重型车、专用车和厢式车占营运货车比例达到25%、10%和25%,内河货运船舶船型标准化率达到50%。

b. 运输组织化程度明显提高,服务范围进一步延伸。集装箱、大宗货物水铁联运、江海联运较快发展。所有具备条件的乡镇和92%的建制村通客车,有条件的地区实现城乡客运一体化。

c. 服务水平和运行效率显著提升。国道平均运行速度提高到60km/h,内河主要港口基本实现机械化、专业化,沿海主要港口平均每装卸千吨货在港停时下降15%,民航航班正常率高于80%,邮件、快件全程时限达标率达到85%。

d. 城市客运服务水平明显提升。300万人口以上的城市、100万~300万人口的城市以及100万人口以下的城市,万人公交车辆拥有量分别达到15标台、12标台和10标台以上。

③交通科技与信息化

a. 科技创新体系进一步完善,创新能力显著增强。重大关键技术研发取得突破性进展,科技成果推广应用水平进一步提高,科技进步贡献率达到55%。

b. 信息化、智能化水平显著提升,在保障畅通运行、规范市场秩序、强化安全应急、服务决策支持方面取得明显成效,在推进综合运输体系建设、发展现代物流和实现低碳、绿色交通方面取得实质性突破。国省道重要路段和内河干线航道重要航段监测覆盖率达到70%以上,重点营业性运输装备监测覆盖率达到100%。

④绿色交通

a.环境保护力度进一步加强,重大交通工程生态修复取得明显进展,主要污染物排放强度进一步降低,力争行业总悬浮颗粒物(TSP)和化学需氧量(COD)等主要污染物排放强度比"十一五"末降低20%。

b.节能减排取得明显成效。与2005年相比,营运车辆单位运输周转量的能耗和二氧化碳排放分别下降10%和11%,营运船舶单位运输周转量的能耗和二氧化碳排放分别下降15%和16%。与2010年相比,民航运输吨公里的能耗和二氧化碳排放均下降3%以上。

c.资源集约利用程度进一步提高。国省道单位行驶量用地面积下降5%,沿海港口单位长度码头岸线通过能力提高5%。

d.港口、公路服务区等生产、生活污水的循环利用水平,路面废弃材料等资源的再生利用水平显著提高。

⑤安全应急

a.公路交通安全应急水平明显提高。营运车辆万车公里事故数和死亡人数年均下降3%,城市客运百万车公里事故数和死亡人数年均下降1%。公路应急保障体系基本完善,应急指挥调度能力显著增强,一般灾害情况下公路抢通时间不超过24h,公路应急救援到达时间不超过2h。

b.水上交通安全应急水平迈上新台阶。百万吨港口吞吐量事故数和死亡人数年均下降5%,特别重大事故实行零控制。水上安全监管和救助能力显著提升,监管救助站点布局进一步完善,沿海重点水域离岸100海里,飞机90min内可到达实施救助,长江干线以及珠江水系和黑龙江水系的重要航段船舶应急到达时间不超过45min。溢油应急和抢险打捞能力进一步增强。

c.民航安全水平稳步提升。运输飞行百万小时重大事故率低于0.2。

三、交通运输系统的信息化与智能化

1.智能运输系统的基本构成

智能运输系统是国际上的热门课题,所谓智能运输系统,是采取高新技术手段对传统交通运输系统进行改造,以提高系统的运行效率和运行可靠性,减少对土地、空间、环境资源的消耗。力图通过这种方法缓解乃至解决优先的资源与不断发展的交通需求之间的矛盾。

对于城市交通运输系统来说,其信息化、智能化改造可以分为三个基本方面:先进的道路交通管理系统、先进的车辆运行管理系统和先进的交通信息服务系统。

先进的道路交通管理系统包括:先进道路监控系统、道路交通诱导系统、电子收费系统等。而先进的车辆运行管理系统则包括:营运货运车辆运行管理系统、信息化公交系统、车辆紧急救援系统、运政管理系统等。先进的交通信息系统则包括:综合交通信息服务系统、公共交通信息服务系统、政府交通运输管理信息系统等。

这三大类系统相互配合,形成了整个城市交通运输的数字化神经网络。

2.智能运输系统的建设特点

(1)系统创新特点

与传统运输系统相比,智能运输系统具有显著的系统创新特征:

①智能运输系统大量采用新技术和新装备,利用卫星定位、地理信息系统、无线集群通信系统、电子识别等技术装备,形成信息采集、信息加工和管理、信息发布的有机整体。

②通过信息技术对分散进行的个体交通行为进行引导整合,帮助个体在掌握宏观信息的基础上将其交通行为合理化,促进系统整体的协调。

③通过信息技术增强管理水平,形成交通系统的完整信息采集、信息管理与加工、信息发布"系统神经网络",以支持各种科学决策行为。

④通过信息系统实现交通系统与整个社会经济系统的有效衔接:交通运输信息融入供应链;交通运输信息融入居民生活信息链。

因此,智能运输系统是对传统运输系统的一次革命,传统的运输观念、运输行业组织形式、运输管理方法,以及传统的运输技术都将由于智能运输系统的发展而发生变革。智能运输系统的建设不仅是一种技术创新,也是一种组织创新、观念创新、管理创新的过程。如果不进行相应的变革,先进技术所能够发挥的作用将是非常有限的。

(2)系统协调运作特点

智能运输系统的整体性体现在:

①跨行业特点。智能运输系统是涉及众多行业领域的社会综合系统,行业之间的协调包括:建设任务的协调,管理体制的协调,政策的协调,技术的协调,基础设施使用的协调,信息采用与应用的协调。

②跨技术领域特点。智能运输系统综合了交通工程、信息工程、通信技术、控制技术、计算机技术等众多学科领域的成果,需要多专业领域技术人员共同参与。

③政府、企业、科研机构和高等院校共同参与。建设过程中恰当的角色定位和任务分工是系统有效展开的前提条件。

【复习思考题】

1. 请结合自己的学习体会,谈一谈交通运输现代化的基本特征。
2. 五种运输方式有何基本特征?
3. 我国交通运输网络规划的内容和基本特点是什么?
4. 我国21世纪交通发展的主要目标是什么?
5. 请分析交通运输的现状和发展趋势。
6. 请分析现代交通运输的信息化和智能化的主要体现。

第二章 交通工程

【学习目的与学习要求】

交通工程学从交通运输的角度将人、车、路、环境、资源作为一个有机的统一体进行研究,服务于高效、有序、安全、环保、经济等多方面要求的综合交通运输系统的建立。专业学生应具备交通运输系统分析、规划、设计与施工、管理与控制及交通安全等方面的基本能力。本章学习目的是了解交通工程学的基本内涵、基本知识和未来发展的方向。

本章学习要求是了解与交通工程学相关的基本理论和工程应用方法,包括:交通特性(行为)分析、交通流理论、通行能力和服务水平、交通系统分析、交通规划、交通管理与控制、交通设计、交通安全等方面。作为一名交通工程师,需要从社会科学和自然科学双重角度深刻理解交通问题的成因,并综合运用交通系统优化和交通土建工程的知识解决交通问题。

第一节 交通工程专业内涵及素质要求

一、交通工程学的产生与定义

交通是国民经济与各项生活、生产活动的主要环节之一,人们对广义交通的理解包括:人、物的运输与语言、文字符号、图像等视听信息的传递。通常意义的交通则多指人和物在管理空间上的移动,而将信息的传播划归邮电通信。狭义的交通也可理解为"衣、食、住、行"中的行。良好的交通条件与高效的运输系统,能够促进社会的发展、经济的繁荣和保证人们日常生活的正常进行。城市与区域的发展,特别是大城市政治、经济、社会、科技、文化教育等各项活动的正常开展与地区的经济发展,都有赖于交通的现代化。

交通工程学是一门研究道路交通中各种交通现象基本规律及系统工程应用的新兴学科,尽管交通工程在古代就已经存在,但作为一门独立学科,是在1930年美国交通工程师学会成立以后,才正式提出交通工程学这一名称的,因此,一般以美国交通工程师学会成立作为交通工程学科诞生的标志。

交通工程的发展史在相当程度上是一部"与交通问题做斗争的历史"。20世纪初以前,交通问题的解决大多由道路、桥梁工程师兼任,其主要原因是当时的交通问题还很不突出。随着经济社会的快速发展,特别是汽车作为城市和区域的主导交通工具后,在便利人们出行的同时,也带来了交通拥堵、资源消耗、环境污染、交通安全等方面的巨大问题。人们逐渐发现仅靠修路和建桥等局部交通基础设施的建设无法缓解交通整体问题,由此开始推动交通工程学的发展。随着交通问题呈现出越来越强的复杂性,交通工程学的作用也变得愈加突出。

不同国家交通问题的表现形式各有不同,对交通工程学的定义也体现出一定的偏重。

(1)20世纪40年代,交通工程学科作为一门独立的学科刚建立时,美国交通工程师学会下的定义是:交通工程学是道路工程学的一个分支,它研究道路规划、几何设计、交通管理和道路网、终点站、毗邻区域用地与各种交通方式的关系,以便使客货运输安全、有效方便。

(2)澳大利亚著名交通工程学家布伦敦教授则认为:交通工程学是关于交通和出行的计测科学,是研究交通流和交通发生的基本规律的科学,为了使人、物安全而有效地移动,将此学科的知识用于交通系统的规划、设计和运营。

(3)1983年,世界交通工程师协会《会员指南》提出:交通工程学是运输工程学的一个分支,它涉及规划、几何设计、交通管理和道路网、终点站毗连用地与其他运输方式的关系。

(4)前苏联学者把交通工程学定义为:研究交通运行的规律和对交通、道路结构、人工构造物影响的科学。

(5)英国学者则认为,道路工程中研究交通用途与控制、交通规划、线形设计的那一部分称为交通工程学。

(6)我国《交通工程手册》对其定义为:研究道路交通中人、车、路、环境之间的关系,探讨道路交通的规律,建立交通规划、设计、控制和管理的理论方法,以及有关设施、装备、法律和法规等,使道路交通更加安全、高效、快捷、舒适的一门技术科学。

尽管各国学者对交通工程学的理解、认识不完全一致,但在以下两个方面是基本共同的:交通工程学是从道路工程学分化出来的,它的主要研究对象是道路交通;交通工程学主要解决道路交通系统规划、建设与管理中的科学和工程问题。而铁路、航空、水运、管道等交通方式和工具的系统性研究则隶属于交通运输专业方向。

二、交通工程学主要特点及内涵

交通工程学是一门正在发展中的综合性学科,它从交通运输的角度把人、车、路、环境、资源作为一个有机的统一体进行研究,兼有社会科学与自然科学的双重特点。

1. 系统性

交通系统是一个复杂的、开放性的大系统,交通系统的运转受到社会经济系统中其他子系统的影响与制约,如城市人口、城市土地利用直接影响城市交通系统的交通需求及流向,区域城镇布局及城镇经济发展直接影响区域公路网系统等。而交通系统本身又是由许多相互影响、相互制约的子系统所组成,如城市交通需求的发展受城市道路网络水平的制约,而城市道路网络的规划又以城市交通需求的发展为依据。因此,交通工程学最重要的方法论基础就是系统工程,以系统工程原理来认识和解决交通问题是交通工程学科发展最显著的特点。

2. 综合性

交通工程学科的研究具备五个方面的主要特性:

(1)工程(Engineering)。研究能满足交通需求的交通基础设施,包括这些交通基础设施的规划与设计。

(2)法规(Enforcement)。由于交通系统的复杂性及综合性,完善的交通法规是保障交通系统正常运转的必要条件。

(3)教育(Education),由于所有公民都是交通系统的直接或间接参与者,对广大公民(特别是少年儿童)进行现代交通意识教育以规范其交通行为非常必要。

(4)能源(Energy)。交通工具是能源消耗大户,低能耗交通工具一直是发达国家的研究热点。

(5)环境(Environment)。在一些发达国家,80%以上的噪声污染及废气污染是由汽车交通造成的,因此,交通组织、交通结构优化及道路环境保护设计是保障交通系统可持续发展的重要措施。

由于工程、教育、法规、能源、环境的英文单词的开头都是"E",人们通常称交通工程学科为"五E"学科。

3. 交叉性

交通工程学是与其他相关学科有着非常密切的联系。特别是随着科学技术的发展,交通工程学科与其他学科的交叉性更加明显,如当前国内外研究热点的智能交通系统,它是交通工程学科、电子工程学科、通信工程学科、自动控制学科、计算机学科、汽车工程学科等在交通运行管理中的相互交叉和融合。

4. 社会性

交通系统是社会经济系统中的一个子系统,它涉及社会的各个方面,特别是交通规划、交通管理、交通法规等,都直接影响到全社会的公民及全社会的企事业单位。同样,交通系统的建设管理水平直接影响到城市、区域的经济发展及人民生活水平的提高。

5. 超前性

交通系统是为社会经济发展、人民生活水平的提高服务的,交通系统是区域及城市发展的载体、社会经济活动的支撑体系,社会经济要发展,交通必须先行。另一方面,交通工程本身的建设周期和使用年限很长,如地铁往往要服务上百年,高速公路也要服务50年左右,因此,在进行交通系统规划建设时,必须预测和构想未来几年甚至几十年的交通线需求和工程实施后的影响。

三、交通工程专业基本素质要求

交通工程专业的人才培养目标为：具备交通运输系统分析与规划、道路交通设施设计及施工与管理、交通运输系统控制与管理、交通安全等方面知识及相关研究开发能力，能够从事交通系统规划与设计，道路交通工程设施设计、施工与管理，交通运输系统运营与管理的高级工程技术及管理人才。

专业培养的学生应具有的知识、能力与素质主要包括：

(1) 掌握数学、系统工程、工程力学、市政工程等方面的基本理论知识。

(2) 具有工程制图、工程测量、计算机应用等方面的基本技能。

(3) 具有从事交通运输系统分析、规划、设计、管理与控制及交通安全等方面的基本能力。

(4) 具有团队合作精神、口头及书面表达能力，良好科学精神和工程职业道德。

第二节　交通工程发展概况

一、交通工具的变革

自从出现了人类，就出现了交通，交通的发展依赖于交通工具的变革，交通工具的变革又依赖于科学技术的发展。以交通工具发生根本性变革来划分交通发展时代，一般可分为步行交通、马车交通、汽车交通和智能交通时代。

1. 步行交通时代

从远古时代到车轮发明前的漫长时期，人们的唯一交通活动方式（包括运输）是步行，尽管后来人们开始驯化野兽（或动物）来驮运货物，但仍属步行范畴。

2. 马车交通时代

车轮的发明使交通方式发生了根本性的变化，使人类交通进入车辆时代。以马车为主的畜力车辆的发展，使交通工程作为一种"工程"开始出现，能适应于马车、牛车通行的地方性道路开始修建，如我国春秋战国时期在秦岭地区修建的"金牛道"，秦始皇统一中国后修建的全国性"驰道""驿道"，汉代开辟的经西域通往西方的"丝绸之路"。能适应于马车通行的城市道路网也开始规划，如我国周代就已有了明确的道路系统及城市道路网规划，《周礼·考工记》记有"匠人营国，方九里，旁三门，国中九经九纬……经涂九轨，环涂七轨，野涂五轨"，这种"九经九纬"的道路网模式几乎一直沿用到近代。

3. 汽车交通时代

19 世纪末，工业革命之后出现了蒸汽机和电动车，为交通工具的改革和发展提供了良好的条件，于是，以动力机械驱动的各种机动车辆相继出现，以机器为动力的汽车逐步替代了以马、牛为动力的马车，成为交通发展一个里程碑。

1885 年，德国人格道力普·达姆勒制造了第一辆试验性的燃油四轮汽车，同年，卡尔·奔驰也制造了一辆燃油三轮汽车，1888 年，在市场上首次出售奔驰汽车，从此，世界上出现了近代汽车，并逐步替代了马车。1900 年全世界汽车保有量只有约 1 000 辆，20 年后(1920 年)就发展到约 300 万辆,到目前,全世界的汽车保有量已达 10 多亿辆。

交通工具的革命性变化,促进了交通工程学科的迅猛发展,为了适应汽车交通,交通基础设施规划、建设与管理的研究和技术应用也越加显示出其重要性。

二、交通工程学科的发展

交通工程学是为交通工程实践提供理论指导的一门学科,交通工程学科发展的各个阶段,其研究内容各有侧重,并取决于当时交通工程的实际情况,而各国交通工程的发展受本国社会经济发展的制约,发展历程也不尽相同,但对于大多数发达国家来说,交通工程学科的发展经历了以下几个阶段。

1. 基础理论形成阶段(20 世纪 30 年代初~40 年代末)

在这一阶段,由于交通工程学科刚刚诞生,学科发展重点是建立交通工程学的基本理论体系,研究的重点是对交通现象的调查及探索交通现象的一般规律。

2. 交通规划理论形成阶段(20 世纪 50 年代初~70 年代初)

为了适应汽车化带来的大量交通需求,在这一时期,发达国家开展了大规模的交通基础设施建设,包括城市交通基础设施建设及区域高等级公路网络建设,交通工程学科义不容辞地为当时这场大规模的基础设施建设热潮提供理论支持。该阶段的学科研究重点是城市交通规划理论与实用技术、区域公路网规划理论与实用技术。

3. 交通管理技术形成阶段(20 世纪 70 年代初~90 年代初)

汽车化的后果带来了交通需求的无限膨胀,20 世纪 50~60 年代建成的交通设施并不能完全满足进一步增加的交通需求,从 70 年代开始,发达国家将解决交通问题的措施从大规模交通基础设施建设转移到了现代化交通管理,以期望提高交通系统的运输效率。这一时期交通工程学科的研究重点是交通管理与控制技术的开发,如当时提出的交通需求管理概念、交通网络协调控制系统等目前仍在全世界范围内广泛采用。

4. 智能化交通系统研究阶段(20 世纪 90 年代中期开始)

现代科学技术的快速发展(电子、通信、控制等),为交通需求实时信息的获取和先进交通管理、控制技术的应用提供了持续不断的动力,并为不同国家和地区缓解交通问题提供了新的和更为科学的途径。智能交通运输系统也成为 20 世纪 90 年代后各国研究的热点。

三、我国交通工程专业的产生与发展

大部分中国交通工程专业是从道路工程学科中派生而来,基本发展经历了如下过程:

(1) 1952~1978 年,我国各高校先后设置道路工程、公路工程、铁路工程等本科专业。

(2) 1978 年后,美、日、英、加拿大等国的交通工程专家,先后在上海、北京、西安、南京、哈尔滨、长沙、成都等城市进行讲学,介绍了国外交通规划、交通管理、交通控制、高速公路与交通安全以及国外交通工程的发展和管理经验,仅美籍华人交通工程专家张秋先生就先后 15 次回国讲学,很大程度上推动了中国交通工程学科的发展。

(3) 1980 年,上海市成立了交通工程学会,1981 年交通工程学会成立,现 20 多个省、市、自治区成立了交通工程学会或交通工程学术委员会。

(4) 1985 年,全国大城市开始在道路工程/公路工程等专业开设交通工程选修课,开始酝酿开展交通规划研究工作。1986年及1987年,东南大学等7所大学先后设置交通工程本科生专业。目前,全国已经有百余所高校设立了交通工程专业。

(5)1990年,国务院学位委员会在近10所大学设立交通工程硕士点。

(6)1999年,"铁路、公路与水运"一级学科改名为"交通运输工程"。"交通工程"二级学科改名为"交通运输规划与管理学科"。

(7)2002年,东南大学、同济大学交通运输规划与管理学科被国务院学位委员会评为国家重点学科。2007年,6所大学交通运输工程一级学科被国务院学位委员会评为一级学科国家重点学科。

第三节 交通工程基本知识

交通工程学科作为运输工程学科的一个重要分支,随着社会对交通需求的增加及科学技术的进步而得到了迅速发展,学科的研究内容也日趋丰富。一般来说,交通工程学科研究的基本理论方法包括交通特性(行为)分析、交通流理论、通行能力和服务水平、交通系统分析等方面,它们是交通系统规划、建设和管理的基础,而与工程应用相关的方法、技术又可大致分为交通规划、交通设计、交通管理与控制、交通安全、土木交通工程等多个侧重点,见图2-1。

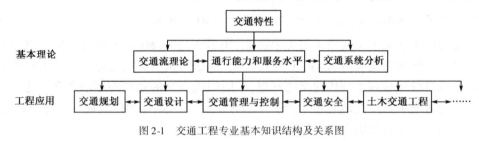

图2-1 交通工程专业基本知识结构及关系图

一、交通特性

交通特性重点研究道路交通系统各基本要素的自身特性以及各要素之间的相关特性,是交通规划、建设、管理等一系列工程技术应用的前提和基础。按照人、车、路、环境等交通工程学研究对象的相对侧重,可以分为以下几个方面。

1. 交通需求(行为)特性

交通是人和物基于特定目的的移动,由此产生了交通需求,交通需求是指出于各种目的的人和物在社会公共空间中以各种方式进行移动的要求。人类的各种社会活动产生了交通(出行)需求,又通过各种交通行为(如交通工具选择、出行时间和路径选择、驾车反应和心理行为等)作用在道路交通供给载体上,表现为交通流的形式,如图2-2所示。

交通需求表现出的基本要素为:是否进行交通出行及出行目的;出行过程中交通方式(工具)、路径如何选择;不同性质(交通方式、速度、出行距离等)交通量的时间和空间分布规律;交通设施与交通流的适应性等。它具有需求时间和空间的不均匀性、需求目的的差异性、实现需求方式的可变性等特征。

图 2-2 交通需求(行为)产生过程示意图

2. 交通载运工具特性

人和物的移动,除了步行交通以外,大部分依靠运载工具加以实现。因此,需要掌握自行车(包括电动自行车)、摩托车、汽车以及列车等的几何特征(长、宽、高)、动力性能(牵引力、速度、爬坡性能、制动性能、抗滑能力、载运能力)及其排放状况、与使用者和交通设施间的适应性等基本特性。

3. 交通设施供给特性

交通设施(公路、城市道路、交通枢纽等)是人和物以及载运工具移动的最终载体,交通供给是指为了满足各种交通需求所提供的交通基础设施和服务。交通设施的功能(快速路、主干路、立交、停车场等)、几何条件(长度、宽度、坡度、转弯半径、线形、面积等)、路面条件(材料性能、平整度、摩擦力、缝隙大小)以及与载运工具间的适应性(行驶条件、心理环境等),都会直接关系到交通系统的连通性、服务能力与通畅性,影响到交通流的连续性、平顺性、舒适性与安全性,以及交通用地量和建设投资乃至节能减排等。

4. 交通环境基本特性

狭义的交通环境主要是指由交通所导致的废气和碳排放、噪声、振动等。广义的交通环境是指作用于道路交通参与者的所有外界影响与力量的总和,包括交通设施状况、地物地貌、气象条件以及其他交通参与者的交通活动等。

二、交通流理论

交通流是交通需求和交通供给的相互作用结果和表现形式(图 2-2)。交通流理论以揭示交通运行现象和基本规律为主要目标,研究在一定环境下交通流随时间和空间变化规律的模型和方法体系,使我们能够更好地理解交通现象及其本质。

交通流理论涉及的范围非常广泛。根据美国的《交通流理论专著》(MONOGRAPH ON TRAFFIC FLOW THEORY)1975 年版和 1996 年版的研究内容以及阿道夫·梅(May, Adolf D.)的《交通流理论》(TRAFFIC FLOW FUNDAMENTALS)1990 年版研究内容,可以把交通流理论研究内容划分成如下 10 个部分:

(1)交通流特性(Traffic Stream Characteristics)。研究表示交通流特性的三个参数:流量、速度、密度的调查方法、分析特性及三者之间关系的模型。

图 2-3 描述了典型道路连续交通流中交通量 Q、速度 V 和密度 K 三参数变量之间的基本关系。其中,交通量为单位时间内通过道路某地点、断面或车道的交通实体数量;密度是指某一瞬间内单位长度上的交通实体数量,而速度为

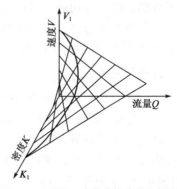

图 2-3 交通流三参数曲线关系示意图

交通实体行驶时间和所需时间的平均比值。可以看出,当交通密度很小时,车辆可以畅行速度行驶;随着密度和速度的增加,交通流量将逐渐增加到某个最大值;当交通量和密度进一步增加,则速度显著降低,出现车流拥挤、阻塞等现象。

(2) 人的因素(Human Facters)。研究驾驶员在人、车、路、环境中的反应及其对交通行为的影响。

(3) 车辆跟驰模型(Car Following Models)。研究车辆的跟驰行为,交通的稳定性和加速度干扰等数学模型。

(4) 连续流模型(Continuous Flow Models)。利用流体力学理论研究交通流三个参数之间的定量关系,并根据流量守恒原理重点研究交通波理论。

(5) 宏观交通流模型(Macroscopic Flow Models)。在宏观上(即道路网络上)研究流量、速度、密度的关系,重点研究路网不同位置(相对城市中心而言)的交通流特性。

(6) 交通影响模型(Traffic Impact Models)。研究不同管制下的交通影响,包括交通安全、燃料消耗和空气质量等。

(7) 无信号控制交叉口理论(Unsignalized Intersection Theory)。主要由数理统计和排队论研究无信号交叉口车流的可插车间隙和竞争车流之间的相互作用。

(8) 信号控制交叉口交通流理论(the Theory of Traffic Flow at Signalized Intersections)。研究信号交叉口对车流的阻滞理论,包括交通状态分析、稳态理论、定数理论和过度函数曲线等。

(9) 交通模拟(Traffic Simulation)。研究模拟技术在交通流分析中的运用,介绍交通模拟模型的种类和建模步骤。

(10) 交通分配(Traffic Assignment)。研究交通分配的基本理论和方法以及这些理论和方法的应用。

交通流理论可广泛应用于交通运输工程的许多研究领域,如交通规划、交通管理与控制、道路与交通工程设施设计等,应该说是这些研究领域的基础理论。近些年,尤其是随着智能运输系统的蓬勃发展,交通流理论所涉及的范围和内容在不断地发展与变化,如控制理论、人工智能等新兴科学思想、方法和理论已经用于解决交通运输研究中遇到的复杂问题,又如随着计算机技术的发展,模拟技术和方法越来越多地被用来描述和分析交通运输工程的某些过程或现象。

三、道路通行能力及服务水平

道路通行能力和服务水平是交通规划、设计及管理等方面的基本参数,它们从不同角度反映了道路的性质与功能。道路通行能力反映了道路设施疏导交通流的能力,服务水平则反映了在一定条件下道路设施所能够提供的服务质量或服务的满意程度。道路通行能力与其服务水平密切相关,两者通常密不可分。

1. 通行能力

通行能力是指道路设施所能疏导交通流的能力。即在一定的时段(通常取 15min 或 1h)和正常的道路、交通、管制以及运行质量要求下,道路设施通过交通流质点的能力。它既反映了道路疏通交通的最大能力,也反映了在规定特性前提下,道路所能承担车辆运行的极限值。通行能力一般以 veh/h(辆/小时)、pcu/h(当量标准小客车/小时)表示,基本单位是 pcu/h/ln(当量小客车/小时/车道)。

通行能力与交通量既有相同之处,也存在本质区别。交通量是一定时间内道路上实际运行着的交通个体的数值,其数值具有动态性与随机性;而通行能力则是根据道路的几何特性、交通状况及规定标准下所确定的小时交通量,其数值具有相对的稳定性与规定性。通行能力反映了道路本身的固有特征(交通供给能力),交通量则反映了道路外在的利用特征(交通需求)。因此,常用交通量与通行能力的比值(V/C)作为服务水平指标之一,来表征道路的利用率(或负荷程度、饱和度)。

道路通行能力研究对道路服务水平的确定起着重要的作用。通行能力分析与交通量适应性分析,不仅可以确定道路建设的合理规模与标准,还可以为道路网规划、工程可行性研究、道路设计、交通管理与控制、道路建设后评价等方面提供更为科学的理论依据,如图2-4所示。

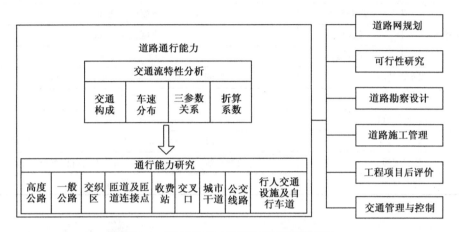

图2-4 道路通行能力研究的意义及结构框图

影响道路通行能力的主要因素有道路条件、交通条件、管制条件、环境和气候条件以及规定运行条件等。

(1)道路条件是指车道宽度、车道数、侧向净空、附加车道、几何线形、视距、坡度和设计车速等因素。

(2)交通条件是指车流中的车辆组成、车道分布、方向分布等因素。

(3)管制条件是指交通法规、控制方式、管理措施等;对于信号控制交叉口,信号相位配时、绿信比、周期长、进口车道数及车道划分等都是影响通行能力的主要因素。

(4)环境条件是指街道化程度、商业化程度、横向干扰、非交通占道、公交车站和停车位置等因素。

(5)气候条件是指风、雨、雪、雾、沙尘暴等恶劣天气对通行能力的影响。

(6)规定运行条件主要是指计算通行能力的限制条件,这些限制条件通常根据速度和行程时间、驾驶自由度、交通间断、舒适和方便性以及安全等因素来规定。其运行标准是针对不同的交通设施用服务水平来定义的。

另外,道路周围的地形、地物、景观、驾驶员技术等也对道路通行能力有一定的影响。

2.服务水平及评价

服务水平是指道路使用者根据交通状态,从行车速度、舒适、方便、经济和安全等方面所能得到的服务程度。服务水平的实质是描述车流之间的运行条件及其驾驶员和旅客感觉的一种质量测定标准。

在实际的交通工程工作中,道路通行能力和服务水平分析起着至关重要的作用。例如,当新建或扩建交通设施时，所设计的道路宽度或车道数能否满足交通需求，都需要进行设施的通行能力和服务水平分析。因此，不同设施必须用反映其交通流特征的衡量指标进行服务水平的评价分析。

不同道路设施根据其运行质量要求所对应的服务水平评价指标见表2-1。表中，pcu 指标准小汽车，ln 指一条车道。不同服务水平的机动车和步行交通运行状态对比见图2-5 和图2-6。

不同设施服务水平的主要评价指标　　　　　　表2-1

设施类型		服务水平评价指标
高速公路	基本路段	密度(pcu/h/ln)
	交织区	密度(pcu/h/ln)
	匝道连接点	流率(pcu/h)
双车道公路		时间延误百分比(%)、平均行程车速(km/h)
收费站		平均延误(s/辆)
信号交叉口		平均每辆车停车延误(s/辆)
城市干道		平均行程车速(km/h)、实际交通量/通行能力(V/C)
公共交通		负载系数(客/座、人/h、pcu/h)、平均行程车速(km/h)
行人交通		空间(m²/行人)

a)　　　　　　　　　　b)　　　　　　　　　　c)

图2-5　不同服务水平的机动车交通运行状态对比示意图

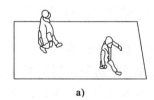 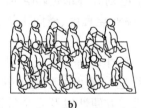 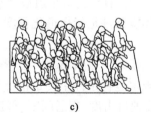

a)　　　　　　　　　　b)　　　　　　　　　　c)

图2-6　不同服务水平的步行交通运行状态对比示意图

四、交通系统分析

交通系统作为一个复杂、开放、综合的大系统，需要借助系统工程的原理来理解和认识，进而解决交通问题。交通系统分析提供了一套用于解决交通工程规划、设计、建设施工和管理中有关资源最佳配置和方案合理选择的方法，并最终为决策者提供判断依据。

为了给决策者提供判断最优系统方案所需的信息和资料，系统分析人员必须使用科学的分析工具和方法,对系统的目的、功能、环境、费用、效益等方面因素进行充分的研究,并搜集、分析和处理有关的资料和数据,据此建立若干替代方案和必要的模型,进行仿真试验,把试验、分析、计算的各种结果同早先制订的计划进行比较和评价,作为决策者选择最优方案的主要依据。

例如,要求建造的一条道路是跨越某河流的两城市间连接干道。通过概略设计后,选用 A、B、C 三个方案为替代方案(图 2-7)。方案 A 为直接连接甲、乙两城市,路线最短,但需建一座斜交桥;方案 B 的桥位与河流正交,但路线相应增加;方案 C 是利用旧路,对原有道路进行改造,其路线最长。对每一替代方案,通过考虑桥位、线形标准、路面结构、附属设施等,还可以派生出许多新的方案,而系统优化分析就是通过对这些因素的考虑,使替代方案达到最优化设计,再通过对替代方案最优设计的比较、评价,就可确定系统的最优设计方案。

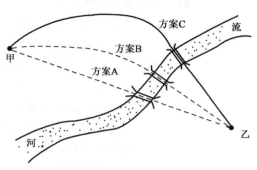

图 2-7 交通系统分析方案比选示意图

由此可知,系统分析的目的在于:通过分析比较各种替代方案的费用、效益、功能和可靠性等各项技术经济指标,得出决策所必需的资料和信息,以便最后获得最优系统方案。系统分析的目的可用以下过程表示:系统问题→系统分析→最优系统方案。

运用交通系统分析方法可以收到如下效果。
(1)使决策者能够充分考虑可能面临的各种不同选择,做出最佳判断。
(2)能更有效地利用各种稀缺而昂贵的资源。
(3)能以最小的消耗会支出达到预定的目的。
(4)能在目标设定、政策制定和资源合理分配等方面加强决策能力。
(5)能为决策者提供不同决策策略的后效分析。

五、交通规划

20 世纪 80 年代初,为适应国民经济高速发展的需要,我国开始大规模的交通基础设施建设。无论是区域交通设施还是城市交通设施,都需要几十年才能初具规模,交通基础设施的完善则需要更长的时间,而交通规划则是指导交通基础设施建设过程的关键环节。

所谓交通规划,是指根据特定交通系统的现状与特征,用科学的方法预测交通系统交通需求的发展趋势及交通供给的要求,确定特定时期交通供给的建设任务、建设规模及交通系统的管理模式、控制方法,以达到交通系统需求与供给之间的平衡,实现交通系统的安全、畅通与节能、环保的目的。

1. 交通规划的分类

根据交通规划涉及的交通系统性质及行业特征,往往可将交通规划分为两大类型:区域交通系统规划与城市交通系统规划。

1)区域交通系统规划

区域交通系统规划主要是指五大运输方式的发展规划,包括:公路交通系统规划、铁路运输系统规划、航空运输系统规划、水路运输系统规划、管道运输系统规划等。除了五大运输方式的发展规划外,往往还需要进行五大运输方式发展规划下的各种专项规划。区域交通系统规划的前提是国家土地规划(即国土规划)。

区域交通系统规划一般按以下方法划分层次:
- ★ 区域交通系统规划(区域综合运输发展规划)
  - ■ 公路交通系统规划
    - □ 公路网络系统规划
      - ◇ 高速公路网络系统规划(省域以上)
      - ◇ 公路主骨架网络规划(地市域以上)
      - ◇ 县乡公路网络规划
      - ◇ 农村公路网络规划
      - ◇ 专用公路网络规划(战备公路、旅游公路、林业公路等)
    - □ 公路枢纽规划
    - □ 运输物流规划
  - ■ 铁路交通系统规划
    - □ 区域高速铁路系统规划(经济发达的沿海地区)
    - □ 快速铁路网络系统规划
    - □ 干线铁路网络系统规划
    - □ 专用铁路网络系统规划
    - □ 铁路场站规划
    - □ 铁路场站运输组织规划
  - ■ 水运交通系统规划
    - □ 内河航道网络系统规划
    - □ 远洋航线网络规划
    - □ 港口码头发展规划
  - ■ 航空交通系统规划
    - □ 航空线路网络规划
    - □ 机场布局发展规划
  - ■ 管道运输系统规划

其中,★——专业规划,■——专项规划,□、◇——专题或主题规划。

2) 城市交通系统规划

城市交通系统规划一般指城市综合交通系统规划(重点是道路交通系统规划),中小城市只要完成了城市综合交通系统规划就能满足城市发展的要求,但特大城市、大城市除了需要进行城市综合交通系统规划外,往往还要进行各种专项交通规划,如:城市道路交通系统规划、城市公共交通系统规划、城市轨道交通系统规划、城市道路交通系统管理规划、城市智能交通系统发展规划等。城市交通系统规划是城市总体规划在城市交通领域的深化,必须以总体规划为前提。

2. 交通规划的范围及期限

1) 交通规划的期限

交通规划一般分近期、中期、远期三个阶段,近期以距基准年 1~5 年为宜,最长不超过 10 年;中期以距基准年 5~15 年为宜,最长不超过 20 年;远期距基准年 15~30 年为宜,最长不超过

50年。如1998年东南大学完成的常州市域公路网规划中,基准年为1997年,近期为1998~2005年,中期为2006~2010年,远期为2011~2020年。又如2001年东南大学完成的苏州市综合城市交通规划中,基准年为2000年,近期为2000~2005年,中远期为2006~2020年,远景为2030年(考虑轨道交通系统的建设问题)。

由于交通基础设施的建设过程与使用过程都相对较长,一般来说,交通基础设施的建设规划(如公路交通规划、城市道路网络规划等)的规划期限应相对长一些,而交通基础设施的管理规划(如城市交通管理规划、城市智能交通系统规划)的规划期限可相对短一些。

2)交通规划的影响范围

交通规划影响范围的确定及交通小区的划分是开展交通规划实质性工作的第一步。

交通规划影响区分直接规划区及间接影响区,直接规划区为规划网络的所在行政区划,间接影响区为与规划区相邻区域及与规划区有交通往来的区域。在交通规划的交通调查、交通发展预测及综合评价中,分析模型的建立均以"交通小区"为基本分析单元,因此,交通小区的划分非常重要。

在进行区域交通网络系统规划时,一般按以下方法确定规划范围与分区:

(1)国家级线网规划。直接规划区以地区行政区划为单位,一个地区为一个交通小区,全国约400个地区,即约400个交通小区;间接影响区以周边国家为单位,一个国家一个交通小区。

(2)省域级线网规划。直接规划区以县为单位,大中城市内以区为单位,一个县(区)为一个交通小区;间接影响区中,周边省份以省区为交通小区,非周边省份以大片区为交通小区。

(3)市域级线网规划。直接规划区以乡镇为单位,城市内以街道为单位,一个乡镇(街道)为一个交通小区。间接影响区:周边以县为交通小区,非周边以地区、省区、大片区为交通小区。

(4)县域级线网规划。直接规划区以主要经济区(重要矿场、开发区、工厂、一个村或几个村)为单位,城区以街道为单位划分交通小区;间接影响区同前。

在进行城市交通系统规划时,一般按交通小区面积 $1\sim 2km^2$ 或 1万~2万人口进行分区。进行城市交通系统的各专项、专题规划时,原则上各专项、专题规划的交通小区划分应与城市综合交通规划时的交通小区划分一致,以便于各规划之间的交通信息数据的通用及规划方案的对比分析。

3. 交通规划主要内容

交通规划分很多种类与层次,不同的交通规划有不同的规划内容与深度要求,但无论是哪一类交通规划,其主体内容一般应包括以下几个方面:

(1)交通系统现状调查;
(2)交通系统存在问题诊断;
(3)交通系统交通需求发展预测;
(4)交通系统规划方案设计与优化;
(5)交通系统规划方案综合评价;
(6)交通系统规划方案的分期实施计划编制;
(7)交通系统规划的滚动。

下面以城市综合交通规划为例,简要说明交通规划的主要内容,见图2-8。

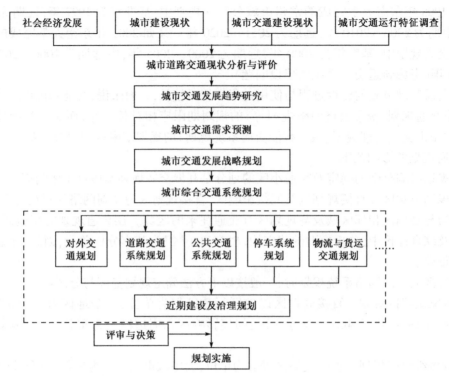

图 2-8　城市综合交通规划主要流程图

1) 交通调查与数据分析

资料采集与数据分析是交通规划的前提和基础，在交通规划的各个阶段，都需要与该阶段相对应的各种各样来自实际系统的基础数据，以帮助建立模型或检验理论推导的正确性。调查内容可以分为基础资料、交通需求、交通设施、交通现状四大项。

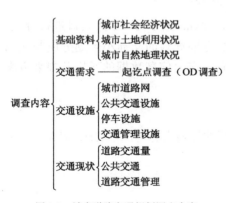

图 2-9　城市道路交通规划调查内容

交通需求调查中的居民出行调查（又称 OD 调查，Origin-Destination），是道路交通规划研究过程中最为基础的调查，指居民为完成某一目的（如上班、购物、探亲访友、休闲娱乐等），使用某一种交通方式，耗用一定的时间，从出发地点到达某一目的地点的过程，其结果对道路交通系统的分析诊断、交通需求预测有重要的影响，见图 2-9。通过该调查，可以得到城市不同类型居民的日均出行次数、出行距离和时间分布、出行方式选择等很多统计性规律。一些基于居民出行调查得到的结论如图 2-10 所示。

其他起讫点调查还包括机动车出行 OD 调查和货流出行 OD 调查等。基于各种调查与分析的结论，可以帮助交通工程师对特定城市的交通问题进行诊断。

2) 交通需求预测

交通需求预测是对未来研究范围和对象交通发展态势进行预测。交通发展政策的制定、交通网络设计以及方案评价都与交通需求预测有密切的联系。

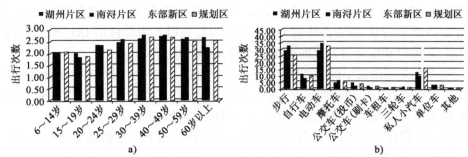

图 2-10　湖州市城市居民出行次数及方式选择比例调查结果统计分析示意图

与交通需求预测相关的理论方法众多,这里简要介绍实际工程应用中最为经典的"四阶段预测"方法。其内容包括交通的发生与吸引、交通分布、交通方式划分和交通流分配,如图 2-11 所示。

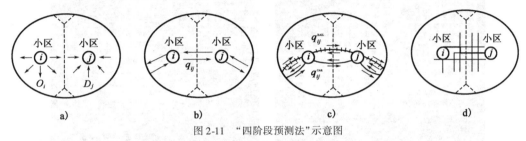

图 2-11　"四阶段预测法"示意图
a) 交通发生与吸引; b) 交通分布; c) 交通方式划分; d) 交通分配

(1) 交通生成预测是交通需求四阶段预测中的第一阶段,目标是求得各个对象地区的交通需求总量,即交通生成量,进而在总量的约束下,求出各交通小区的发生与吸引交通量(Trip Attraction)。出行的发生、吸引与土地利用性质和设施规模有着密切的关系。发生与吸引交通量预测精度将直接影响需求预测过程的精度。

图 2-11a)表示了将城市按一定规律划分为若干交通小区后,交通小区 i 的发生和交通小区 j 的吸引交通量。O_i 表示由小区 i 的发生交通量(由小区 i 出发到各小区的交通量之和); D_j 表示小区 j 的吸引交通量(从各小区来小区 j 的交通量之和)。相反,小区 i 的吸引交通量和小区 j 的发生交通量依次类推。

(2) 交通分布预测是交通规划四阶段预测模型的第二步,是把交通的发生与吸引量预测获得的各小区的出行量转换成小区之间的空间 O—D 量,即 OD 矩阵。

图 2-11b)为交通小区 i 和交通小区 j 之间交通分布的示意图。q_{ij} 表示由交通小区 i 到交通小区 j 的交通量,即分布交通量。同样,q_{ji} 则表示由交通小区 j 到交通小区 i 的交通量。

(3) 交通方式划分是四阶段法中的第三阶段。在人们的日常生活中,经过各种交通方式的组合完成一天的工作和生活。因此各种交通方式之间有着很强的相互关系,离开了对这种关系的讨论,交通规划就难于成立。所谓交通方式划分(Modal Split)就是出行者出行时选择交通工具的比例,它以居民出行调查的数据为基础,研究人们出行时的交通方式选择行为,建立模型从而预测基础设施或交通服务水平等条件变化时交通方式间交通需求的变化。

图 2-11c)表示了具有铁路和道路两种交通方式时,铁路和汽车的交通方式划分示意图。图中,q_{ij}^{RAIL} 交通小区 i 和交通小区 j 之间铁路的划分交通量,q_{ij}^{CAR} 交通小区 i 和交通小区 j 之间汽车的划分交通量,它们之间满足 $q_{ij} = q_{ij}^{RAIL} + q_{ij}^{CAR}$。

交通方式预测的结果应是各种交通方式的 OD 分布量,根据上述交通方式预测方法可得出各种交通方式的分担率,将分担率乘以交通分布预测结果,即可得出各种交通方式的以人或货物为单位的 OD 出行量,但还需将此 OD 出行量换算成以车为单位的 OD 交通量,换算方法是将 OD 出行量除以相应交通方式的平均单车载客(货)量。

(3)交通分配是四阶段中的第四步,它是把各种出行方式的空间 OD 量分配到具体的交通网络上,模拟出行者对出行路径的选择,通过交通分配所得的路段、交叉口交通量资料是制订交通规划、建设与管理方案以及检验方案是否合理的主要依据之一。

由于实际交通网络、分析计算量巨大,因此交通分配的通常需要借助交通模拟分析软件加以实现。当前国内外常用相关软件包括 EMME2、TRANSCAD、PTV、TRANSTAR 等。图 2-12 是计算机模拟得到的交通分配结果示意图。

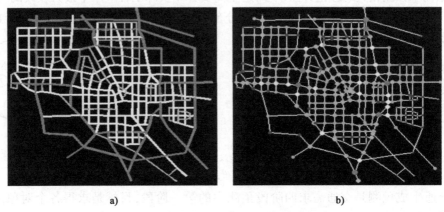

图 2-12 计算机交通模拟分析结果示意图

3)交通发展战略

交通发展战略是对研究对象未来交通系统规模、交通方式结构、交通服务水准、交通投资与价格、交通环境等一系列重大问题进行宏观性、全局性、前瞻性的判断和决策。对于城市交通而言,由于交通运行方式的多样化,不同的方式结构决定不同的城市交通运行效率,这决定了城市交通发展战略规划的核心是交通模式的选择,即促使各种交通方式形成最合理、最符合实际情况的组合状态,以获得最佳的运行效果。它通常采用简化的交通分析方法或模型,着重于宏观上分析城市土地利用与交通系统发展的相互影响。

城市交通发展战略规划的主要目的在于全面系统地分析检验各种不同的城市发展模式、方向、政策以及每一比较方案的交通含义,拟定城市远期交通发展规模、布局、功能结构和相应的政策,它的基本任务是:

(1)分析城市交通发展的背景、条件、制约,鉴别城市未来发展的各种模式,预测城市远期发展规模、水平、结构,特别是城市的经济水平、产业结构、人口规模、就业岗位等。

(2)明确城市交通发展战略的指导思想和基本原则。

(3)综合估测规划期城市交通发展的客货运输总需求的数量、构成及主要流向分布。

(4)确定城市主要道路结构,纵、横、环、径及对外交通干道与快速干道的综合体系。

(5)确定各种交通运输方式在现代化城市交通系统中的地位和作用。

(6)确定城市主要对外交通站场及运输枢纽的布置与规模。

(7)提出城市总体布局规划的修正与调整方案。

(8)制订全市性主要交通用地、交通走廊的发展规划与主要交通方式的选定。

(9)拟定有关城市交通基本政策与法令及实施的建议。

(10)拟定城市交通运输的营运和管理体制。

4)城市对外交通规划

城市对外交通是以城市为基点,城市与城市外部区域之间进行人与物运送的各类交通运输系统的总称,包括铁路、水运、公路以及航空运输等。城市对外交通规划包括对城市对外枢纽规划和城市出入口道路规划两个方面。为适应城市经济社会的发展和城市建设的需要,对外交通建设应做到公路客货运站场、水运港口、铁路站场、机场相互衔接,信息互通,协调发展。要充分发挥各种运输方式的优势,形成具有足够容量和应变能力,高效率、多功能、立体化的城市对外综合交通运输体系。

5)道路交通网络规划

城市道路系统是组织城市各种功能用地(居住、商业、工业等)的"骨架",道路系统一旦确定,实质上决定了城市发展的轮廓、形态,城市道路网布局是否合理,直接关系到城市是否可以经济、高效地运转和发展。道路网络规划的主要步骤包括:

(1)道路网规划指标的确定

道路网布局规划中首先需要明确的是规划指标,主要有人均道路用地面积、道路网密度、道路等级结构等,见表2-2和表2-3。

大中城市道路网密度(单位:km/km²)指标　　　　表2-2

城市规模与人口(万人)		快速路	主干路	次干路	支路
大城市	>200	0.4~0.5	0.8~1.2	1.2~1.4	2~3
	50~200	0.2~0.4	0.8~1.2	1.2~1.4	2~3
中等城市	20~50	—	1.0~1.2	1.2~1.4	2~3

小城市和建制镇道路网密度(单位:km/km²)推荐指标　　　　表2-3

城市人口(万人)	干　　路	支　　路
5~20	3~4	3~5
1~5	4~5	4~6

城市道路用地面积应占城市建设用地面积的8%~15%,对规划人口200万以上的大城市,宜为15%~20%。规划城市人口人均占有道路用地面积宜为7~15m²,其中:道路用地面积宜为6.0~13.5m²/人,广场面积宜为0.2~0.5m²/人,公共停车场面积宜为0.8~1.0m²/人。

(2)道路网空间布局形式

在社会经济、自然地理等条件的制约下,不同城市的道路系统有不同的发展形态。从形式上看,常见的城市道路网布局有方格网式道路网布局、环形放射式道路网布局、自由式道路网布局、混合式道路网布局四种典型类型。

仅仅从每种道路网布局的特点出发是难以决定其优劣与取舍的,规划中应尊重已经形成的道路网格局,考虑原有道路网的改造和发展,从城市地理条件、城市布局形态、客货运流向及强度等方面确定城市的道路网布局,不应套用固定的模式。道路网空间布局形式的确定是一个定性分析与定量分析相结合的过程。

(3)道路网系统性分析

道路网的系统性表现在城市道路网与城市用地之间的协调关系、与对外交通系统的衔接关系以及道路网系统内部各组成要素之间的协调配合关系。道路网布局的系统分析有以下几个方面的内容：

①城市道路系统与城市用地布局的配合关系

主要分析城市各相邻组团间和跨组团的交通解决情况、主要道路的功能是否与两侧的用地性质相协调、各级各类道路的走向是否适应用地布局所产生的交通流及是否体现对用地发展建设的引导作用等。

②城市道路网与对外交通设施的配合衔接关系

主要分析城市快速道路网与高速公路的衔接关系、城市常速交通性道路网与一般公路的衔接关系、城市对外交通枢纽与城市交通干道的衔接关系。考虑到高速公路对城市交通有着重大影响，在规划的层次上应将高速公路交通影响分析纳入交通规划研究内容。

③城市道路系统的功能分工及结构的合理性

主要分析道路网中不同道路的功能分工、等级结构是否清晰、合理，各级各类道路的密度是否合理等。城市道路分为快速路、主干路、次干路、支路四个等级，如图2-13所示。

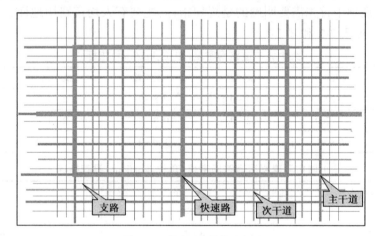

图2-13　道路网络结构示意图

快速路的主要功能是快速疏解跨区间长距离大运量机动车流，既提高路网的总体容量和快速疏解能力，又减轻主次干路网的交通压力和交通污染的影响面。快速路应尽量保证其交通流的联系性。

主干路是交通性道路，承担跨区间长距离或较长距离机动车交通流的输送。城市主干路可以是景观性的，但不应当是生活性的，尤其不应当是商业性的。

快速路和主干路共同构成城市的主骨架和主动脉，也是城市机动车交通的主通道。

次干路的交通功能是为主干路和快速路承担交通分流和集散。因此，次干路兼具交通性和生活性两种主要功能。

支路如同人体的毛细血管，主要为地区或地块的出入交通或通达交通服务。

建议大城市的路网等级结构：快速路、主干路、次干路、支路长度比例约为1∶2∶3∶6，次干路、支路里程应占城市规划道路总长的70%以上。

中小城市路网等级结构：主干路、次干路、支路长度比例约为1∶2∶6，支路里程最低应占城市规划道路总长的60%以上。

为保障交通流逐级有序地由低一级道路向高一级道路汇集,并由高一级道路向低一级道路疏散,应避免不同等级道路越级相接。

④道路网布局的检验与调整

经过以上过程所初步拟订的道路网需经过检验。检验的标准是拟订的道路网是否能满足道路交通需求和环境质量要求。检验的基础是道路交通需求预测技术、道路网络分析技术和道路交通环境影响分析技术。道路网规划方案的调整分为两个层次,当道路服务水平质量和环境质量状况不符合规划要求时,首先调整道路网布局规划方案,对调整后的道路网布局规划方案重新进行检验,如经过多次调整后仍不能满足规划要求时,应对城市总体交通结构进行反馈,提出修改意见。

6) 城市公共交通发展规划

城市公共交通,是指在城市行政辖区内为本市居民和流动人口提供乘用的公共交通,包括定时定线行驶的公共汽车、无轨电车、有轨电车、中运量和大运量的快速轨道交通以及小公共汽车、出租汽车、客轮渡、轨道缆车、索道缆车等交通工具及其配套设施。

城市公共交通规划应根据城市规模、用地布局和道路网规划、各种公共交通方式的技术、经济和交通特性以及城市公共交通建设的承受能力,综合考虑社会、经济、交通、环境效益,在客流预测的基础上,合理确定城市公共交通方式、车辆数、线路网、换乘枢纽和场站设施用地等,使各种公共交通方式之间相互配合,以不同的速度、运载能力、舒适程度和价格服务于乘客的不同需求,形成合理的城市客运交通结构。

城市公共交通发展规划一般包括轨道交通线网概念规划、公交线网布局规划、公交场站布局规划等硬件设施规划以及相应配套的软件设施规划。它主要在确定城市公交发展模式及目标的基础上,通过对公交客运需求的预测分析,结合城市用地布局以及路网形状等因素,制定包括以上各规划的主要内容。

7) 停车设施规划

伴随着城市化进程加快,人民生活水平提高,小汽车进入家庭,大大加快了我国机动化步伐,车辆停放成了城市交通中的突出问题。停车设施规划应从我国经济市场化、城市化进程、机动化水平等发展趋势入手,调查、研究其与城市交通的关系,从中探索出车辆停放需求规律,为制定城市车辆停放发展战略提供决策的思路,为制定车辆停放管理政策提供决策依据,为编制停车设施发展规划提供科学指导。

停车设施的规划内容一般包括:停车需求特性分析、公共建筑物停车配建标准制定、停车设施选址布局方案制订、停车设施规模及建造选型、方案评价等。

8) 物流与货运交通规划

对大城市道路交通规划和管理来说,货运交通也不可忽视。在规划层面上,由于大城市的商贸服务功能日益发展和增强,大型仓储式超市等新型商贸业态的快速发展,加上现代物流业的理念和模式的引入,对传统货运站场、仓储设施的数量、规模和布局的规划要进行重新审视和调整;对大型市场、商场、超市、购物中心、配载中心等的选址、用地以及配套设施的规划要有新的理念和标准;在公路和城市道路网规划中也要充分考虑货运交通这些新的发展背景和要求。在交通管理层面上,除了对过境性的、集中性和对城市生活环境会造成较大噪声、粉尘等污染的货运车辆在空间和时间上进行必要的疏解之外,对城市日益增长的物流配送车辆的交通组织不应当采取传统的、简单的限制或禁止的方式,而要以新的理念和方式来研究解决,否则将有可能对城市新的机能发育和市民现代化生活方式造成负面影响。

六、交通设计

交通设计,通常以城市规划和交通规划对于交通基础设施的布局方案为设计对象,以交通安全、效率、通畅、便利以及与环境和谐为目标,以交通系统的"资源"(包括时间、空间资源和投入资金等)为约束条件,通过对现有和未来路段、交叉口、停车场站等交通基础设施的功能定位(功能设计),以及对应设施的规模、尺寸确定(空间参数设计),寻求改善交通的最佳方案。

交通设计上承交通规划与管理的理论方法,下接交通设施的建造与实现,指导交通工程的土木工程设计及系统的最佳利用,其定位如图 2-14 所示。

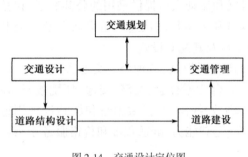

图 2-14 交通设计定位图

自 20 世纪 90 年代以来,城市交通问题的解决对策进入了"以人为本"和"环境友好"的精细化技术时代。然而在中国,整体交通运行环境(特别是混合交通)与发达国家存在很大的差距,突出体现在:缺乏交通工程的精品设计,没有营造出现代交通氛围;交通管理设施、市政设施存在缺陷,通行权不明确;交通参与者文明交通意识不强,交通违章严重等。因此,学习掌握交通设计的相关知识,特别是确定交通的通行权利、通行时间与空间、交通管理方案、相关设施的布局方案等,既符合国际交通研究的需求,对中国交通的发展也具有极为重要的作用。

1. 交通设计的基本流程及分类

交通设计的条件随其设施是新建还是改建而存在较大的差异。新建设施,规划上的功能定位与设计目标、用地条件等是交通设计的主要依据;改建设施,在相关规划条件的基础上,设施的现状、使用中存在的问题和改善的可能性则成为交通设计的重要基础信息。因此,交通设计的流程将区分为新建和改建两种情况。

1) 新建设施交通设计流程

新建设施的交通需求量为预测值,无法准确地反映其使用后的实际情况。因此,交通设计为原则性设计,是基于可预见性的设计,应保证设施在建成后即使发生问题也可以通过较为方便、易行的措施对其进一步的改善。

2) 改建与治理型交通设计流程

既有交通设施的改建和治理过程较为复杂,往往要基于交通管理规划等所制订的交通改善方案进行。这是因为在处理交通阻塞问题时,若其交叉口(或阻塞点)交通需求过大,在无法通过改建和治理措施加以改善时,需要采取新的交通流组织或需求管理措施,利用网络资源来改善交通。

2. 交通设计主要内容

1) 基础资料搜集与整理

基础资料搜集和整理是交通设计准备阶段的主要工作。资料将用于确定交通设计的基本目的和目标,并帮助了解与交通设施相关的区位条件与需求预测信息等,是交通设计的输入条件。特别是现状交通的供需条件与特征,是分析现状交通问题、确定交通设计优化方向的基础。交通设计调查资料主要包括:交通设施的用地范围、规划红线、改建规模及突破红线的可能性、供给能力等。

2)交通问题分析及对策

交通问题分析主要针对改建和治理型交通系统与设施,以基础资料调查为依据,给出现状综合评价和交通问题基本对策。

现状评价是分析交通问题、把握交通状况的重要工作,为交通设计方案可行性分析提供基础。现状评价内容包括:交通基础设施运行效率(通行能力、饱和度、延误、行程时间、服务水平等)、安全(现状事故统计、交通冲突特征、潜在事故情况等)、秩序(现状违法情况、冲突情况、因不当的设计和管理而导致的交通流混乱情况等)、便捷性(绕行距离、换乘时间和距离等)的评价。评价方法包括定性评价与定量评价两个方面。

3)概略设计

概略设计阶段主要是依据所掌握的现状资料,提出概念化的交通设计理念和思想,并针对需要解决的问题,确定相应的设计方法,形成概略的设计方案,提供工程可行性决策支持,并指导详细设计。概略设计主要进行逻辑的、战略的和宏观对策设计,通过设计目标的确立、设施供需条件的分析、交通特征与问题的提炼来形成交通设计的基本策略和重点。

概略设计通常着重进行交通组织设计、设施通行能力匹配设计、空间要素布局设计等。时间优化设计、空间参数的优化设计、时空协调设计以及交通语言设计等内容在详细设计中进行。

4)设计指标确定

交通设计指标是确定交通设施物理要素、管理措施和服务水平评价的依据。以道路交通设计为例,其指标有:设计车速、设计车型、设计交通量、通行能力、饱和度、行程速度与方差、交叉口延误与排队长度等。

5)详细设计

详细设计是在概略设计方案基础上,将设计理念、思想及基本对策转化为现实,运用相应的设计方法形成实施性方案,即对交通设施的空间参数以及通行时间参数进行详细的优化、评价、校核修正,包括对空间设计中具体尺寸的优化、控制信号配时设计等,同时需要进行设计方案的通行能力、排队、延误、服务水平等的评价,以及交通设施匹配性、交通运行安全性和道路线形平顺性等的校核。这里以道路交通设计为例介绍详细设计的相关内容。

(1)路段详细设计

路段详细设计的内容主要包括:道路的横断面设计和机动车道、非机动车道、人行道与人行横道的设计,以及路段进出交通和路内停车设计等。设计时,应注意各步骤之间的相互衔接与协调,并尽量保持道路断面与交通特征的统一,确保其无瓶颈化。

①道路横断面详细设计。新建道路基于其功能定位和红线、交通需求量和交通流特征,改建道路基于道路功能和红线、交通量和交通流特征,分别确定道路的横断面具体构成。

②人行道与人行横道设计。人行道与人行横道设计,应充分考虑行人通行安全和顺畅的要求,特别应关注交通弱势群体。详细设计阶段将基于道路实际情况,对概略设计阶段综合确定的人行道宽度、公共设施、人行横道位置及设施等方案进一步细化与优化。

③非机动车道设计。鉴于非机动车交通平峰、高峰时期流量差异较大,合理地利用非高峰时间非机动车道的资源是其设计的要点。非机动车道宽度可根据其设计交通流量及通行能力确定。

④机动车道设计。机动车道设计应保证机动车通行的连续性、安全性,避免与行人/非机动车之间的相互干扰,并尽量减轻机动车相互间的冲突。另外,对应于机动车交通的不同处理方案,还可辅以相应的配套设计,如单向交通、可变车道等。

⑤路段进出交通设计。路段进出交通设计不仅要考虑车辆进出的便捷性,更要考虑如何降低对主线交通的干扰。根据概略设计阶段确定的设计方法,进行具体的交通流组织,完善各类几何设计以及各种指示、之路和禁令标志设计。

⑥路段停车交通设计。当路段通行能力远大于相连交叉口进出道通行能力,且有停车需求时,可利用路段富余空间停车。停车交通设计应充分考虑交通流量、车道数、道路宽度、路口特性、公共设施及两侧土地使用状况等因素。

(2)交叉口详细设计

交叉口详细设计需合理地分配交叉口各种交通流的通行空间和时间,以使交通流运行安全、有序,并充分利用交叉口的时空资源。应按照机动车交通组织—非机动车组织—行人交通组织—附属设施设计的流程进行。

①机动车交通流渠化设计要点。机动车道渠化设计主要进行车道宽度、展宽段、展宽渐变段设计。车道宽度设计应注意按照实际的车型比例确定车道宽度;展宽段及其渐变段设计应注意车流行驶的平顺性与安全性。

②非机动车交通组织设计。考虑到非机动车交通流与行人交通流、机动车流特性的异同,建议将非机动车交通组织与行人交通一起考虑。交叉口非机动车交通组织设计应充分考虑非机动车左转二次过街、停车线前移及其绿灯早启等设计。

③人行横道设计。人行横道设计包括位置、宽度及渠化形式,人行横道位置应在机动车与非机动车的通行空间确定之后设计,并考虑预留右转机动车待行位置、保证左转车转弯半径、设置安全岛等设计。

④信号配时设计。交通控制信号配时设计主要包括分时段的交通控制信号周期、相位、相序、绿信比及相位衔接设计。

⑤交叉口内部空间处理。对于内部范围大的交叉口,应设计相应的机动车导流线和待行区,并在无车流通过的区域用标线加以渠化,使各股车流轨迹明确,有利于车辆安全行驶,见图2-15。

a)

b)

图2-15 路段和交叉口交通设计效果示意图

⑥附属设施布局设计。附属设施包括：交叉口范围内的绿化、灯柱、栏杆、垃圾桶、电话亭等，其布局设计应确保不影响行车视距和各类交通流的正常行驶。

（3）公共交通详细设计

①公交停靠站设计。公交停靠站设计包括：站点位置的确定、站台形式的选择、公交停靠站及乘客候车站台几何设计、候车亭行驶、站牌形式及提供信息内容等的设计。

②公交专用车道设计。公交专用车道设计，应充分考虑公交线网条件，确保干线公交线路通行条件改善，同时尽可能减小对社会交通的影响。在交叉口公交专用车道设计时应处理好交叉口转向车流与公交车流在交叉口的交织问题以及公交车辆自身的转向问题。

6）方案评价

为了分析交通设计方案的合理性、优选设计方案，有必要对交通设计方案进行综合评价。

（1）新建设施交通设计方案评价

新建设施设计方案无法进行与现状的对比评价，只能进行方案效果评价或多方案对比分析。常用的评价指标包括：饱和度、通行能力、延误、行程时间等运行效率指标以及安全性、环境协调等方面的综合指标。

（2）改建、治理型交通设计方案评价

评价主要内容包括：现状和改善方案的效果、效益与成本对比分析。评价指标同上。

七、交通管理与控制

交通规划与设计为交通基础设施的建设方案提供了理论依据，重点回答了基础设施是否建设、多大规模、建在哪里以及何时建设等问题。然而，基础设施具有建设周期长、投资规模大等特点，具有较强的稳定性，一旦完成往往改变相对困难。交通需求则呈现出相对动态的时间和空间变化特点，1天甚至1小时内都会不同。针对上述特点，交通管理与控制领域研究的重点，是在最小化改变既有交通基础设施条件下，通过交通法规或政策措施、工程技术、交通信号控制等方面的综合技术应用，实现动态交通需求与交通设施服务能力的最佳平衡。因此，交通管理与控制是动态或准动态地调节交通系统供需关系和交通状态的重要手段。特别是当交通设施建成后，该手段更是确保交通安全、通畅、环保与高效的主要措施。图2-16是交通规划和交通管理与控制研究的侧重点关系图。

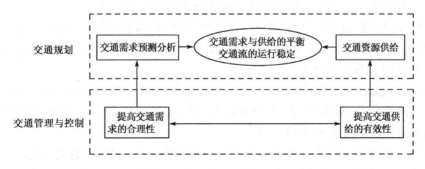

图2-16 交通规划和交通管理与控制的研究重点

交通管理与控制的主要目的及作用包括：

（1）通过削减交通需求总量、优化交通出行方式结构等措施提高交通需求的合理性，减少交通流量（特别是个体机动车交通流量）；

（2）通过对交通系统的运行组织、引导和控制，实现交通流在时间、空间上的均衡分布，均匀交通负荷，提高道路交通资源供给的有效性，缓解交通压力。

1. 交通管理与控制的概念与分类

交通管理是对道路上的行车、停车、行人和道路使用，执行交通法规的"执法管理"，并用交通工程技术措施对交通运行状况进行改善的"交通治理"的一个统称。交通控制是依靠交通警察或采用交通信号控制（红绿灯）设施，随交通变化特性来指挥车辆和行人的通行。从宏观上来说，在广义的交通管理中包含了交通控制的内容，所谓交通控制实际上是交通管理的某一表现方式。因此，在现代交通管理中，交通管理与交通控制是一个有机的整体。

随着社会经济的发展和交通问题的演化，交通管理的方法和措施也在不断丰富。从交通管理和控制的对象看，大致形成两类主要理念：一是交通需求管理，侧重交通"源"的管理，通过影响出行者的行为，达到减少或重新分配各种交通出行对空间和时间需求的目的；二是交通系统管理，侧重交通"流"的管理，对已经发生的交通流进行合理引导和管制，均匀交通负荷，提高系统运输效率。

2. 交通需求管理

总结国内外对交通需求管理（Transportation Demand Management，TDM）的不同定义，可概括为：根据交通出行产生的内在动力和出行过程中所表现出来的时空消耗特性，通过各种法规政策、现代化信息系统、合理开发土地使用等对交通需求进行管理、控制、限制或诱导，减少出行的发生，降低出行过程中时空消耗，诱导交通流避开拥挤路径，建立平衡可达的交通系统。

（1）交通需求管理策略的层次性

交通需求管理影响面广，社会性、政策性、系统性强，许多问题涉及城市性质、土地使用、生产力布局等各个方面、各个层次。根据实践和研究，不同层次的问题需要在相应的层次去解决，错位解决有时很难实现。因此，交通需求管理，首先应争取在高层次和源头上实施，能在高层次解决的不应推延到低层次。

对于一个城市来说，交通需求管理的实施可分为以下几个层次。

①城市性质、规模、结构与功能定位层次。城市性质、规模、结构与功能定位层次是实施TDM的最高层次，也是从源头上解决交通问题的最佳层次，牵涉未来交通发展的战略，处理好交通与城市发展的关系事关重大。

②城市总体规划层次。城市总体规划层次是实施TDM的次高层次，或称基础层次，这个层次决定了土地利用、功能分区、人口、就业岗位等空间分布，也决定了交通发生、吸引、分布、集聚强度和城市交通的主要流向与流量。

③城市综合交通规划层次。城市综合交通规划层次是实施TDM的关键层次，任务是落实城市交通网络布局、网络结构功能、交通枢纽、交通结构、站场、港口布局及对外交通干线等专业规划，从而确定了客货运与交通设施在城市空间范围的分布。它是解决城市交通问题的重要阶段，对实现需求与供给的平衡起着关键性作用。

④交通监控、组织与管理层次。交通监控、组织与管理层次是 TDM 最后发挥作用的层次。这一层次是在现有既定布局的基础上做好快慢分流、动静分流、客货分流等，以改善交通秩序，提高道路通行能力与交通运行质量。其特点，一是直接显现需求管理措施对于车流、人流的效果；二是前面几个层次未解决的问题或解决不好的问题，都会在实践中暴露出来。因此，这个层次的问题往往是前面层次问题的累积。

（2）交通需求管理主要策略

交通需求管理策略主要分布在交通行为的各个阶段。

①出行产生阶段。人们要在不同的时间和地点去参加不同的活动，因此产生了出行。人们很难抑制活动的发生，但是可以改变活动的时间、地点和实现的方式，在出行产生阶段减少出行量的生成，可使拥堵问题的治理延伸到需求产生之前去解决。例如，鼓励出行者应用电话、电报、网络、电视会议等现代信息手段进行非出行联系，减少实际出行的产生。

②出行分布阶段。人类活动的分布和活动强度是决定交通需求量多少的重要因素。为了从源头上缓解交通拥挤问题，可以在城市土地利用规划阶段引入交通需求管理理念，通过对土地利用的合理规划配置，综合控制城市各行业在不同区域的发展规模，实现出行需求在空间上合理分布。例如，通过控制和调整大型交通集散地的分布，使之从交通拥挤地区转向不拥挤地区，从而解决这些地区的拥挤问题。

③出行方式选择阶段。当交通需求总量基本确定后，城市的交通方式结构就成了道路资源利用程度和交通拥挤程度的决定性因素。因此，加强公共交通的吸引力，将大量的个人交通转变成为高效、节能的公共交通，可以有效降低道路上机动车交通量，改善交通状况。例如，建立快速公交系统，提高公交服务水平，增加公交吸引力，限制小汽车出行等。

④出行路径和时间选择阶段。交通拥挤发生的直接原因是同一时点（时段）、同一地点（路段）交通量过于集中。因此，在出行路径和时间选择阶段，可以通过调整交通需求的时空分布，使一天中的交通量在时间上达到均衡分布，同一时段内的交通量在路网上达到均衡分布，从而减少某一时段、路段的交通拥堵，有效发挥城市交通系统运力。例如，采取错时上下班制度，使一部分通勤出行错开高峰时段；采取拥挤收费策略，减少进入城市中心拥挤区域的交通量等。

交通需求管理措施及影响见图 2-17。

3. 交通系统管理

交通系统管理（Transportation System Management，TSM）的基本目标，是通过改善车辆和道路的管理、运营，实现更有效地利用现有的交通设施。交通系统管理的基本原则，是不增加或尽可能少增加现有交通设施的供给，以充分利用现有交通设施为基础，提高现有交通系统的容量、效率和安全。

1）交通系统管理的特点

与着眼于局部交通问题的传统交通管理相比，交通系统管理的显著特点是能够从整个交通运输系统着眼，探求能使现有系统发挥其最优效益的综合治理方案，可避免各种局部措施仅转移交通问题产生地点的弊端，又可得到系统效益最优的方案。

与侧重影响交通行为的交通需求管理不同，交通系统管理强调通过运营手段和相对较小的物理改进提高运输服务水平，更注重使交通供给更好地适应现有交通需求，从而更加充分地利用现有交通系统。不同管理方法的特点比较见表 2-4。

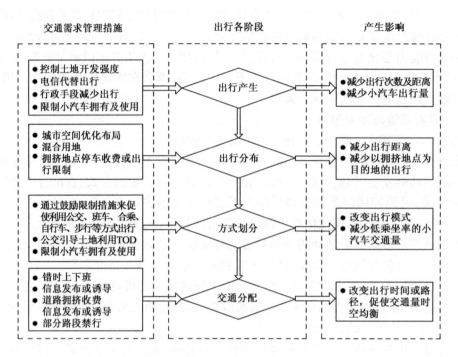

图 2-17 交通需求管理措施及影响图

不同管理方法的特点比较 表 2-4

类 型	交通系统管理	交通需求管理
着眼点	从整个交通系统着眼,探求能使现有系统发挥最优效益的综合治理方案	从管理交通需求的源头入手,使交通需求和交通供给达到平衡
管理效果	避免各个局部措施把交通问题转移地点的弊端,得到系统效益最优的方案,是对已发生交通进行的管理	控制交通需求总量,消减不合理的交通需求,使供需平衡,是对将要发生的交通进行管理

2)交通系统管理策略

(1)节点交通管理策略

以交通节点(交叉口)为管理范围,采取一系列的管理规则及硬件设施控制,优化利用交通节点的时空资源,提高交通节点的通过能力。

常用的节点管理方式有：

①交叉口控制方式

a.信号控制交叉口；

b.无控制交叉口；

c.环形交叉口；

d.立体交叉口。

②交叉口管理方式

a.进口拓宽,增加交叉口进口车道数,提高交叉口在单位时间的通行能力；

b.进口渠化,根据交通量及转向流量大小设置不同转向的专用进口车道,优化利用交叉口空间及通行时间；

c. 信号配时优化，根据交叉口交通量、转向流量大小优化信号灯配时，使有限的绿灯时间内放行尽可能多的车辆。

③交叉口转向限制

在交通量较大的交叉口，采用定时段（高峰小时）或全天禁止左转（全交叉口或部分进口），以提高交叉口通行能力，见图2-18。

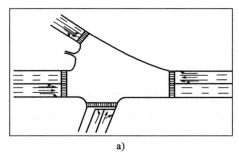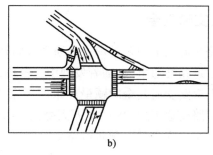

图2-18　交叉口节点交通管理前后方案对比图

（2）干线交通管理

以某条或若干条交通干线为交通管理范围，采取一系列管理措施，优化利用交通干线的时空资源，提高交通干线的运行效率。干线交通管理不同于节点交通管理，它以干线交通运输效率最大为目标。干线交通管理应以道路网络布局为基础，根据道路功能确定具体的交通管理方式。

常用的干线交通管理方式有：
①单行线；
②公共交通专用线（图2-19）；
③货车禁行线、自行车禁行线（或专用线）；
④"绿波"交通线；
⑤特殊运输线路等。

图2-19　不同公交专用道路设置位置的交通管理方案效果图

（3）区域交通管理

区域交通管理是城市交通系统管理的最高形式，它以全区域所有车辆的运输效率最大（总延误最小、停车次数最少、总体出行时间最短等）为管理目标。区域交通管理是一种现代化的交通管理模式，它需要以城市交通信息系统作为基础，以通信技术、控制技术、计算机技术作为技术支撑。

目前,区域交通管理有下列形式:
①区域信号控制系统,有定时脱机式区域信号控制系统(如 TRANSYT)、响应式联机信号控制系统(如 SCOOT、SCAT)两种控制模式。
②智能化区域管理系统,它是智能交通系统(ITS)的主体,正在研制和运行的有车辆线路诱导系统和智能化车辆卫星导航系统等。

八、交通安全

道路交通安全问题是现代交通系统面临的重大问题和挑战之一。全世界每年有超过100万人死于道路交通事故,随着发展中国家机动化进程的加快,这一数字仍在不断上升中。我国是世界上道路交通安全问题最严重的国家之一。2002~2011年10年间,我国共有84.57万人死于道路交通事故,389.01万人受伤。道路交通事故死亡和受伤人数均居世界首位。

道路交通安全学以预防道路交通事故发生,降低道路交通事故危害为主要目标,以交通系统中人、车(载运工具)、路(设施)、环境的基础知识和交通安全理论为基础,是一门涉及工程学、自然科学、社会科学等多学科交叉的综合学科。研究范围涉及交通安全规划与决策、交通安全设计、运营与运行管理、交通安全评价、载运工具主动与被动安全技术、交通事故再现、交通应急反应和快速救援、交通安全政策与法律法规、交通安全保障体系与标准、交通参与者安全心理行为及其干预技术等众多领域,涵盖了道路交通系统的规划、设计、施工、管理等不同阶段。

1. 交通安全与交通事故

道路交通安全是对道路交通设施属性的一种客观描述,通常采用一定时期内交通事故发生的期望频率及其严重程度作为评价指标。不同国家因文化背景不同,对交通事故事定义有不同的表述,国际上比较有代表意义的是美国和日本的交通事故定义。

美国对交通事故的定义:交通事故是在道路上发生的意料不到的有害的或危险的事件,这些有害或危险的事件妨碍着交通行为的完成。

日本对交通事故的定义:由于车辆在交通运输中所引起的人的死伤或财物损坏,称为交通事故。但轻微接触所产生的十分轻微的只需当事者协商而不需要警察干预就可以解决的事端,可不作为交通事故。

《中华人民共和国道路交通安全法》对交通事故的定义:车辆在道路上因过错或者意外造成人身伤亡或者财产损失的事件。从上述定义可以看出,构成交通事故必须具有六个要素,即车辆、在公用道路上、在运行中、发生意外、造成意外的原因是人为的及有后果的。其中车辆包括机动车和非机动车。交通事故的现象,包括碰撞、碾压、刮擦、翻车、坠车、爆炸和失火等。

交通事故的产生具有随机性、突发性、频发性、社会性及不可逆性。从不同的分析和研究的角度出发,对交通事故可以采用不同分类标准,目前主要的分类标准有以下三种:

(1)道路交通事故按事故形态分为:侧面相撞、正面相撞、尾随相撞、对向刮擦、同向刮擦、撞固定物、翻车、碾压、坠车、失火和其他11种。

(2)道路交通事故按照产生事故的原因可分为:机动车、机动车驾驶员、非机动车驾驶员、行人与乘车人、道路和其他原因造成的事故6大类。

(3)道路交通事故按事故严重程度可分为:轻微事故、一般事故、重大事故以及特大事故。

2. 交通系统安全要素分析

道路交通系统是一个由人、车、路、环境等要素构成的复杂动态系统,见图2-20。各要素在构成具有特定功能的道理交通系统整体时,通过规则和信息,相互之间产生相互联系和相互作用。一般认为,道路交通事故是上述四要素相互不协调作用的结果。

人是交通活动的主体,是道路交通事故的制造者和受害者。这里的人指道路交通的参与者,包括机动车驾驶员、非机动车使用者及行人等。如图2-20所示,绝大多数的交通事故是由于人的原因造成的。具体原因包括驾驶员操作失误、违章驾驶、疲劳驾驶,非机动车使用者、行人及乘客不遵守交通法规等。

车是交通出行的载体,包括机动车辆和非机动车辆。据统计,13%的交通事故与车辆有关,具体原因包括车辆制动和转向装置、车轮、灯光、喇叭、仪表等故障以及漏油、漏气、漏水等。

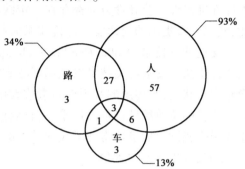

图2-20 人、车、路在事故因素中的典型比例

道路环境因素包括道路几何设计、路面情况和交通设施三个方面。道路几何设计包括道路的线形、视距、车道宽度、弯道超高、转弯半径、坡度等因素。路面状况对交通安全的影响来自两个方面:一是干湿情况对车辆附着系数的影响;二是路面平整度对行车安全性和舒适性的影响。交通设施包括道路护栏、交通标识、交通标线、照明等设备。统计资料表明,有34%左右的交通事故是由于不安全的道路条件或道路环境造成的。

3. 交通安全规划

交通安全规划包括交通安全战略规划和交通安全管理规划两方面。道路交通安全战略规划主要是结合规划区域国民经济和社会发展规划、综合交通运输规划和公路网规划等相关内容,特别是人口和车辆发展趋势,制定规划区域的道路交通安全管理战略规划目标。其规划目标表现在提高交通参与者的交通素质、增强车辆的安全性能、改善和提高道路的安全性、改善事故发生后的紧急救治、改进和提高交通安全管理水平等方面。

道路交通安全管理规划需要通过对历史和现状的道路交通安全状况的调查,全面掌握规划区域内道路交通安全的现状,系统分析和评价道路交通安全的主要结症,科学预测道路交通安全的发展趋势,明确道路交通安全的发展目标,以发展目标为指导,制订具体的规划方案,继而进行评价和优化。因此,道路交通安全管理规划的基本内容主要包括以下几方面:道路交通安全发展趋势分析及预测,道路交通安全管理战略规划,道路交通安全管理实施规划,道路交通安全管理规划方案评价。

4. 交通安全评价

道路交通安全评价是以特定的道路交通系统为对象,采用定性或定量方式对该系统的安全特征做出客观的描述,确定影响交通安全的因素以及制约程度,为改善道路交通安全提供客观的数据和科学的依据。

1) 直接评价与间接评价方法

交通安全评价方法包括直接评价法和间接评价法。交通安全直接评价法通常以交通事故发生频率的期望值（Expected Crash Frequency）作为交通设施安全性的评价指标，是建立在交通事故统计资料基础上的安全评价方法，其应用依赖于完善的事故统计资料的积累。在不具备完善的事故统计资料的情况下，则采用交通安全间接评价法，即以各种交通事故替代指标来进行交通安全评价。我国目前尚未建立起满足事故微观分析需求的交通事故数据库，现有数据库在准确性和公开性方面都存在一定缺陷，制约了交通安全直接评价法在我国的应用。因此，我国学者提出的交通安全评价体系大都采用交通安全间接评价法。

交通冲突技术（Traffic Conflict Technique，简称TCT）是目前国内外应用最广泛的交通安全间接评价法。交通冲突技术以现场观测到的交通冲突作为交通事故替代指标来评价道路交通设施安全状况，与传统的基于交通事故数据分析的交通安全评价方法相比，交通冲突技术不依赖于完善的事故统计资料的积累，具有数据获得迅速、评价周期短等优点，因此，自20世纪80年代引入我国以后迅速得到了我国学者的关注。

2）交通安全改善评价

在道路交通安全改善过程中，决策者需要对不同方案的安全效益进行观测分析及评价。常用的评价方法包括两种："事前事后分析法（Before-After Analysis）"及"横断面分析法（Cross-Section Analysis）"。

"事前事后分析法"是通过交通改善措施实施前后评价对象的属性及事故数据相对比，分析交通改善措施产生的安全效益。在此过程中，评价者需要对评价对象在"假设未进行交通安全改善"情况下的事故数据进行预测，将进行安全改善后某一时刻的事故估计值与"假设未进行交通安全改善"情况下在该时刻的事故预测值进行比较，从而得到交通安全改善设施的效益。

在"事前—事后分析法"数据较难获得时，也可采用"横断面分析法"。"横断面分析法"是将两类具有相似特性的交通设施事故数据进行比较，其中仅有一类进行过交通安全改善。这两类观测分析方法的区别在于："事前—事后分析法"反映了交通改善措施实施前后评价对象的安全指标变化情况，而"横断面分析法"并未体现这一变化过程，只是将同一时间段内两类相似交通设施安全指标进行对比分析。

5. 交通安全管理

交通安全管理的核心问题是资源的配置问题，即在有限的资源下，如何最大限度地提升交通设施安全性。交通安全管理的一般流程包括：路网甄别（黑点鉴别）；存在问题诊断；交通安全改善方案决策；改善措施经济评价；方案排序和安全效益评价。六块内容相互联系、相互交织，并不断迭代循环，如表2-5所示。

交通安全管理一般流程　　　　表2-5

路网甄别	存在问题诊断	改善方案决策	经济评价	方案排序	安全效益评价
·确定研究目标 ·确定样本母体 ·选择评价指标 ·选择鉴别法 ·鉴别与评价	·安全数据评估 ·查找相关文献 ·查看实地条件	·确定问题致因 ·根据规范标准选择实施方案	·施工成本 ·工程经济效益 ·事故数降低 ·事故严重程度降低 ·净现值 ·费效比 ·成本效益指数	·经济效益排序 ·增长费效比排序 ·其他优化方法	·观测事前事后比较法 ·观测横向对比法 ·实验事前事后比较法

黑点鉴别是交通安全管理的第一步,一般包括路段划分、黑点鉴别标准选取以及指标值计算三个问题。目前最常用的黑点鉴别方法是基于对历史事故数和事故率进行排序的数值方法。考虑到交通事故的随机性和回归到均值(regression-to-the-mean)等统计学问题,基于经验贝叶斯法、全贝叶斯等统计学方法被逐步应用到黑点鉴别中来。

6. 交通安全改善措施

为了降低交通事故的发生频率,减轻事故产生的后果,必须采取相应的安全技术措施。从改善交通设施,加强管理、法制和安全教育等方面入手,最大限度地确保道路安全畅通。交通安全设施对于保障行车安全、减轻潜在事故程度,起着重要作用。良好的安全设施系统应具有交通管理、安全防护、交通诱导、隔离封闭、防止眩光等多种功能。道路交通安全设施包括:交通标志、路面标线、护栏、隔离栅、照明设备、视线诱导设施、防眩设施等。

道路交通标志有警告标志、禁令标志、指示标志、指路标志、旅游区标志、道路施工安全标志、辅助标志。设置交通标志的目的是给道路通行人员提供确切的信息,保证交通安全畅通。

路面标线有禁止标线、指示标线、警告标线,是直接在路面上用漆类喷刷或用混凝土预制块等铺列成线条、符号,与道路标志配合的交通管制设施。路面标线种类较多,有行车道中线、停车线竖面标线、路缘石标线等。标线有连续线、间断线、箭头指示线等。

公路上的安全护栏既要阻止车辆越出路外,防止车辆穿越中央分隔带闯入对向车道;同时还要能诱导驾驶员的视线。

隔离栅是高速公路的基础设施之一,它使高速公路全封闭得以实现,并阻止人畜进入高速公路。它可有效地排除横向干扰,避免由此产生的交通延误或交通事故,保障高速公路效益的发挥。隔离栅按其使用材料的不同,可分为金属网、钢板网、刺铁丝和常青绿篱几大类。

道路照明主要是为保证夜间交通的安全与畅通,大致分为连续照明、局部照明及隧道照明。照明条件对道路交通安全有着很大的影响。

视线诱导设施一般沿车道两侧设置,用以指示道路方向、车行道边界及危险路段位置等的设施的总称。视线诱导设施可在白天、黑夜诱导驾驶员的视线,明示道路轮廓,保证行车安全。

防眩设施的用途是遮挡对向车前照灯的眩光,分防眩网和防眩板两种。防眩网通过网股的宽度和厚度阻挡光线穿过,减少光束强度而达到防止对向车前照灯眩目的目的;防眩板是通过其宽度部分阻挡对向车前照灯的光束。

7. 交通事故处理与再现技术

交通事故处理主要包括道路交通事故现场勘查和道路交通事故模拟再现两部分内容。道路交通事故现场勘查指的是依据法律、法规和规章的规定,公安机关交通管理部门的现场勘查人员运用科学的方法和现代化的技术手段对交通事故现场进行实地勘验、检查和调查,并将结果完整地、准确地记录下来,将有关证据提取、固定下来的整个工作过程。现场勘查是处理交通事故的基础,是公正、客观、准确地查明交通事故真相的途径。交通事故能否被正确处理,与现场勘查的质量有很大关系。

在交通事故已经成为严重社会问题的今天,使用计算机辅助进行交通事故的模拟与分析已成为现实的需要。交通事故再现是运用计算机作为辅助手段,将再现分析方法系统化和程序化,并使用计算机模拟道路交通事故,形成的交通事故计算机模拟分析系统。依据道路交通事故现场勘查数据资料以及事故车辆基本技术参数及事故前后的状态参数,对交通事故的全过程进行再现,从中找出道路交通事故产生的机理,推断事故当事人的事故行为,从而判定事故双方的责任;同时也为不断提高汽车安全性提供基础数据。

九、交通土木工程

交通设施的规划、设计、管理、安全等以交通的通畅、安全、环保与效率化为目标,最佳地确定交通设施的土木工程性能,为交通设施的建设、施工提供依据,而交通设施的物理属性,包括:形状特性、力学特性、材料特性以及环境特性等,则是交通土建内(道路工程、桥梁工程、土木工程等)专业的内涵。

另一方面,交通设施的土木工程性能也直接关系到交通系统的交通性能,如交通设施的几何线型条件直接影响到交通流通行能力和安全性,设施的结构性将影响到立体交叉的形式与功能,道路材料的运用影响到交通的环境与安全等。

因此,道路、桥梁、轨道、机场、港口以及枢纽等与交通相关的土木工程建设,需要建立在对动态交通系统的宏观与微观性能充分把握的基础上,两者之间存在密切联系。表2-6概括地归纳了交通土木工程学与交通设计的关系。从中不难发现,脱离交通工程学的交通土木工程将是先天不足的,不理解交通土木工程而设计的交通设施将是不可行的,所以,科学可行的交通设计方案必须以交通土木工程理论和技术为基础。

交通土木工程与交通设计的关系　　　　表2-6

交通土木基本性能	对应相关交通参数	与交通工程的相关性	基 本 影 响
几何性能	宽度	道路或桥梁的横断面、车道数确定	影响交通流的通行空间与通行能力(包括爬坡能力)以及交通流的平顺性与安全性等
	长度	交叉口与接入道路方案制定	
	坡度	交通设施坡长及坡道设计	
	高度	立体空间组织	
	半径	交通流转向控制与安全等	
	…	…	
力学性能	结构梁高	交通设施净空与坡度设计	影响交通流的通行空间和交通设施性能
	结构跨径	立体交叉和视距设计	
	结构性质	设施稳定性与可靠性	
	土力学性能	交通设施平面、横断面、纵断面曲线设计	
	…	…	

续上表

交通土木基本性能	对应相关交通参数	与交通工程的相关性	基本影响
环境性能	水环境	交通排水系统与水环境保护设计	影响交通的通行环境及其环保性、交通安全性和通行能力等
	风环境	交通抗风能力设计	
	能见度环境	交通安全设计	
	温度环境	交通安全设计	
	海拔环境	交通爬坡能力设计	
	…	…	
材料性能	刚性材料	交通舒适性和安全性设计	交通的舒适性、安全性、便利性以及环保性等
	柔性材料	交通舒适性和安全性设计	
	特殊材料	降噪声及交通导向和安全设计	
	…	…	

第四节　我国交通工程学科近期的研究任务

现代交通工程学在我国还是一门新兴的学科，有许多问题有待于进一步研究，必须在学习国外先进经验与基本理论的同时，从我国的交通工程实际和特点出发，建立符合我国国情的交通工程理论与方法。

2004年7月，我国中长期科技发展规划的交通专家组提出建议，将"发展一个体系，解决三大热点问题"作为交通科技发展战略任务，即发展现代综合交通体系，解决交通能耗与污染、交通安全、大城市交通拥堵三大热点问题。这正是交通工作者迫切需要解决的问题。

为建立有中国特色的交通工程学，建议重点研究以下一些问题。

1. 交通流基础理论研究

(1) 交通流三参数关系模型与车辆运行特性。
(2) 各类交叉口规划、设计与评价的理论及方法。
(3) 复杂交通条件下交通流模拟仿真系统。
(4) 不同交通组成、不同道路车头时距的分布特性与可接受间隙。
(5) 道路网络总体交通容量的理论与计算方法。
(6) 混合交通条件下的交通流理论及其运行与管理。
(7) 可持续发展的城市交通系统规划理论与方法。
(8) 不同规模城市交通法规与基本政策。

2. 城市交通规划理论与方法研究

(1) 城市交通规划中交通调查的内容、方法及数据的规范化。

(2) 城市交通需求预测理论与方法。

(3) 城市交通网络计算机分析技术。

(4) 城市交通网络规划理论与方法。

(5) 城市交通规划方案评价技术。

(6) 城市公共交通网络优化理论与技术。

(7) 现代先进科学方法在城市交通规划中的应用。

(8) 基于GIS、GPS的规划理论与方法。

3. 区域综合交通运输规划理论与方法研究

(1) 区域交通运输系统的数据收集、处理和建模技术。

(2) 区域交通运输系统客、货需求预测理论与方法。

(3) 区域交通运输网络规划理论与方法。

(4) 区域交通运输系统评价理论与方法。

(5) 区域交通运输枢纽和通道布局理论与方法。

(6) 城市综合运输枢纽规划设计理论与方法。

(7) 物流系统的规划理论与方法。

4. 适应我国交通特点的交通控制理论与方法研究

(1) 区域交通控制软件系统开发与实施。

(2) 区域交通控制系统设备与配套技术。

(3) 高等级公路情报采集与信息传输、监控技术。

(4) 高等级公路与城市道路的交通管理体制、理论方法与设施。

(5) 高等级道路立交规划设计与评价理论与方法。

(6) 基于ITS的城市交通监控与管理系统。

5. 交通综合治理理论、方法与措施研究

(1) 适应现代交通要求的城市形态、结构规模与布局。

(2) 减少客、货出行与运输距离,土地利用的合理布局。

(3) 城市交通网络形态与性能的优化与评价。

(4) 城市客运交通方式的合理结构研究。

(5) 城市交通治理的理论模式、规范化方法及程序。

(6) 城市交通管理体制理论模式与方法。

(7) 自行车交通特征、适用条件及其路网的规划设计原则与评价方法。

(8) 停车需求(机动车与自行车)预测、停车设施规划设计理论与方法。

(9) 优先发展城市公共交通的保障体系。

(10) 缓解市中心区交通拥挤的技术方法。

6. 城市轨道交通系统研究

(1) 轨道交通系统性能、适用条件、经济性与可行性。

(2) 轻轨、地铁、快速交通系统的规划布局理论。
(3) 客运转换、货运转载系统的规划设计理论与方法。
(4) 新交通系统的技术标准体系。
(5) 停车换乘系统规划、设计与管理。
(6) 降低轨道交通建设成本的研究。
(7) 轨道交通系统营运与管理研究。
(8) 铁路客运站枢纽客流集散特征。
(9) 城市轨道交通与地面交通的换乘衔接设施配置方法。
(10) 铁路客运站—城市道路交通协调研究。
(11) 铁路货运站—城市物流协调研究。

【复习思考题】

1. 交通工程学作为一门独立的工程学科,在发达国家及中国已有多少年?其形成标志各是什么?
2. 简述交通工程学科发展的若干阶段。
3. 简述交通工程学科的主要特点和内涵。
4. 交通工程的基本知识包括哪些部分,简述其相互间的关系。
5. 简述道路交通量与通行能力的异同,通行能力与服务水平间的关系。
6. 简述交通系统分析的主要作用及基本内容。
7. 简述城市综合交通规划的内涵、规划目标与基本内容。
8. 简述交通设计目标与流程。
9. 简述交通管理与控制的目标与基本内容。
10. 简述交通安全的目标与基本内容。
11. 结合交通工程未来发展侧重点,选择其中一个方面查阅文献资料,简述现状存在问题、对应解决方案和预期效果。

第三章 交通运输

【学习目的与学习要求】

东南大学交通运输专业的特色是"道路运输",是"以旅客运输与货物运输工程为重点、物流工程为延伸、汽车运用工程为补充"。主要培养具备客货运输与物流工程的规划、设计、组织与管理等方面知识及相关开发能力,能从事客货运输系统的规划、组织、指挥、决策以及物流系统规划、设计与管理的高级工程技术及管理人才。作为一名交通运输工程师,必须具有系统工程、计算机与信息工程、管理学、经济学、物流学等方面的广阔视野。

本章的学习目的是了解交通运输专业的特点、内涵、基本要求和未来发展的方向。本章的学习要求是掌握交通运输系统(客运系统、货运系统和物流系统)规划与设计的主要步骤和内容,熟悉客运管理与控制、物流管理、运输环境管理与控制、运输安全管理与控制的基本理论和基础知识。

第一节 交通运输专业内涵及素质要求

一、交通运输专业简介

我国的交通运输专业起源于20世纪50年代初,是我国新中国成立后大中专学校较早建立的专业之一。由于体制与历史的原因,在我国形成了按交通运输的基本方式办交通运输专业的格局,因此既有面向铁路的交通运输专业,面向道路运输的交通运输专业,还有面向水运、航空的交通运输专业。到目前为止,面向基本运输方式办交通运输专业的格局仍没有改变。在长期的办学历程中,交通运输专业从名称到内涵发生了多次演变。目前各高校所设置的交通运输专业其专业内涵以1998年教育部颁布的专业目录为准,它是由1993~1998年之间的交通运输、载运工具运用工程、道路交通管理工程三个专业的归并而来。

1993年国家教育部印发了《普通高等学校本科专业目录》,将1993年之前开办的铁道运输、交通运输管理工程专业合并为交通运输专业,将汽车运用工程专业更名为载运工具运用工程,新建立了道路交通管理工程专业。这一时期较短,对专业的建设与发展的影响不是太大,更多的是名称的变化,其专业的内涵变化也不是太明显。因此,可以说,道路交通运输专业的前身专业是交通运输管理工程、载运工具运用工程与道路交通管理工程专业。交通运输专业发展的三个阶段如表3-1所示。

交通运输专业名称演变 表3-1

1998年至现在的专业名称	1993~1998年专业名称	1993年以前专业名称
交通运输(081201)	交通运输(081701)	铁道运输 交通运输管理工程
	载运工具运用工程(081702)	汽车运用工程(1957年建立)
	道路交通管理工程(082004)	—

近年来,综合运输与现代物流持续升温,运输工具的电子化和智能化等交通运输行业的新特点日益显现,加之交通运输类高职教育的兴起,引起了交通运输行业人才供应格局的重大变化,各高校纷纷调整交通运输专业的办学定位与专业内涵,在交通运输专业课程体系的设置、实践创新能力的培养等方面进行了大量的研究和创新,并将之视为应对新挑战、培养新人才的重要策略。

二、交通运输学科主要特点及内涵

交通运输系统是实现人与货物位移的系统。交通运输专业所面向的子系统是物理系统中的载运工具子系统、客货运输站场等基础设施系统、控制、通信与定位子系统、营销规划运用等管理子系统、劳动力子系统,如图3-1所示。因此,目前所界定的交通运输专业,是一个多学科交叉的专业,涉及机电学、系统工程、计算机与信息工程、管理学、物流学、经济学、环境学等多学科的知识。需要说明的是,从与社会需求的衔接来看,交通运输专业是以交通运输行业内多学科为依托,培养复合型人才的"跨学科""多学科交叉"的专业。这种培养复合型人才的专业,是不同学科在教学功能上的交叉,而不是学科在自身发展意义上的交叉。

结合东南大学"卓越化、国际化、研究型"的办学理念以及东南大学交通学院的办学特色,东南大学交通运输专业是依托道路工程和交通工程的学科、专业发展而来的,主要培养具备客货运输与物流工程的规划、设计、组织与管理等方面知识及相关开发能力,能从事客货运输系统的规划、组织、指挥、决策以及物流系统规划、设计与管理的高级工程技术及管理人才。

从专业范式的设置来看,东南大学交通运输专业兼具载运工具运用工程与运输管理两类传统交通运输专业的特点。与各自的前向专业相比较,专业口径得到拓宽,偏技术的载运工具运用工程方向增加了管理的课程,偏管理的运输管理方向又适当地增加了运输技术方面的课程;但仍然各有各的学科基础课,专业课也有一定差异。

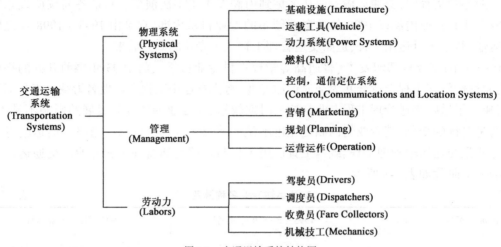

图3-1 交通运输系统结构图

(来自麻省理工学院教授 Joseph M. Sussman 的网络课程 Transportation Systems)

三、素质要求

结合图3-1,麻省理工学院教授 Joseph M. Sussman 提出了"T"形模型,如图3-2所示。描述了交通运输专业人才需要具备宽深相结合的知识能力结构。在宽度方向上,运输基础覆盖技术、系统与制度等多方面内容;在运输深度方向上,是强调专门方向上需要具备的精深知识。

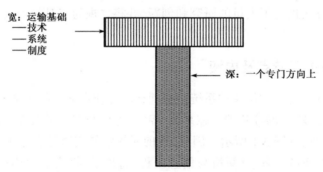

图3-2 "T"形交通运输专业人才知识结构示意图

强调交通运输人才既要有综合的、较宽的交通运输专业基础,还要有较精深的专门方向上的知识与技能,充分地反映了厚基础、宽口径的人才培养理念,又能较好地符合当前社会用人选人的要求。东南大学交通运输专业培养的学生应掌握运筹学、经济学、管理学、力学、机械、运输工程和物流基础理论,具备运输组织、运输系统规划与设计、城市客运交通运营组织、现代物流工程与管理、物流系统规划与设计、物流信息系统设计、汽车运用与服务等方面的系统知识与技能,具有"厚基础、复合型、视野广、能力强"的特点。学生应具备的综合素质要求如下:

(1)具有良好的人文社会科学素养、社会责任感和工程职业道德。
(2)具有从事工程工作所需的数学、自然科学以及经济管理知识。

(3)掌握交通运输规划与管理的基本方法,掌握扎实工程基础和本专业的基本理论知识,初步具备对运输发展政策法规制订、基础设施布局规划、港站设计、运输组织与管理的综合能力,了解相关领域新设备和新技术的应用。

(4)掌握文献检索、资料查询及获取相关信息的基本方法,具有综合运用所学理论和技术手段分析并解决问题的能力。

(5)熟练掌握一门外语,具有国际视野和跨文化的交流、竞争与合作能力。

(6)具有一定的组织管理能力、较强的表达能力和人际交往能力,具有适应发展的能力以及对终身学习的认识。

第二节 交通运输系统规划与设计

结合东南大学交通运输专业的特色,从客运、货运与物流三个方面阐述系统的规划与设计。

一、客运系统规划与设计

客运系统规划与设计的主要内容包括客运系统发展战略、客运枢纽系统规划设计、轨道交通系统规划设计、快速公交系统规划设计、常规公交系统规划设计及出租车交通发展规划。

1. 客运系统发展战略

客运系统战略规划的主要目的是分析公共交通、准公共交通和私人交通在城市交通系统中的作用、竞争关系和依赖关系,确定出主导交通方式和辅助交通方式;根据经济社会发展和城市总体规划,检验各种不同的客运交通发展理念,确定客运系统发展的模式。

2. 客运枢纽系统规划与设计

客运枢纽运是指铁路、公路、城市公交、地铁、轻轨、个体交通(小汽车、自行车等)等多种交通方式集中,能够实现乘客集散、转换交通方式和线路的场所,具有必要的服务功能和控制设备的综合性市政设施。

客运枢纽系统规划设计的主要内容包括枢纽的总体布局规划和枢纽的规划设计两大部分。枢纽的总体布局规划主要内容包括:社会、经济与交通运输的调查与分析、发展预测、场站布局优化、建设项目实施序列计划等。枢纽的规划设计是指对布局确定了的客运枢纽场站的具体功能、场站设施规模确定、内部交通组织、管理系统、周边地区道路交通等进行详细设计的过程。

3. 城市轨道交通系统规划与设计

轨道交通规划工作的意义,就是要回答"轨道交通需求"和"轨道交通供给"两个方面的问题,包括两者间动态平衡关系;同时,要协调它们与城市其他要素之间的关系。

从"需求"角度来看,轨道交通线网规划要考虑的因素包括:新城区建设、旧城区改造等土地发展要求,人口、就业变化下的出行要求,交通发展目标要求,城市重要建设项目的交通连接等。

从"供给"角度看,轨道交通规划要考虑到线网合理的规模,线网合理的构架,各条线路合理的运能规模和制式以及正线、联络线、车站、车场的位置等。

4. 快速公交系统(BRT)规划与设计

快速公交系统(Bus Rapid Transit,BRT)是指巴士快速交通,它集成了轨道交通的快速性和普通公交车的灵活性,可以运行于专用的道路、高速公路以及普通城市道路。BRT是智能运输系统、道路优先政策、更舒适和低噪音的公交车辆以及对土地使用的合理性等相关因素的整合。

BRT的核心:

(1)在城市的道路上开辟公共汽车专用路或公共汽车专用道,形成快速公交线网。

(2)在道路交叉口实施公交优先通行。

(3)提高公共交通运营效率,对线路、车辆、车站及枢纽进行优化,完善公交的管理体制等,提高运营速度和整体服务水平。

BRT的特征:道路运行优先化;车辆设计大型化;车站换乘便捷化;枢纽设计引导化(即引导城市土地利用的TOD模式);线网应用广泛化;收费系统一体化。

因此,快速公交系统规划与设计包括线网规模匡算、线路布局规划、应用形式的确定、设施规划(路段和交叉口优先设计、站点设计和停靠设施规划)、保障系统规划(车辆选型、收费系统、智能信息系统、识别系统等辅助系统)。

5. 常规公交规划与设计

常规公交指以公共汽车、电车为运输工具的客运交通方式。在没有轨道交通系统、BRT系统的中小城市,常规公交是城市的骨干客运交通系统;在有轨道交通系统、BRT系统的大中城市,常规公交是集散客流的接驳方式。

常规公交系统规划设计的内容包括场站规划、线网规划及方案评价、优先保障规划。

公交场站规划主要包括公交首末站、中途停靠站、公交枢纽站、停车保养场和修理厂的布局规划。

公交线网规划及方案评价通常是网络优化调整问题。通过分析现有公交网络的运营状况和客运需求、轨道交通网络、BRT系统发展状况及客运枢纽发展建设,调整优化公交线路,建立分层次的公交网络,并进行线路客流分析,评价网络方案的效益。

公交优先保障规划指规划设计有利于公交优先发展和运营的政策及技术措施。优先政策主要从公共财政、投资、建设、土地利用、经营模式等方面规划制订和评估分析其可行性及优先的效益;优先技术主要是指在交通管制、道路专用权等方面优先给予公交车通行。

6. 出租车交通发展规划

出租车交通为公共交通的辅助系统,其发展规划是指确定出租车行业发展目标,并制订达到目标的步骤、方针及方法。主要内容有:现状分析运行特征整体把握及问题揭示、发展战略、发展规模、租价体系、营运站点及服务网点规划、经营管理策略、规划实施方案。

二、货运系统规划与设计

1. 公路货运系统的概念

在我国,公路货运已成为改革开放以来发展最快的一种运输方式。公路货运量占所有运输方式货运量的比重已由改革开放初期的30%左右上升到目前的70%左右。2011年我国完成公路货运量达 324 亿 t，货物周转量达 126 529 亿 t·km。

公路货运系统是货物为主要服务对象，以公路为基础网络，依托多层次、网络化的站点体系集散货源，使用技术先进、结构合理的车辆载运货物，利用高效的通信信息技术作为管理手段，通过科学有效的运输组织，实现货物和信息安全、准确、快速流动的运输系统。公路货运系统的概念涉及 7 个基本要素，即货物、道路设施、货运站点、货物装卸分拣设备及组织、运输装备、通信信息、运输组织。

2. 公路货运系统规划的内容

公路货运系统规划是一项集道路网络布局、用地规划和车辆运营管理等为一体的综合性规划，以用地布局的合理安排和道路交通工程手段的综合应用，来解决货物运输任务。

相关研究主要有以下几个方面：

(1) 货运系统规划的理论和方法，包括货运系统规划的体系、定性和定量的研究方法及综合评价。

(2) 货运系统发展的战略与目标。

(3) 货运系统可持续发展的理念，主要研究货运系统对交通和生态环境产生的负面影响，以土地合理利用和环境保护为前提，提出货运系统可持续发展的核心、对策及目标要求。

(4) 公路货运枢纽场设施规划。

(5) 货运枢纽的规划与建设。

(6) 货运通道的规划与建设。

(7) 货运信息系统的规划。

(8) 货运交通管理研究。

其中，公路货运系统规划的关键是公路货运枢纽规划和货运信息组织（即货运信息系统设计）。

3. 公路货运枢纽规划

公路货运枢纽规划是指导公路运输站场建设的重要依据，规划的主要任务是确定公路运输枢纽规划区范围内客货运输站场的总规模、数量和布局，初步确定各站场的站址、性质和功能、生产能力和技术等级、建设规模和控制用地，并提出实施措施和建议等。

公路货运枢纽规划应符合以下要求：适应国民经济和社会发展的需求，满足全面、协调、可持续的科学发展观的要求；符合城市总体规划，与土地利用规划、交通发展规划等相协调；充分考虑综合交通运输发展的需要，与水运港口、铁路站场、航空港以及城市公共交通相衔接；充分发挥公路运输优势，与公路路线和城市干道、公路运输组织和信息化等相匹配。

公路货运枢纽规划及研究的主要内容应包括：规划指导思想和目标、功能定位、布局规划、信息系统规划、实施安排和政策措施等。

4. 公路货运信息系统设计

公路货运信息平台定位于政府主导、企业化运营的以货运行业调控、监管、决策支持为主体功能，融合面向货运市场和企业的信息与交易服务功能，集管理和服务功能为一体的综合性货运信息平台。其建设的目标在于采用先进的信息技术，实现区域或城市道路货运市场信息的采集和共享，实现面向运管机构的货运市场监控预警支持，通过信息的挖掘分析和信息管理系统，实现面向政府部门对货运行业的宏观调控决策支持，实现面向货运行业的信息服务和交易支持,推动统一、规范、开放、有序的货运市场的形成,为区域或城市内相关系统与平台的互联互通提供基础设施保障和技术支持。

公路货运信息系统设计的主要内容包括:

(1)公路货运信息需求分析与发展现状分析。

(2)公路货运信息平台的功能设计。

(3)公路货运信息平台的运行机制,包括货运信息平台的建设机制设计、运营机制设计和赢利模式设计。

三、物流系统规划与设计

1. 物流的概念

物流(Physical Distribution)一词最早出现于美国,1915年在《市场流通中的若干问题》一书中就提到物流一词,并指出"物流是与创造需求不同的一个问题"。在第二次世界大战中,围绕战争供应,美国军队建立了"后勤"(Logistics)理论,并将其用于战争活动中。其中所提出的"后勤"是指将战时物资生产、采购、运输、配给等活动作为一个整体进行统一布置,以求战略物资补给的费用更低、速度更快、服务更好。后来"后勤"一词在企业中广泛应用,这时的后勤包含了生产过程和流通过程的物流,因而是一个包含范围更广泛的物流概念。目前欧美国家把物流称作Logistics的多于称作Physical Distribution,Logistics指供应链物流,也即国内俗称的现代物流,而Physical Distribution则指销售物流。

我国的物流概念主要通过两条途径从国外传入我国,一是在20世纪80年代初随"市场营销"理论的引入而从欧美传入;二是"Physical Distribution"从欧美传入日本,日本人将其译为日文"物流",20世纪80年代初,我国从日本直接引入"物流"这一概念至今。

我国的《物流术语》对物流(logistics)给出了如下定义:物流从供应地向接受地的实体流动过程,根据实际需要,将运输、储存、装卸、搬运、包装、流通加工、配送、信息处理等基本功能实施有机结合。可以看出,物流是一个物品的实体流动过程,在流通过程中创造价值,满足顾客及社会性需求,所以物流的本质就是服务。

物流业是利用先进信息技术和物流装备,有机整合物流环节,融合运输业、仓储业、货代业和信息业等的复合型服务产业,是国民经济的重要组成部分,涉及领域广,吸纳就业人数多,促进生产、拉动消费作用大,在促进产业结构调整、转变经济发展方式和增强国民经济竞争力等方面发挥着重要作用。作为极具发展潜力的新兴产业,物流业的发展水平已经成为衡量一个国家和地区综合竞争力的重要标志。

2. 运输在物流中的作用

自古以来,运输就是人类生存、发展的重要活动之一。物流作为现代社会经济活动的重要组成部分,在其发展和运行过程中,与运输的关系更为密切。早期,物流几乎不具有明确的内涵,常常被视同为运输,随着物流内涵的扩展和物流功能的不断完善,物流形成了包含有运输、储存、包装、装卸搬运、流通加工、配送、信息处理等多种功能的完整体系,但是运输在整个物流活动中始终居于十分重要的地位,一切物体的移动都离不开运输环节,运输的高效率在很大程度上影响着物流的高效率。在物流活动中,运输承担了物品在空间各个环节的位置转移,解决了供给者和需求者之间场所的分离,是物流创造"空间效应"的主要功能要素,具有以时间(速度)换取空间的特殊功能,是城市、区域以及国际物流发展的启动器。

3. 物流分类

社会经济领域中的物流活动无处不在,对于各个领域的物流,虽然其基本要素都存在且相同,但由于物流对象、目的、范围等不同,形成了不同的物流类型。以社会物流与企业物流的分类为例。

社会物流:社会物流是指超越一家一户的以一个社会为范畴面向社会为目的的物流。这种社会性很强的物流往往是由专门的物流承运人承担的,社会物流的范畴是社会经济大领域。社会物流带有宏观性和广泛性。

企业物流:从企业角度上研究与之有关的物流活动,是具体的、微观的物流活动的典型领域。企业物流又可以区分为以下具体的物流活动:供应物流、生产物流、销售物流、回收物流、废弃物物流。

4. 物流系统类型

物流系统是为了实现一定的物流目标而设计的由相互作用、相互影响的物流要素(或子系统)所构成的有机整体。按照物流系统的性质分为社会物流系统和企业物流系统。社会物流系统是从区域公共物流系统抽象而成的,如区域(城市)物流系统等。企业物流系统是从企业物流系统抽象而成的,如汽车企业的生产物流系统、啤酒厂的分销系统等。物流系统规划与设计主要研究对象即是企业物流系统与社会物流系统。

5. 区域(城市)物流系统规划

区域(城市)物流系统一般是指在一个国家之内一定经济区域范围内的物流,具体而言是物品城市内部或在城市之间的实体流动。区域(城市)物流系统规划一般包括物流基础设施平台规划、城市物流信息平台规划及城市物流发展政策保障规划,其中城市物流基础设施平台规划是区域(城市)物流系统规划最为关键的内容,主要是解决城市物流结点的分类(物流园区、物流中心、配送中心)及其功能定位、物流结点之间的关系、物流结点的选址及其规模、物流通道规划等方面的问题,它受到区域(城市)在国内经济中的地位、区域(城市)周边交通基础设施与路网、区域(城市)发展趋势、区域(城市)产业布局以及区域(城市)物流业现状等诸多因素影响。

6. 物流园区规划与设计

物流园区最早出现在20世纪60年代的日本,也被称为物流基地或物流团地,随后在欧洲,特别是德国得到了快速发展,一般被称为货运中心。主要是为降低物流成本而建设,由于物流园区给所在城市和企业带来了极大的社会和经济效益,我国许多城市纷纷规划建设物流园区。

物流园区是指在几种运输方式衔接地形成物流结点活动的空间聚集体,是在政府规划指导下多种现代物流设施、设备和多家物流组织机构在空间上集中布局的大型场所,是具有一定规模和多种服务功能的新型物流业务载体。物流园区的规划是对城市区域物流用地进行定位、空间布局,对区内服务功能进行规划,对物流设施、设备进行配置,对园区内外交通进行组织,对园区经营方式和管理模式进行策划的过程。

7. 企业物流网络规划与设计

企业物流网络规划是指确定产品从供货点到需求点流动的结构,包括使用什么样的物流节点、节点的数量与位置、分派给节点的产品与客户、产品在节点之间的运输方式等。物流网络规划要同时考虑空间与时间两方面的因素。空间方面指确定各种节点(如仓储中心)的地理位置;时间方面指保持产品的可得率以满足客户服务目标,涉及运输管理与库存策略。物流网络规划属于战略性规划,主要关注以下关键战略决策问题:

(1)确定合适的仓储中心的数量。
(2)确定每个仓储中心的位置。
(3)确定每个仓储中心的规模。
(4)为产品分配仓库空间。
(5)确定各仓储中心为哪些客户提供哪些产品。

第三节 交通运输管理与控制

一、客运管理与控制

旅客运输是利用运输工具实现人的位移。旅客运输提供的是无形产品,其核心是人的位移。按旅客发送区域划分,一般分为城市客运和区域客运。

城市客运。这是一种主要为城市地区(含郊区)居民的出行乘车需要提供的短途旅客运输。

区域客运。这是一种城市间的长途旅客运输,公路、铁路、航空、水运是四种主要的运输方式。

1. 城市客运管理与控制

城市客运是一种专为城市地区居民出行活动的需要而提供的营业性短途客运交通,一般可分为公共汽车交通、地铁轨道交通、出租车交通等几种方式。城市客运管理是指为安全、高效、可持续地开展城市地区运输服务工作所需要进行的各类行政、行业和技术管理的总和。

由于城市客运过程涉及面广,涉及的相关部门多,因此,城市客运管理是一项既包括宏观政策制定,又包括中观的行业规划,还包括微观的运行管理的精细而复杂的工作。

考虑到当前我国城市客运管理的实际需要,城市客运管理与控制的主要内容如图 3-3 所示。

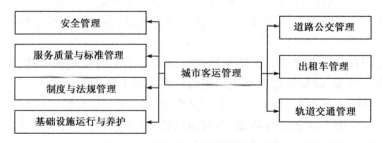

图 3-3 城市客运管理与控制的主要内容

从政府角度来看,客运的安全管理、服务质量及其标准、客运系统的运行制度和法律法规、基础设施的运行与养护是发挥政府对客运市场监督和宏观调控作用的重要内容。

从服务实体看,道路公交、出租车交通、轨道交通是整个城市客运管理的重要对象。

1) 道路公交管理

道路公交管理是城市客运交通系统管理的重要组成部分,其运行环境为城市道路。作为最常用的大众运输系统,道路公交管理的任务是实现公交网络中车辆运行安全、可靠、准时、高效。

公交系统运行管理,又称公交调度,它将公交系统运行管理划分为计划管理和实时管理两部分,前者面向解决公交运行管理的阶段性、计划性任务,主要任务是编制公交运行计划,称为计划调度;后者重点解决实时性、突发性问题,主要任务是执行运行计划,成为现场调度或动态调度。公交运行管理内容见图3-4。

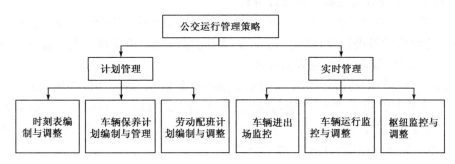

图3-4 公交运行管理内容

2) 轨道交通管理与控制

城市轨道交通系统按功能分为两个系统进行管理,如图3-5所示,一个体现城市轨道交通基本功能的旅客运输服务系统,主要任务是组织列车运行和进行客运服务。另一个是运营保障系统,主要是设备维护修理体系,它的任务是确保线路、供电系统、车辆、通信信号设备、机电设备等系统状态良好,使整个城市轨道交通系统安全、可靠、高效地运行。

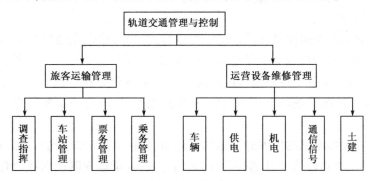

图3-5 城市轨道交通管理与控制内容

3) 出租车管理

出租车提供的是一种快捷、方便、舒适的个性化服务,满足的是不同层次的出行需求,是城市道路公交、轨道交通等构成的客运交通系统的重要组成部分和合理补充。出租车客运的管理与控制主要从其经营模式和准入模式入手。

我国大中城市出租车在经营模式上,主要有承包租赁、挂靠经营、个体经营三种模式。

在准入模式上,主要有两种方式:一是审批制,即营运牌照通过政府审批获得;二是招标制,即营运牌照通过竞价方式投放。

2. 区域客运管理与控制

区域客运四种运输方式在不同运输距离和运输对象上分别具有一定运输优势,又有互存竞争的关系。从运行管理上如何发挥各自运输优势,做好各运输方式的运行组织工作,从而保证旅客运输安全、正点运行是区域客运交通管理与控制的目标。

(1)公路旅客运输关键是要做好客车运行组织工作。客车运行组织工作,主要包括确定客运班次时刻表、确定车辆运行方式、做好单车运行作业计划和调度工作并保证客车安全正点运行。

(2)铁路旅客运输主要是做好铁路行车组织工作,包括列车运行图的编制、调度指挥工作、列车运行车站作业以及运输工作统计分析。

(3)航空客运管理过程中要做好空间组织及时间组织工作,空间组织指航空运输生产过程中对涉及的设施设备进行合理的空间布局。时间组织指合理安排旅客运输订座、乘机、退票、客票变更及误机、漏乘、错乘旅客的处理。

(4)水运旅客运输中的运行组织工作内容包括:规划航线系统,为航线选配适当的船舶或船队,协调各环节工作,确定推(拖)船与驳船工作配合方式,以及制订船舶运行时刻表。

在各种交通方式中,铁路生产计划和调度工作是最全面的,内容也是最丰富的。航空和公路则更主要地依靠指挥调度实现日常生产管理。

二、货运管理与运输组织

1. 货运管理的内容

货运管理是以用户服务需求为目标,考虑构成现代物流的其他四个因素与运输的关系,以当前运输条件为基础,优化货运计划、组织与管理等环节,合理配置运输资源,实现少投入、多产出的管理过程。货运管理主要包括以下内容:

1)运输计划管理

货运生产计划是企业运输经营活动的重要内容之一,运输企业通过对运输量计划、载运工具计划、载运工具运用计划、载运工具运行作业计划的编制,对载运工具运输进行合理的组织调度,以使企业在运输经营中达到最大的经济效益。货运企业在掌握货源及货运量调查预测数据、接受货运任务情况的基础上,在开始货运生产之前,要进行一项重要的工作,即编制货运生产计划。

货运生产计划按其编制的内容分为运输量计划、载运工具(如车辆)计划、载运工具(如车辆)运用计划以及车辆运行作业计划,不同的运输方式,其货运编制计划将会有较大的不同。

2)载运工具运行管理

交通运输的载运工具包括机车车辆、城市轨道车辆、汽车、船舶和航空器,载运工具运用工程学科主要涉及机车车辆和城市轨道车辆。主要研究领域包括:载运工具管理信息系统、运用模拟系统、运用可靠性、安全性、维修管理等相关知识。

3)运输组织管理

运输组织是在运输企业的生产和经营实践中发展起来的关于运输资源合理配置和利用的理论和技术,是研究如何合理配置运输资源,实现少投入、多产出的管理技术经济学。

运输组织管理研究可以从不同角度进行:

（1）从载运工具运用的角度看，有车辆和船舶的货物配载问题，有特殊货物运输条件的确定和安全运输问题；

（2）从运输港站工作的角度看，有运输动力、线路、作业站台、仓库货位和装卸机械等设备配置问题与运输技术作业流程的组织管理问题；

（3）从运输网络运用和管理的角度看，有交通流的组织调整和动态监控、确保系统安全、畅通和交通高效有序的问题；

（4）从运输企业生产和经营的角度看，有运输市场调查、客流和货流组织以及运输产品设计的问题，运输设备综合运用和运输生产过程优化组织的问题；

（5）从整个综合运输系统的角度看，有各种运输方式的布局和运输协作配合问题等。这些都是运输组织所要面临和应该研究的问题。

4）运输组织评价

运输组织评价主要包括两部分内容：一是对运输组织的现状进行系统评价，从而对现有运输系统有一个全面的了解，为运输企业生产组织方式的优化提供决策依据；二是对运输组织的项目方案进行系统评价，分析运输项目的可行性以及效益预期目标，从而为最终决策提供依据。

运输组织评价的内容一般涉及社会、技术、经济、环境等四个方面，根据评价的目的不同而有所侧重。对运输企业组织现状的评价，往往侧重于组织技术、经济方面的评价，从而为运输企业改革和技术更新提供决策依据；对运输组织项目方案进行的评价是全方位的、系统的，除了考虑组织技术、经济效益之外，还要考虑项目方案对社会、环境的影响，从而为规划方案提供决策依据。这类评价往往是从国家、社会、行业发展的角度去评价。在对运输组织进行评价时，要根据研究的目的对评价内容进行选择，如图3-6所示。

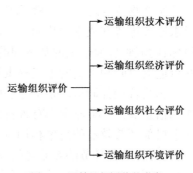

图3-6 运输组织评价的内容

2. 货运组织主要环节

货运组织过程主要包括组织货源、办理货物承运手续、货物保管、装卸、途中运送、到达卸车（船、机）、货物保管、交付、运输统计与结算等环节。货物运输生产主要包括发到作业、中转作业和运行作业，其中发到作业和中转作业由港站人员计划、安排与实施；运行作业则由承运人的生产管理部门计划、安排，由驾乘人员具体实施。其作业流程如图3-7所示。

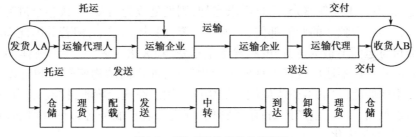

图3-7 货物运输生产作业流程图

港站货运业务的基本内容因运输方式和运营组织方式不同而有所区别，但无论哪种运输方式都包含四大作业内容：发送作业、途中作业、到达作业、运输统计与结算。

货运组织过程要求安全、快速、准时、方便、经济。为了保证货物运输安全,应采用科学的运输组织方法,改进装载技术和包装方法,减少甚至避免运输损耗;迅速是一个相对概念,指货运方式在与其他运输方式的送达速度相比,在该运程范围内是否具有送达速度的优势,选择货运方式时,应将送达速度作为一个重要的衡量标准;货物运输是商品交易过程的一个重要组成环节,按时交货成为运输质量和运输服务水平的重要标志;方便托运人的程度是衡量货运企业服务水平的重要指标,也是提高竞争力的一个重要方面。一般包括办理运输手续、费用结算的简便以及提供不受时间限制的运输服务和延伸服务等;经济,对托运人而言是支付较低的运输费用,对运输企业而言是指耗费较低的运输资源,这两方面有时是一致的,有时则是矛盾的,如何同时满足或兼顾两者的利益,是货物运输组织和服务水平的重要体现和标志。

三、物流管理

1. 企业物流管理

物流管理是根据物质资料实体流动的规律,应用管理的基本原理和科学方法,对物流活动进行计划、组织、指挥、协调、控制和监督,使各项物流活动实现最佳的协调与配合,以降低物流成本,提高物流效率和经济效益。物流管理是建立在系统论、信息论和控制论的基础上的。

实施物流管理的目的就是要在尽可能最低的总成本条件下实现既定的客户服务水平,即寻求服务优势和成本优势的一种动态平衡,并由此创造企业在竞争中的战略优势。根据这个目标,物流管理要解决的基本问题,简单地说,就是把合适的产品以合适的数量和合适的价格在合适的时间和合适的地点提供给客户。

物流管理强调运用系统方法解决问题。物流系统的运输、存储、包装、装卸、流通加工、配送和信息等诸环节原本都有各自的功能、利益和观念。系统方法认为,系统的效益并不是它们各个局部环节效益的简单相加,因此,物流系统并不简单地追求在各个环节上各自的最低成本,因为物流各环节的效益之间存在相互影响、相互制约的倾向,存在着效益悖反现象。比如过分强调包装材料的节约,就可能因其易于破损造成运输和装卸费用的上升。因此,系统方法强调要进行总成本分析以及避免次佳效应和成本权衡应用的分析,以达到总成本最低,同时满足既定的客户服务水平的目的。

现代意义上的物流管理出现在20世纪80年代。人们发现利用跨职能的流程管理的方式去观察、分析和解决企业经营中的问题非常有效。通过分析物料从原材料运到工厂,流经生产线上每个工作站,产出成品,再运送到配送中心,最后交付给客户的整个流通过程,企业可以消除很多看似高效率却实际上降低了整体效率的局部优化行为。因为每个职能部门都想尽可能地利用其产能,没有留下任何富余,一旦需求增加,则处处成为瓶颈,导致整个流程的中断。又比如运输部门作为一个独立的职能部门,想方设法降低其运输成本,但若其因此而将一笔必须加快的订单交付海运而不是空运,这虽然省下了运费,却失去了客户,导致整体的失利。所以传统的垂直职能管理已不适应现代大规模工业化生产,而横向的物流管理却可以综合管理每一个流程上的不同职能,以取得整体最优化的协同作用。在这个阶段,物流管理的范围扩展到除运输外的需求预测、采购、生产计划、存货管理、配送与客户服务等,以系统化管理企业的运作,达到整体效益的最大化。

2. 政府对物流业的管理

高效、有序的物流业是经济发展的重要支撑。对处于新型工业化过程中的中国而言,物流业的发展状况是影响经济快速平稳可持续发展的重要因素。政府对物流市场的适度、有效干预是市场经济条件下物流业发展的客观要求。政府担负着引导和推动现代物流业发展的职责,政府作为市场的管理者,负有对物流市场的调控、管理、监督等职能,以确保物流市场的有序运行和稳健发展。

国外政府一般倾向于通过法律和政策实施对物流业的间接管理,并非常注意发挥市场的作用。西方国家物流管理体制同其经济管理体制一样,是以物流业的自由化、市场化运作为基础。世界各国主要是采取政策性措施来引导和促进本国物流的发展,包括:第一,政府制定物流发展纲领。第二,政府对物流业实行优惠、扶持政策。包括对交通基础设施进行直接投资,扶持物流园区的发展,对物流配送中心建设提供优惠政策等。第三,鼓励发展高效率的运输方式,特别是多式联运。第四,积极发挥行业组织的作用。在放松市场管制的同时,各国政府非常重视行业组织在规范本国物流市场中的作用。

近年来,伴随着我国经济的快速发展,物流业引起了政府和企业的广泛关注,并呈现出迅猛发展的良好势头。随着经济、金融、物流的全球化进程向纵深发展,跨国物流企业面向全球布局,我国主要经济区域、各大中心城市在物流领域的竞争日趋激烈。在这种大的背景下,国内很多地方将物流业作为当地经济发展的支柱产业或者产业支柱进行规划。但物流业涉及多个部门与领域,需要政府通过一系列的手段措施,如物流综合协调机制的建立;物流业发展规划及相应的政策法规的制定;物流园区规划、建设和管理;物流供需市场的培育与规范化管理;物流公共信息平台建设;物流技术开发应用;物流标准化建设;物流人才的培养;发挥行业协会的作用等,实现对物流业发展的宏观管理,打破条块分割和地区封锁,让各种物流要素在市场机制作用下充分竞争、自由流动,以创造并维护公开、公平、公正的市场环境,推动物流业的健康有序发展。

四、运输环境管理与控制

车辆在完成运输任务的同时,消耗一定的能源(汽油、柴油、燃气、电力等),对自然环境产生一定的危害。车辆对环境的危害主要表现在排放温室气体和有害污染物,以及产生噪声。温室气体主要为二氧化碳(CO_2),有害污染物主要为一氧化碳(CO)、碳氢化合物(HC)、氮氧化合物(NO_x)及微粒。

对车辆运输开展环境危害的管理与控制首先要研究车辆排放与运输过程的关系。车辆排放与车辆的行驶工况、车辆荷载、环境温度和湿度、油品、车辆的维修保养等有关系,不同排放物与上述因素存在差异,需要建立排放模型,才能定量化研究车辆运输过程中对环境的危害程度,进而提出合理科学的控制对策。

研究车辆排放与运输过程的关系,排放测试是研究的基础。测试方法有台架试验法、隧道试验法、遥感遥测法、车载测试法四种方法。台架试验法由底盘测功机、尾气分析仪、控制电脑三部分组成,通过在试验室内运行预定的行驶工况来对机动车排放数据进行收集。隧道试验法是通过检测经过隧道的车流排入隧道内的污染物浓度和隧道内风速等环境要素,应用污染物扩散模型推导车流的平均单车排放因子。遥感遥测系统主要由尾气检测光源和检测器、速度和加速度测量装置、车牌摄像仪、尾气分析仪、数据处理装置和监视器等组成。车载排放测试是通过将排气直接连接到车载排放污染物测量装置上,对车辆尾气进行直采,实时测量整车排放的体积浓度和质量流量,得到排放污染物的质量排放量。车载测试法能够得到实际工况下的动态排放状况,可以反映外界环境条件的变化对车辆排放的影响,为实际道路机动车排放特征的分析和模拟提供可靠的数据支持。目前使用较多的车载排放测试系统主要有 OEM、SEMTECH-DS、OBS 系统等。

根据排放模型的适用尺度范围和功能,机动车排放模型一般可以分为宏观模型、中观模型和微观模型三类。宏观模型主要用于地区乃至整个国家范围的排放因子估算和排放清单的建立;中观模型主要用于某个交通区域的排放模拟;微观模型主要用于某一特定路段或是交叉口等的排放模拟。宏观尺度排放模型包括 U.S. EPA 开发的 MOBILE 系列和 MOVES、加州空气资源局开发的 EMFAC 模型和欧盟环境署开发的 COPERT 系列。中观排放模型一般借助发动机负载,通过实测数据建立排放和行驶特征的数学函数关系,有加州大学河边分校的 IVE 模型与美国麻省理工学院的 EMIT 模型。中观模型由于较高的模拟准确度、广泛的适用性以及相对简单的数据需求,在排放因子模型研究领域里面非常活跃。微观排放模型以机动车瞬时排放数据为基础,基于速度、加速度或者其他参数,采用多维矩阵、统计回归以及多维参数的物理方法来实现对机动车瞬时排放的模拟。较为常见的有 CMEM 和 VT-Micro 等。

五、运输安全管理与控制

安全生产是运输永恒的主题。运输安全事关社会和人民群众财产安危,关系到经济发展和社会的和谐稳定。运输安全不仅是个经济问题,而且是个政治问题,同时还涉及环境保护、科学技术、宣传教育及人员素质等方面的重大问题,它是保障社会安定,保证经济建设快速健康发展,构建和谐社会的重要环节。

以道路运输为例,近年来,随着国民经济的持续发展和公路运输需求的强劲增长,高等级公路投资力度不断增大,公路交通的迅猛发展对道路交通安全产生了巨大影响。2010 年,全国共发生道路交通事故 3 906 164 起,同比上升 35.9%,造成 65 225 人死亡、254 075 人受伤,直接经济损失 9.3 亿元。

对道路运输安全的管理与控制主要是对人—车—路—环境这个复杂系统的管理与控制。其中,人涉及行人、旅客、驾乘人员、运输企业和政府管理部门等;环境包括气候、市场、政策和法规等;车辆涉及旅客运输车辆和货物运输车辆;路则包括公路和城市道路。

运输安全管理我们更多的是要关心管理的对象和如何管理:

(1)政府管理机构通过政策和法规的制订来调控运输市场、管理运输企业和车辆生产商、规范驾乘人员和行人的交通行为。

(2)运输企业通过规章制度和先进的技术实现对运输人员、运输车辆、运输货物、运输线路的管理和调配优化。

运输安全控制我们则更多的是要关心所采用的技术和手段:

(1)对运输对象、线路和过程的控制,包括 GPS/GSM&GPRS/GIS/NET 导航系统、行车记录系统、辅助驾驶系统、驾驶员疲劳警告系统、基于 3G 手机定位和射频 RFID 的物联网技术、线路优化和包装优化技术等。

(2)对运输环境的控制,包括交通环境和气候环境感知与预警、行车速度和车流检测与控制、快速救援和紧急疏散等。

(3)对运输车辆的控制,包括运输车辆自身行驶安全自动检测、车辆运用环境自动感知、车辆间的通信等。

运输安全管理与控制是国内外交通运输从业人员研究的重点和热点问题之一,也是交通运输专业本科生学习和掌握的主要专业方向,只有抓好运输安全的管理与控制才能确保旅客和其他人员人身安全,保障货物安全、完好位移,提高运输企业的经济效益和社会效益,维护运输企业的良好信誉和形象,保障社会稳定,促进社会和谐发展和社会主义现代化建设,具有十分重要意义。

第四节 交通运输专业展望

西方发达国家经过大半个世纪的建设,已形成了以高新技术为依托的五大运输方式及城市交通系统,形成了相互协调的交通运输基础设施体系,交通系统建设过程已基本完成。但这些国家的交通运输需求仍在继续上升,交通拥挤问题、交通安全问题、交通能耗与环境污染问题依然存在,并影响了区域与城市经济的发展。在发达国家,单纯通过交通基础设施建设解决交通问题的效果已经很不明显,且代价很高。因此,发达国家多采用高新技术包括新兴的物联网技术进行交通运营管理,以提高交通设施运输效率、保障交通运输安全、促进节能减排,目标是建成"安全、高效、节能、环保"的现代交通运输系统。

我国人口众多、城市化与机动化快速发展的形势,决定了人、车、路、环境等影响运输与安全的因素比任何国家都要复杂,特别是运输参与者的文明运输意识普遍不强、交通基础设施比较薄弱,交通拥堵、运输事故频发、交通污染严重、运输能耗过大已成为我国构建社会主义和谐社会的主要制约因素之一。从国际经验和我国的实践来看,依靠科技创新是解决道路交通问题的关键。

鉴于此,交通运输专业的学生培养要紧密围绕"建成安全、高效、节能、环保的现代运输系统"这个目标,开展如下工作:

(1)凸显"综合运输和现代物流"。培养具备客货运输与物流工程的规划、设计、组织与管理等方面知识及相关开发能力,能从事客货运输系统的规划、组织、指挥、决策以及物流系统规划、设计与管理的高级工程技术及管理人才。

(2)强调"运输安全和节能环保"。为了适应国内外的发展趋势,抢占热点问题高地,增强就业竞争力,加强运输安全管理与控制以及节能环保方面知识的培养。

(3)培养知识复合型的人才。除了重点掌握交通运输专业自身知识外,还要熟悉交通工程、城市规划、道路桥梁与渡河工程、车辆工程和环境工程等相关专业的知识。

(4)深入开展产学研结合。将交通运输的生产实践、课堂教学和课题研究紧密结合,拓展知识面、增强实践能力、提高分析和解决问题的能力。

(5)加强国际交流与互动。增强与发达国家先进运输管理知识和经验的交流与互动,开拓国际视野,实现引进、吸收和创新。

【复习思考题】

1. 我校交通运输的特色与内涵与其他高校的有何区别?

2. 客运系统规划与货运系统规划的对象有哪些?
3. 为什么说物流业是极具发展潜力的新兴产业?
4. 物流业的发展水平为什么能成为衡量一个国家和地区综合竞争力的重要标志?
5. 客运与货运的管理手段有哪些?
6. 运输环境与安全管理主要关注哪些问题?
7. 交通运输专业的发展趋势是什么?

第四章
智能运输系统

【学习目的与学习要求】

智能运输系统是实现交通运输可持续发展的重要手段之一,也是当前国内外交通运输工程领域研究与应用的重点。本章的学习目的是了解智能运输系统的基本概念、内涵、特点、发展概况、体系框架和未来发展的方向。本章的学习要求是掌握的内容包括智能运输系统的内涵、特点、发展概况和未来的发展方向,熟悉智能运输系统体系框架的主要构成要素及其相互关系,了解典型城市道路智能运输系统。

第一节 智能运输系统内涵及素质要求

智能运输系统(Intelligent Transportation Systems,ITS)是信息、通信等先进技术在交通运输工程领域进行应用的产物,并贯穿交通运输系统规划、建设、运营、管理、维护各个环节。以智能化的应用为依托,智能运输系统可以为交通出行者、交通规划与管理者、运营企业和科研人员等提供所需的交通服务,保障交通运输系统的安全、高效和可持续发展,具有巨大的社会和经济效益。

一、智能运输系统内涵

1. 智能运输系统的定义

目前世界各国对智能运输系统的定义不尽相同。其主要原因有两个,一是由于各国 ITS 研究与应用的侧重点不同,因而对 ITS 应用对象和主要内容的理解稍有不同;二是 ITS 在经历一段时间的快速发展后,其理论随着研究与应用的深入,仍在不断完善与丰富之中。

美国对 ITS 的定义,目前主要包括《智能运输系统手册 2000》(ITS Manual 2000)和美国交通工程师协会(Institute of Traffic Engineers)两个。《智能运输系统手册 2000》对 ITS 的定义是:"ITS 由一系列广泛的用于运输网络的先进技术以及为出行者所提供的服务所组成";美国交通工程师协会对 ITS 的定义是:"ITS 是把先进的检测、通信和计算机技术综合应用于汽车和道路而形成的道路交通运输系统"。美国智能运输系统发展的主要对象是道路交通系统,因此其定义的 ITS 的主要对象由道路、道路上行驶的汽车、道路出行人员三者构成。

欧盟领导下的 ERTICO-ITS 组织对 ITS 的定义:"ITS 是信息和通信技术与交通基础设施、车辆和用户的集成"。通过交通信息共享,ERTICO-ITS 认为 ITS 可以最大限度地利用交通网络的通行能力,提高出行者在道路网络中出行的安全性,并对环境产生更小的影响。欧洲对 ITS 的定义明确表明了 ITS 需要建立人、车、路之间的联系,进而保障道路交通运输系统运行的安全、高效及环境保护。与美国关于 ITS 的定义一样,欧洲关于 ITS 定义的主要对象是道路交通系统。

日本汽车道路交通智能化协会(Vehicle, Road Traffic Intelligence Society, VERTIS)对 ITS 的定义是:"ITS 是运用最先进的信息、通信和控制技术,解决道路交通中的交通事故、交通堵塞和环境破坏等各种问题的系统"。日本智能运输系统协会(ITS Japan)对 ITS 的定义更加直接,其对 ITS 的定义是:"ITS 提供了诸如交通事故、交通拥挤以及环境污染等一系列交通问题的基本解决方案"。日本对 ITS 的定义指出了 ITS 旨在解决的问题,但其侧重点也是道路交通系统。

我国学者黄卫等在《智能运输系统概论》中对 ITS 的定义是:"在较完善的道路设施基础上,将先进的信息技术、计算机技术、通信技术、传感器技术、控制技术、人工智能等综合运用于交通运输、服务和车辆制造、加强车辆、道路和使用者三者之间的联系,从而形成的一种实时、准确、安全、高效的综合运输系统"。该定义强调了 ITS 的系统性特点,拓展了 ITS 的涵盖范围。

结合以上定义及相关分析,ITS 可定义为将信息技术、通信技术、电子技术、控制技术等综合运用于交通运输领域,从而提高交通运输系统效率、改善交通运输系统安全水平的应用与服务系统。

2. 智能运输系统概念辨析

(1) ITS 有狭义和广义之分,主要区别在于作用对象的不同。

狭义的 ITS 指道路交通运输系统规划、建设、运营管理及维护的智能化;广义的 ITS 指铁路、水运、道路、航空和管道五大类现代交通运输方式在规划、建设、运营管理、维护等各个环节的智能化。由此可见,狭义的智能运输系统是广义的智能运输系统的子集。本章介绍的内容只涉及狭义的智能运输系统。

（2）ITS不是传统的交通运输工程，也不是各类技术的简单叠加，而是运用各类技术手段改善交通运输状况的一项复杂的系统工程。

ITS作为交通运输的新兴领域，并不意味着对传统交通运输工程的颠覆，而是传统交通运输工程的一种延续。一方面，ITS以现代高新技术作为工具，便于探索研究复杂交通系统的特征，分析系统中各要素之间的联系，因而产生了大量传统交通运输工程所不具备的理论体系和技术方法；另一方面，这些理论体系与技术方法又反过来影响交通运输系统，促进其高效、安全、稳定的运行。与传统的交通运输工程相比，ITS的优势包括显著改善交通系统效率、提高交通安全水平、减少交通系统能源消耗及其对环境的影响、强化以信息化为主导的行业发展和社会生产力的提高。

（3）ITS具有智能化和系统性两大内在特征。

智能化是ITS的本质特征，交通运输系统正是由于具备了智能化的特点，才被认为是真正意义上的ITS。"智能化"的特点要求ITS在利用传统的交通运输工程理论与方法的过程中，需要合理考虑电子技术、通信技术、计算机技术、控制技术、系统工程的理论与方法，使得ITS真正具备学习、逻辑推理和辅助决策能力。当前，对交通信息进行简单的采集、传输、处理和发布，还仅仅是ITS发展的初级阶段。

ITS是一项复杂、开放的大型系统工程，因此，其必须具有系统性这一基本特性，并主要表现为以下几个特点。

①多元性、相关性和整体性。ITS主要有由"人"（交通参与者）、"车"（交通工具）、"路"（交通设施）、环境四个基本要素构成，而这些要素又组成了相互关联、相互作用的子系统，并共同构成了统一的整体。

②目的性。ITS具有很强的目的性，研究、开发、建设与应用ITS的目的是为了改善交通运输系统效率、提高交通运输系统安全和服务水平。

③层次性。ITS的复杂性决定了其必须按层次由低级向高级逐步进行集成，首先对要素进行集成，形成许多子系统，再对子系统进行集成形成高一级的子系统，直至形成具备多种功能的有机整体。

④环境适应性。ITS是在一定的环境下产生、发展和演化的，环境的变化可能改变系统的内部结构，而内部结构的变化也要适应环境的变化；否则必然失去生命力，走向衰亡。

⑤动态性。ITS在一定的空间范围内（如地区、省、市）建立和运行，并随着时间的变化而发展变化。

二、素质要求

智能运输系统涉及学科广泛，是多个交叉学科综合作用的产物。先进的信息技术、计算机技术、通信技术、电子技术、控制技术等都是智能运输系统发展的重要支撑。因此，智能运输系统当前迫切需要复合型人才，在学习过程中，特别要重视自身知识体系的合理构建。

智能运输系统的核心知识体系仍然是为以交通流基础理论为代表的交通工程学。在此基础上，还要特别重视对信息技术和计算机技术的掌握，对通信技术、传感器技术、控制技术原理和应用效果的熟悉，这些知识可以帮助你更为全面、透彻地学习和理解智能运输系统的基本原理和方法。

第二节　智能运输系统发展概况

20世纪60年代,世界经济发展进入了高速增长期,汽车数量急剧增加,导致已有的道路无法满足交通出行的需要,道路交通运输系统效率受到严重制约。单纯依靠新建道路,提高道路供给量,面临着土地利用和建设资金等方面的压力,不利于交通运输系统的可持续发展。因此,人们开始尝试从改善道路运营管理水平角度寻找解决方法,如通过改进道路交通信号控制、在交通高峰时期改变车道行车方向等来提高道路的通行能力等。事实证明,这些措施在一定程度上缓解了交通拥堵状况,但其局限性在于无法针对实际交通状况形成实时的解决方案。随着计算机技术、信息技术、通信技术、电子技术、控制技术等的飞速发展,研究人员逐渐意识到利用这些先进技术把道路使用者、车辆、道路紧密结合起来,可以有效提高交通运输的系统效率,因而可以有效缓解因汽车数量激增带来的交通拥堵和交通安全问题。在这种情况下,智能运输系统应运而生。

1993年,美国智能车辆道路系统(IVHS)协会在其年会上,提出召开ITS会议,并建议在欧洲、亚洲和美国轮流举行。1994年,区域性的三大智能运输系统组织(日本ITS协会、美国ITS协会、欧洲ITS协会)发起联合倡议,创立ITS世界大会(ITS World Congress)。首届ITS世界大会于1994年11月至12月在法国巴黎举行。在1995年日本横滨举办的第二届ITS世界大会上,日本提出采用简洁、中立的名称"智能运输系统",得到了欧美国家的一致赞同。经过多年的发展,ITS世界大会已经成为一个国际性ITS行业盛会,会议内容涉及智能运输系统的所有领域,包括智能车路系统、车载导航系统、出行者信息系统、公共交通管理系统、交通运营管理系统、交通信号控制设备及系统、通信系统、商业车辆运营、电子收费设备及系统、交通安全系统等。ITS世界大会的举行,大大促进了ITS观念创新、标准制定和新型产品的诞生,推进了ITS行业的繁荣发展。

一、国外智能运输系统发展概况

1. 美国

美国由于土地资源相对丰富,在相当长的一段时间内主要依靠修建道路来解决交通拥堵问题,然而面对庞大的道路网络,美国相关部门愈发认识到道路交通运营管理的重要性。20世纪60~80年代,电子路径导航系统(Electronic Route Guidance System,ERGS)等一系列项目的实施,标志着美国正式迈入ITS研究与试验的初级阶段。

1989年,联邦公路管理局向国会提出了一个研究开发运用高科技成果,改善道路交通运行状况的战略计划,即智能车辆道路系统。在这项战略计划中,IVHS按功能共划分为4个子系统,即先进的交通管理系统(Advanced Traffic Management System,ATMS)、先进的出行者信息系统(Advanced Traveler Information System,ATIS)、先进的车辆控制系统(Advanced Vehicle Control System,AVCS)、商用车辆运营系统(Commercial Vehicle Operation System,CVOS)。1990年,美国智能车辆道路协会正式成立。1991年美国国会通过了"综合地面运输系统效率法案"(Intermodal Surface Transportation Efficiency Act,ISTEA),旨在利用高新技术提高整个路网的运行效率,ISTEA的主要内容之一就是实施IVHS。1994年,IVHS正式更名为ITS,并在原有的4

个子系统基础上增加2个子系统,即先进的公共交通系统(Advanced Public Transportation System,APTS)和先进的乡村交通运输系统(Advanced Rural Transportation System,ARTS),因而形成了6个子系统为支撑的ITS研究架构。1996年,美国国家ITS体系框架(National ITS Architecture)正式出版。为了进一步推动美国ITS的发展,2002年美国制订了国家ITS发展10年项目规划(National ITS System Program Plan:Ten-year Vision),规划开展综合交通运输信息网路建设、先进的碰撞规避技术、自动化交通事故检测、先进的交通运输管理等项目研究。这些项目和计划的实施,催生了一大批以州为基础的智能运输系统的诞生,典型的系统包括美国加利福尼亚州的高速公路性能评价系统(Freeway Performance Measurement System,PeMS)、美国弗吉尼亚州的交通归档数据管理系统(Archived Data Management System,ADMS)、美国马里兰州的区域综合交通运输信息系统(The Regional Integrated Transportation Information System,RJTIS)。至此,美国取得了体系框架构建与应用系统建设实践两方面重要成果,正式进入了ITS发展的中级阶段。

2005年8月,美国国会通过了SAFETEA-LU(Safe,Accountable,Flexible,Efficient Transportation Equity Act:a Legacy for Users)法案,进一步确立了ITS在解决交通运输问题中的关键地位。2007年,美国制订了ITS项目5年规划(Five-year ITS Program Plan),启动了"车辆基础设施整合"(Vehicle Infrastructure Integration,VII)项目的研究,规划开展综合车辆安全系统(IVBSS)和协作式交叉口碰撞规避系统(CICAS)等应用系统的研发。现阶段,美国已逐步迈向了实现人、车、路、环境相互协同的ITS发展高级阶段。

2. 日本

日本的ITS研究与建设起步较早。1973年,日本通产省进行了第一个ITS项目——"综合汽车交通控制系统"(Comprehensive Automobile Control System,CACS),CACS的重点在于开发和测试一种车载动态路线指示系统,该项研究的启动,标志着日本ITS发展进入了初级阶段。

20世纪80年代末至90年代,日本建设省开展了"先进道路运输系统"实施计划,提出了道路、车辆一体化的新型道路交通理念,包含了智能车辆系统、先进安全车辆系统、交通管理系统等一系列项目。1993年,由工业界和学术界代表组成的"车辆、道路以及智能交通协会"(VERTIS)成立,使日本ITS产业在私营领域形成了相当大的市场。1995年,日本通产省、运输省、邮政省、建设省和警察厅五个部门联合制订了道路、交通和车辆信息化实施方针,并由此拉开了集动态交通信息采集、处理、发布等智能交通系统的研究与开发序幕。1996,日本研制了车辆信息与通信系统(Vehicle Information & Communication System,VICS),该系统通过对交通信息的实时采集,经整理和加工后,可以将道路交通运行状况信息发布给各种车辆。为了推广应用ITS的研究成果,实现ITS的多元化,日本于1999年开始实施智能道路(Smartway)和智能车辆(Smartcar)计划。其中,Smartway计划由产、学、官相结合的"推进委员会"运作,并引进先进的行车辅助道路系统(Advance cruise-Assist Highway System,AHS),2001年,日本完成智能道路标准,2002年,该项目在全国主要道路上进行实施;Smartcar计划则是通过在车辆上装备电子导航系统、车间通信和自动驾驶等装置与设备,使驾驶员能够及时了解行车道路上的交通状况,选择最佳行车路线,规避车辆碰撞等。这一时期被认为是日本ITS发展的中级阶段。

随着交通环境问题的日益突出,2007年,日本相关部门推出了新的ITS发展方针,希望利用信息技术建立起环境友好型社会,通过节能减排,缓解环境保护和道路交通发展之间的矛盾。这已成为现阶段日本ITS发展的重要目标。

3. 欧洲

20世纪80年代中期,西欧汽车产业界在欧洲研究协调局领导下,开始实施PROMETHEUS(Program for a European Traffic with Highest Efficiency and Unprecedented Safety)计划,从车辆安全角度研究构建智能运输系统。该计划的研究内容包括了视觉增强技术、车辆动力学控制系统、车道跟踪保持技术、视野范围内的监测技术、驾驶员状况监测技术、车辆碰撞规避系统、协同驾驶系统、自动化智能行驶控制系统、自动紧急呼救系统、车队管理系统、双向通路线诱导系统、出行与交通信息系统等。1988年,欧盟委员会根据其"研究与发展框架计划",发起了DRIVE(Dedicated Road Infrastructure for Vehicle Safety in Europe)计划,旨在通过改善道路交通基础设施来提高车辆运行安全性、提高运输效率以及减少环境污染。在1988~1991年间,欧盟启动实施了DRIVE-Ⅰ计划,以基础研究和标准化制定工作为主,该计划还开展了模型建立、安全与驾驶行为分析、交通控制等方面的研究。PROMETHEUS计划及DRIVE-Ⅰ计划的制订与实施,使得欧盟在交通管理、能源利用效率、交通安全等方面取得了丰富的研究和实践成果,这一阶段可以认为是欧洲ITS初级发展阶段。

1992~1994年,欧盟启动实施了DRIVE-Ⅱ计划,研究领域包括交通需求管理、交通和出行信息、城市综合交通管理、驾驶服务与辅助驾驶、货运与车队管理、公共交通管理、车辆控制七个方面。1994~1998年,DRIVE-Ⅲ计划开始实施。这一时期,欧洲在智能运输系统的实施方面取得实质性的进展,一大批ITS系统得以成功建设和应用,标志着欧洲迈入了其ITS发展的中级阶段。

1995年,欧盟启动了EASYWAY计划,并于2006年完成了交通状况综合监测、通信网络、交通控制中心、可变信息标志、交通事件检测、车载导航等各类ITS设施和系统建设,为欧洲市民提供了准确可靠的交通服务信息。根据欧盟的总体设想,EASYWAY计划将于2020年左右形成覆盖整个欧洲的安全、机动、可持续的交通运输系统网络。

二、中国智能运输系统发展概况

20世纪70年代末,我国交通部公路科学研究所与北京市公安局合作,首次在中国进行了计算机控制交通信号的工程试验,这是我国在ITS领域的初步尝试。

20世纪90年代中期开始,我国逐渐重视运用高科技手段来发展交通运输系统。"九五"期间,原交通部提出了"加强智能公路运输系统的研究与发展"的总体方针,指出应结合我国实际情况,分阶段开展交通控制系统、驾驶员信息系统、车辆调度与导航系统、车辆安全系统及收费管理系统等5个领域的研发、工程化及系统集成工作,并重点开展"国家智能交通系统体系框架"和"国家智能交通系统标准体系"等研究工作。1999年,由交通部公路科学研究所牵头,我国正式启动中国国家ITS框架的编制;2001年课题完成,通过国家科技部验收;2002年整理出版了《中国智能运输系统体系框架》,该书的出版为我国国家ITS体系框架的建设和发展打下了坚实的基础。"十五"期间,国家科技部启动并实施国家科技攻关计划重大项目"智能交通系统关键技术开发和示范工程",研究了交通信息数据采集、处理、信息服务、电子收费等关键技术,并进行了局部示范。"十一五"期间,结合我国2008年北京奥运会、2010年上海世博会和广州亚运会等大型国际活动,科技部组织实施了科技支撑计划重点项目"国家综合智能交通技术集成应用示范",在部分公路及城市区域建设了一批较为先进的应用系统,包括城市道路交通管理系统、出行信息服务系统、电子收费系统等。经过"十五"和"十一五"期间的发展,我国北京、上海、广州等城市的智能运输系统建设得到了长足的发展,并取得了较好的应用效果。

北京市公安局交通管理局以2008年奥运会为契机,建成了"一个中心、三个平台、八大系统"为核心的奥运交通指挥控制系统。一个中心指的是数据中心,三个平台指的是指挥调度平台、业务应用平台和信息服务平台。八大系统指的是交通信号控制系统、交通状况监测系统、交通信息发布与服务系统、交通诱导系统、数字化交通执法系统、综合业务应用系统、网络通信系统、指挥调度集成系统。

2002年,在科技部的支持下,上海市开展了"上海市智能交通系统应用试点示范工程"项目,从系统、技术、管理和运行等多方面进行了深入研究和全面规划。2010年,为满足上海世博会期间交通管理与服务需求,上海市交通运输委、交通信息中心、同济大学、综合交通研究所等部门通力协作,围绕上海市中心城区、高架桥内环、全城市及长三角区域,搭建了综合交通信息平台,建设了一批交通管理与信息服务系统。

广州市智能运输系统建设,实行交通信息化与智能交通系统同步建设的模式。目前,广州市已完成交通控制与指挥系统、交通管理信息网络、路面交通状况监视与监测、交通诱导与信息发布、城市道路不停车收费、城市公共交通信息管理及客运车辆管理系统等一系列ITS建设项目。

虽然我国智能运输系统建设在总体发展水平、技术研发能力、技术创新应用等方面与发达国家仍存在一定的差距,但是经过十多年的发展,我国已在智能运输系统相关理论、关键技术研究、技术标准规范制定、评估评价体系等领域取得了丰富的成果,在一定范围内形成了一批智能运输系统实例,提高了技术创新能力,带动了产业发展,未来我国ITS发展的可提升空间较为广泛。

第三节 智能运输系统体系框架

一、体系框架介绍

1. ITS体系框架概念、分类及作用

ITS体系框架是由为满足国家或地区定义、规划、研发实施智能运输系统而提供的结构化方法和体系构成。体系框架定义了ITS系统为完成特定的用户服务(User Service)所需具备的逻辑功能、物理实体(Entities)或子系统(Subsystems)、子系统间进行交互和传递的信息流(Information Flow)或接口(Interface)以及传递信息流所需的通信和标准要求。

ITS体系框架对构建ITS系统具有重要的指导意义。首先,ITS体系框架是贯穿于ITS系统规划、设计、实施、运维等各阶段的纲领性指南,明确了ITS系统的开发目标及研究范围。其次,ITS体系框架不同于系统的设计方案,其不包括系统实施过程中涉及的具体技术与方法(如信息采集技术、数据处理方法等),但它为灵活应用各类技术手段与方法提供了框架,确保各类ITS系统可以凝结为一个整体。最后,框架贯穿于ITS结构标准的研究和制定,是ITS相关结构标准制定的指导性框架。

ITS体系框架按应用范围大小可以分为国家ITS体系框架、区域ITS体系框架和ITS项目体系框架三个层面。国家ITS体系框架是一个国家最高层面的ITS通用架构,其从宏观层面说明了全国范围内ITS系统的组成部分及其之间的相互关系。国家ITS体系框架是一个宏观的框架,具有一般性、通用性、指导性特点。国家ITS体系框架是制订区域ITS体系框架和ITS项目体系框架的依据。区域ITS体系框架是在国家ITS体系框架指导下,针对某一地区实际需求而制订的具有地方特色的体系框架。区域ITS体系框架以国家ITS体系框架为基础,是ITS体系框架在特定区域的具体化。项目ITS体系框架是区域ITS体系框架的延伸。项目ITS体系框架仅对区域ITS体系框架中定义的项目所涉及的系统或系统的组合指定具体规划和实施方案,其基本内容包括系统结构、软硬件、通信方式和协议等。

ITS体系框架的意义及作用体现在如下几个方面:

(1)便于快速确定实际需求和用户服务、物理子系统及相关信息流之间的对应关系,为ITS项目的开展提供必要的思路。

(2)明确了各相关部门与机构组织在ITS项目中扮演的角色和承担的责任,建立了其职能范围与子系统功能之间的对应关系,定义了需要共享的数据。

(3)保证ITS研究和应用在统一的框架下进行,规范研究范围,有助于系统功能整合和数据共享,减少重复建设投资。

(4)从系统功能和服务出发,在满足现阶段需求的前提下,为系统扩展升级预留相关的数据库与接口定义,保证了系统的可持续发展。

(5)为ITS项目初期的预算评估提供依据,为软硬件设备的选择提出了基本要求,为ITS设备制造商提供技术标准和开放的市场,确保设备的兼容性和可替换性。

(6)为国家、地方上制订ITS发展规划提供基本的原则。

2. 主要内容和层次划分

ITS体系框架设计以系统工程和软件工程基本方法为指导,涵盖用户服务(User Services)、逻辑框架(Logical Architecture)、物理框架(Physical Architecture)、服务包(Service Package)、标准指南(Standards)、安全保障(Security)等内容,图4-1为美国国家ITS体系框架各组成部分及内在关系示意图。

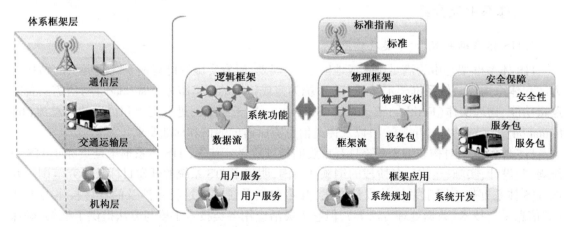

图4-1 美国国家ITS体系框架各组成部分及内在关系图

ITS体系框架各部分内容不是独立存在的,而是一个有机的整体。其中,用户服务指导了逻辑框架和物理框架的构建;物理框架是逻辑框架的现实表现;服务包以实现用户服务为目的,是对物理框架的选择性表达;标准指南和安全保障是系统可实施的基础。

ITS 体系框架包括通信层(Communications Layer)、交通运输层(Transportation Layer)、机构层(Institutional Layer)三个层次。通信层是 ITS 系统进行信息获取和交换的基础,主要可分为固定点对点间的通信、广域无线网络通信、道路与车辆通信、车辆与车辆通信四种类型。交通运输层包含了由子系统、系统接口、系统功能和所需数据组成的各类交通解决方案,该层是整个 ITS 体系框架的核心。其中,逻辑框架定义了 ITS 系统所包含的功能及各功能之间的数据流;物理框架定义了各类子系统和相关的接口;服务包提供了快速确定 ITS 系统可提供服务的索引。由于 ITS 体系框架定义功能的实现载体是子系统或终端,因此子系统或终端也被称为是一个实体(Entities)。机构层主要包括组织机构、政策、投资机制以及 ITS 在实施、运营及维护过程中的相关标准指南。

二、智能运输系统用户服务

用户服务是从用户角度对 ITS 系统功能提出的需求,即问题的定义。用户服务是 ITS 体系框架的基础,它决定了 ITS 体系框架是否完整以及是否能够满足用户需求,用户服务主要包括对用户主体、服务主体以及具体服务内容的定义与描述。用户主体是服务面对的主要用户,是在某个服务领域指定需求的主体;服务主体是服务的提供者;服务主体与用户主体是服务与被服务的关系。用户主体和服务主体,是 ITS 供需关系的双方,也是进行用户服务需求分析、用户服务及子服务定义的前提与基础。以美国国家 ITS 体系框架中的用户服务为例,其分为 8 项服务领域(User Services Bundle),33 项子用户服务,具体内容详见表4-1。

美国国家 ITS 体系框架用户服务层次　　　　表4-1

服务领域	用户服务	服务领域	用户服务
1. 出行与交通管理	1.1 出行前信息 1.2 途中驾驶员信息 1.3 路线诱导 1.4 合乘与预约 1.5 出行者信息服务 1.6 交通控制 1.7 事件管理 1.8 出行需求管理 1.9 尾气排放检测与改善 1.10 公、铁交叉口	4. 商用车辆运营	4.4 商用车辆管理 4.5 危险品安全与事件响应 4.6 商用车队管理
		5. 紧急事件管理	5.1 紧急事件发布与个人安全 5.2 救援车辆管理 5.3 灾害响应与人员疏散
2. 公共交通管理	2.1 公共交通管理 2.2 途中公交信息 2.3 个性化公共交通 2.4 公共出行安全	6. 先进的车辆安全系统	6.1 纵向防撞 6.2 侧向防撞 6.3 交叉口防撞 6.4 视野拓展 6.5 安全准备 6.6 碰撞预防 6.7 自动车辆控制
3. 电子收费	3.1 电子支付服务	7. 归档数据管理	7.1 数据存档
4. 商用车辆运营	4.1 商用车电子通关 4.2 自动路侧安全检查 4.3 车载安全监控	8. 养护建设管理	8.1 维护与建设运营管理

表 4-1 中,每项用户服务需要由一系列的功能支撑才能实现,为了便于体现用户服务与 ITS 功能之间的关系,用户服务被进一步分解为多个层级更为具体的单元。用户服务具体服务的内容由用户服务需求(User Service Requirements)进行描述。以美国出行与交通管理用户服务领域中的交通控制用户服务为例,表 4-2 列举了美国 ITS 框架中交通控制(Traffic Control)用户服务包含的部分用户服务需求。

交通控制用户服务中的部分用户服务要求　　　　表 4-2

层级编号	用户服务需求描述
1.6.0	交通控制需要具备管理地面道路交通运行的能力,主要包括四大类功能:交通流优化;交通流监测;交通控制(包括一般路网系统与高速公路系统的协同控制);交通信息提供
1.6.1	交通控制需要具备交通流优化功能
1.6.1.1	交通流优化需要具备实施控制策略的能力,以期达到路网运行效率最大化
1.6.1.2	交通流优化需要具备为多个区域实现优化的能力
1.6.1.2.1	大范围的优化需要具备协同一般路网控制与高速公路控制的能力
1.6.1.2.2	大范围的优化需要具备为公交车辆提供优先服务的能力
1.6.2	交通控制需要具备交通监测功能

三、智能运输系统逻辑框架

ITS 逻辑框架是指为支撑用户服务所需的系统功能、功能之间的相互关系以及功能间共享信息与数据流的总和。逻辑框架的组成要素包括过程(Processes)、数据流(Data Flows)、终端(Terminators)和数据存储(Data Stores)。其中,过程是指为提供某项用户服务所需的动作(Activities)或功能(Function);数据流定义为过程与过程之间、过程与终端之间传递与交换的信息流向;终端是逻辑框架或物理框架的边界,可以是指与交通运输系统有着密切关系的系统、人员、设备或物理环境等;数据存储是历史数据储存的容器。

逻辑框架的核心内容是数据流程图(Data Flow Diagrams)和过程描述(Process Specifications)。其中,数据流程图是过程与数据流的图形表示形式,包含四类图形符号:圆圈代表过程,箭头线条代表数据流及其流向,平行线代表数据存储,长方形代表终端。需要明确的是,ITS 逻辑框架主要定义框架内部要素的过程、接口和框架边界要素的接口,而框架外部要素不属于 ITS 逻辑框架描述范围。

根据功能域的大小,ITS 逻辑框架可纵向划分为多个层次。以美国国家 ITS 逻辑框架为例,其最为顶层的八大功能域分别为交通管理、公共交通管理、紧急事件管理、驾驶员与出行者信息服务、电子支付、商用车辆运营管理、车辆监测与控制、归档数据管理。如图 4-2 所示,美国国家 ITS 顶层逻辑框架图是一张典型的数据流图,其中的每一个功能又可以进一步表示为更为详细的数据流图。

逻辑框架功能域可以逐级分解。以交通管理功能域为例,共包含了六个子功能,其中的交通监测子功能又可以分为七个子功能域,以此类推,每个功能域可以进一步被表示为更为具体详细的子功能域,直至功能域被分解为描述功能的最小单元——过程描述为止,该过程如图 4-3 所示。

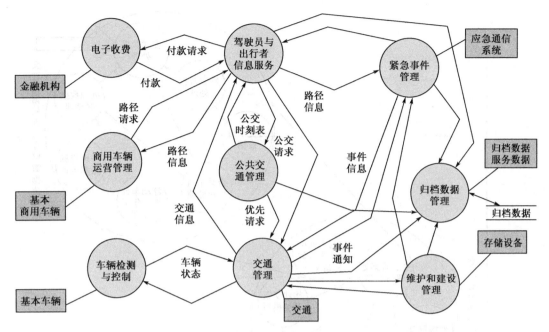

图 4-2　美国国家 ITS 顶层逻辑框架简化图

四、智能运输系统物理框架

在逻辑框架的基础上，物理框架是对如何实现 ITS 功能的物理描述。从某种意义上来说，物理框架是逻辑框架高一层次的结构，物理框架根据现实中定义的物理系统对逻辑框架中定义的功能及数据流进行重组。如图 4-4 所示，物理框架中的子系统 M 实现逻辑框架中的功能 A 和 B，物理框架中的子系统 N 实现逻辑框架中的功能 C 和 D；逻辑框架中的数据流经过组合形成物理子系统 M 和 N 间的框架流（Architecture Flow），框架流传输的通道定义为子系统之间的接口。

在物理框架中，逻辑框架定义的数据流被重新组合，因而形成了描述物理子系统与子系统之间、子系统与终端间进行信息传递与交换的框架流，一条框架流可由一条或多条数据流组成。框架流及其传输的通信要求定义了子系统与子系统之间、子系统与终端之间的接口，这也是 ITS 标准指南制定的基础。由于子系统与交通运输管理机构的职能是密切相关的，因此物理框架的构建有助于明确在不同的交通运输管理机构之间需要的通讯要求和交互内容。

美国国家 ITS 顶层物理框架共定义了 22 个子系统及 4 类通信联系。如图 4-5 所示，22 个子系统分别属于中心、外场、车辆和出行者四类分组。这种分类方法为通信层的建立提供了清晰的基础，如中心系统与外场系统之间的通信网络，因其承担了大量数据传输的任务，一般采用固定式的点到点通信方式。

构建物理框架的基本原理是将逻辑框架中定义的功能域或过程描述按现实中定义的物理系统进行组织分配。为了便于对物理系统中功能模块的描述，物理框架将一系列相似的功能域或过程描述进行了"打包"处理，形成了设备包（Equipment Package）。以交通管理子系统为例，共包含 32 个设备包，其中的交通检测（Collect Traffic Surveillance）设备包整合了共 9 个过程描述单元，如表 4-3 所示。完整的设备包定义还包括了所属用户服务包（User Service Package）、功能要求描述及输入输出集的相关内容。

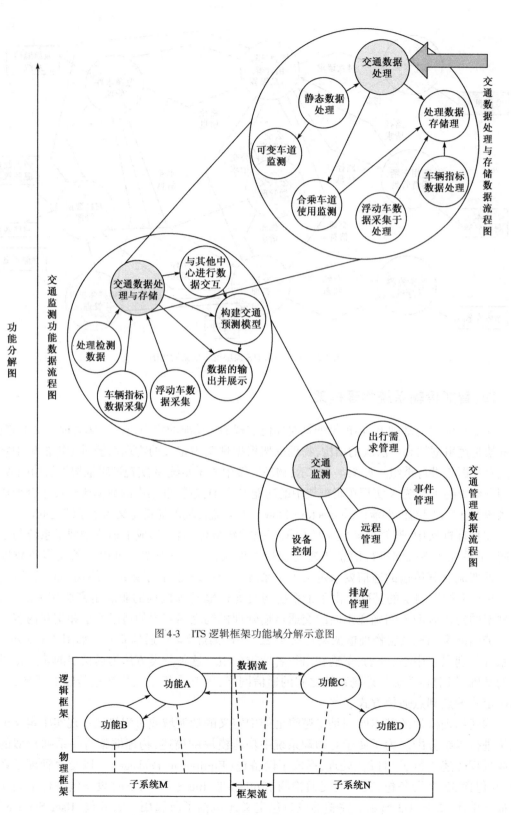

图 4-3 ITS 逻辑框架功能域分解示意图

图 4-4 ITS 逻辑框架与物理框架对应关系示意图

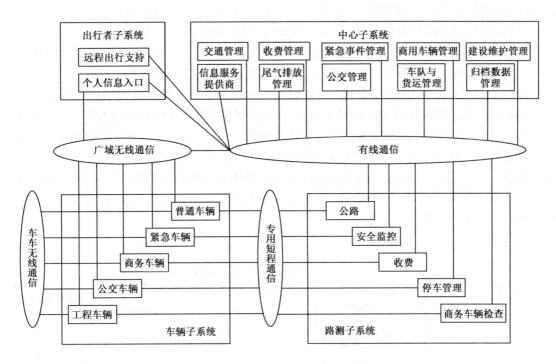

图 4-5　美国国家 ITS 顶层物理框架示意图

交通综合监测设备包对应的过程描述　　　　　　　　　　表 4-3

设备包名称	过程描述层级编号	过程描述名称
交通检测设备包	1.1.2.1	交通数据储存
	1.1.2.2	交通数据处理
	1.1.2.3	静态信息更新
	1.1.4.1	交通数据检索
	1.1.4.2	提供交通数据服务接口
	1.1.4.4	地图数据更新
	1.3.2.6	交通路线阻碍信息管理
	1.3.4.2	提供交通事件数据服务接口
	1.3.4.6	提供视频流数据

　　设备包描述了物理系统软硬件需要具备的功能,物理框架只细化到对设备包的定义,对应用何种软件和硬件未作任何规定。因此,在系统设计环节,设计人员可以灵活应用各类软件和硬件实现设备包定义的功能。设计人员需要善于利用物理框架,从中发现可以满足系统功能的设备或提出新建某类设备的需求。如交通管理子系统的功能主要依托交通管理中心的设备(比如计算机、交通控制台和视频切换显示系统)来实现的;道路子系统的功能主要依托外场设备(比如信号控制器、交通信号灯、车辆检测器和视频摄像头等)来实现。

　　由于 ITS 物理框架是从全局的角度定义了 ITS 所包含的系统及各系统的组成部分,而现实情况往往仅需要提取物理框架中的部分内容,即可满足描述实际建设系统的需求。因此,物理框架为其使用者提供了一个面向应用的用户服务包。用户服务包对用户服务及用户服务要求进行了分解与归类,从而形成了针对具体交通问题、定义范围清晰合理的"用户服务"。例

如,用户服务中定义的"交通控制"一项即对应了以下多个用户服务包,包括:
(1)面向基础功能的用户服务包(如路网交通监测、探测车监测用户服务包)。
(2)面向不同控制对象的用户服务包(如交通信号控制、高速公路交通控制用户服务包)。
(3)面向不同应用范围的用户服务包(如多区域交通管理用户服务包)。
(4)面向特殊用途的用户服务包(如公交信号优先、特种车辆信号优先用户服务包)。

图4-6描绘了美国国家ITS框架中交通信号控制用户服务包对应的物理框架。由图可知,交通信号控制系统包含于交通管理子系统及道路子系统,其主要功能分别由两个子系统提供的设备包进行描述。从子系统之间的框架流可以看出,要实现交通信号控制,交通管理子系统与道路子系统之间需要建立可靠的通信链接,以保证大量数据的频繁交互。从子系统与终端之间的框架流可以看出,交通信号控制系统与驾驶员、行人、交通流、交通运营人员及其他道路子系统均存在着信息交互关系。

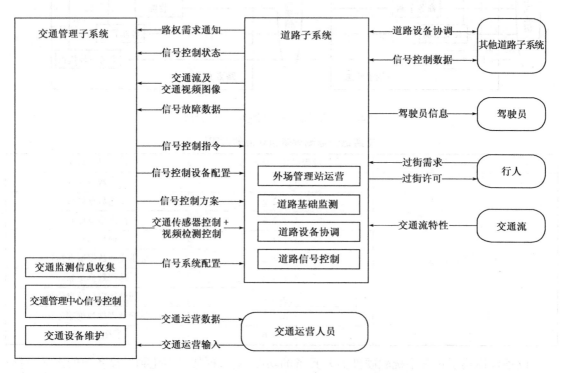

图4-6 美国国家ITS框架中交通信号控制系统物理框架图

五、标准指南

ITS体系框架定义了ITS及其各子系统应具备的功能、各子系统间及各子系统与终端间交互的数据及接口,解决了ITS"可以做什么"的问题。尽管如此,从构建ITS系统的角度来说,还需要解决ITS系统与各类设备及其他系统的信息交互和兼容问题。这是开展ITS标准化工作的根本原因,而ITS体系框架为ITS标准化提供了研究范围。

具体而言,虽然各类ITS系统或产品等自身的标准化已经在提高产品效益上起到了一定的促进作用,但是传统的不同类型的ITS系统或产品的对外接口和通信规则相互独立、互不兼容,大大降低了系统或产品的兼容性和可靠性。因此,有必要建立统一的 ITS 标准,允许不同的 ITS 系统或产品之间能够依据通用的通信接口和规则,直接实现数据的交换和解析,来提高信息的可流动性。

ITS 标准化定义为通过定义统一的数据交换和整合标准,在 ITS 的各类系统、产品以及组件之间建立统一、开放的接口形式及通信规则,以保障 ITS 各组成单元的协同工作,实现既定用户服务的规范。ITS 标准是一个开放式的接口标准,旨在解决各类 ITS 设备和系统之间怎样进行互联和信息交互的问题。

需要指出的是,ITS 标准化不是设计标准,因而并不用于指定具体产品如何进行设计和使用,而是用于保证来源于不同厂家的相关交通产品或组件之间能够相互对接和兼容的技术规范。因此,ITS 标准化不仅能够激励产品设计师及制造商在竞争中不断提供更加多功能及高兼容性的产品,同时也能大大提高交通运输机构推广各类 ITS 产品应用的前景。

ITS 标准化的主要目标在于通过建立开放的接口标准,为 ITS 各系统或设备的运行、对接以及信息交互提供统一的通信规则,提高交通数据及信息运用的便利性,同时更有助于适应未来的设备更新、系统升级和扩展等。

互操作性是 ITS 标准化的重要特性,对于发挥 ITS 的潜力至关重要。互操作性使得不同系统之间可以相互提供信息和服务,从而实现不同系统间的协同工作。例如,基于标准化的通信接口,紧急救援系统与城市交通管理中心可实现信息的相互衔接和交流,救护车辆可及时通知交通管理中心并寻求协助,随后交通管理中心可迅速做出反应,为救护车辆提供前往伤者或医院途中的交通信号优先;道路气象数据采集系统通过地面传感器与附近的动态交通信息标志及可变情报板等的通讯,可实现警告信息的自动发布。

以美国为例,美国的 ITS 标准体系根据不同的接口类(Interface Class)和应用领域(Application Areas)对现有的标准进行了划分组织,包括 6 组接口类和 23 个标准应用领域,每个标准应用领域又包含了一系列与该应用相关的标准规范,如表 4-4 所示。

美国 ITS 标准体系分类　　　　表 4-4

国家 ITS 标准体系接口分类	标准应用领域
中心到中心	数据归档
	事件管理
	地面交通与铁路协调
	交通管理
	公交管理
	出行者信息
中心到外场	数据采集/监测
	动态交通信息标志
	环境监测
	照明管理
	高速公路交通控制
	交通信号控制
	车辆传感器
	视频监测

续上表

国家 ITS 标准体系接口分类	标准应用领域
中心到车辆/出行者	求助请求
	公交通信
	出行者信息
外场到外场	公路与铁路交汇点
外场与车辆	浮动车监测
	信号优先权
	收费
	车辆安全性
车辆到车辆	车辆安全性

六、安全保障

ITS 通过信息的感知、采集、处理和服务来提高交通运输系统的运行效率,并保障其运行的安全和稳定。与其他信息系统一样,ITS 也面临各种安全威胁。因此,构建 ITS 安全保障体系是 ITS 不可或缺的内容之一,ITS 体系框架从宏观角度定义和描述了 ITS 中涉及的安全保障内容,用于指导具体系统安全保障机制的分析和构建。

ITS 体系框架中的安全保障包含两方面内容。其一为 ITS 系统安全,着眼于 ITS 系统自身安全机制包含的内容;其二为 ITS 安全领域,关注于 ITS 为整个交通运输系统系统的安全保障。

ITS 系统安全定义了系统安全保障目标(Security Objectives),描述了系统潜在的安全威胁(Security Threats)及需要提供的安全服务(Security Services)内容。其中,安全保障目标和系统潜在安全威胁是评估和确定系统需要何种安全服务及安全级别的基础。以下内容将简要介绍这三部分的内容。

(1)系统安全保障目标。系统安全保障目标被定性划分为最低限度、低级、中等、高级四个等级,主要包含可用性、机密性、完整性三方面的目标。其中,可用性目标是为了保证授权部门或单位对 ITS 系统及相关信息的使用权;机密性目标是为了保证系统传输或存储信息不被截获或外流;完整性目标为了保证 ITS 系统及相关信息的可靠性和准确性。

(2)系统潜在安全威胁。类似于安全保证目标,系统潜在安全威胁也被定性划分为最低限度、低级、中等、高级四个威胁等级,主要包含四类的潜在威胁;第一类为错误数据威胁,即将错误的数据包误认为是正确数据而引起的安全问题;第二类为信息泄露威胁;第三类为系统中断威胁,即因外部环境和相关事件引起系统无法正常运行的安全问题;第四类为权限错乱威胁,即 ITS 系统被非授权部门和单位操控的安全问题。

(3)安全服务。基于系统安全保障目标,安全服务是对 ITS 系统潜在安全问题应对措施的描述。主要涉及四方面的安全服务:

①交通信息安全保障:用于保障信息在采集、传输、应用等过程中的安全;

②交通运营安全保障:用于防止 ITS 相关的各类资产受到来自外部的物理条件或环境威胁;

③ITS从职人员素质安全保障：通过专业培训，确保ITS相关的各类资产不会受到ITS从职人员恶意或无意的损坏；

④安全保障管理：是对安全政策、应对流程、相关部门或单位的职责以及系统安全配置的定义和执行保障机制，也是其他三类安全服务的基础。

ITS安全领域定义了ITS为交通运输系统提供的八大类安全领域，反映了ITS对交通运输系统中潜在威胁或现实威胁的检测、监控、响应、快速恢复等多方面的能力。ITS八大安全领域为：灾难响应及疏散、货运及商业运营车辆安全、危险品（HAZMAT）安全、ITS广域警报、铁路安全、公交安全、交通基础设施安全以及出行者安全。

第四节　典型的智能运输系统

一、城市道路智能交通管理系统

城市道路智能交通管理系统是利用各类传感器及其他信息渠道采集城市道路交通信息，并对其进行分析与融合处理，进而形成的以交通状况综合监测、交通状态预测预报、交通信号控制、实时交通仿真、集成指挥调度、归档数据管理等为核心功能的集成应用系统。根据当地的实际情况和特点，各个城市建设的城市智能交通管理系统的侧重点可能有所不同，但是城市智能交通管理系统建设的出发点总是为了缓解城市路网中存在的各类交通问题，提升城市道路交通管理水平。

根据城市道路智能交通管理系统功能结构的定义，其主要内容可以划分为交通状况综合监测子系统、交通状态预测预报子系统、交通信号控制子系统、交通仿真子系统、集成指挥调度子系统及归档数据管理子系统等。对于整个城市智能交通管理系统而言，交通状况综合监测和预测预报子系统是整个系统的基础，交通信号控制子系统是核心手段，交通仿真子系统是提升系统整体水平的关键工具，集成指挥调度及归档数据管理子系统更多是承担着辅助管理决策的任务。图4-7是城市道路交通管理系统的典型层次结构示意图。

如图4-7所示，城市道路智能交通管理系统可以分为数据采集、处理及应用三个层次。数据采集层主要承担了各类交通数据统一采集的任务，包括动态交通信息（如交通流基础数据）与静态交通信息（如道路路段信息）的采集。为了保证城市道路智能交通管理系统最大限度地发挥应有功能，形成各子系统间的整体性合力，数据采集层的搭建需要遵循统一采集的原则。具体而言，无论各类采集终端（如车辆检测器等）隶属于何类子系统的建设阶段，其采集数据均需要接入统一的城市道路智能交通管理系统平台。在各类交通信息统一接入的基础上，数据处理层主要完成以满足系统应用所需的各类数据的分析与处理过程，主要包括三个方面的内容。其一是单一动态交通数据预处理；其二是多源静态与动态交通数信息的处理及融合；其三是原始数据及处理与融合数据的数据库存储管理。在数据采集层和处理层的基础上，数据应用层不仅可以实现系统的相关功能，而且也可以响应各类用户服务请求，实现特定的服务功能。

结合国内外城市智能交通管理系统的应用实例，下面简单介绍各子系统在城市道路智能交通管理系统中扮演的角色、其自身特有的主要功能以及构建该系统相关的关键技术。

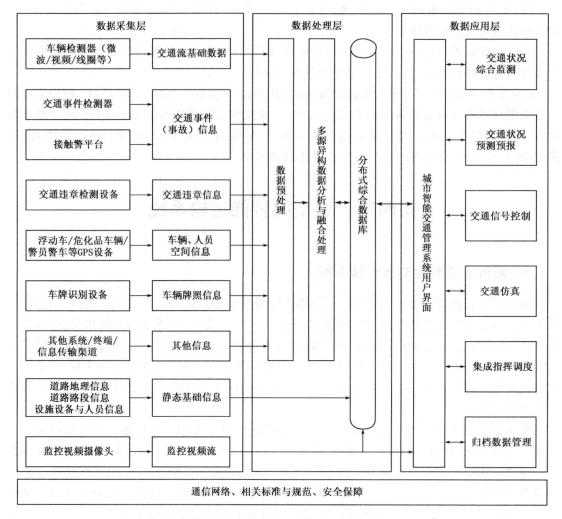

图4-7 城市道路智能交通管理系统典型层次结构示意图

1. 交通状况综合监测子系统

交通状况综合监测子系统是构建城市智能交通管理系统的基础,其监测内容通常包括交通拥堵程度监测、交通事故监测、交通管制监测、道路交通施工养护监测、天气状况监测等。在城市道路智能交通管理系统中,其主要功能包括交通信息的采集、交通信息实时处理和交通状况实时监测三大功能。根据采集交通信息特性的不同,交通信息可以分为动态交通信息和静态交通信息两大类。其中,动态交通信息指的是由各类传感器或其他通信渠道直接获取或间接通过处理生成的实时变化数据。目前我国部分城市采集动态交通信息主要包括各类传感器直接采集的路段和交叉口分车道交通流基础数据(流量、速度、占有率)、GPS浮动车数据、信号配时数据、视频图像数据、交通事件(事故)数据、气象状况数据、施工组织数据等;通过交通数据处理,动态交通信息还包括实时路段和交叉口等交通运行性能评估指标、交通基础设施设备状态、黑名单车辆识别数据等。静态交通信息指的是随着时间的推移基本保持不变或者变化频率缓慢的数据。这类数据主要有路网地理信息系统(GIS)、道路基本属性信息、交通设施设备属性信息、交通服务设施属性信息、管理部门人员信息等。

对于交通状况综合监测系统,监测和可视化两个概念始终是紧密相连的。对于一个城市的交通系统来说,交通综合监测系统需要关注的不仅仅是一类数据,覆盖的范围也不仅仅局限于一条路段或一个交叉口,而是实现在城市级范围内的综合监测。由此可见,基于图像和数据的可视化表征是最为直观并且易于理解的方式。可视化表征的手段灵活多变,其中用途最广且功能较强的是基于 GIS 技术的可视化表征技术,即以电子地图作为交通信息展示的载体。以我国北京市的交通状况实时监测为例,图 4-8 描述了以不同速度区间划分的实时交通拥堵状况。

图 4-8　北京市奥运交通指挥控制系统交通状况实时监测系统界面

交通状况综合监测子系统所涉及的关键技术较多,从数据处理的角度来说,主要可分为两大类。其一,交通数据预处理技术;其二,交通状况性能评价指标估计方法及交通运行状况判别技术。

根据采集数据类型不同,数据预处理方法也存在较大差异,以交通车辆监测器采集数据为例,目前主要的交通车辆检测器可分为两类:固定式车辆监测器(如微波车检器、线圈车检器、视频车检器、超声波车检器等)和移动式车辆检测器(如 GPS 定位设备)。处理这两类车辆监测器数据的预处理方法存在着较大差异,但是一般来说,每一类车辆检测器采集数据有着共同的处理模式。固定式车辆检测器采集数据的预处理主要包括数据有效性检验、缺失数据估计、数据时间汇集(不同时间间隔的数据汇集)、数据空间汇集(不同空间级别的数据汇集)。与固定式车辆检测器稍有不同,移动式车辆检测器采集数据的预处理还包括经纬度坐标转换、数据与电子地图匹配等。

交通状况性能评价指标估计及交通运行状况判别技术是为了实现交通状况综合监测功能,对数据的进一步的加工处理。交通运行状况评价指标主要依托交通流量、速度、占有率(或车流密度)、行程时间和延误等参数进行表达,因此,其关键技术主要指的是相关指标的实时估计方法等。交通运行状况判别指的是基于相关交通运行状况评价指标(如路段空间平均速度),对交通拥堵程度、道路交通服务水平的判别。

2. 交通状态预测预报子系统

交通状态预测预报子系统是交通状况综合监测系统的延伸,但是系统实现的功能发生了本质的变化,不再是对实时交通状况的反映,而是对未来短时间内的交通状况进行实时预测,以前瞻性的角度分析城市路网各个层面交通状态情况。依据预测交通状况变化情况,交通管理人员就可以有针对性的采取必要交通管理和控制手段。由此可见,交通状态预测预报系统不仅是城市智能交通管理系统的核心基础,同时也是道路交通管理决策的重要支撑。

交通状态预测预报子系统的主要功能是主要交通流运行状况评价指标的短时预测。按照预测的时间间隔长短,交通状态短时预测又分为 5min、15min、30min、1h、1d 预测。

交通状态预测是指对具有非周期性、非线性和随机性的交通数据序列根据当前和历史数据的特征,对未来态势做出合理的推测和判断的过程。因此,交通状态预测的基础是对交通流理论和交通流数据变化规律的深刻理解,其关键就是如何构造预测模型。预测模型的选择与构建是交通状态预测的关键,模型的合理性及可操作性对预测结果的准确性和实时性起决定作用。以短时预测为例,现有的交通参数预测的数学模型主要可分为统计模型和人工智能模型两类。其中,统计模型包括:支持向量机模型、历史平均模型、卡尔曼滤波模型、时间序列模型等;人工智能模型主要指各类神经网络模型。从实现交通状态预测预报系统的角度,较多采用的是历史平均模型、神经网络模型、卡尔曼滤波模型以及时间序列模型。

历史平均预测模型最早用于交通量的预测,其基本原理是利用历史数据库中相同历史时刻(每周的同一天对应的相同时间段)的平均值作为未来同样时间段的预测结果。显然历史平均模型没有复杂的数学公式,计算比较简便,因此,成为目前不少交通状态预测系统普遍采用的方法。但是该模型在交通参数的预测过程中只考虑历史数据的平均趋势对预测的影响,而忽略了交通流变化的短期波动性(如相邻的前一个时段对预测时段的影响),致使不稳定交通状况下的预测精度不高。换言之,该方法无法基于实时数据进行预测的在线调整,因此模型的实时性较差。

神经网络模型预测交通参数的基本原理是通过神经元网络寻找历史输入与输出数据之间的关系,进而构造预测模型。研究和实践证明,神经网络模型在实时交通参数预测方面存在其固有的缺点,即其需要花费大量的时间来对输入及输出之间的关系进行训练,以寻找最优的模型结构,而长时间的训练过程与交通状态预测的实时性要求相悖。因此,该缺点在一定程度上极大地降低了神经网络模型在行程时间预测方面的可实施性。

卡尔曼滤波模型是由状态方程和观测方程组成的状态空间模型,其基本思想是利用历史状态预测当前状态,并用当前实际观测状态修正预测结果,以此类推来获得对未来状态的预测。卡尔曼滤波模型能够满足交通参数预测的实时性要求。利用卡尔曼滤波模型进行交通预测的难点是其状态方程与观测方程的构建。

时间序列模型是目前交通状态预测最为经典的模型之一。由于交通数据表现出明显的时间规律性,而时间序列模型能够捕捉交通流数据的周期性及局部变化特征。时间序列模型较适用于稳定的交通流状况,一旦交通流状况变化不稳定时,就会暴露出预测延迟的缺点。

除此之外,交通状态的预测还可以通过构建交通流模型进行推演获得,如元胞传输模型(基于交通流动力学理论)、元胞自动机模型(基于跟驰理论)等。

3. 交通信号控制子系统

交通信号控制子系统是进行城市交通管理的主要手段。通过交通信号控制,除了保障冲突车流的安全行驶外,还能以主动调整的方式平衡交通需求在路网上的分布,从而提高整个城市交通系统的运行效率。在近百年的发展历程中,城市道路交通信号控制系统经历了从手动到自动控制,从定时控制、感应控制到自适应控制,从单交叉口控制、干线控制再到区域控制的发展过程。由于城市交通供需矛盾日益突出,导致城市局部区域甚至大范围区域交通拥堵现象近乎成为一种常态现象,仅依靠传统的定时配时和感应控制方式已经无法完全满足现代城市交通管理的需求。因此,站在城市智能交通管理系统的角度,交通信号控制子系统需要具备区域自适应控制的功能,具体包括单点交叉口自适应、干线协调联控、区域优化控制等功能。

目前的交通信号控制系统主要包括方案选择式信号控制系统(如澳大利亚研制的 SCATS 系统)和方案生成式信号控制系统(如英国研制的 SCOOT 系统)两类。现阶段,无论是方案选择式和在线方案生成式信号控制系统,其核心原理为根据布设道路上的车辆检测器采集的数据,实时估计或预测的交通需求及各类性能评估指标(交叉口饱和度、交叉口延误、车辆排队长度等),再以一定的优化目标调整信号控制系统的配时参数,以求适应交通需求随时间的变化趋势。方案选择式交通信号控制系统的优点在于其能够将信号系统协调控制(战略控制)和单个交叉口车辆感应控制(战术控制)有机结合,具有较高的控制效率;其局限性表现在系统灵活性差、不具有反馈机制、检测数据与方案关系易过时。

相比之下,方案生成式交通信号控制系统的优化过程较为复杂,其优化目标围绕着一个目标函数展开,目标函数可以包括车辆平均延误时间、车辆平均停车次数、交通拥挤系数等。以 SCOOT 系统为例,其定义的目标函数称为路网运行性能指标(PI)值。SCOOT 系统的优化过程是个循环迭代的过程,其基本流程为根据安装于各交叉口进口道上游的车辆检测器采集到的交通流数据,实时估计目标函数中的参数并计算相应的 PI 值,采用小步长渐进寻优方法,连续、实时的调整绿信比、相位差和周期时长 3 个配时参数,最终在线生成配时方案。其中,目标函数中包含的参数会根据控制策略的不同而发生相应的变化,如在交通高峰时期,通常以减少车辆排队长度(车辆延误时间)为主要控制目标;在严重拥堵情况下,为了防止车辆排队回溯影响到上游交叉口的正常运行,又将交通拥挤系数纳入目标函数中。方案生成式交通信号控制系统的优点在于系统稳定性高,容错能力强;其局限性表现在控制策略来自数学模型的仿真,实时性和可靠性之间存在矛盾。

4. 实时交通仿真子系统

实时交通仿真子系统是提升城市智能交通管理系统整体决策水平的有效工具,其主要作用表现在以下三个方面。其一,利用交通仿真对城市路网交通运行状况进行实时再现和推演,可以有效生成路网中各个层面的性能评估指标;其二,交通仿真以微观交通流模型为纽带,可以将空间上离散分布的交通流数据扩展到整个路网之上,联结了交通流数据时间和空间属性;其三,交通仿真可以有效平滑各类传感器采集交通流数据的随机波动性,从而可以估计得到交通流的内在变化趋势。因此,实时交通仿真子系统可以进一步完善优化交通状况综合监测子系统、交通状态预测预报子系统、交通信号控制子系统的性能,同时也是城市交通管理决策中的重要工具。

根据研究对象的不同,交通仿真通常可以分为宏观、中观和微观交通仿真三类。

(1)宏观交通仿真关注的是交通流的整体行为,主要描述交通流的整体运行态势。其核心内容是出行路径选择、交通流动态分配以及宏观交通流模型的构建。出行路径选择和交通流动态分配主要为了得到路网交通流的 OD(起点终点)矩阵;宏观交通流模型用于描述交通流在路网上的运行状态,其理论基础包括交通流体动力学理论、交通流三参数的基础关系等。宏观交通仿真模型主要用于研究分析交通基础设施的新建与扩建、宏观管理措施及交通发展政策等。

(2)微观交通仿真的理论假设前提为道路上个体车辆的行为是对应交通状况的函数,采用基于单个车辆行为的微观交通流模型,主要从车辆的行驶行为、车道组的设置及交通设施的配置等各个微观细节来描述交通流在路网上的运行状态。微观交通流模型的理论基础主要为车辆跟驰理论、驾驶员行为分析理论等。因此,微观交通仿真能够细致的反映出车辆在道路上的跟车、超车及车道变换等微观行为。由于微观交通流模型参数定义和标定的复杂性,因此对计算机运运算处理能力要求较高,且在一定程度上受仿真车辆数量的限制,难以在大规模网络上进行在线运行。

(3)中观交通仿真采用的中观交通流模型,以若干辆车组成的队列作为描述单元,充分融合了宏观模型和微观模型各自的特点,使之既具有宏观交通流模型简洁的特点,又具有一些微观交通流模型描述细节行为的能力。

就交通仿真研究与应用而言,国外发达国家开展了大量的研究与开发。比较著名的系统包括美国各州开发的以信号控制为目的的区域性仿真系统,如美国麻省理工大学研究的DynalMIT系列系统、美国德克萨斯州大学奥斯汀分校开发的DYNASMART系列系统等。图4-9描述的DynalMIT-R系统基于仿真生成的当前路网交通状态及预测路网交通状态图。

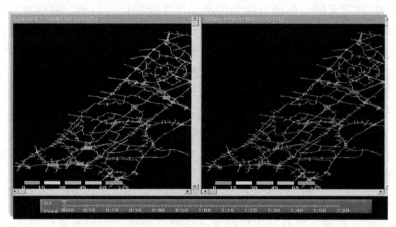

图4-9 DynalMIT-R系统路网当前及预测交通状态仿真图

5.道路交通集成指挥调度子系统

道路交通集成指挥调度子系统是服务于城市交通管理者,旨在应对城市交通系统中的各类常发与偶发事件(如交通拥堵、交通事故、自然灾害、治安警情、大型活动等),实现警力、救助、支援资源统一指挥调度的应用系统。集成指挥调度系统是整个城市智能交通管理系统中人机交互功能最为强大的系统之一,其主要功能包括突发紧急事件管理及协同响应、接处警管理、违法违章车辆管理、危化车辆管理、警力资源调度、预案管理、勤务及人员管理等。较为典型的系统有我国北京市建设的奥运交通管理指挥调度集成系统,如图4-10所示,该系统实现了对重大活动、交通勤务和突发事件的可视化、扁平化、预案化的指挥调度,能够做到对实时交通状况的快速反应和妥善处置。

道路交通集成指挥调度中的"集成"主要包含了两层含义:其一,集成指挥调度子系统需要建立在其他各类支撑子系统的基础之上;其二,集成指挥调度子系统可以在必要时,快速并且有针对性地调用其他子系统的功能。集成指挥调度子系统针对的用户使用群体是交通管理者,因此,建设该系统的关键是对用户使用群体需求和管理流程规范等内容的深入了解和分析。

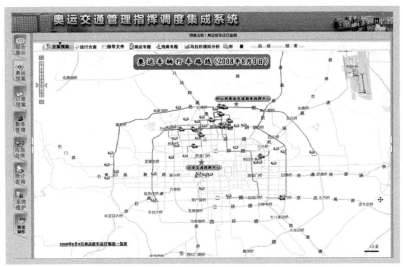

图4-10　北京市奥运交通管理指挥调度集成系统示意图

以交通事故为例,当集成指挥调度子系统接收到交通状况综合监测系统上传的道路交通事件警报后,其可以会进一步根据交通事件的属性特征(如空间位置、事件类型、事件等级等信息),通告相关负责人员与部门进行处理或启动预案流程,由指挥中心直接参与协同指挥紧急事件的处理;在处理交通事件的过程中,需要通过调用相关的子系统采取必要的手段与措施,如通过调用信号控制子系统调整信号控制方案、通过交通状态综合监测子系统对事件进行全程跟踪监测、通过交通状态预测预报子系统或交通仿真系统实时分析交通事件的影响范围;在交通事件处理结束后,也可利用交通仿真子系统对交通预案进行评估分析、通过归档数据管理子系统对交通事件进行统计分析,为进一步的制订和完善交通管理措施和决策提供支持。

6.归档数据管理子系统

归档数据管理子系统是对交通管理系统中交通信息的统一分类、分析与归档管理。归档数据管理子系统相当于一个城市的综合 ITS 数据仓库,通过这些历史数据的二次利用和深入挖掘,交通管理和决策部门可以及时发现城市交通系统现存的问题,并及早制订相应的解决方案和应对措施;也可为诸如交通规划、交通组织设计、交通运营与管理、研究机构、咨询机构等相关交通行业和部门提供数据服务支持。数据的二次利用可以最大限度地发挥 ITS 数据的价值,同时对于城市交通系统的可持续发展有着深远的意义。

归档数据管理子系统包含的功能主要有路网交通状况评估指标分析、路网性能评估指标分析、交通设备设施状态分析、历史数据查询、数据服务等。其中,路网交通状况评估指标分析包含交通拥堵程度、道路服务水平、交叉口服务水平等指标时间和空间维度的统计分析;路网性能评估指标分析包括道路或交叉口交通流基础数据、交通事件(事故)率、行程时间等指标时间和空间维度的统计分析。

归档数据管理子系统通常以图表或基于地图的方式展示数据分析结果,并为用户提供图表及相关数据的下载服务。图4-11列举了归档数据管理子系统中路网交通拥堵程度空间分析、日平均小时交通量、交通流基础数据基于图表的展现形式。

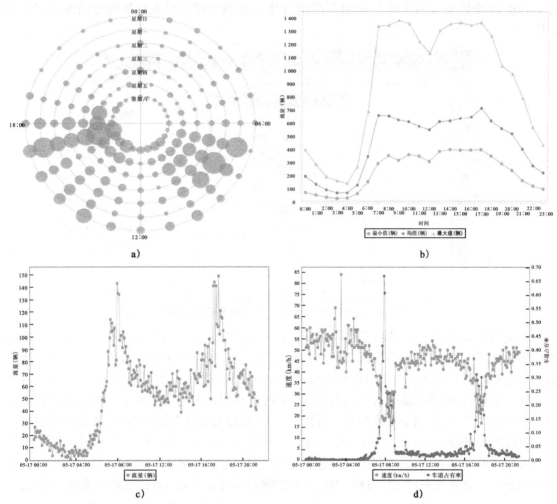

图4-11 归档数据管理系统典型数据分析图表示例
a)路网交通拥堵空间分析；b)日平均小时交通量分析曲线；c)交通流量变化曲线；d)车道速度与占有率变化曲线

归档数据管理子系统很少作为单独的建设目标，通常是与其他子系统建设同步进行，可以说，归档数据管理子系统贯穿于整个城市智能交通管理系统的建设周期。随着城市智能交通管理系统的日渐完善，接入数据的日趋多样化，归档数据管理子系统的功能也在不断地升级。归档数据管理系统使宝贵的交通数据得到合理的组织、管理和二次利用，对整个智能运输系统的可持续发展有着非凡的意义，是智能运输系统不可或缺的一部分。这也是大量先进的ITS系统均包含归档数据管理子系统的重要原因。

二、交通出行信息服务系统

交通出行信息服务系统是在交通信息综合采集和集中处理的基础上，利用各类信息发布渠道，为出行者提供各类交通信息服务的应用系统。交通出行信息服务系统是智能运输系统的重要组成部分之一，是智能运输系统信息服务产业化的核心。

交通出行信息服务系统能够以语音、图形、文字、视频等形式实时向出行者提供相关的出行信息，使出行者（包括乘客和驾驶员）在出行前和出行过程中随时能够获得有关的道路交通状况、行程时间、最佳换乘方式、所需费用以及目的地的各种相关信息等，从而指导出行者选择合适的交通方式和路径，以最高效率和最佳方式完成出行过程。

交通出行信息服务的内涵可分为两个方面：其一为交通信息发布；其二为交通诱导。通常来说，交通信息发布并无直接的针对性，是对各类交通信息的统一发布，出行者可根据自身的出行需求获取相关信息，为出行提供参考，交通信息发布是实现交通诱导的基础；交通诱导带有明显的针对性，是有目的的引导交通流或车辆，并提供个人或个体车辆出行合理的建议。如前方道路因发生交通事故而导致道路通行能力下降，车辆排队持续增加，此时，交通事故信息的发布属于交通信息发布的范畴，而引导车辆避开事故路段，并指示其新的行使路线则属于交通诱导的内容。

交通出行信息服务系统是智能运输系统起源与发展的最初动力之一，智能化、一体化的信息服务也是智能运输系统发展不断追求的目标。因此，交通出行信息服务系统的建设得到了世界各国的充分重视，如美国的 TRAVTEK 和 ADVANCE 系统、欧洲的 ATIS（Ali-Scout）系统、日本的 VICS 系统就是其中较为典型的例子。我国自 2005 年起，在各省相继启动了公众出行信息服务系统的建设，旨在以互联网、热线电话、短信、纸质媒体、可变情报板等多种方式为自驾车和乘坐长途客运车的出行者提供出行前、出行中的信息服务。

交通出行信息服务系统主要包括出行前交通信息服务、在途信息服务两类。出行前交通信息服务的主要目的是为出行者在出行前，提供对当前或预测交通信息的获取，进而为出行者确定出行路线、出行方式和出行时间提供支持。在途驾驶员信息服务又包括路径诱导和导航信息服务、公共交通信息服务、个性化信息服务等。路径诱导和导航信息服务通过视频或语音向驾驶员提供车辆行驶路径的诱导信息，辅助驾驶员为到达目的地而选择路径和沿既定路径行驶，必要时帮助驾驶员重新选择路径；同时，其可以为驾驶员提供相关道路信息、交通信息和各种警告信息，以帮助驾驶员修改出行线路，并为不熟悉地形的驾驶员提供路径引导信息。途中公共交通信息服务利用先进的电子、通信、多媒体和网络技术，方便公共交通出行者在路侧、公交车站或车内获取公共交通实时信息。个性化信息服务通过多种媒体向出行者提供各类个性化信息服务，包括与出行相关的社会综合服务以及设施的信息，此类信息包括餐饮服务、停车场、汽车修理厂、医院等服务机构的地理位置和电话等。

在交通问题日益突出的今天，向公众提供准确、实时的交通信息是缓解交通拥挤的重要途径之一。建立交通出行信息服务系统是改善出行、促进智能运输系统人性化、实用化的重要举措。

第五节　智能运输系统展望

随着当前各类 ITS 系统的成功研发和应用，人们已经真切地感受到了 ITS 在传统交通运输领域带来的深刻影响和变革。ITS 是现代交通运输系统发展的必然趋势，将成为解决交通运输系统各类问题和结症的主要手段。

当前 ITS 正处在一个综合交通运输信息网络逐步完善，各类应用系统智能化程度逐步提升、系统集成协同能力逐步加强的历史发展阶段,部分发达国家已经率先开展了旨在将道路智能化和车辆智能化有机结合的应用研究。综观智能运输系统未来的发展趋势,主要体现在交通信息服务一体化、人—车—路管理协同化两个方面。

1. 交通信息服务一体化

交通信息服务一体化是利用多方式的信息服务媒介,为出行者、管理者、运营企业、第三方机构、科研人员等用户提供所需的各类交通信息。一体化交通服务是实现智能运输系统功能的重要反映。对于广大出行者而言,一体化交通服务意味着将来的出行将更加方便、更加省时、更加经济。

2. 人—车—路管理协同化

人—车—路管理协同化的发展,标志着智能运输系统从传统的以宏观交通运营管理与控制向着以微观交通车辆运营的方向发展。人—车—路管理协同化从根本上实现智能交通的理想目标。人车互动、车车互动是道路交通系统效率提升,保障行车安全的重要举措,因而也是智能交通系统发展的必然趋势。人—车—路管理协同化对车载设施研发与集成、路侧ITS传感及信息服务设施的研发与应用以及车—车通信提出了更高的要求。

【复习思考题】

1. 从ITS的依托技术、作用对象、主要特点及目的角度,简述ITS的内在含义。
2. 试说明ITS与传统交通运输工程的区别。
3. 联系我国ITS的发展现状和国情,简述国外发达国家ITS发展历程对我国的启示和借鉴作用。
4. ITS体系框架包含了哪些内容,各构成内容之间存在怎样的相互关系?
5. 城市道路智能交通管理系统通常由哪些子系统组成,各子系统间存在怎样的相互关系?
6. 简述智能运输系统的发展趋势。

第五章
道路与机场工程

【学习目的与学习要求】

道路工程一般划分为三大类型,即公路、城市道路、特殊道路(包括厂矿道路、林业道路、机场道路、港口道路等),就建设的规模、运营里程来看,主要是公路和城市道路两大类型。道路工程方向的专业主要是从事道路工程规划、设计、施工、养护与运营管理等。因此,本章的学习目的是了解道路及机场工程的工作内容、基本要求和未来发展的方向。

本章的学习要求是掌握道路工程规划的主要步骤和内容、道路工程的勘测和设计、路基路面结构设计与结构材料、城市道路系统的设计、城市立体交叉的设计、机场的规划与设计、道路工程的施工、道路工程养护与评价、道路工程运营管理的基本理论和基础知识。因此,作为一名道路工程师,必须具有材料和力学、地质与岩土、路基路面结构与机场等方面的广阔的知识。

第一节 道路工程的内涵及素质要求

一、道路工程

公路,在我国历史上习称为"道路"。早在公元前 2000 年,我国已出现可行驶牛、马车的道路。秦朝时期的这种道路称为"驰道",较长时期称为"驿道",并强调"车同轨、书同文"。

公元前2世纪,我国通往中亚细亚和欧洲的丝绸之路开始发展起来。唐代是我国古代道路发展的鼎盛时期,初步形成了以城市为中心的四通八达的道路网。元明时有"大道"之称。清代道路网系统分为三等,即将由京都通往各省会间的道路称为"官马大路"、由各省会通往各地城市的联络支线称为"大路"、市区内街道成为"马路"。"官马大路"分东北路、东路、西路和中路四大干线,共长2 000多公里。到了清代末期和民国初期,由于汽车和近代筑路法的输入,开始有了"汽车路"的名称。其后随着外文资料的输入,将英语"Public Road"译为"公路",并将"highway"一词也译为"公路"。国民政府成立后,一般将城市以外的汽车路成为"公路",将市内和市郊的汽车路称为"道路"。在某些情况下,"公路"与"道路"两词互为通用。

因此道路工程的概念主要由以下三种:

(1)定义一:道路就是指供各种无轨车辆和行人通行的基础设施。按照其使用的特点分为城市公路、城市道路、厂矿道路、林区道路、乡村道路等。

(2)定义二:依据2004年5月1日施行的《中华人民共和国道路交通安全法》,"道路,是指公路、城市道路和虽在单位管辖范围但允许社会机动车通行的地方,包括广场、公共停车场等用于公众通行的场所。"

(3)城市道路和一般道路:区别在于其发挥的作用不同,城市道路主要为城市交通服务,而公路是联系城市和乡村的道路。一般地,城市道路由于交通量大、路幅较宽、弯道少、设计时速较低,且城市建设应考虑城市用地。而公路在这些方面与城市道路不完全相同。

因此,道路通常是指为陆地交通运输服务,通行各种机动车、人畜力车、驮骑牲畜及行人的各种路的统称。道路按使用性质分为城市道路、公路、厂矿道路、农村道路、林区道路等。城市高速干道和高速公路则是交通出入受到控制的、高速行驶的汽车专用道路。按服务范围及其在国家道路网中所处的地位和作用分为:国道(全国性公路),包括高速公路和主要干线;省道(区域性公路);县、乡道(地方性公路);城市道路。前三种统称公路,按年平均昼夜汽车交通量及使用任务、性质,又可划分为五个技术等级。不同等级的公路用不同的技术指标体现。这些指标主要有计算车速、行车道数及宽度、路基宽度、最小平曲线半径、最大纵坡、视距、路面等级、桥涵设计荷载等。

二、道路工程主要特点及内涵

道路是建造在大地表面穿越不同地理区域的一种线形人工构造物。由于直接暴露在自然环境中,所经地区的地形、地质、气候、土壤等自然条件差异很大。因此,选择地质条件良好的地段,对公路路基的稳定性、整体性、安全性、经济性等有着密切关系,路线设计时,认真调查研究和掌握路线所经地区的自然特征是一项基础性很强的工作。

随着测量技术、筑路技术、筑路材料和检测技术的发展,其结构不断完善和发展,道路设施包括了由路基、路面、桥梁、涵洞、隧道、防护、景观及交通工程等构成的公路建设内容。因此,道路工程的内涵主要包括:道路网规划和路线勘测设计、路基和路面工程、道路排水工程、桥涵工程、隧道工程、附属设施工程和养护工程等内容。同时,道路工程建设具有以下特点:

1. 道路工程投资多元化

由于道路基础设施为公路使用者提供交通运输服务,因此,其建设投资具有政府行为和公司行为两部分。例如政府投资的城市道路有其独有的特点:一是城市道路工程是由政府投资的公益性项目,其产品为公众使用;二是城市道路工程的投资效益只能在其使用过程中的社会效益中显现;三是城市道路工程主要服务于城市区域,政府的目标、交通的限制、便利市民是城市道路设计的基本要求。而对应于公司投资的高速公路,其产品虽也为公众使用,但是公司必须通过收费获得回报。

因此,道路工程师必须具有经济学知识,具有融资及投资方面的能力,为公路工程建设如期完成奠定基础。

2. 道路工程受沿线自然特征变化的影响

沿线地形高低起伏,地质变化大,应先摸清道路沿线的地质特点,选定好路线的总体走向和主要控制点。结合地形特点,选定利用和改建的实施方案,反复比较,统筹安排。而路基的稳定性取决于所处地段地质构造的稳定性,故岩石的种类,岩层走向和倾斜度及有无软土夹层及地下水的影响,在路线设计时,必须从地质构造上正确判断岩层的稳定性,对不良地质的影响范围做出认真研究与分析,采取防治结合的有效措施予以根除。山区一般温度较低,昼夜温差较大,温度垂直性差异非常明显。夏季多暴雨,往往会伴随着山洪暴发。由于地形、地貌特征雨水的作用显著,沿河路基易冲刷。应充分调查了解降雨量、汇水面积、洪水位的情况,合理地选择路基高度或采取措施确保路基的使用安全。

因此,道路工程作为一种线形人工构造物,它在设计与施工过程中必须认真分析道路沿线的自然特征,对地质构造、地形特征、岩土特征、气候特征等有清晰的了解,合理设计道路结构物。

3. 道路工程原材料用量多,对建筑市场原材料价格的影响大

道路工程主要原材料包括钢材、水泥、沥青、集料、土等,合理设计和使用材料是道路设计的重要环节。道路工程材料使用量极大,在工程造价中,所占比例达到50%左右。原材料的价格对工程造价或者施工单位效益影响十分大。

由于大规模的道路基础设施投资对经济发展、投资拉动具有重要的战略意义,同时对原材料的市场价格也有很大的影响。

因此,道路工程师必须学习土木工程材料的知识,掌握每一种材料的特点和施工方面的知识,合理选材,安全施工。同时必须结合市场价格,合理存储原材料。

4. 道路工程的使用性能与时间和交通特征有关

道路工程的使用性能随着时间的延长将产生衰减,这种衰减与使用时间和交通特征有关。使用时间越长,道路结构物的衰减也越多;同时,相同的时间,交通量越大,道路结构物的衰减也将越大。因此,道路结构物必须根据时间和交通量适时地使用性能评价,保证道路基础设施的使用安全性和耐久性。

因此,道路工程师必须具有道路工程养护与评价方面的知识,延长道路的使用寿命,提高道路的使用性能。

三、道路工程专业基本素质要求

道路工程(道路桥梁与渡河工程专业)努力培养面向国家建设需要,适应未来科技发展,德智体全面发展,掌握的相关原理和知识,获得工程师良好训练,基础理论扎实、专业知识宽厚、实践能力强,能胜任道路与桥梁工程项目的规划设计、施工、运营管理等工作,具有继续学习能力、创新能力、国际视野的卓越化高级技术人才。

本培养标准在国家通用标准的指导下,按照行业专业标准的基本要求,结合道路桥梁工程专业的办学理念和人才培养特色,毕业生应具有的知识、能力、素质如下:

(1)具有扎实的数学、自然科学、力学和相关学科的基本知识。

(2)熟练掌握一门外语,具有综合应用各种手段进行资料查询、获取信息的能力。

(3)掌握交通机械、电工、工程测量、施工技术与管理等方面的基本技术。

(4)具有团队精神和协作能力、口头及书面交流能力,良好的科学精神和职业道德。

(5)掌握道路与桥梁工程专业知识,具有道路与桥梁工程领域内重要测试与试验仪器的使用、材料与结构试验、力学分析与计算、工程制图、报告撰写等能力,了解本专业学科的最新专业理论与技术发展方向。

除大学通识教育课外,还有大类学科基础课:画法几何与 CAD 制图、交通运输导论、工程力学基础、土木工程材料、工程地质、工程测量、水力学、土力学、结构力学、交通工程基础。及专业主干课道路勘测设计、路基路面工程、弹性力学、结构设计原理、基础工程、桥梁工程、城市道路设计。

第二节 道路工程的勘测设计程序和分级

一、工程可行性研究

工程可行性研究是基本建设前期工作的一项重要内容,是项目基本建设程序的组成部分,是工程决策民主化、科学化的可靠基础。可定义为"论证工程(或产品)项目技术上的可行性和经济上的合理性,并论证何时修建或分期修建,提供业主决策,保证工程的经济效果。"

公路建设必须严格遵守国家规定的基本建设程序。所有大中型项目应根据批准的项目建议书(或委托书),进行可行性研究,可行性研究工作完成后应进行评估。经过综合分析后,提出投资少、效益好的建设方案。

可行性研究工作是交通建设综合管理的手段,必须从运输生产的目的出发。研究技术可行性必须与经济效益相结合,研究经济效益必须考虑采用新技术的可能,重视运输领域的综合效益。

可行性研究应附有必要的图表,其中包括路线方案(及比较方案)图、历年工农业总产值与客货运量统计表、公路客货运量、交通量预测表、效益计算表等。

在可行性研究的同时,应进行环境影响分析,以工程性质、路线位置、资源利用、环境影响等为依据。同时,可行性研究还应对工程进行宏观分析,确定项目是否成立。在计划任务书下达后,进行初步设计的同时,应编制环境影响评价书,即根据预测工程对环境的影响,提出对环境污染、破坏的防治措施以及综合整治的方法。

国家规定,没有进行可行性研究和技术经济论证的重大工程,不得列入国家计划。工程可行性研究的目的是对工程项目建设的必要性、技术可行性、经济合理性、实施可能性等进行综合研究,推荐最佳方案,进行投资估算和经济评价,为建设项目的决策审批和编制设计任务书提供科学依据。

公路工程可行性研究一般包括下列内容：

(1)总论(或概述)。包括建设任务依据和历史发展背景、研究范围与主要内容、研究主要结论和存在问题与建议等。

(2)现有公路技术状况评价。包括区域运输网现状和存在问题、拟建项目在区域运输网中的地位与作用、现有公路技术状况及适应程度等。

(3)经济与交通量发展预测。包括项目所在区域经济特征、经济发展与公路运量和交通量的关系、交通量的发展预测。

(4)建设规模与标准。包括项目建设规模、采用的等级和主要技术指标。

(5)建设条件和方案比选。包括调查沿线自然条件和社会条件、进行方案拟定与比选、提出推荐方案走向及主要控制点和工程概况，对环境影响做出分析并编制环境影响评价报告。

(6)投资估算与资金筹措。包括主要工程数量、公路建设与拆迁、项目总投资估算、资金来源和筹措办法。若为贷款或引资，还要研究利率、偿还方式及可能性等。

(7)工程建设实施计划。包括勘测设计和工程施工的计划与要求、工程管理人员和技术人员的培训等。

(8)经济评价。包括运输成本等经济参数的确定、建设项目的直接经济效益和费用的估算、进行经济评价敏感性分析、建设项目的间接经济效益分析。对于贷款项目还要进行项目的财务评价。

根据上述研究结果，通过综合分析评价，提出技术先进、投资少、效益好的最优建设方案。

二、设计任务书

公路勘测设计工作是根据批准的设计任务书进行的。设计任务书一般由提出计划的主管部门下达或由下级单位编制后报批。设计任务书应包括下列内容：建设的依据和意义；路线的建设规模和修建性质；路线的基本走向和主要控制点；工程技术等级和主要技术标准；勘测设计的阶段划分及各阶段完成的时间；建设期限，投资估算，需要钢、木、水泥的数量；施工力量的原则安排；路线示意图。

在计划任务书实施过程中，如对建设规模、期限、技术等级标准及路线走向等重大问题有变更时，应报原批准机关审批同意。

三、勘测设计任务书

公路施工前的勘测设计工作是根据批准的设计任务书(或委托书)进行的。设计任务书应根据批准的工程可行性研究报告编制。设计任务书由提出计划的主管部门下达或由下级单位编制后按规定上报审批。设计任务书的基本内容包括：建设依据和目的意义；建设规模和性质；路线基本走向和主要控制点；工程技术标准和主要技术指标；设计阶段及各阶段完成时间；建设期限和投资估算，对分期修建项目应提出每期的建设规模和投资估算；施工力量的原则安排；附路线示意图。另有工程数量、三材(钢材、木材、水泥)和投资等只在上报任务书时列入，供审批时参考。

设计任务书经批准后，如对建设规模、技术等级标准、路线基本走向等主要内容有变更时，应经原批准部门同意。

四、设计阶段及其内容

1. 设计阶段

原交通部《公路工程基本建设项目设计文件编制办法》规定,公路工程基本建设项目可以采用一阶段设计、两阶段设计或三阶段设计。

(1)一阶段设计:适用于技术简单、方案明确的小型公路工程。即根据批准的设计任务书,进行一次详细定测,编制施工图设计和工程预算。

(2)两阶段设计:为公路测设一般所采用的测设程序。其步骤为:先进行初测,编制初步设计和工程概算;经上级批准初步设计后,再进行定测、编制施工图和工程预算。也可直接进行定测、编制初步设计;然后根据批准的初步设计,通过补充测量编制施工图。

(3)三阶段设计:对于技术上复杂而又缺乏经验的建设项目或建设项目中的个别路段、特殊大桥、互通式立体交叉、隧道等,必要时应采用三阶段设计。即分初步设计、技术设计和施工图设计三个阶段。技术设计阶段主要是对重大、复杂的技术问题,落实技术方案,计算工程数量,提出修正的施工方案,修正设计概算。其深度和要求介于初步设计和施工图设计之间。

不论采用哪种划分阶段设计,在勘测前都要进行实地调查(或称视察),它是勘测前不可缺少的一个步骤,也可与可行性研究结合在一起,但不作为一个阶段。

2. 各设计阶段主要内容

(1)初步设计

两阶段和三阶段设计中的初步设计,应根据批准的可行性研究报告、设计任务书(或测设合同)和初测资料编制。初步设计阶段的目的是确定设计方案。主要内容包括拟定修建原则、选定设计方案、计算工程数量和主要材料数量、提出施工方案、编制设计概算、提供文字说明及图表资料。初步设计在选定方案时,应对路线的走向、控制点和方案进行现场核查,征求沿线地方政府和建设单位意见,基本落实路线布置方案。一般应进行纸上定线,并赴实地核对,落实并放出必要的控制线位桩。对复杂困难地段的路线、互通式立体交叉、隧道、特大桥、大桥的位置等,一般应选择两个或两个以上的方案,进行同深度、同精度的测设工作和方案比选,提出推荐方案。

(2)技术设计

三阶段设计中的技术设计,应根据批准的初步设计和定测资料编制。技术设计阶段的目的是对重大、复杂的技术问题进一步落实设计方案。主要内容包括通过科学试验、专题研究,加深勘探调查及分析比较,解决初步设计中未解决的问题,落实技术方案,计算工程数量,提出修正的施工方案,修正设计概算。

(3)施工图设计

两阶段设计中的施工图设计,应根据批准的初步设计和定测资料编制;三阶段设计中的施工图设计应根据批准的技术设计和补充定测资料编制。

施工图设计阶段的目的是对批准的推荐方案进行详细设计以满足施工的要求。其主要内容包括对审定的修建原则、设计方案、技术决定加以具体和深化,最终确定各项工程数量,提出文字说明和适应施工需要的图表资料以及施工组织计划,并编制施工图预算。

一阶段施工图设计应根据批准的可行性研究报告、设计任务书(或测设合同)和定测资料编制。其目的和内容是拟定修建原则,确定设计方案和工程数量,提出文字说明和图表资料以及施工组织计划,编制施工图预算,满足审批的要求,适应施工的需要。

3. 设计文件编制

设计文件是公路勘测设计的最后成果,经审查批准后是公路施工的依据。其组成、内容和要求随设计阶段不同而异。

根据《公路工程基本建设项目设计文件编制办法》规定,设计文件组成和内容:总说明书,总体设计(高速公路、一级公路),路线、路基、路面及排水,桥梁、涵洞、隧道、路线交叉,交通工程及沿线设施,环境保护,渡口码头及其他工程,筑路材料,施工方案(施工组织计划),设计概算(施工图预算)共13篇。其表达形式有文字说明、设计图、表格三种。

五、道路勘测设计的依据

1. 技术依据

道路勘测设计主要的技术依据有:

《公路工程技术标准》(JTG B01—2003)、《公路路线设计规范》(JTG D20—2006)、《城市道路工程设计规范》(CJJ 37—2012)。

公路勘测设计相关的技术依据有:

《公路勘测规范》(JTG C10—2007)、《工程测量规范》(GB 50026—2007)。

公路勘测设计其他的技术依据有:

《公路工程基本建设项目设计文件编制文件》、《公路工程勘察设计招标投标管理办法》、《建设工程勘察设计管理条例》、《公路环境保护设计规范》(JTG B04—2010)。

具体设计时,必须参照以上规范的最新版本。

2. 自然条件

我国幅员辽阔,各地地理位置和自然条件各不相同,而道路是设置在大地表面的带状建筑物,因此道路设计受到各种自然条件的限制。影响道路的自然因素主要有地形、气候、水文、水文地质、地质、土壤及植被等,这些自然因素主要影响道路等级和设计速度的选用、路线方案的确定、路线平纵横的几何形状、桥隧等构造物的位置和规模、工程数量和造价等方面。

道路勘测时要细致调查、实地观察,充分考虑各种自然条件,并注意今后的自然变化和道路建成后的影响,保证道路在复杂的自然条件下坚固稳定与交通运输的畅通。

六、公路分级与技术标准

1. 公路分级

为了满足经济发展、规划交通量、路网建设和功能等的要求,公路必须分等级建设。交通部2004年颁布实施的《公路工程技术标准》(JTG B01—2003)(以下简称《标准》),将公路根据功能和适应的交通量分为五个等级。

(1)高速公路:为专供汽车分向、分车道行驶并全部控制出入的多车道公路。

四车道高速公路应能适应将各种汽车折合成小客车的年平均日交通量为25 000~55 000辆;六车道高速公路应能适应将各种汽车折合成小客车的年平均日交通量为45 000~80 000辆;八车道高速公路应能适应将各种汽车折合成小客车的年平均日交通量为6 000~1 000辆。

(2)一级公路:为供汽车分向、分车道行驶,并可根据需要控制出入的多车道公路。

四车道一级公路应能适应将各种汽车折合成小客车的年平均日交通量为 15 000 ~ 30 000辆;六车道一级公路应能适应将各种汽车折合成小客车的年平均日交通量为 25 000 ~ 55 000辆。

(3)二级公路:为供汽车行驶的双车道公路。

双车道二级公路应能适应将各种汽车折合成小客车的年平均日交通量为 5 000 ~ 15 000辆。

(4)三级公路:为主要供汽车行驶的双车道公路。

双车道三级公路应能适应将各种车辆折合成小客车的年平均日交通量为 2 000 ~ 6 000辆。

(5)四级公路:为供各种车辆行驶的双车道或单车道公路。

双车道四级公路应能适应将各种车辆折合成小客车的年平均日交通量为 2 000 辆以下;单车道四级公路应能适应将各种车辆折合成小客车的年平均日交通量为 400 辆以下。

全部控制出入的高速公路应符合的条件:必须具有四条或四条以上的车道,必须设置中间带,必须设置禁入栅栏,必须设置立体交叉。

2. 公路技术标准

公路技术标准是指在一定自然环境条件下能保持车辆正常行驶性能所采用的技术指标体系。公路技术标准反映了我国公路建设的技术方针,是法定的技术要求,公路设计时都应当遵守。各级公路的具体标准是由各项技术指标体现的,如表 5-1 所示。

各级公路的主要技术指标汇总 表 5-1

公路等级		高速公路			一级公路			二级公路		三级公路		四级公路
设计速度(km/h)		120	100	80	100	80	60	80	60	40	30	20
车道数(条)		4、6、8	4、6、8	4、6	4、6、8	4、6	4	2	2	2	2	1、2
路基宽度(m)(一般值)		28.0	26.0	24.5	26.0	24.5	23.0	12.0	10.0	8.5	7.5	4.5
		34.5	33.5		33.5							
		45.0	44.0	32.0	44.0	32.0						6.5
停车视距(m)		210	160	110	160	110	75	110	75	40	30	20
圆曲线半径(m)	一般值	1000	700	400	700	400	200	400	200	100	65	30
	最小值	650	400	250	400	250	125	250	125	60	30	15
最大纵坡(%)		3	4	5	4	5	6	5	6	7	8	9

各级公路的技术指标是根据路线在公路网中的功能、规划交通量和交通组成、设计速度等因素确定的。其中设计速度是技术标准中最重要的指标,它对公路的几何形状、工程费用和运输效率影响最大,在考虑路线的使用功能和规划交通量的基础上,根据国家的技术政策制定设计速度。路线在公路网中具有重要经济、国防意义者,交通量较大者,技术政策规定采用较高的设计速度,反之规定较低的设计速度。对于某些公路尽管交通量不是很大,但其具有重要的政治、经济、国防意义,比如通向机场、经济开发区、重点游览区或军事用途的公路,可以采用较高的设计速度。

第三节 道路几何设计

公路是一条带状的三维空间结构物,它的中线在平面上的投影称为公路路线平面。沿着中线竖直剖切公路,再将直线竖直曲面展开成直面,即公路路线的纵断面。中线上的任意一点处公路的法向剖面称为公路路线在该点的横断面。

公路路线的平面、纵断面和横断面是公路的几何组成部分。公路平、纵、横是相互关联,设计时既分别进行,又综合考虑。公路路线设计主要研究公路的平面、纵断面和横断面的设计原理与设计方法。

路线中线的平面位置,是考虑社会经济、自然条件和技术条件等因素以后,经过平、纵、横综合考虑,反复修正才确定下采的;沿中线的标志进行高程测量和横断面测量,取得地面线和地质、水文及其他必要资料后再设计纵断面和横断面。

一、平面设计

公路平面线形要素由直线、圆曲线和缓和曲线构成(图5-1～图5-3),通常称之为"平面线形三要素"。直线是曲率为零的线形;圆曲线是曲率为常数的线形;缓和曲线是曲率逐渐变化的线形;三要素是公路平面线形最基本的组成。

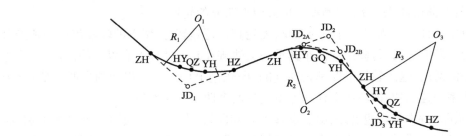

图5-1 路线的平面

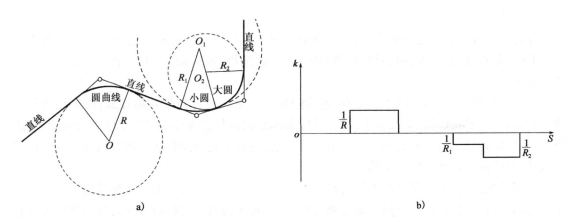

图5-2 曲率不连续的路线
a)路线图;b)曲率图

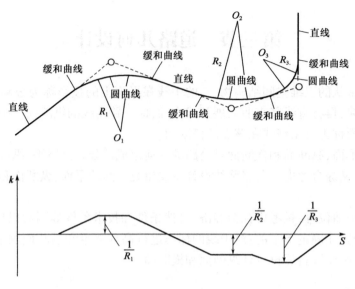

图 5-3 曲线连续的路线

1. 汽车行驶轨迹与道路平面线形

汽车在行驶过程中，车轮在路面上所留下的痕迹可以粗略地看成是汽车的行驶轨迹。在交通繁忙的道路上，由于车辆漏油或废气、轮胎等的污染，在路面上的车道内可以清晰地看到一条黑色的带子；在薄层的积雪上，车辆驶过也会留下明显的轮迹。

通过观察可发现任何一辆正常行驶的汽车，无轮直行还是转弯，留下的轨迹都是一条光滑连续的优美线形。研究表明，行驶中的汽车其重心的轨迹在几何性质上有以下特征：这个轨迹是连续的而且是圆滑的；这个轨迹的曲率是连续的，即轨迹上任一点不出现两个曲率值；这个轨迹的曲率变化率是连续的，即轨迹上任一点不出现两个曲率变化率值。

实践证明：道路，特别是高速公路，由于设置了缓和曲线，在视觉上线形变得更加平顺，能更好地诱导驾驶者的视线，路线也变得更容易被驾驶者跟踪了。因此，现代道路平面线形就是从线形的角度去研究直线、圆曲线和缓和曲线的选用和相互间的组合等问题。

2. 直线

作为平面线形要素之一的直线，在公路中使用最为广泛。因为两点之间距离以直线为最短，因此一般在选线和定线时，只要地势平坦，无大的地物、地形障碍，选线定线人员都会首选考虑使用直线。

直线的适用条件是：路线不受地形、地物限制的平原区或山间的开阔谷地；市镇及其邻近或规划方正的农耕区等以直线为主体的地区；为缩短构造物长度以便于施工的长大桥梁、隧道路段；为争取较好的行车和通视条件的平面交叉前后；双车道公路在适当间隔内设置一定长度的直线，以提供较好条件的超车路段。

我国地域辽阔，地形条件在不同的地区有很大的不同，对直线最大长度很难做出统一的规定。总的原则是：公路线形应该与地形相适应，与景观相协调，不强求长直线，也不硬性去掉直线而设置曲线。我国已建成的多条高速公路，大多位于平原微丘区，在长直线的使用上参照了国外的规定并允许稍有增长。如京津塘和济青高速公路的直线不超过 3 200m；沈大高速公路多次出现 5~8km 的长直线,最大 13km。

3. 圆曲线

圆曲线是公路平面设计中最常用的线形之一,各级公路不论转角大小,在转折处均应设置平曲线,而圆曲线是平曲线中的主要组成部分。圆曲线具有易与地形相适应、可循性好、线形美观、易于测设等优点,故使用十分广泛。同向和反向曲线见图 5-4。

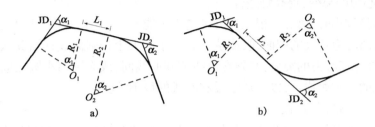

图 5-4 同向和反向曲线
a)同向曲线;b)反向曲线

行驶在曲线上的汽车由于受到离心力的作用,其稳定性受到了影响,离心力的大小又与曲线半径密切相关,半径越小越不利,所以在选择曲线半径时应尽可能采用较大的半径值,只有在地形或其他条件受到限制时才可使用较小的曲线半径。为了行车安全与舒适,我国《标准》规定了三种圆曲线最小半径,即极限最小半径、一般最小半径和不设超高最小半径。圆曲线的几何要素见图 5-5。

圆曲线能较好地适应地形的变化,它在路线遇到障碍或地形需要改变方向时需设置,适应范围较广而灵活。圆曲线半径选用得当,可获得圆滑舒顺的平面线形。选用圆曲线半径时,应注意以下几点:在地形、地物等条件许可时,优先选用大于或等于不设超高的最小半径;一般情况下宜采用极限最小曲线半径的 4~8 倍或超高为 2%~4% 的圆曲线半径;当地形条件受限制时,应采用大于或接近一般最小半径的圆曲线半径;在自然条件特殊困难或受其他条件严格限制而不得已时,方可采用极限最小半径;标准规定圆曲线最大半径不宜超过 10 000m。

4. 缓和曲线

当圆曲线半径小于不设超高最小半径,公路等级在三级及以上时,应在直线和圆曲线之间,设置缓和曲线(图 5-6)以满足曲率半径逐渐过渡的要求。

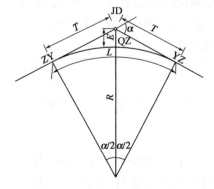

图 5-5 圆曲线的几何要素

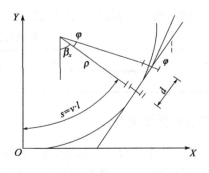

图 5-6 汽车进入曲线形式的轨迹

设置缓和曲线主要有以下优点：

(1) 有利于驾驶员操纵转向盘

汽车从直线驶入圆曲线，即从无限大的半径到一定值的半径或从大半径圆驶入小半径圆曲线时，从汽车前轮转向角逐渐变化的必要性，其中间需要插入一个逐渐变化的缓和曲线，才能保持车速不变而使汽车前轮的转向角从 0 至 α 逐渐转向，从而有利于驾驶员操纵转向盘。

(2) 消除离心力的突变，提高舒适性

当圆曲线半径较小时，离心力很大。为了使汽车能安全、迅速、平稳、舒适地从没有离心力的直线逐渐驶入离心力较大的圆曲线，或从离心力小的大半径圆曲线逐渐驶入到离心力大的小半径圆曲线，消除离心力的突变，必须在直线和圆曲线间，或大圆与小圆之间设置曲率半径随弧长逐渐变化的缓和曲线，所以要规定缓和曲线的最小长度。

(3) 完成超高和加宽的过渡

当圆曲线需要设置超高和加宽时，其超高缓和段和加宽缓和段，一般应在缓和曲线长度内完成超高或加宽的过渡。

(4) 与圆曲线配合得当，增加线形美观

圆曲线与直线径相连接，而连接处曲率突变，在视觉上有不平顺的感觉。但在圆曲线与直线间设置了缓和曲线后，使线形连续圆滑，增加线形美观。

5. 平曲线上的超高

为了抵消汽车在曲线路段上行驶时所产生的离心力，在该路段横断面上设置的外侧高于内侧的单向横坡，称之为超高。当圆曲线半径小于不设超高的最小半径时，半径越小，离心力较大，汽车行驶条件就越差，为改善汽车行驶条件，减小横向力，将此弯道横断面做成向内倾斜的单向横坡形式，利用重力向内侧分力抵消一部分离心力，改善汽车的行驶条件。

6. 行车视距

为了保证行车安全，驾驶员驾驶汽车在公路上行驶时，任意点位置都应看到汽车前方相当远的距离，以便在发现路面障碍物或迎面来车时，能采取措施，以避免相撞，这一必要距离称为行车视距。为了计算方便，规范规定行车轨迹为离路面内侧边缘（曲线段为路面内侧未加宽前）1.5m 处，驾驶员眼高为 1.2m，障碍物高 0.1m。

7. 各级公路对视距要求

由于高速公路和一级公路采用分向分车道行驶，车辆同向行驶不存在会车问题，主要考虑的停车视距，所以《标准》规定高速公路、一级公路应满足停车视距的要求，见表5-2。

高速公路、一级公路停车视距　　　　　表5-2

设计速度(km/h)	120	100	80	60
停车视距(m)	210	160	110	75

二、纵断面设计

沿着道路中线竖直剖切，然后展开即为路线纵断面。由于自然因素的影响以及经济性要求，路线纵断面总是一条有起伏的空间线，图5-7为路线纵断面示意图。纵断面图是道路纵断面设计的主要成果，也是道路设计的技术文件之一。把道路的纵断面图与平面图结合起来，就能准确地定出道路的空间位置。

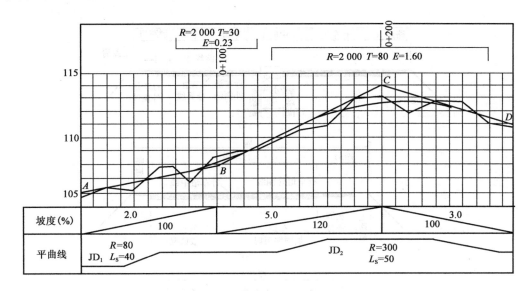

图 5-7　路线纵断面示意图

在纵断面图上有两条主要的线:一条是地面线,它是根据中线上各桩点的高程而点绘的一条不规则的折线,反映了沿着中线地面的起伏变化情况;另一条是设计线,它是设计人员经过技术上、经济上以及美学上等多方面比较后定出的一条具有规则形状的几何线,反映了道路路线的起伏变化情况。纵断面设计线是由直线和竖曲线组成的。直线(即均匀坡度线)有上坡和下坡,是用坡度和水平长度表示的。直线的坡度和长度影响着汽车的行驶速度和运输的经济以及行车的安全,它们的一些临界值的确定和必要的限制,以通行的汽车类型及行驶性能来决定。

当纵断面上两条坡度不同的相邻纵坡线相交时,就出现了转坡点(变坡点)。汽车在转坡点上行驶不顺适,故在转坡点处都必须用曲线将前后两条相邻纵坡线顺适连接起来以适应行车的需要,这条连接两纵坡线的曲线(二次抛物线)叫竖曲线。竖曲线分凸形竖曲线和凹形竖曲线两种形式。所以纵断面设计线是由直坡段和竖曲线组成的。

三、横断面设计

道路横断面是指中线上各点沿法向的垂直剖面(图 5-8),它是由横断面设计线和地面线组成的。其中横断面设计线包括行车道、路肩、分隔带、边沟、边坡、截水沟、护坡道以及取土坑、弃土堆、环境保护设施等。城市道路的横断面组成中包括机动车道、非机动车道、人行道、绿带、分车带等。高速公路、一级公路和二级公路还有爬坡车道、避险车道;高速公路、一级公路的出入口处还有变速车道等。横断面图中的地面线是表征地面起伏变化的线,它是通过现场实测或由大比例尺地形图、航测像片、数字地面模型等途径获得。路线设计中所讨论的横断面设计只限于与行车直接有关的部分,即两侧路肩外缘之间各组成部分的宽度、横向坡度等问题,所以有时也将路线横断面设计称作"路幅设计"。

公路横断面的组成和各部分的尺寸要根据规划交通量、交通组成、设计车速、地形条件等因素确定。在保证必要的通行能力和交通安全与畅通的前提下,尽量做到用地省、投资少,使道路发挥其最大的经济效益与社会效益。

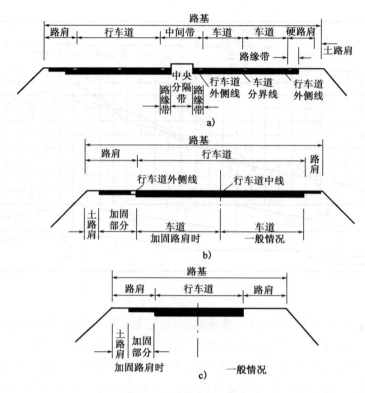

图 5-8　公路横断面的组成
a)高速公路、一级公路路基标准横断面;b)二、三级公路路基标准横断面;c)四级公路标准横断面

四、道路 CAD 技术

计算机在道路工程领域的应用可以追溯到 20 世纪 60 年代初,至今已有 40 年的历史。在国内,从学习、试制到自主开发软件,也有近 30 年的时间,并取得了显著成绩。

1. 国外发展状况

20 世纪 60 年代,计算机运用到道路设计主要是完成繁重的计算任务,如多层路面结构力学计算、路基稳定性分析与计算、桥梁结构计算、路基土石方计算及平面和纵断面线形计算等。为了获得更大的经济效益,欧美发达国家,如英国、美国、法国、德国和丹麦等先后展开了路线纵断面优化技术研究,开发了较为成熟的路线纵断面优化程序,有代表性的为英国 HOPS 纵断面选线最优化程序系统、法国的 APPOLON 系统、德国的 EPOS 程序等。纵断面优化程序系统的应用,在一定程度上提高了公路设计的质量并相应降低了工程费用。联合国经济合作与开发组织于 1973 年在意大利西西里岛的一条公路上对上述各国的优化程序进行了联合试验,结果表明:使用纵断面优化程序可以节省土石方工程量 8%～17%,平均 10%,这使得整个道路的建造费用大大节省。

20 世纪 70 年代,道路优化技术从单一的纵断面优化扩展到一定宽度范围内的平面线形优化和平纵面线形综合优化;数字地面模型开始应用;计算机绘图技术发展为实用阶段。平面优化技术有代表性的成果包括英国的 NOAN 程序,美国的 GCARS 程序,德国的 EPOS-1 程序。

路线优化设计在理论和应用上已基本形成了一门独立的学科,但由于路线的优化设计涉及到大量的非技术性因素,给研究工作带来了很大困难,因此,就整体而言,路线优化技术仍处在研究探索阶段。数字地面模型主要用于等高线地形图绘制、土地填挖面积计算、支持路线优化设计等。70年代末期计算机图形功能逐步完善,这期间开发的辅助设计系统均可完成大量的设计图纸绘制工作,系统的功能进一步增强,逐步走向实用阶段。

20世纪80年代,道路CAD系统的发展更加完善,并逐步向系统化、集成化方向发展。很多国家建立了由航测设备、计算机和专用软件包组成的成套系统,可以完成从数据采集、建立数字地面模型、优化设计到设计文件编制的全部工作,系统都有成功的图形环境支撑,商品化程度很高,如英国的MOSS系统、美国的INROADS、德国的CARD/I等。MOSS系统是英国MOSS系统有限公司经过20多年的不懈努力,开发出的大型三维道路路线设计计算机辅助设计分析软件,已在欧美一些发达国家的公路、铁路设计中广泛使用,使这些国家的公路、铁路设计完全摆脱了图板,实现了无纸化设计。CARD/I是德国Basedow&Tomow软件公司推出的,包括测量、道路、铁道、排水四个子系统的复杂系统,特别适用于道路的勘测与设计,对于铁道、排水以及建筑景观规划、水利工程、矿山工程等各种土木工程也能有效地使用。这期间公路CAD系统的另一个特点是系统的开发环境由小型机或工作站向微机过渡,并以微机为主。

进入20世纪90年代,国外若干优秀的公路CAD软件,有向国际化方向发展的趋势,在系统开发过程中,积极研究相关国家的技术标准,尽量提高软件的适应性,使其满足不同国家的设计标准的要求。在数据采集方面,研究采用GPS、数字摄影测量、遥感地质判释等新技术、新设备。

2. 国内发展状况

我国公路部门应用计算机起步较晚。对道路CAD技术的研究开始于20世纪70年代末,经历了20世纪70年代末与80年代初期的探索、80年代中后期的发展和90年代的提高普及,到目前为止,已在数据采集、内业辅助设计和图形处理各方面取得了较大成绩。

20世纪70年代末期至80年代初期,国内有关高等院校和设计单位在收集和翻译国外路线优化技术和CAD技术资料的基础上,首先开展了路线优化技术方面的研究,编制相关优化程序。在辅助设计方面,编制了一些生产实际中急需的路线计算程序,如中桩坐标计算、土石方计算等,开发了针对某种绘图机的绘图程序。这一阶段,路线优化设计是当时计算机在道路设计应用的主流,由于受当时计算机软硬件环境的限制,所编制的程序都是针对某一单项工作,以替代手工计算为目的,功能单一,缺乏系统性,因此应用面较窄。

20世纪80年代中后期,随着我国道路建设的快速发展,对道路CAD技术的需求也不断增大,促进了道路CAD技术的发展。1986年,原交通部在多次技术论证的基础上,把公路和桥梁CAD列入国家"七五"重点科技攻关项目,进行研究开发。公路CAD的研究内容包括数字地面模型、路线平纵面线形综合优化、路线设计、立交设计、中小桥涵设计、支挡构造物设计等许多方面;桥梁CAD的研究内容包括桥梁结构布置、桥梁结构有限元分析、桥梁施工详图设计、桥梁工程造价分析等。该项目以工作站为硬件平台,应用对象为一些较大的设计单位。在这一阶段,大量高档次微机和外围设备不断出现,为微机专门配备的图形软件也更趋成熟,给道路微机CAD软件的开发提供了良好的条件,有关科研院所和设计单位,根据各自单位的实际需要,也纷纷开展了公路CAD软件的开发工作,推出了一些各具特色的微机道路CAD系统。这一阶段CAD软件的特点是计算分析和成图一体化,以提高软件的自动化程度为目标,但大多缺乏交互性能或交互性能不高,软件的子系统之间接口繁多,没有统一的数据管理。

20世纪90年代至今是道路基础设施建设大发展时期,道路建设的速度明显加快,建设规模空前扩大,对CAD软件的要求越来越高。这一时期也是CAD软件的商品化发展阶段,软件开发商为满足市场需求和适应计算机硬、软件技术的迅速发展,在大力推销其软件产品的同时,对软件的功能、性能,特别是用户界面和图形处理能力,进行了大幅度扩充;对软件的内部结构和部分软件模块,特别是数据管理部分,进行了重大改造;新增的软件部分大都采用了面向对象的软件设计方法和面向对象语言。以微机为平台的道路CAD系统很快占据了优势,并逐渐取代了以工作站为平台的CAD软件。这期间道路CAD软件发展的特点表现为:

(1)软件支撑平台由DOS系统向Windows系统过渡,软件界面及交互性能有所改善。

(2)部分软件自主开发了专业的图形支撑平台,系统具有较强的针对性和实用性。

(3)道路CAD软件的应用深度和广度都有较大提高,应用范围基本覆盖了道路初步设计和施工图设计的各个方面(不包括方案设计、方案评价选优等),到1996年年底,道路CAD技术已普及到地市级设计单位,设计文件全部由计算机完成,而且在立交和独立大桥等复杂工程中应用了三维技术进行渲染和动画,同时,开始实施院内计算机网络管理。

(4)跟踪国际计算机应用技术的最新发展,开始了领域内不同新技术的集成研究,如1996年国家计委下达的国家"九五"重点科技攻关项目"国道主干线设计集成系统开发研究",1998年原交通部重点资助项目"集成化公路CAD系统"研究等,研究的起点比以前有较大提高。

3.数字地面模型的概念及应用

地形资料是道路设计的重要基础资料之一。传统设计中,一般用地形图或断面图来表示地形。地形图或断面图的获得需通过野外实地测量,再经过手工绘制而成,人力、时间消耗很大。利用计算机进行道路设计,就要让计算机能认识和处理地形资料,为此,必须把地形资料变成计算机能接受的信息——数字。数字地面模型就是在这种背景下被引入公路设计领域的。

数字地面模型(Digital Terrain Model,简称数模、DTM)是指按照某种数学模型表达地形特征的数值描述方式,它由许多规则或无规则排列的地形点三维坐标 x、y、z 组成,是数字化了的地形资料存储于计算机的产物。

数字地面模型一般由以下三部分组成:

(1)用离散的形式将某一区域内一系列采样点的信息,按照一定的规则,存贮在计算机中,形成一个有限项的向量序列。通常用 x、y 表示平面坐标系,用 z 表示高程,各种平面地理信息如建筑物、河流等用编码或分层方式表示。

(2)给定某种数学方法来拟合地表形态。通过它可求得该区域任一平面位置点的高程,或者推算其他地面特征,如坡度、坡向等。

(3)实用程序块,主要完成坐标系的转换工作。

自20世纪50年代末期,美国麻省理工学院米勒教授研究用数字地面模型进行道路设计开始,人们对数模的研究与应用已有近50年的历史。随着计算机技术及其外围设备的发展,数模在测绘、铁路、公路、机场及其他新建工程领域得到广泛应用。

数字地面模型可用于道路设计的各个阶段。设计人员利用数字地面模型进行路线方案比选,只需输入少量的设计参数,计算机按照编好的程序自动完成设计和分析比较工作,输出比较结果。设计者可以轻而易举地对方案进行比较,选择较优方案,而不需重测。另外,数字地面模型还广泛地用于道路初步设计和技术设计中。设计者做一些必要的外业调查和实测,就可以直接利用计算机进行路线设计。除此之外,数字地面模型用于绘制地形图、路线平面图和地形透视图,可以大大减轻设计人员的工作强度。

五、数字化公路及技术

20世纪90年代末,美国便提出了"数字地球的概念",而今天我国为推进国民经济信息化进程而进行的"数字政府""数字城市"无不展示出21世纪我国将是一个信息技术高度集中、迅猛发展的数字时代。"数字城市"是对城市发展方向的一种描述,是指数字技术、信息技术、网络技术要渗透到生活的各个方面(数字城市基本框架见图5-9),它是世纪之交最重要的技术革命,它将深刻改变人们的习惯和思维方式。

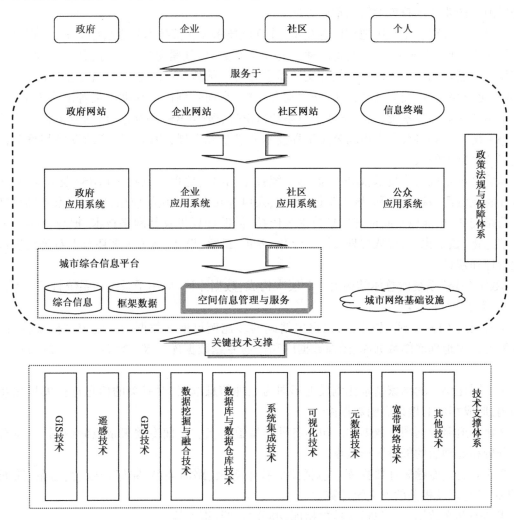

图5-9 数字城市基本框架

数字地球是继国家信息基础设施(NII)与国家空间数据基础设施(NSDI)之后的又一新的信息基础设施。它是在NII和NSDI基础上发展起来的更高阶段的信息基础设施,是关于整个地球的信息技术系统。数字地球的建立不仅可以服务于全球和国家,同时也服务于城市、区域、资源、环境、社会、经济、减灾、可持续发展、科技、教育、行政、管理等诸多方面。

"数字公路"不仅是数字城市的重要组成部分，也是构成数字地球的基础之一。开展有关"数字公路"的研究和建立智能化的数字公路系统是实施数字城市可靠的技术保证，同时也为我市公路网的规划、建设、管理提供现代化的技术手段。

进入21世纪，为保持经济的持续发展，国家对道路交通基础设施的建设还将加大力度，即不仅投资规模大、路线长、项目多，同时对建设项目优化选择、建设工程的实施管理，以及信息化处理分析等方面提出了更新更高地要求。而传统的利用计算机的管理仅限于文字的表格处理方面，涉及的大量信息查询及信息处理，尤其是空间信息的分析处理，仍停留在传统图纸上，难以实现交通属性和空间数据的一体化综合处理和分析，更无法实现可视化和虚拟现实。因此开展建立数字公路的建设，不仅是现行公路管理模式的必然要求，同时也是高新技术发展以及今后国家产业技术政策发展的重要方向。

智能数字公路就是利用地理信息技术、计算机技术和通信技术管理公路事务，以提高道路的通行能力，舒缓交通阻力，提高道路通行的安全系数，处理紧急事故等等，其在交通规则、管理和设计中已得到广泛的应用。例如交通需求分析与预测、项目选择及优化、道路工程设施规划、数字化公路选线、交通灾害预测、交通动态模拟、交通管制以及辅助决策等诸多方面，已形成了专用的交通信息系统，它与全球定位系统(GPS)、遥感(RS)相互结合，形成了智能化的数字公路系统。它必将会大大推动公路工程技术的进步和发展，为国民经济的发展和整个社会的进步带来巨大的效益。

随着全球定位系统技术(GPS)、遥感系统技术(RS)、地理信息技术(GIS)及其集成"3S"技术在农业资源、森林、水利、城市建设、环境、人口等几十个领域的应用，作为国家基础设施之一的公路交通，也能以空间地理信息技术为依托，借助计算机及其网络技术，把与公路相关的数据信息化、数字化，实现从规划、计划、绿化、养护、勘察、设计、施工等多环节上对公路进行数字化管理和建设。

"数字公路"系统的总体结构由三个层次构成：数据库群、应用子系统和系统管理子系统。

(1)数据库群

主要通过GPS实测公路走向，以得出精确的多比例尺地图数据为空间定位框架，在该框架内配置有关地理底图数据库、图像数据库和交通专题数据库以及方法库等。系统数据库群包括：

①不同比例尺的国家基本比例尺地形图为地理信息框架，对有关的信息进行矢量化及规范编码，形成相应的地理底图数据库。

②建立道路专题图形数据库。包括各种类型道路点、线、面专题矢量空间数据，以及有关空间分析和处理后的矢量图形数据。

③建立道路专题属性数据库。包括路面技术等级、路面类型、完好程度、交通量、路面宽度、防护状况以及相关的人文统计数据。

④办公办文数据库。包括文档数据库、办公行文数据库等。

⑤建立与道路有关的多媒体文字图片数据库。包括有关的多媒体文字、图片、三维动画以及录像。

(2)应用子系统。包括数据预处理、空间数据库管理与维护、数据查询与检索功能、图形和属性编辑、坐标几何、结果输出功能等功能模块。

(3) 系统管理子系统

系统管理子系统支撑整个系统的运行。整个系统按内部网络和外部站点服务系统建设，内部局域网设置由 GIS 服务器和 WEB 服务器构成数据中心，各职能科室配置服务终端并与数据中心相连。

第四节　路基路面结构设计及层位功能

人们在投巨资兴建道路系统的同时，对路基路面的设计与施工技术的研究也在不断深入与全面。由于路基路面直接承受行驶车辆的作用，是道路工程的重要组成部分，应根据车辆行驶的需要，选用优质材料建成。如我国古代曾以条石、块石或石板等铺筑道路路面，以提供人畜以及人力、兽力车辆的运行。欧洲在公元前3500年，在美索不达米亚（Mesopotamia），继发明了车轮后不久，即用石料修筑了第一条有硬质路面的道路。大约公元前3000前，闪族人（Sumerians）开始使用沥青胶结贝壳或石料作为行车路面。公元前312古罗马的范·阿派（Via Appia）修筑的道路和相应的结构（图5-10）目前仍然在使用。到公元1780年，Thomas Telford 就开始修筑碎石路面（图5-11），1815年，Macadam 利用沥青作胶结料修筑沥青碎石路面（图5-12），之后，路面材料质量有了质的飞跃。

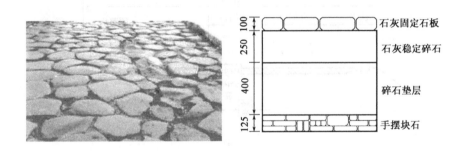

图 5-10　古罗马道路和结构（尺寸单位：mm）

（Collins 和 Hart，1936 年）

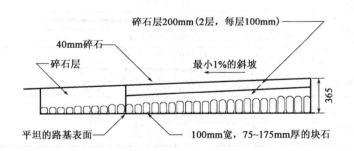

图 5-11　典型的 Telford 路面结构（尺寸单位：mm）

（Collins 和 Hart，1936 年）

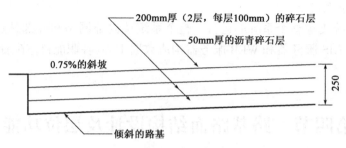

图 5-12 典型的沥青碎石路面结构(尺寸单位:mm)
(Collins 和 Hart,1936 年)

进入 20 世纪后,随着汽车工业和交通运输的发展,现代化公路的路基路面工程逐步形成了新的学科分支。它主要研究公路、城市道路和机场跑道路基路面的合理结构、设计原理、设计方法、材料性能要求以及施工、养护、维修和管理技术等。

一、路基横断面

在路基顶面铺筑面层结构,路基横断面沿横断面方向由行车道、中间带、硬路肩和土路肩所组成。各部分的宽度与道路等级、设计行车速度等有关,图 5-13 是典型的路基横断面和几种高速公路的路基横断面。

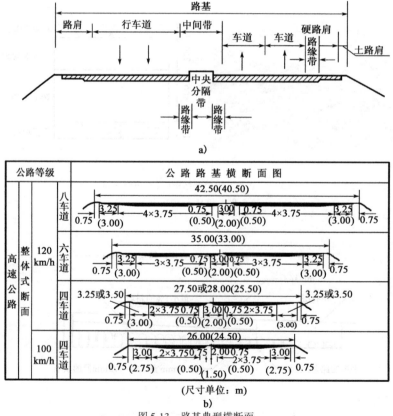

图 5-13 路基典型横断面
a)路基典型横断面;b)高速公路典型横断面

二、路基基本类型

如图 5-14 所示,路基主要有一般路堤;挖方路基;半填半挖路堤;沿河路堤;矮墙路堤;挡土墙路基;砌石路基;护肩路基;护脚路基;吹(填)砂(粉煤灰)路基等。

1. 路堤

经填方而形成的路基一般称为路堤,按路堤的填土高度不同,划分为矮路堤、高路堤和一般路堤,见图 5-14。填土高度小于 1.0~1.5m 者属于矮路堤;填土高度大于 18m(土质)或 20m(石质)的路堤属于高路堤;填土高度在 1.5~18m 范围内的路堤为一般路堤。随其所处的条件和加固类型的不同,还有浸水路堤、护脚路堤及挖沟填筑路堤等形式。

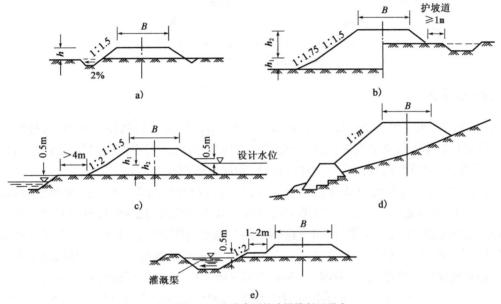

图 5-14 几种常用的路堤横断面形式
a)矮路堤;b)一般路堤;c)浸水路堤;d)护脚路堤;e)挖沟填筑路堤

2. 路堑

一般将经挖方而成的路基称为路堑。路堑的几种常见横断面形式有全挖路基、台口式路基及半山洞路基,见图 5-15。挖方边坡可视高度和岩土层情况设置成直线或折线。

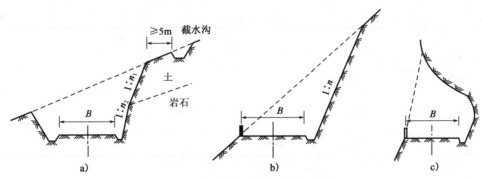

图 5-15 几种常用的路堑横断面形式
a)全挖路基;b)台口式路基;c)半山洞路基

3. 半填半挖路基

一般称部分填筑部分开挖形成的路基为半填半挖路基。由于位于山坡上的路基,通常取路中心的高程接近原地面的高程,以便减少土石方数量,保持土石方数量横向平衡,便采用半填半挖路基,见图5-16。

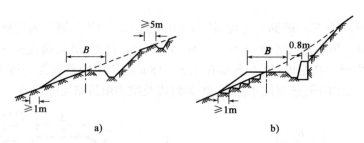

图5-16 几种常用的半填半挖路基横断面形式
a)一般填挖路基;b)矮挡土墙路基

三、路基设计

在工程地质和水文地质条件良好的地段修筑的一般路基设计包括以下内容:选择路基断面形式,确定路基宽度与路基高度;选择路堤填料与压实标准;确定边坡形状与坡度;路基排水系统布置和排水结构设计;坡面防护与加固设计;附属设施设计。

路基宽度为行车道宽度及其两侧路肩宽度之和,当设有中间带、加(减)速车道、爬坡车道、紧急停车带、错车道等时,应计入这部分的宽度。技术等级高的公路,设有中间带、路缘石、变速车道、爬坡车道、紧急停车带等,均应包括在路基宽度范围内。路面宽度根据设计通行能力及交通量大小而定,一般每个车道宽度为3.50~3.75m,技术等级高的公路及城镇近郊的一般公路,路肩宽度尽可能增大,一般取1~3m,并铺筑硬质路肩,以保证路面行车不受干扰。各级公路路基宽度按《公路工程技术标准》(JTG B01—2003)的规定进行设计,如表5-3所示。

公路路基宽度 表5-3

公路等级		高速公路、一级公路								
设计速度(km/h)		120			100			80		60
车道数		8	6	4	8	6	4	6	4	4
路基宽度(m)	一般值	45.00	34.50	28.00	44.00	33.50	26.00	32.00	24.50	23.00
	最小值	42.00	—	26.00	41.00	—	24.50	—	21.50	20.00
公路等级		二级公路、三级公路、四级公路								
设计速度(km/h)		80		60		40		30		20
车道数		2		2		2		2		2 或 1
路基宽度(m)	一般值	12.00		10.00		8.50		7.50		6.50(双车道) 4.50(单车道)
	最小值	10.00		8.50		—		—		—

注:1. "一般值"为正常情况下的采用值;"最小值"为条件受限制时可采用的值。
2. 八车道高速公路路基宽度"一般值"为设置左侧硬路肩、内侧车道采用3.50m时的宽度;八车道高速公路路基宽度"最小值"为不设置左侧硬路肩、内侧车道采用3.75m时的宽度。

路基高度是指路堤的填筑高度和路堑的开挖深度,是路基设计高程和地面中心线高程之差。路基的填挖高度是在路线纵断面设计时,综合考虑路线纵坡要求、路基稳定性和工程经济等因素确定的。从路基的强度和稳定性要求出发,路基上部土层应处于干燥或中湿状态,路基高度应根据临界高度并结合公路沿线具体条件和排水及防护措施确定路堤的最小填土高度。

四、路面结构分层、路基垫层及层位功能

行车荷载和自然因素对路面的影响,随深度的增加而逐渐减弱(图5-17和图5-18)。因此,对路面材料的强度、抗变形能力和稳定性的要求也随深度的增加而逐渐降低。为了适应这一特点,路面结构通常分层铺筑,按照使用要求、受力状况、土基支承条件和自然因素影响程度的不同,分成若干层次。通常按照各个层位功能的不同,路面结构一般由面层、基层、底基层组成。必要时设置垫层作为介于土基与基层之间温度和湿度的过渡层作为路基的一部分。各级公路当需要设置垫层时,一般可采用水稳性好的粗粒料或各种稳定类材料铺筑。

图5-17 沥青路面结构和受力特点

1. 面层

面层是直接同行车和大气接触的表面层次,它承受较大的行车荷载的垂直力,水平力和冲击力的作用。同时还受到降水的浸蚀和气温变化的影响。因此,同其他层次相比,面层应具备较高的结构强度,抗变形能力,较好的水稳定性和温度稳定性,而且应当耐磨,不透水;其表面还应有良好的抗滑性和平整度。

修筑面层所用的材料主要有:水泥混凝土、沥青混凝土、沥青碎(砾)石混合料、砂砾或碎石掺土或不掺土的混合料以及块料等。

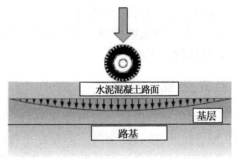

图5-18 水泥混凝土路面结构和受力特点

沥青面层有时分两层、三层或更多的层次铺筑,如高速公路沥青面层总厚度在18~20cm时可分为上、中、下三层或更多的层次铺筑,并根据各分层的要求采用不同的级配类型。水泥混凝土路面一般分一层铺筑。也有水泥混凝土路面或连续配筋水泥混凝土上加铺4~10cm沥青混凝土这样的复合式结构。但是砂石路面上所铺的2~3cm厚的磨耗层或1cm厚的保护层,以及厚度不超过1cm的简易沥青表面处治,不能作为一个独立的层次,应看作是面层的一部分。

2. 基层

基层主要承受由面层传来的车辆荷载的垂直力,并扩散到下面的垫层和土基中去,实际上

基层是路面结构中的承重层,它应具有一定的强度和刚度,并具有良好的扩散应力的能力。基层遭受大气因素的影响虽然比面层小,但是仍然有可能经受地下水和通过面层渗入雨水的浸湿,所以基层结构应具有足够的水稳定性。基层表面虽不直接供车辆行驶,但仍然要求有较好的平整度,这是保证面层平整性的基本条件。

高速公路、一级公路基层一般采用水泥混凝土、水泥稳定粒料、石灰粉煤灰稳定粒料、沥青混合料(包括密级配沥青混凝土 DAC、沥青稳定粒料 ATB、排水型沥青混凝土 ATPB、富油沥青疲劳层)以及级配碎砾石等材料铺筑,高速公路、一级公路底基层和二级及二级以下公路基层和底基层,除上述类型材料外,也可采用水泥稳定土、石灰稳定土、石灰粉煤灰稳定土、石灰工业废渣、填隙碎石等或其他适宜的当地材料铺筑。

基层厚度太厚时,为保证工程质量可分为两层、三层或更多的层次铺筑。当采用不同材料修筑基层时,基层的最下层称为底基层,对底基层材料质量的要求可以降低,可使用当地材料来修筑。

沥青混凝土路面必须采取措施保证沥青层与沥青层、沥青层与无机结合料稳定材料基层之间具有良好的黏结状态,增加整体性材料的疲劳寿命。

水泥混凝土路面与基层之间也应设置水稳定性好的材料,减少由于水的作用而产生的水泥混凝土路面与基层之间唧泥现象。

3.路基及垫层

路基(垫层)介于土基与基层之间,是路基的一部分。它的功能是改善土基的湿度和温度状况,以保证面层和基层的强度、刚度和稳定性不受土基水温状况变化所造成的不良影响。另一方面的功能是将基层传下的车辆荷载应力加以扩散,以减小土基产生的应力和变形。同时也能阻止路基土挤入基层中,影响基层结构的性能。

修筑垫层的材料,强度要求不一定高,但水稳定性和隔温性能要好。常用的垫层材料分为两类,一类是由松散粒料,如砂、砾石、炉渣等组成的透水性垫层;另一类是用水泥或石灰稳定土等修筑的稳定类垫层。

五、路面的分类

路面类型可以从不同角度来划分,但是一般都按面层所用的材料区分,如水泥混凝土路面、沥青路面、砂石路面等。但是在工程设计中,主要从路面结构的力学特性的相似性出发,可以将路面结构划分为柔性路面(沥青混凝土路面)、复合式路面和刚性路面三类。根据基层材料类型及组合的不同又可以分为将沥青混凝土路面划分为柔性基层沥青路面、半刚性基层沥青路面、刚性基层沥青路面、组合式基层沥青路面。国外一般将水泥混凝土路面和沥青混凝土路面称为有铺装路面;表面处治、沥青碎石、沥青贯入式路面称为简易铺装路面;砂石路面等归入未铺装路面。砂石路面是以砂、石为集料,以土、水、灰为结合料,通过一定的配合比铺筑而成的路面,包括级配砂(砾)石路面、泥结碎石路面、水结碎石路面、填隙碎石路面及其他粒料路面。

1.柔性基层沥青路面

柔性基层沥青路面的总体结构刚度较小,在车辆荷载作用之下产生的弯沉变形较半刚性基层沥青路面大。虽然路面结构某一层的抗弯拉强度较低,但通过合理的结构组合和厚度设计可以保证路面结构整体具有很强的抵抗荷载作用的能力,同时通过各结构层将车辆荷载传递给土基,使土基承受的单位压力在一定的范围内。路基路面结构主要靠抗压强度和抗剪强度承受车辆荷载的作用。柔性基层主要包括各种未经处理的粒料基层和各类沥青层、碎(砾)石层或块石层组成的路面结构。

2. 半刚性基层沥青路面

用水泥、石灰等无机结合料处治的土或碎(砾)石及含有水硬性结合料的工业废渣修筑的基层,在前期具有柔性基层的力学性质,后期的强度和刚度均有较大幅度的增长,但是最终的强度和刚度仍远小于水泥混凝土。由于这种材料的刚性处于柔性基层与刚性基层之间,因此,把这种基层和铺筑在它上面的沥青面层统称为半刚性基层沥青路面。

3. 刚性基层沥青路面

用水泥混凝土[包括普通混凝土、钢筋混凝土(RCP)、连续配筋混凝土(CRCP)、钢纤维混凝土、预应力混凝土、装配式混凝土、碾压混凝土]作基层的沥青混凝土做面层的路面结构。水泥混凝土具有强度高、稳定性好等特点,沥青混凝土具有行车舒适、噪声小,这种复合式路面可以避免各自的缺点,具有良好的使用性能和耐久性。普通混凝土、钢筋混凝土(RCP)基层沥青路面由于接缝处的反射裂缝,对使用性能有一定的影响;连续配筋混凝土基层(CRCP)沥青混凝土路面由于连续的配筋将水泥混凝土的裂缝宽度约束在一定的范围内(一般要求小于1mm),故其有良好的使用性能和耐久性,但必须采取措施保证沥青层与沥青层、沥青层与水泥混凝土层之间有良好的黏结状态。

4. 水泥混凝土路面

水泥混凝土路面主要指用水泥混凝土作面层[包括普通混凝土、钢筋混凝土(RCP)、连续配筋混凝土(CRCP)、钢纤维混凝土、预应力混凝土、装配式混凝土、碾压混凝土]的路面结构。水泥混凝土的强度高,与其他筑路材料比较,它的抗弯拉强度高,并且有较高的弹性模量,故呈现出较大的刚性,在车辆荷载作用下,水泥混凝土结构层处于板体工作状态,竖向弯沉较小,路面结构主要靠水泥混凝土板的抗弯拉强度承受车辆荷载。通过板体的扩散分布作用,传递给基础上的单位压力较柔性路面小得多。

5. 组合式基层沥青路面

沥青路面的基层含有无机结合料稳定材料、水泥混凝土材料等刚度较大或相对较大的材料,但是在沥青层与刚度相对较大的材料之间夹有柔性材料。如沥青混凝土层 + 级配碎石 + 无机结合料稳定材料层的路面结构、沥青混凝土层 + 级配碎石 + 普通水泥混凝土材料层的路面结构、沥青混凝土层 + 级配碎石 + 碾压式水泥混凝土材料层的路面结构等。

第五节　道路建筑材料

土木工程材料是指在土木工程中所使用的各种材料及其制品的总称,是一切土木工程的物质基础。由于组成、结构和构造不同,土木工程材料品种繁多、性能各不相同、在土木工程中的功能各异,价格相差悬殊,在土木工程中的用量也很大,道路与桥梁工程用的建筑材料主要有砂石材料、无机结合料(水泥)及其制品(水泥混凝土)、有机结合料及其混合料、钢材及其他新型建筑材料。

一、砂石材料

砂石材料有的是由地壳上层的岩石经自然风化得到的(天然砂砾),有的是经人工开采或再经轧制而得(如各种不同尺寸的碎石和砂)。这类材料可以直接用于土木工程结构物。同时,也是配制水泥混凝土或沥青混合料的矿质集料。

石材有天然形成和人工制造两大类。由开采的天然岩石经过或不经过加工的材料称为天然石材。我国有丰富的天然石材资源,可用于工程的天然石材几乎遍布全国。重质致密的块体石材常用于砌筑基础、桥涵挡土墙、护坡、沟渠与隧道衬砌等;散粒石材(如碎石、砾石、砂等)广泛用作混凝土集料、道砟和筑路材料等;轻质多孔的块体石材常用墙体材料,粒状石材为可用作轻混凝土的集料;由于天然石材具有抗压强度高、耐久性和耐磨性良好,资源分布广,便于就地取材等优点而被广泛应用。但岩石的性质较脆、抗拉强度较低、表观密度大、硬度高,开采和加工比较困难。人造石材是无机或有机胶结料、矿物质原料及各种外加剂配制而成,例如人造大理石、花岗石等。

二、无机结合料及其制品

在土木工程中最常用到的无机结合料,主要是石灰和水泥。特别是水泥,它与集料配制的水泥混凝土是钢筋混凝土和预应力混凝土结构的主要材料。此外,水泥砂浆是各种圬工结构物砌筑的重要结合料,水泥稳定粒料是路面基层的主要类型之一,水泥混凝土是桥梁和水泥混凝土路面的主要建筑材料。

随着高级路面的发展,水泥混凝土路面已经成为高等级公路的主要路面类型之一。无机结合料稳定材料作为路面底基层或基层的主要材料类型,已经取得了良好的使用效果。

三、有机结合料(沥青)及其混合料(沥青混合料)

沥青材料是由一些极其复杂的高分子碳氢化合物和这些碳氢化合物的非金属(氧、硫、氮)的衍生物所组成的黑色或黑褐色的固体、半固体或液体的混合物。

有机结合料主要是指沥青类材料如石油沥青、煤沥青等,沥青胶结料与不同粒径的集料组配就成为沥青混合料,沥青混合料经压实成型后就成为沥青混凝土。沥青混凝土可以修筑成各种类型的沥青混凝土路面。现代高速公路路面绝大部分采用沥青混凝土修筑,所以沥青混合料是现代路面工程中极为重要的一种材料。

四、钢材

金属材料是一种或两种以上的金属元素或金属与某些非金属元素组成的合金的总称。其特征是不透明、有光泽、比重大、具有较大的延展性、易于加工、导热和导电性能良好,常温下为固态结晶体。

金属材料还具有强度高,弹性模量大,组织均匀密实,可制成各种铸件和型材,能焊接或铆接,便于装配和机械化施工等优点。因此,金属材料不仅是经济建设各部门广泛使用的材料,也是重要的建筑材料之一。尤其近年来,高层、大跨度结构迅速发展,金属材料在建筑工程中的应用将会越来越多。

金属材料一般分为黑色金属和有色金属两大类。黑色金属是以铁元素为主要成分的铁金属及其合金,钢和铁是铁碳合金,钢的含碳量在2%以下,在建筑中应用最多。有色金素是除黑色金属以外的其他金属,如铝、铅、锌、铜、锡等金属及其合金,其中,铝合金是一种重要的轻质结构材料。

钢材是桥梁、钢结构及钢筋混凝土或预应力钢筋混凝土结构的重要材料。

第六节　城市道路工程及道路立体交叉

城市道路系统包括中心城、新城及郊区城镇的道路网。城市道路系统的建设应适应未来城市发展的需要,具有高度的畅达性、安全可靠性和应变能力,与城市布局、风貌、环境相协调,为多种交通方式协调运行提供足够的交通承载能力和良好的出行环境。

一、城市道路的组成、功能及特点

1. 城市道路的组成

与公路相比,城市道路的组成更为复杂,其功能也多一些。城市道路包括各种类型、各种等级的道路、交通广场、停车场以及加油站等设施。在交通高度发达的现代城市,城市道路还包括高架道路、人行过街天桥(地道)和大型立体交叉工程等设施。

一般情况下,在城市道路建筑红线之间,城市道路由以下各个不同功能部分组成:

(1)车行道。即供各种车辆行驶的道路部分。其中,供汽车、无轨电车等机动车辆行驶的称为机动车道;供自行车、三轮车等非机动车行驶的称为非机动车道;供轻轨车辆或有轨电车行驶的称为轻轨线或有轨电车道。

(2)路侧带。即车行道外侧缘石至道路红线之间的部分,包括人行道、设施带、路侧绿化带等三部分,其中,设施带为行人护栏、照明杆柱、标志牌、信号灯等设施的设置空间。

(3)分隔带。在多幅道路的横断面上,沿道路纵向设置的带状部分,其作用是分隔交通、安设交通标志及公用设施等。分隔带有中央分隔带和车行道两侧的侧分带两类。中央分隔带用以分隔对向行驶的机动车车流,侧分带则是用以分隔同向行驶的机动车和非机动车车流。分隔带同时也是道路绿化的用地之一。

(4)交叉口和交通广场。

(5)停车场和公交停靠站台。

(6)道路雨水排水系统:如街沟、雨水口(集水井)、检查井(窨井)、排水干管等。

(7)其他设施:如渠化交通岛、安全护栏、照明设备、交通信号(标志、标线)等。

2. 城市道路的功能

根据《城市道路工程设计规范》(CJJ 37—2012)定义,城市道路是指大、中、小城市及大城市的卫星城规划区内的道路、广场、停车场等,不包括街坊内部道路。城市道路与公路分界线为城市规划区的边界线。在城市道路与公路之间应设置适当的进出口道路作为过渡路段,过渡路段的长度可根据实际情况确定,其设计车速、横断面形式、交通设施、照明设施等可参照城市道路和公路的相关设计标准、规范、规程等论证地选用。

城市道路是城市中人们活动和物资流动必不可少的重要基础设施。除此之外，城市道路还具有其他许多功能，例如：增进土地的开发及利用；提供公用空间；提供抗灾救灾通道等。

在城市道路规划设计时，必须充分理解它的功能和作用。城市道路的功能，随着时代变化、城市规模、城市性质的不同，表面上或许有所差别，但就其本质来说，它的功能并没有多少改变，主要体现在以下四个方面：

(1) 交通设施功能

交通设施功能是指由于城市活动产生的交通需求中，对应于道路交通需求的交通功能。

交通功能又可分为长距离输送功能和沿路进、出入集散功能。一般说来，干线道路主要是长距离输送功能(包括过境交通)；支路则是为沿路两侧各种用地或建筑物发生的行政、商业、文化、生活等活动客(货)流进、出的交通集散提供直接服务；在不妨碍道路交通情况下的路边临时停车、装卸货物、公交停靠等也属于交通集散功能。

(2) 公用空间功能

作为城市环境必不可少的人造公用空间主要有道路(包括广场、停车场)和公园。随着城市建设的高度发展，城市土地利用率越来越高，再加上建筑物的高层化，城市道路这一公用空间的价值显得愈加重要。它表现在除采光、日照、通风及景观作用以外，还为城市其他设施如电力、电讯、自来水、热力、燃气、排水等管线提供布设空间。

在大城市或特大城市中，地面轨道交通、地下铁道交通等也往往敷设在城市道路用地范围以内，市中心或大的交叉口的地下也可用以埋设综合涵道(又称共同沟)。此外，电话亭、火灾报警器、消防栓、配电箱(柜)等也大多数是沿路设置。

(3) 防灾救灾功能

道路的防灾救灾功能包括起避难场地作用、防火带作用、消防和救援通道作用等。

在出现地震、火灾等大的灾害时，人们需要避难场所，具有一定宽度的道路(广场)可作为临时避难场地。此外，道路与具有一定耐火性的建筑物一起可形成有效的防火隔离带，以避免火势向相邻街区蔓延。

(4) 形成城市平面结构功能

从城市规划的过程来看，在基本确定用地性质和划定用地范围后，第一步便是进行道路网(包括道路红线)的规划与设计，这就足以说明城市道路在形成城市平面结构中的重要作用。

通常干线道路形成城市骨架，支路则形成街区、邻里街坊，城市的发展是以干道为骨架，然后以骨架为中心向四周延伸。从某种意义上说，城市道路网的形式将直接决定城市平面结构和市区发展趋势；反之，城市道路网的规划也取决于城市性质、城市规模、城市结构及城市功能的确定和界定。

3. 城市道路的特点

与公路及其他道路相比较，城市道路具有如下特点：

(1) 功能多样，组成复杂

城市道路除了交通功能外，还具有其他许多功能，如上面所述的城市结构功能、公用空间功能等。因此，在道路网规划布局和城市道路设计时，都要体现其功能的多样性。另外，城市道路的组成比一般公路要复杂些，它除了有机动车道以外，还会有非机动车道、人行道、设施带等，这些会给城市道路的规划、设计增加一些难度。

（2）行人、非机动车交通量大

公路和其他道路在设计中通常只考虑汽车等机动车辆的交通问题。城市道路由于行人、非机动车交通需求大，必须对人行道、非机动车道作出专门的规划设计。

（3）道路交叉口多

由城市道路的功能已经知道，它除了交通功能之外，还有沿路利用的功能。加之一个城市的道路是以路网的形式出现的，要实现路网的"城市动脉"功能，频繁的道路交叉口是不可缺少的。就一条干线道路来说，大的交叉口间距800~1 200m，中、小交叉口则为300~500m，有些丁字形的出入口间距可能更短一些。所以，道路交叉口多是城市道路的又一个明显特点。

（4）沿路两侧建筑物密集

城市道路的两侧是建筑用地的黄金地带，道路一旦建成，沿街两侧鳞次栉比的各种建筑物也相应建造起来，以后很难拆迁房屋拓宽道路。因此，在规划设计道路的宽度时，必须充分预测到远期交通发展的需要，并严格控制好道路红线宽度。此外，还要注意建筑物与道路相互协调的问题。

（5）景观艺术要求高

城市干道网是城市的骨架，城市总平面布局是否美观、合理，在很大程度上首先体现在道路网特别是干道网的规划布局上。城市环境的景观和建筑艺术，必须通过道路才能反映出来，道路景观与沿街的人文景观和自然景观浑然一体，尤其与道路两侧建筑物的建筑艺术更是相互衬托，相映成趣。完善、合理的城市道路网络也从一个侧面体现和反映了城市的文明程度。

（6）城市道路规划、设计的影响因素多

城市里一切人和物的交通均需利用城市道路；同时，各种市政设施、绿化、照明、防火等，无一不设在道路用地上，这些因素，在道路规划设计时必须综合考虑。

（7）政策性强

在城市道路规划设计中，经常需要考虑城市发展规模、技术设计标准、房屋拆迁、土地征用、工程造价、近期与远期、需要与可能、局部与整体等问题，这些都牵涉到很多有关方针、政策。所以，城市道路规划与设计工作是一项政策性很强的工作，必须贯彻有关的方针、政策，尤其是大中城市的道路改扩建工程更存在一个政策问题。

二、我国城市道路分类分级

1. 城市道路分类

我国现行的《城市道路工程设计规范》（CJJ 37—2012）依据道路在城市道路网中的地位和交通功能以及道路对沿路的服务功能，将城市道路划分为四种类型，即城市快速路，城市主干路、城市次干路和城市支路。

（1）城市快速路

城市快速路是为机动车辆（主要是汽车）交通服务的，是解决城市长距离快速交通的汽车专用道路。快速路应设置中央分隔带，在与高速公路、快速路和主干路相交时，必须采用立体交叉形式；与交通量不大的次干路相交时，可暂时采用平面交叉形式，但应保留修建立体交叉的用地条件。快速路的进出口采用全部控制或部分控制。

在规划布置建筑物时，快速路两侧不应设置吸引大量车流、人流的公共建筑物出入口，必须设置时，应设置辅助道路。

快速路的设计行车速度为 60~80km/h。

(2)城市主干路

城市主干路是以交通功能为主的连接城市各主要分区的干线道路。在非机动车较多的主干路上应采取机动车与非机动车分行的道路断面形式，如三幅路、四幅路，以减少机动车与非机动车的相互干扰。

主干路上平面交叉口间距以 800~1 200m 为宜，道路两侧不应设置吸引大量车流、人流的公共建筑物出入口。

主干路的设计行车速度为 40~60km/h。

(3)城市次干路

城市次干路是城市内区域性的交通干道，为区域交通集散服务，兼有服务功能，配合主干路组成城市干道网络，起到广泛连接城市各部分及集散交通的作用。

次干路的设计行车速度为 40km/h。

(4)城市支路

城市支路是以服务功能为主的，直接与两侧建筑物、街坊出入口相接的局部地区道路，它既是城市交通的起点，又是交通的终端。

支路的设计行车速度为 30km/h。

2. 城市道路分级

城市道路的分级主要依据城市规模、设计交通量以及道路所处的地形类别等。

大城市常住人口多，出行次数频繁，加上流动人口数量大，因而整个城市的客货运输量比中、小城市大。另外，市内大型建筑巷较多，公用设施复杂多样，因此，对道路的要求比中、小城市高。为了使道路既能满足使用要求，又节约投资和用地，我国《城市道路工程设计规范》(CJJ 37—2012)规定，除快速路不明确分级以外，其他各类道路各分为Ⅰ、Ⅱ、Ⅲ级。一般情况下，道路分级与大、中、小城市相对应。

我国各城市所处的地理位置不同，地形、气候条件各异，同一类的城市其道路设计不一定采用同一等级的设计标准，应根据实际情况论证地选用。例如同属大城市，但位于山区或丘陵区的城市受地形限制，很难达到Ⅰ级道路标准时，经过技术经济比较，可以将其技术标准适当降低一个等级。又比如某中等城市，若系省会、首府所在地，或特殊发展的工业城市，也可根据实际需要适当提高道路等级。需要强调的是，无论提高或降低道路的技术标准，均需经过城市总体规划审批部门批准。

各类各级道路的主要技术指标见表 5-4。

城市道路各类(级)道路主要技术指标 表 5-4

类别\项目	级别	设计车速(km/h)	双向机动车车道数(条)	机动车道宽(m)	分隔带设置	道路断面形式
快速路		80、60	≥4	3.75	必须设	二、四幅路
主干路	Ⅰ	60、50	≥4	3.75	应设	一、二、三、四幅路
	Ⅱ	50、40	≥4	3.75	应设	一、二、三幅路
	Ⅲ	40、30	2~4	3.5~3.75	可设	一、二、三幅路

续上表

类别	项目 级别	设计车速（km/h）	双向机动车道数(条)	机动车道宽（m）	分隔带设置	道路断面形式
次干路	Ⅰ	50、40	2~4	3.75	可设	一、二、三幅路
次干路	Ⅱ	40、30	2~4	3.5~3.75	不设	一幅路
次干路	Ⅲ	30、20	2	3.5	不设	一幅路
支路	Ⅰ	40、30	2	3.5~3.75	不设	一幅路
支路	Ⅱ	30、20	2	3.5	不设	一幅路
支路	Ⅲ	20	2	3.5	不设	一幅路

注:1. 设计车速在条件许可时,宜采用大值。
2. 改建道路根据地形、地物限制、拆迁占地等具体困难,可选用表中适当等级。
3. 城市文化街、商业街可参照表中次干路及支路的技术指标。

三、道路立体交叉工程

1. 平交和立交

两条道路或多条道路的相交有如图5-19所示的各种形式,其中最常见、最基本的形式是十字交叉,称为四肢交叉。

当两个车道相交的时候,两个车道上的车辆之间可能产生三种基本的运行关系,如图5-20所示。

(1)离开运行:由一个公共的运行车道相互分开;离开前车辆必须减缓速度。
(2)汇合运行:由两个运行车道相互合在一起;汇入时必须等待主线车辆的行车间隙。
(3)相交运行:一个运行车道跨过另一个车道直驶而去,其中,斜向相交者有时专门称为斜穿,相交干扰行车最大,最容易引起事故。

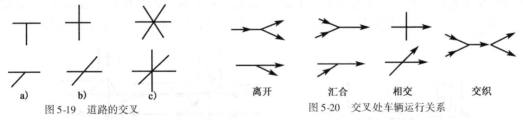

图5-19 道路的交叉　　　　　图5-20 交叉处车辆运行关系
a)三肢交叉;b)四肢交叉;c)多肢交叉

由这三种基本运行还产生第四种运行关系即交织运行:两个车道汇合后经过一段公共运行段又相互离开,这个公共运行段称为交织段,其长度称为交织段长度,在平面交叉的转盘式、互通立体交叉的苜蓿叶式等交叉中都存在这种交织运行。

在一个平面交叉处,当产生离开、汇合及相交的运行时,车辆之间都有发生碰撞的危险,因此这些地方称为潜在冲突点。一个常见的十字交叉路口,每条路上都有来回两个直通车道和左右两个转弯车道,共有四个直通车道和八个转弯车道,即一般所谓的"四通八达"。这种四通八达的十字交叉路口有32个潜在冲突点,其中离开8个、汇合8个、相交16个(其中左转弯12个,直通4个),如图5-21a)所示。如果其中一条主要道路为四车道,则潜在冲突点将增加到64个,其中离开12个、汇合12个、相交40个。所有这些冲突点都集中在一个交叉道口处,当交通量大的时候,尤其在有混合交通的时候,交通必然产生严重的干扰和阻塞,以至出现事故。美国统计,20 世纪 70 年代所有事故的 34% 和死亡事故的 22% 都发生在交叉处,城市区域情况更严重,上述交叉处事故的百分率分别为 39% 和 37%。

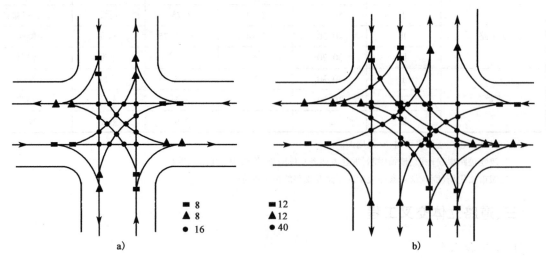

图 5-21　十字交叉路口的潜在冲突点
■离开;▲汇合;●相交

改善平面交叉的做法通常有三个途径:
(1)把集中在一个交叉道口的狭小区域里的冲突点从空间上或时间上分散开来;
(2)消除部分主要的冲突点。
(3)将冲突点分散一部分,消除一部分。

从空间上或时间上分散冲突点有如下的一些做法:

如图 5-22 所示,将一条道路的上、下行车道用较宽的中间带分隔开来,把一个交叉道口变成了两个交叉道口。当上下车道分隔间距相当大时,实际上成了两个单行道,这时每个交叉口有 4 个离开,4 个汇合,5 个相交,两个道口合起来比一个道口减少了 6 个相交冲突点。

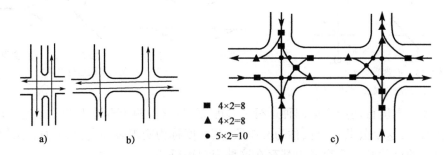

图 5-22　相交冲突点的空间分散(一条道的上下行车道分开)
a)中间带;b)两个单行车道;c)潜在冲突点

如图 5-23 所示,两条相交道路的上、下行车道都分开,形成了 4 条单行道和 4 个分开的交叉道口,每个道口只剩下了 2 个离开、2 个汇合和 1 个相交冲突点,比一个道口减少了 12 个相交冲突点。

如图 5-24 所示,把交叉道口扩展成一个圆形或椭圆形的转盘(又称环道,环岛),这时车辆在转盘上都沿一个方向绕行,只有陆续的汇合、交织、离开,而没有相交冲突点。转盘适用于四肢以上道路相交的道口和较小交通量的情况,车辆可以连续不停地缓慢运行,且陆续发生交织,因而交通量大时常常阻塞。

如图 5-25 所示,采用红绿灯控制交通,这就成了从时间上来分散冲突点。当一个方向车辆暂停通行时,尚留下 4 个离开,2 个汇合和 2 个相交冲突点,相交冲突点主要是左转弯造成的。

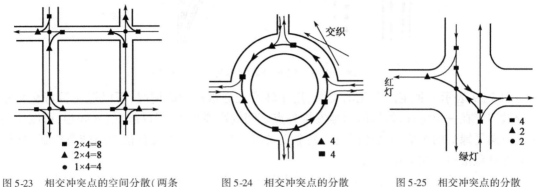

图 5-23 相交冲突点的空间分散(两条道路的上、下行车道都分开)

图 5-24 相交冲突点的分散(转盘式)

图 5-25 相交冲突点的分散(红绿灯控制)

当一条路线上左转弯交通量较大时,即使采用红绿灯控制,交通也会发生严重的干扰,这时应将临近交叉道口的一段道路加设宽的中间分隔带,在道口附近缩窄以留出一段供车辆停车待避、等待转弯之用,如图 5-26 所示。这是进一步从时间上来分散冲突点。

当一条路线上左转弯交通量和直通交通量都很大而中间分隔带又很窄时,可以采用图 5-27 所示的做法来改善交叉道口,这种做法由于其形状而被称为"壶把式"交叉,将大的转弯交通量从远处经壶把式匝道引到相交路线上,左转弯交通量转化成相交道路上的直通交通量等待绿灯通行,这样可以保证原来路线上大的直通交通畅行,且分散了冲突点。

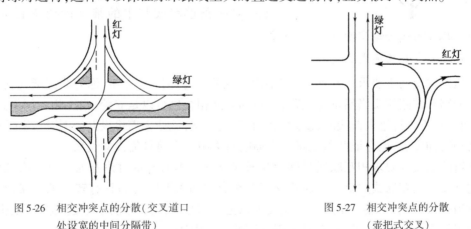

图 5-26 相交冲突点的分散(交叉道口处设宽的中间分隔带)

图 5-27 相交冲突点的分散(壶把式交叉)

图 5-28 为一个 T 形交叉用分开的车道来分散转弯冲突点。分开的车道中间的地区形成了分流岛,这样的做法称为"渠化交通",其目的主要是:保障行车安全;提高通行能力。一个正常的 T 形交叉共有分离、汇合、相交冲突点各 3 个共 9 个冲突点。图示的渠化后冲突点并未减少,但却被分散开了,而且在分流岛的路段内可以停车等待相交跨越,因而大大有利于行车安全。

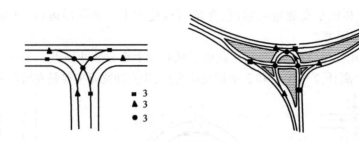

图 5-28 相交冲突点的分散(T形交叉,车道分开)

图 5-29 表示一种定向渠化的交叉,用于转弯交通量很大的情况,可以把左转弯交叉冲突点分散固定在一个位置,如果适当地安排各点之间的距离和控制红绿灯信号同步,可以使到达交叉口遇见绿灯的车辆一路畅行通过整个交叉口。当只一个象限有很大的转弯交通量时,可以只在该象限设定向渠化车道。

以上都是从平面上和时间上分散冲突点的方法,都难免要存留一些相交冲突点,或者车辆运行会受到间断,通行能力受到限制。更好的办法则是设置立体交叉——立交。一般在下述情况下需要设置立交:

(1)要求提高交叉口通行能力和效率,消除拥挤和阻塞时。

(2)要求改善交叉口交通安全、消除事故时。

(3)与高等级公路相交时。

(4)地形有利,和平交相比也不会过多增加造价时。

(5)对一条道路或其中的某一段要进行人口控制时。

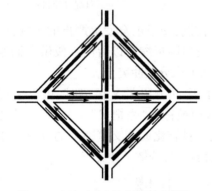

图 5-29 相交冲突点的分散(定向渠化)

2. 非互通立交和互通式立交

两条道路立交而不要求相互连通(即不设相互的转弯连接道路)时称为非互通立交,或简称立跨。公路和铁路相交当然都是立跨,公路和公路相交也可以是立跨,当①相互间不允许连通,即此线车辆不允许进入彼线时;②附近已有互通立交,该处无需再设互通时,立跨消除了两条道路的相交冲突点,能保证两条道路上交通畅行无阻。立跨处需设立交桥。

两条道路立交并要求相互联通时称为互通式立交。本书着重讨论互通式立交有关问题,以下所述立交即指互通式立交。互通式立交在相交的两条道路之间具有转弯的连接道,称为匝道。应当指明的是,虽然一座互通式立交可以把全部相交冲突点都用立交桥来消除,但这样造价将相当昂贵,为了节省投资,有时采用如下的一些做法。

(1)允许一些交叉冲突点平交

这时必须确定通过这些冲突点的交叉交通量的最大限度。

(2)将一些交叉冲突点做成交织

这时必须确定交织段的最小长度和车道数。

(3)省去某些转弯交通量较少的匝道,把那些车辆引到附近别的交叉口去转弯这时必须检验该交叉口的通行能力,如果是立交,是否能超过设计交通量;如果是平交,是否会超过(1)条所述的通过有关冲突点的交叉交通量的最大限度。

(4)分期修建

立交工程一旦建成,改建十分困难,而且建成后由于形成了一个交通枢纽,附近各种厂房建筑物等皆会迅速增加,以后扩建时用地和拆迁皆很费事,因此最好一次建成。如不得已必须分期修建时,也应按一个完整的总体方案和设计来进行,并一次征完用地,以免日后造成返工和浪费。

3. 无信号控制的平面交叉

1)平面交叉的一般几何类型

(1)根据几何形状,平面交叉口类型有十字形、X形、T形、错位交叉、Y形、多路交叉及畸形交叉等(图5-30)。路口的选型应根据城市道路的布置、相交道路等级、性质、设计小时交通量、交通性质及组成和交通组织措施等确定。

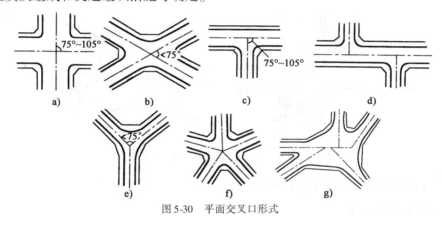

图5-30 平面交叉口形式

(2)平面交叉的相交道路宜为4条,不宜超过5~6条。平面交叉口应避免设置错位交叉,已有的错位交叉口应从交通组织、管理上加以改造。

(3)平面交叉口间距应根据道路网规划、道路等级、性质、计算行车速度、设计交通量及高峰期间最大阻车长度等确定,不宜太短。

2)交叉口平面线形与纵断面

(1)平面交叉路线宜采用直线并尽量正交,当必须斜交时,交叉角不宜小于45°。

(2)路段上平曲线的起终点离交叉口中心距离应根据道路及相交道路等级、计算行车速度等确定,不宜太短。

(3)两条道路相交,主要道路的纵坡度宜保持不变,次要道路的纵坡度应作相应的调整。

(4)交叉口进口道的纵坡度,宜小于或等于2%,困难情况下应小于或等于3%。

(5)桥梁引道处应尽量避免设置平面交叉口。

3)交叉口竖向设计

(1)交叉口竖向设计应综合考虑行车舒适、排水通畅、与周围建筑物的高程协调等因素,合理确定交叉口设计高程。

(2)交叉口竖向设计时相交道路纵横坡度的处理应遵循以下原则:

①主要道路通过交叉口时,其设计纵坡保持不变,次要道路的纵坡应随主要道路的横断面

而变,其横坡应随主要道路的纵坡而变。

②同等级道路相交时,两相交道路的纵坡保持不变,而改变它们的横坡。一般应改变纵坡较小的道路横断面,使其与纵坡度较大的道路纵坡一致。

③为保证交叉口排水,至少应使一条道路的纵坡坡向离开交叉口一侧。

(3)交叉口竖向设计宜采用设计等高线法。水泥混凝土路面的交叉口应根据设计等高线计算内插出各分块的角点设计高程,沥青类路面的交叉口则应内插出施工线网节点的设计高程,供施工放样用。

(4)应合理布设雨水口。坡向交叉口道路的人行横道上游应设置雨水口,低洼处应布设雨水口,要求交叉口范围不产生积水现象。

4)交叉口视距

(1)平面交叉口视距三角形范围内妨碍驾驶员视线的障碍物应清除。十字形交叉口视距三角形见图5-31a),X形交叉口视距三角形见图5-31b)。

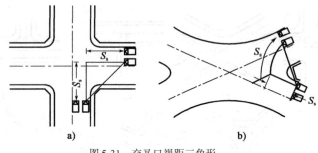

图5-31　交叉口视距三角形

(2)各进口车道的停车视距应符有关规定。

4.信号控制平面交叉

一般来说,城市中范围较大或交通流量较大的道路交叉口,都会采取信号灯控制的形式。其目的在于增进交叉口的行车安全,提高交叉口的通行能力。信号控制平面交叉口的设计除了上述内容以外,还有与信号灯配时相适应的增设车道、路口渠化及行人交通等问题。

交通流量大和使用多相位信号控制的交叉口,宜依据信号控制要求进行拓宽渠化(图5-32)。

交叉口拓宽渠化设计原则如下:

(1)应根据交通流量及流向,增设交叉口进口道的候驶车道数。

(2)进、出口道分隔带或交通标志、标线应根据渠化要求布置,做到导向清晰,避免分流、合流集中于一点,造成相互干扰。

(3)无汇合和交织的穿越车流,应以直角或接近直角相交叉,汇合和交织交通流的交叉角应尽可能小。

高峰小时一个信号周期进入交叉口某进口道的左转车辆多于3pcu或4pcu(小交叉口为3pcu、大交叉口为4pcu)时,应增设左转专用车道。高峰小时一个信号周期进入交叉口某一进口道的右转车辆多于4pcu时,宜增设右转专用车道。采用多相位信号控制的平交路口,应增设专用转向车道。设置公交专用道的平面交叉口,其信号相位及配时应与公交优先运行要求相适应。

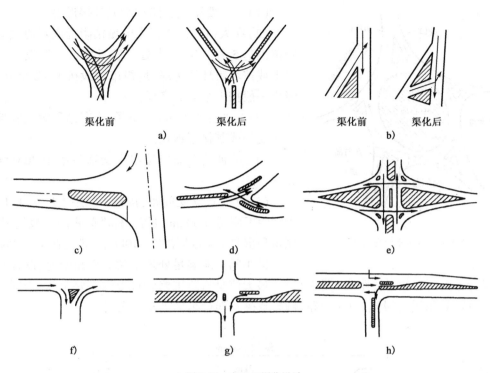

图 5-32 交叉口渠化设计

根据交叉口形状、交通量、流向和用地条件设置交通岛(图 5-33)。交通岛一般应以缘石围砌,进口道车道宽度及左、右转专用车道的设置应满足第一节中六的规定。

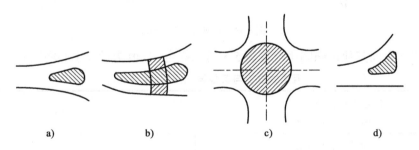

图 5-33 交通岛
a)分隔岛;b)安全岛;c)中心岛;d)导流岛

5. 环行平面交叉

环行平面交叉是一种以路口中心岛为导向岛,进入车辆一律逆时针绕行,无需信号控制,实现"右进右出"、依次交织运行的平面交叉口形式(图 5-34)。环形平面交叉,一般城市的多路交汇或转弯交通量比较均衡的路口宜采用。对斜坡较大的地形及桥头引道,当纵坡大于或等于3%时,不应采用环形交叉。

6. 互通式立体交叉的设置条件

高速公路相交或交通量过大而平面交叉无法适应时,或是行车速度高、地形条件适合做成立体交叉,从经济上考虑又合理时,均可以考虑用立体交叉。但是道路立体交叉设置必须符合一定的条件,一般来说,互通式立体交叉设置条件为:

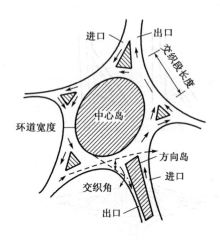

图 5-34　环形平面交叉口

(1) 与主要干线公路相交或其接近地点。

(2) 在人口超过 3 万人的城镇附近或互通式立交影响范围达 5 万～10 万人处。省级城市一般设三个立交以上或按城市环线考虑；地级市一般按 1～2 个立交、县级市一般按 1 个立交考虑。

(3) 与通往重要港口、机场、火车站和游览胜地的公路相交处或其接近地点。

(4) 互通式立交应按出入交通量小于 30 000 辆/d 设置。

(5) 互通式立交间距，按最小间距不应小于 4km，最大间距不应超过 30km 设置。标准间距的一般规定为：大城市和重要工矿区周围 5～10km；一般地区 15～25km。

最小间距应满足处理车辆交织和变速、设置交通标志等运行方面所需的必要距离(图 5-35)。最大值是道路维修管理上的必要距离，否则应在适当地点设置 U 形转弯设施，以供公路维修、救援及误行车辆等调头之用。

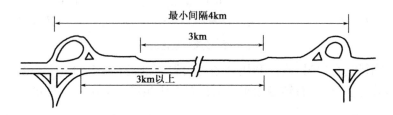

图 5-35　互通式立交的间隔

互通式立交同其他设施间距应按表 5-5 所示规定(数值指设施中心间距)。

互通式立交与其他设施间距(单位:km)　　　　　　　表 5-5

互通式立交与服务区 互通式立交与停车场	5(3)
互通式立交与隧道 互通式立交与公共汽车停靠站	4(1.5)

注：括号内为极限值。

首蓿叶形立交见图 5-36，其特点为功能齐全、通行能力大、安全、车速高，被交路上不设平交。其缺点是占地多、造价高、左转车辆绕行距离长。适用于开启式收费方式及两条高等级公路交叉的情况。

互通式立交形式要便于管理，尽量少设收费站。高速公路的收费站，按不同的收费方式可分为开启式和封闭式两种。开启式收费站入口按段收费，出口验票，适用于非全封闭道路。它一般设置于高速公路主线的起点和终点，以保证直行流的连续畅通。全封闭的高速公路采用进口发卡，出口按里程交费的封闭收费方式。收费站一般设置于互通式立交连接匝道处，对直行流几乎无影响，高速公路中间站多选用此种方式。

收费站占地面积较大，在选择其布置形式时要综合考虑互通式立交形式、地形条件以及绕行运输费用,新增道路投资费用与多建收费站的费用比等,力求收费与管理方便,设施集中,且不影响道路交通的畅通。

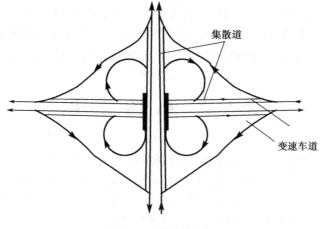

图 5-36　苜蓿叶形立交

四、城市道路景观

城市道路既是组成城市景观的骨架,又是城市景观的重要组成部分;道路景观设计既有对道路自身的美学要求,又要使道路与周围环境景观协调配合;对道路景观的评价既要从用路者的视觉出发,又要从路外的印象考虑;既有静态视觉又有动态感受。道路空间是一种带状线形环境,这种环境是由道路及道路两侧的建筑物和其他各种环境元素所组成,因此,城市道路应在满足交通功能的前提下,与城市自然景观(地形、山体、水面、绿地等)、历史文物(古建筑、传统街巷等)以及现代建筑有机地结合在一起,组成和谐的、富有韵律的、生动活泼和赏心悦目的城市景观。总之,城市道路景观设计是以城市道路美学的观点以及城市设计的概念和方法研究解决城市道路的规划与设计问题。

城市道路景观要素可分为主景要素和配景要素两类:

(1)主景要素

主景要素是在城市道路景观中起中心作用、主体作用的视觉对象,包括有:

①山景:指可以构成"景"的山峰及山峰上的建筑物、构筑物(如塔、亭、楼阁等);

②水景:具有特色的水面及水中岛屿、绿化、岛上或岸边的建筑物、构筑物等;

③古树名木:在街道上可以构成视觉中心、有观赏价值的高大乔木;

④主体建筑:从建筑高度、形式、造型及建筑位置等方面在城市形体上或街道局部建筑环境中具有突出主导作用的建筑物。

(2)配景要素

在城市道路景观中对主景要素起烘托、背景作用,用以创造环境气氛和突出主景视觉印象,通常采用借景、呼应的手法表现,主要包括有:

①山峦地形:作为景观构图环境的空间背景轮廓线;

②水面:作为景观环境的借景对象;

③绿地花卉:成片的绿地、花卉可以用作主景观环境的背景,烘托环境气氛;

④雕塑:可作为街道景观环境起呼应、点缀作用的因素,特殊情况下可以作为主景要素,成为一定视觉景观环境的中心视觉对象;

⑤建筑群:作为景观环境中的建筑背景。

实际上,道路沿线空间环境中的所有物体皆为"景",在不同环境条件下,主景和配景并非绝对,各景观要素也并非孤立地独自存在,它们之间的和谐组合也是很重要的。如城市广场中各种雕塑、绿地、喷泉(水面)等恰到好处的组合,形成良好的景观,可获得最佳视觉效果。

第七节 机 场 工 程

机场是航空运输系统一个组成部分,而机场本身也是一个系统。航空运输是在21世纪才出现的一种新兴的运输方式。1903年,美国人莱特兄弟首先制成了飞机,在空中成功地飞行了36m,揭开了航空史的第一页。民用航空运输是以载运邮件开始的。直到第二次世界大战之后,随着飞机制造技术的进步,航空运输得到了迅速的发展。

1910年,李宝骏等首先在北京南苑修建了机场。次年,秦国镛在该机场作了我国第一次飞行。1920～1921年间,先后在北京到天津和北京到济南之间开辟了我国最早的航线。1936年,在广州开辟了到河内的第一条国际航线。我国民用航空运输发展的第一次高峰出现在20世纪50年代后期,第二次高峰出现在20世纪70年代初期。随着改革开放政策的推行,20世纪80年代以来,航空运输一直以比较高的速度发展着。

一、机场规划

机场规划工作,与其他各项规划一样,主要是分析需求,确定容量和规模,依据使用要求(并考虑对环境的影响)提出今后的发展方案。机场规划涉及面很广,除了各种技术方面的因素要考虑以外,还要顾及政治和经济方面。下面仅意图从使用的角度扼要说明规划时应考虑的一些技术要点。

1. 规划的目的、过程和内容

机场规划是规划人员对某个机场为适应未来航空运输需求而做的发展设想。它可以是一个新建机场,也可以是现有机场某些设施的扩建或改建。机场规划的目的是为了在下述诸方面提出指导方针,供机场当局制定短期和长期的发展政策和决策,向上级部门或其他单位寻求财政资助,争取当地政府和人民的兴趣和支持等。

机场各项设施的发展规模;

机场毗邻地区的土地使用;

机场的修建和使用对周围环境的影响;

对出入机场的交通设施的要求;

经济和财政的可行性;

对各项设施实施的优先次序和阶段划分;

机场整个规划过程可大体分为4个阶段。

第一阶段:确定机场的设施要求。

这一阶段主要是确定适用运输要求所需的机场设施,需详细考察以下几个方面:现状;航空运输需求预测;需求—容量分析;确定所需的设施;环境影响的研究。

第二阶段:场址选择。

新建机场的规划,应包括场址选择这一部分内容。场址选择是从环境、地理、经济和工程观点出发,寻求一块其尺寸足够容纳机场设施而位置适中的场地。选择场址最重要的是对各候选机场场址(包括现有机场的扩建)进行正确的评价。

第三阶段:机场总平面图。

它包括4个方面:机场布置图;土地使用图;航站区布置图;出入机场地面交通图。

第四阶段:财务计划。

机场规划系按远期、中长期和近期的运输需求制订的,所建议的各项设施宜相应地订出分阶段实施的计划。然后,估算各阶段各项设施所需的费用,并从机场运营的观点进行经济可行性分析。最后,分析资金筹措的来源(税收、公债、债券、政府资助等)以判断财务可行性。

2. 需求预测

需求预测是规划过程中确定所需设施及其规模和时间的必要环节。同时,它也是在评价资金投入和回收及进行成本—效益分析时所必需的依据。

其中,所需的预测项目与各个机场的规划要求有关。一般来说,共有下述8个方面。

(1)年旅客、货物和邮件运输量,按国际和国内,定期航班和非定期航班,到达、出发、过境和中转分类。

(2)典型高峰小时飞机运行次数及旅客、货物和邮件运输量,按到达、出发和综合分类。

(3)高峰月的平均日飞机运行次数及旅客、货物和邮件运输量,按上述第一项分类。

(4)利用该机场的航空公司数,它们的与该机场有关的航线结构,按国内和国际分类。

(5)使用该飞机的飞机类型,每一类的数量及其在繁忙时刻的比例。

(6)以该机场为基地的飞机数,按定期航班、非定期航班和通用航空分类,这些飞机和其他飞机的基地和航线维修要求。

(7)机场和所服务地区之间的出入交通系统要求。

(8)机场工作人员和访客的人数。

预测可以采用以下方法:经验判断法;趋势外延法;市场份额分析法;计量经济模型法。

3. 容量和延误分析

机场系统各项设施在一定时段内(通常为1h,也可为1年或1d)通过不同运输对象(飞机、旅客、货物等)最大能力,称为容量或极限容量。在飞行区内,跑道或滑行道的容量为单位时段内可能容纳的最大飞机运行次数。为实现极限容量,必须对该设施连续不断地供应均衡的运输对象。而由于运输要求的变化和波动,实际上很难达到这一点。因而,在运输需求量接近极限容量时,运输对象必然会因等待通过而出现延误。需求量越接近于极限容量,平均延误时间越大。延误造成经济损失,延误多少也反映了服务水平和服务质量。

容量分析主要用于判别现有设施是否满足运输需求,确定设施新建或扩建所需的规模。延误分析则主要用于方案比较及经济分析和评价。

影响跑道容量的主要因素有以下4个方面:空中交通管制因素;机对组成;跑道布置和使用方案;环境因素。

4. 环境影响分析

机场是占地达数平方公里的巨大建筑物。机场的安全和有效使用对机场的环境提出一系列要求。而另一方面，机场的修建和运营会改变该地的地形、地物和生态，吸引大量飞机、地面车辆和人的活动，不仅给该地的经济和社会生活带来各种影响，而且对周围环境造成许多不利作用。因而，机场规划要尽量使机场与周围环境相协调，规划好机场，控制好各种污染环境的源，规划机场周围土地的使用，为满足机场使用要求，周围居民生活和环境提供尽可能最佳的条件。

机场对周围环境的污染主要为大气、水质和噪声三个方面。其中噪声与许多因素有关，包括：声压和频率，出现的次数、时间和延续时间，机对的组成，起飞和着陆的飞行路径，跑道的使用方案等。

二、机场设计

1. 跑道长度的确定

跑道长度是影响机场规模大小的一个关键参数，也是衡量飞行区是否满足飞机起降要求的关键参数。

确定跑道长度时，主要考虑5个方面的因素：飞机起飞和着落性能的要求；飞机质量；气候条件（温度和风）；跑道特性（纵坡和表面特性）；机场高程。

从启动到爬升到10.7m高度处所需的实际距离，再乘以1.15的安全系数后，作为正常起飞的长度要求，称为起飞距离(TOD)，也称为场地长度(FL)。在这个长度内，只是飞机离地前的那段距离承受飞机荷载的作用，因而不需要全长范围内铺设路面。通常规定，在离地距离（实际离地距离的1.15倍）之后的那段距离内，可仅铺设一半长度的道面。铺设道面的那段长度称为起飞滑跑距离(TOR)，不铺设道面的那段长度则称为净空道(CWY)。

飞机进入进近区，下滑到跑道入口处时离地面的高度为15.2m，继续减速下滑到主起落架轮子接触地面，而后减速滑跑到完全停止。从跑道入口到完全停止的距离，称作停止距离(SD)。着陆长度的要求为停止距离占所提供的着陆距离(LD)的60%的长度，也即留下40%长度作为安全考虑。着陆距离内的跑道，要求全强度的道面结构。

按飞机起飞和着陆性能要求的场地长度便为上述起飞长度和着陆长度要求的最大值，也即

$$FL = \max(TOD, ASD, LD) \tag{5-1}$$

场地长度由全强度道面段FS、道面厚度减薄的停止道SWY和不铺设道面的净空道CWY三部分组成。全强度道面段按起飞滑跑距离TOR和着陆距离LD两个距离的大者确定，也即

$$FS = \max(TOR, LD) \tag{5-2}$$

停止道的长度为加速-停止距离中非全强度道面段的长度，即

$$SWY = ASD - FS \tag{5-3}$$

净空道的长度按加速-停止距离之外的长度和起飞滑跑距离之外的长度两段长度的小者确定，也即

$$CWY = \min(FL - ASD, TOD - TOR) \tag{5-4}$$

如果考虑不设停止道和净空道，则场地长度仍由式(5-1)确定，而FS = FL。如果跑道的两

个方向都要进行(起飞和着陆),则两个方向要分别考虑场地长度的各组成部分。

2. 跑道体系设计

跑道体系包括跑道、道肩、跑道端安全地区、净空道、停止道、防吹坪和升降带。

跑道几何设计的内容为确定所需的长度和宽度及纵断面和横断面。跑道长度的确定方法,在上面已阐述。跑道所需的宽度与主起落架外轮缘之间的距离及飞机起飞和着陆时对跑道中心线的横向偏离有关。同时,还要提供一定的附加宽度,作为飞机万一"出轨"的安全考虑及保护喷气发动机以免吸入松散材料。

从飞机进行的效率和安全的角度来看,水平的跑道是最理想的。然而,由于跑道覆盖了很大的面积,修建时需进行大量的土石方填挖工作,因而不可能达到这种理想状态。但是,为了便利飞机平顺、舒适和安全起飞和降落,跑道的纵坡度应尽可能平,坡度的变化尽可能避免。

纵断面设计时,要控制整条跑道的有效坡度和各段的坡度、相邻坡度的变化、竖曲线半径和长坡、变坡点之间的间距,并满足视距要求。

3. 滑行道体系设计

滑行道体系把分散在机场各处的各个功能单元,如跑道、旅客航站楼、飞机停放和服务(维修和供应)区等联成一体。它包括:平行于跑道的滑行道;进出跑道的滑行道(如快速出口滑行道等);停机坪滑行道;出入机位的滑行道等。

滑行道几何设计的主要内容为:确定滑行道、道肩和滑带所需的宽度,选定曲线半径和计算增补面(曲线加宽)、设计纵断面和横断面,保障滑行道跑道、其他滑行道或物体的最小间隔距离要求等。

直线段滑行道道面的宽度依据主起落架外轮缘的间距和外轮缘到滑行道边缘的净距(也即最大允许的横向偏离)确定。

三、道面结构设计

机场道面主要采用水泥混凝土和沥青混凝土道面两种。这两种道面的结构设计,其基本原理与公路和城市道路路面以及其他铺面的原理是一样的。

在机场的跑道、滑行道和机坪上铺设道面结构,供飞机起飞、着落、滑行和停放时使用。这一结构具有下述4方面使用性能以满足飞机的使用要求:

(1) 具有足够的结构强度,在预定的使用年限内能承受飞机荷载的多次反复作用,而不出现危及安全或影响使用的结构损坏。飞机的质量很大,因而,机场道面结构的承载能力要求比其他铺面结构(如,道路路面或堆场铺面等)大得多。

(2) 表面具有足够的抗滑能力,以保证飞机在潮湿状态下滑行或制动时的安全。

(3) 表面具有良好的平整度,使飞机在高速起飞和着落时不产生颠簸,从而不影响驾驶员对飞机的控制和乘客的舒适。影响平整度的因素,主要为施工质量和道面结构的沉降和变形。

(4) 面层或表面无碎屑,以免被吸入喷气发动机,造成发动机的损坏。为此,面层不能采用松散材料,并且在使用过程中应对所出现的损坏及时进行修补。

道面按面层所用材料的不同,分为沥青混凝土道面和水泥混凝土道面两类。两类道面的结构,均可分为面层、基层和垫层三个层次。道面类型、结构层次和组成材料的选择,依据设计飞机的质量和运行次数、地基承载能力、气候条件(气温和降水等)、当地材料供应和施工经验等因素,综合考虑和分析后决定。通常,机坪大都采用水泥混凝土道面结构,以避免燃油和机油滴漏对道面的不利影响。对于跑道和滑行道,我国目前习惯采用水泥混凝土道面结构,而国外则大都采用沥青混凝土道面结构。

道面设计期一般为 10~20 年,道面设计的内容主要包括:道面类型和结构选择;各结构层混合料组成设计;道面结构设计,确定满足交通要求和适应环境条件的各结构层所需尺寸;经济评价和最终方案的选择。

【复习思考题】

1. 道路工程专业方向主要工作内容及未来的学习要求。
2. 道路工程勘测设计的主要程序及设计的问题是什么?
3. 为什么要进行道路工程的可行性研究?
4. 为什么要进行道路的几何设计?道路几何设计主要涉及的内容是什么?请谈谈它的未来发展趋势。
5. 请结合日常观察谈谈路基路面的主要病害是什么?请分析路面的主要种类及特点。
6. 道路建筑材料的主要种类有哪些?这些材料各有何特点。
7. 城市道路设计与一般道路设计有何差别?
8. 请分析机场工程与道路工程的主要差别。

第六章 轨道交通工程

【学习目的与学习要求】

轨道交通一般指利用铁路轨道来运输人员或物资的交通系统,最常见的就是铁路上的"轮—轨"系统。因为具有光滑、坚硬的轨道支承,铁路车辆的钢轮受到的摩擦很小,从而提供了一种耗能少、运输效率高的交通方式。随着城市地铁和高速铁路在我国的快速发展,该交通方式应用前景日趋广泛,带来的效益可观,在现代交通中的地位非常重要。特别是近年来我国高铁与地铁建设快速发展,表现出突出的技术经济效益。因此,本章的学习目的是了解轨道交通工程的发展概况、现代轨道交通工程设计和未来发展的方向。

由于轨道交通是目前城市地铁工程、国家铁道运输网和国家高速铁路网的重要内容,本章要求学生了解我国轨道交通的发展概况和工作内容、现代轨道交通工程设计。

第一节 轨道交通工程的内涵及素质要求

一、轨道交通工程的内涵

轨道工程包括多种形式的应用。除传统意义上的铁路以外,近年来,近程轨道建设蓬勃发展,其中以地铁与轻轨的发展最为引人注目,是我国未来城市交通的最重要的解决方案,而城市铁路(地铁与轻轨等)、城际快速铁路及高速铁路形成的轨道交通交联网络将成为我国未来交通大系统中的核心部分,其地位毋庸置疑。

国际公共交通运输者协会(UITP)按运量和站间距将近程公共交通划分为不同类型,如图 6-1 所示。其中,轨道交通是其最主要的交通形式。

从轨道交通的构成看,可以由简入繁地分为三个层次,分别是:轨道系统、车辆与轨道系统及包含其他配套工程的轨道交通系统。以上三个层次中,前两个层次在所有的轨道交通中基本类似,而第三个层次的系统因建设位置的不同会有不同的内涵。

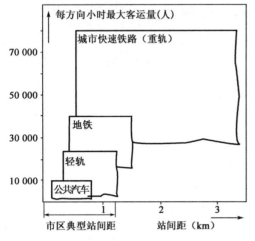

图 6-1　近程公共交通划分

(1)轨道系统

轨道系统在所有的轨道交通中都会涉及,一般情况下,它自上而下地包括:钢轨、轨枕、道床(有砟道床或无砟道床)、路基。轨道系统提供轨道车辆行驶的基本结构,是轨道系统运行最重要的物质基础。轨道系统的基本构成如图 6-2所示。图 6-3 是钢轨、轨枕及其连接的情况。

图 6-4 是几种常用无砟轨道的情况。轨道系统在工程应用及研究领域内主要包括轨道各部分的材料、构造、线形及基本轨道力学(设计)等方面。

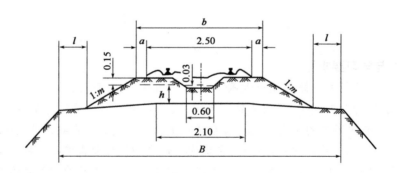

图 6-2　轨道系统基本构成示意图(尺寸单位:mm)

(2)车辆与轨道系统

轨道车辆作用在轨道系统上,构成了基本的轨道交通核心。与轨道系统层次相比,本层次增加了轨道车辆,也需要考虑轮轨相互作用,这一点是对基本轨道力学的发展。在工程与研究领域包括:轨道车辆工程、轮轨系统相互作用分析等。

轮对是轨道车辆直接作用于钢轨的部分,相当于汽车的车轮与轮轴的组合体。两个以上轮对与框架、减振、制动、连接等构件相组合,会形成所谓转向架,其上可放置车体,互相连接后成为完整的轨道车辆节段,通过将提供动力与不提供动力的节段相组合就成为了完整意义上的常规轨道车辆。轮对、转向架及轮轨系统示意如图 6-5 所示,车厢框架及完整的轨道车辆示意如图 6-6 所示。

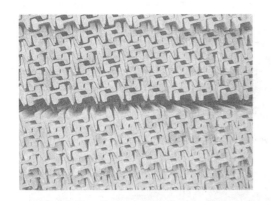

图 6-3　钢轨、轨枕及其连接

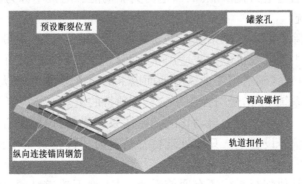

图 6-4　无砟轨道及构造

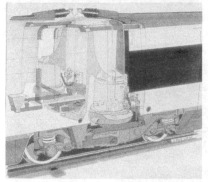

图 6-5　轮对、转向架及轮轨系统

图 6-6　车厢框架及完整的轨道车辆

现代轨道车辆常通过电力提供能源,以电力为驱动能源的机车称为电力机车。

(3) 轨道交通系统

完整的轨道系统除轨道—车辆系统还需要其他设施的配合,其中最主要的是供电系统和信号与控制系统。其中架空线供电方式适用于地面以上的轨道交通,在我国高速铁路工程中广泛应用,第三轨供电方式则适用于地铁等地面以下的轨道交通,可以大幅减少空间占用。

现代的轨道交通系统中,信号与控制系统具有独特的重要地位。事实上,轨道车辆驾驶人员和信号工作人员的工作越来越为自动化的控制体系所代替,控制中心的操作能直接反映在车辆运行状态调整和信号设置上。只在处理特殊情况时才进行人工干预。当然,信号与控制系统在保障轨道交通安全性方面极为重要。

轨道交通包括的其他配套系统还有通信系统,对于地下轨道交通,还有通风系统、隧道结构系统等。

二、轨道交通工程的素质要求

现代轨道交通涉及的专业领域众多,需要多种专业的技术人员的协同工作。从狭义的交通专业角度来看,技术人员需要具备的素质包括:

(1)扎实的土木工程力学基础和分析能力

轨道系统及轮轨相互作用影响因素复杂,现代轮轨分析理论一般都以动力学基本原理解释轮轨相互作用特点及力学特征,且涉及接触力学、热力学等多个力学分支。轮轨系统的组成复杂,各构件工作状态差异显著,需要对各构件分别进行分析,所用理论、方法种类多样,具备扎实的土木工程力学基础和分析能力是基本要求。

(2)具备其他相关专业领域的基本知识

轮轨与车辆系统只是轨道交通的基本组成部分,且轨道交通系统的运作离不开各系统的协调工作,对专业技术人员来说,单纯具备交通领域的专业知识与技能并不能保证顺利完成工作任务,对相关专业领域知识的涉猎非常必要,以形成基于交通专业知识与技能的必要知识体系。该过程具有长期性,学习中应以具体工作任务为对象,循序渐进,拓展知识面,完成自我教育和知识体系的更新。

(3)具有良好的专业合作意识和整体观

多专业协调,需要轨道交通相关技术人员具有良好的合作精神,加强与其他领域工程技术人员的沟通,明确各自的任务要求,并在工作中多多交流,及时反馈,保障工作任务的顺利完成。在某些特殊情况下,应以整体大局为重,调整自身专业技术领域内的工作内容,保证整体任务圆满成功。

轨道交通工程的学生将成为能胜任铁路、地铁、轻轨和城际快速轨道交通工程项目设计、施工、养护及管理等工作的高级技术人才,核心课程包括:工程识图、工程测量、工程地质、土木工程材料、土力学与地基基础、城市轨道交通工程、施工组织与概预算、桥涵工程及施工技术、隧道工程及施工技术、施工管理、施工安全等。

第二节 轨道交通工程的发展概况

一、轨道交通的起源

轨道交通萌芽于16世纪欧洲的采矿业,当时,为了解决矿业开采中矿石的运输问题,制造木制轨道,由人力或畜力拉着矿车沿木轨行走。英文"railway"中"rail"的本意就是木栅栏或木栅的意思,复合词"railway"确切地讲应该是木轨路,木轨和车轮的形状经过长期的演变才形成现在的钢轮钢轨系统,其演变过程如图6-7所示。

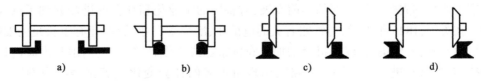

图6-7 轨道与车轮形状的演变

由于木制轨道在使用过程中磨损得太快,于是人们就在木轨的外侧蒙包上一层铁皮,这对磨损稍有减缓,但效果仍不理想。随着生铁价格的下降,人们就用生铁熔铸的轨道来替代木轨。当冶炼技术进一步提高之后,现代的钢轨就正式诞生了。

1803年,世界上首条公共铁路在伦敦开通,铁路上的有轨车由马牵拉,该铁路仅用于运输货物。稍后几年,第一条用于商业载客的铁路在南威尔士的奥伊斯特茅斯开通,但仍由马牵拉。

动力是交通工具的关键技术之一。1712年由英格兰人托马斯·纽可门(Thomas Newcomen)设计制造了首台蒸汽机,此后经过瓦特(James Watt)等人的改进为蒸汽机车的诞生做了技术上的铺垫。1813年,威廉·赫德利(William Hedley)证实了装有金属轮子的机车在金属轨道上拉动列车而不打滑,同时车轮的"唇边"或凸缘套在扁平的铁轨上可以起到导向作用,这一工作为现代铁路的诞生起了非常重要的作用。

1814年英格兰人斯蒂芬逊(G. Stephenson)制造了第一台蒸汽机车,但在行驶中振松了机车上的螺丝并振坏了路轨。一时间嘲讽铺天盖地朝斯蒂芬逊涌来,可他毫不气馁,重新设计并不断改进。1825年9月27日,他自己驾驶着"运动号"(Locomotion)机车,拉着20节客车车厢和6节运煤车,完成了人类历史上第一次铁路客货混运列车的行驶,最高速度达到24km/h。之后斯蒂芬逊又负责修路,于1830年修通了从利物浦到曼彻斯特,总长为64km的世界上第一条铁路客货混运干线,为现代铁路建设拉开了序幕。

蒸汽机车经过100多年的发展,其热效率仅有6%左右,加上保养维修量大、污染严重、日运行里程短,因此逐渐被热效率高、运用率高的电力机车和柴油机车取代。1879年,德国人西门子(E. W. VonSiemens)设计制造了一辆小型电力机车,电源由机车外部的150V直流发电机供给,并通过两轨道和中间的第三轨道向机车输入,电力机车首次成功行驶。

二、"铁路时代"到来

1825～1879年是铁路在世界上蓬勃发展的时期。19世纪30年代,继英国之后,铁路又相继在美国(1830年)、法国(1832年)、比利时(1835年)、德国(1835年)、加拿大(1836年)、俄国(1837年)、奥地利(1838年)、荷兰、意大利(1839年)等国开通。1825年~1870年,世界铁路的总长度发展到210 000km。1870年~1913年,第一次世界大战前夕,是世界铁路发展最快的年代。1913年,世界铁路网的总长度发展到1 100 000km,这期间铁路发展最快的当数美国和英国,至19世纪80年代初,美国铁路的运营里程达14 500km,英国达9 800km,在货运方面铁路已经超过了运河水运。1913年,美国铁路的营运里程已达400 000km。

1853年,亚洲第一条铁路在印度的孟买和塔纳之间开通。1854年,澳大利亚和巴西也分别开通了铁路。1856年,在埃及的亚历山大港和开罗之间建成了非洲第一条铁路。到第一次世界大战前,美国、英国、德国、法国、意大利、比利时等国先后建成各自国家的铁路网。

19世纪初~20世纪初,这一个世纪是世界铁路发展最迅速、最辉煌的年代。铁路成为了这些国家工业化的先驱。铁路网的超前发展,对各国的工业化和社会的进步起到了巨大的推动作用。在英国,1825年以后,与铁路有关的电信业、冶金矿产业、制造业有了长足的发展;铁路沿线城镇兴起,人口集居,就业机会增加。农村家庭式耕作日趋没落;内地与沿海港口城市交通便捷,对外贸易进一步发展。铁路的出现所带来的社会变化被英国经济史学家称之为"铁路时代"的到来。

三、中国早期铁路的发展

(1) 清末时期的中国铁路建设

1840年前后，西方一些传教士来到中国，带来了外国修建铁路的信息。被称为"开眼看世界之第一人"的林则徐在他主持编译的《四洲志》中介绍了外国修建铁路的情况，几乎相同时期提到或介绍外国修建铁路情况的还有魏源的《海国图志》、徐继畲的《瀛寰志略》、洪仁玕的《资政新篇》等。然而清朝政府把近代科学技术视为"奇技淫巧"、"雕虫小技"，认为修建铁路会"失我险阻，害我田庐，妨碍我风水"，拒绝修建铁路。

鸦片战争之后，英、法、美等国开始谋划在华修建铁路。19世纪60年代，西方列强开始向清政府提出修建铁路的要求，但均遭到清政府拒绝。英国商人杜兰德(Durand)于1865年在北京宣武门外铺设了一条一里多长的"广告铁"，在我国国土上最早行驶了火车，清政府以"观者骇怪"为理由将其拆毁。1872年，美驻沪副领事奥立维·布拉(Olivier Bradvolts)开始筹备筑路事宜，以修"寻常马路"为名，在上海骗购了筑路用地，后由英国怡和洋行于1876年建成了从苏州河北侧至吴淞镇的吴淞铁路，如图6-8所示。

吴淞铁路线路全长14.5km。这是一条窄轨铁路，轨距762mm，行驶的机车重仅15t，行车速度为24~32km/h，从1876年12月1日检查运营至1877年10月，后被清政府赎回并拆除，共输送旅客16多万人次，平均每英里每周可赚27英镑，与英国国内铁路日利润率相当。

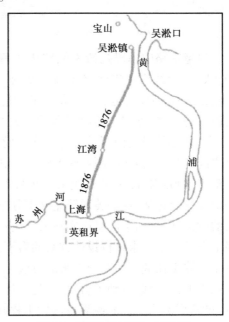

图6-8 吴淞铁路(1876~1877年)

1875年，李鸿章派唐廷枢筹办开平煤矿，为解决大量原煤运输的问题，唐廷枢请求修建铁路运煤。几经周折，清政府终于批准修建从唐山煤矿区至胥各庄运煤铁路。该铁路采用了标准轨距1 435mm，于1881年初开工，同年6月开始铺轨，线路长10km，并用中国工人自制的"龙号"机车运送铺轨材料，11月8日举行通车典礼，命名为唐胥铁路。图6-9为当年唐胥铁路通车仪式照片。

1885年，中法战争失败后，清政府开始意识到铁路的价值。1887年，唐胥铁路延伸至芦台，并于次年修到了天津，至此形成了130km的津唐铁路。1891年，清政府为了应对沙俄的军事压力，开始修建第一条国有的关东铁路，从唐山的古冶至沈阳的绥中，全长193.3km。关东铁路难度最大的是滦河大桥，在英、日、法工程师修建的桥墩多次被洪水冲毁之后，由詹天佑采用压沉箱法获得成功。图6-10为滦河铁路大桥。

台湾铁路由巡抚刘铭传奏请清政府兴建，于1887年在台北开工，从基隆经台北至新竹，全长106.7km，轨距1 067mm。跨度448m的淡水河大桥为木桥，由我国工程师张家德设计；位于基隆南面的狮球岭隧道长261m，于1885年春开工，1890年夏建成，是我国最早的铁路隧道。

图6-9　唐胥铁路通车仪式　　　　　　　图6-10　滦河铁路大桥

滇越铁路中国段是清末铁路中工程最为艰巨的一条。它从我国云南省昆明至河口,长49.8km。沿线崇山峻岭,有桥梁425座、隧道155座,占全长的36%,总造价1.65多亿法郎,合白银5 370万两,是清末铁路中平均造价最高的一条。当时的《泰晤士报》曾称"滇越铁路是与巴拿马运河、苏伊士运河齐名的三大奇迹"。在滇越铁路屏边县北湾圹乡度箐与倮姑站之间,有一座用钢板、槽、角钢、铆钉连接而成的巨型钢架桥——"人字桥"。"人字桥"在两山峭壁之间的跨度为67m,距谷底100m。此桥由法国女工程师鲍尔·波丁设计,于1907年3月10日动工,1908年12月6日竣工。在两座垂直的悬崖当中,"人字桥"横空飞架,整个桥身没有一根支撑的骨架,这座美丽轻盈又十分坚固的桥梁被列入《世界名桥史》。当铁路修到这个地段的时候,因为两边的悬崖实在太陡峭且太高,铺桥方法困扰住了工程师们,所以当时法国在报上登了一个寻求该桥设计方案的启事,法国很多工程师都在考虑怎样来建造这座桥。有天,鲍尔·波丁在裁缝那儿做衣服的时候无意间把剪刀掉到了地上,剪刀两个角张开后刚好插到了地板上,她因此得到了启发,于是设计了一个像剪刀一样的桥梁结构,既稳固又美观,"人字桥"就这样诞生了。它凝聚着法国工程师的智慧,流淌着中国劳工的鲜血,在当时的技术条件下,仅67m长的桥梁就付出了800多条中国劳工的生命,平均每米12条人命!这在世界桥梁建筑史上是前所未有的。

甲午战争期间,已修至关外中后所的关东铁路从关内向关外运兵、运械、运饷,在军事上起了非常重要的作用,使清政府意识到了修建铁路的重要性。这一时期自建的国有铁路有津芦铁路、芦汉铁路芦保段、淞沪铁路、株萍铁路、西陵铁路、京张铁路、张绥铁路、京苑轻便铁路等。

1876~1912年,清末36年间,我国共修筑铁路9 968.5km,其中21.9km被拆毁,保存9 946.6km。

(2)京张铁路——我国自行建设的第一条铁路

张家口自古乃塞上重镇,是从北京通往内蒙古的必经之地,皮毛、驼绒、茶叶、丝绸等大宗货物往来不断。1905年,北京至沈阳的关内外铁路和芦汉铁路即将建成通车之际,再修建一条通往西北的铁路更是具有政治上、国防上的重要意义。英、俄两国都企图控制京张铁路的修筑。英方提出聘用英籍总工程师,俄方要求中国借俄款修京张铁路。英、俄相争,为清政府独立修路提供了机会。英、俄最终同意了清政府既不用英籍总工程师、也不借俄款,由中国自己用关内外铁路利润来修建京张铁路。

1905年5月,清政府设京张铁路局,詹天佑任会办(副局长)兼总工程师。1905年10月,京张铁路动工。京张铁路穿越燕山山脉,沿途地势陡峭,地形险要,施工极为困难。一些外国人认为中国人无力逾越这道难关,并在报纸上撰文讥讽:"中国造此路之工程师尚未诞生"。国内也有人持怀疑态度,称詹天佑"胆大妄为"、"自不量力"。面对这些压力,詹天佑不为所动,指出修造京张铁路的工程师"不仅已经出世,而且现在存于世也",并表示,中国人不仅可以用自己的力量修建京张铁路,还要做到"花钱少、质量好、完工快"。

詹天佑凭借在耶鲁留学打下的深厚功底,加上修建关内外铁路、西陵铁路的实践经验,和其他优秀的中国工程师颜德庆、邝孙谋、俞人凤、陈西林、翟兆麟、柴俊畴等一起,紧紧依靠万余名筑路工人,创造性地工作,战胜了一个又一个工程难题。为了寻找合理的线路,他不辞辛劳带领工程人员跋山涉水,勘测了三条线路,最后确立了经过南口、居庸关、八达岭的现行线路。这条线路比英国人测定的距离大为缩短,隧道工程也减少了2km多。青龙桥至八达岭的坡度为33‰,詹天佑借鉴美国修高山铁路的经验,设计了人字形折返线并采用两台大功率机车,一台牵引,一台在尾部推。折返线延长了坡面,减小了坡度,使列车成功通过了八达岭。詹天佑还设计出自动挂钩,使列车调车时只要稍一碰击,车厢便可自动牢固地连在一起,确保列车爬坡安全。此钩后推广至全世界,被誉为"詹天佑钩"。

1909年9月,京张铁路竣工,全长201.2km,单线,标准轨距,铺设汉阳铁厂生产的钢轨,轨重43kg/m,机车由英、美进口,车厢由唐山机车厂制造。铁路比计划提前了两年通车,工程费用结存28万多银两,受到中外各方面的瞩目。

京张铁路是我国第一条不借助外国技术、完全由我国工程技术人员自建的铁路。它的建成,在国际上和社会上所起的作用和影响,远远超出了工程技术的范围。同时,一大批中国铁路技术人才得到了成长和锻炼,在以后的铁路建设中,他们发挥了很大的作用。我国杰出的地质学家李四光在詹天佑诞辰一百周年纪念会上说:"詹天佑领导修建京张铁路的卓越成就为当时深受侮辱的中国人民争了一口气,表现了我国人民的伟大精神和智慧,昭示着我国人民的伟大将来。"

(3)"中华民国"时期的铁路建设

"中华民国"初年,孙中山辞去临时大总统后,全力筹办全国铁路。1918年秋,孙中山在《实业计划》一书中提出了修建10万英里(约166 000km)铁路的计划,从1919年《实业计划》发表到1925年孙中山逝世的这6年间,我国正饱尝战争的痛苦与折磨,无力无暇再去顾及铁路建设。大铁路计划的命运,也只能以破产而告终。

北洋政府期间,各国列强掀起了第二次掠夺中国铁路权的狂潮。比、英、法、德、美、沙俄、日等国在中国夺得铁路贷款权达13 000km,其中日本更是夺得满蒙五路权,总长约1 500km。由于列强的干扰、国内频繁的战争等原因,北洋政府时期(1912~1926年)铁路建设总共完成3 036km,发展极其缓慢。

1928年北洋军阀倒台,国民政府成立。10月,南京国民政府铁道部成立,民国政府的第一任铁道部长孙科上任。国民党虽在名义上实现了"国家统一",但天下并不太平,纷争、割据、混战此起彼伏,修建的铁路很少。到了20世纪30年代初,中原大战结束后,国民党内部纷争、混战基本平息后,才兴起筑路热潮,修筑了杭江、浙赣、同蒲、淮南等铁路。而东北由于相对安定,修路热潮兴起得更早,在东北共修建铁路800km。

20世纪30年代初至抗日战争爆发前后,国民政府采取发行铁路建设公债以及利用庚子赔款和向外国银行借款等方式,将粤汉铁路贯通、陇海铁路西展、修筑吉敦铁路和南京轮渡等工程。随着日本帝国主义对华侵略的步步扩展,中日民族矛盾逐渐成为中国的主要矛盾,南京国民政府开始着手抗战准备工作。抗战爆发前后，以备战为主要出发点修筑和改造了一批铁路及桥梁工程，主要有苏嘉铁路、沪杭甬铁路、京赣铁路、湘黔铁路、广九粤汉接轨及黄埔建港、成渝铁路(部分)等。

1931 年"九一八事变"后，日本为了便于掠夺中国东北的资源，在东北连续修建铁路。抗战爆发后，日本在华北、华东、华南占领区，为了扩大侵略及经济掠夺的需要，拆除了一些旧线，修建了一些新线全面抗战爆发后，日军疯狂抢占中国铁路线，到 1938 年 10 月广州、武汉失陷，中国共丧失铁路近 9 000km，约占关内铁路总里程的 70%。国民政府迁到重庆后，为了战时后方供应的需要，以及谋求打通连接越南、缅甸的国际通道，加紧了大后方的铁路建设，修筑了湘佳、黔桂、滇缅、叙昆荼江、西北等铁路。

1945 年 8 月，持续八年之久的中国人民抗日战争结束。不久，第三次国内战争(1946～1949 年)爆发，在此期间仅修建铁路 191km。从 1912 年至 1949 年 9 月，民国时期共建成铁路 17 100km。

旧中国的铁路建设不仅数量少，而且布局不合理，铁路技术标准杂乱，质量较低。另外，由于各自为政，铁路枢纽建设一片空白，限制了铁路运输能力的发挥。中华人民共和国的诞生意味着旧中国铁路史的终结，中国铁路建设翻开崭新的一页。

四、新中国铁路建设的成就

(1) 中国铁路发展的开拓阶段

1949 年 10 月，中华人民共和国成立，掀开了中国铁路建设的新篇章。新中国成立伊始，铁路便收归国有。由于战争的破坏，旧中国留存下来的铁路能勉强维持通车的仅剩约 10 000km。仅 1949 年由铁道兵和铁路职工共修复铁路 8 278km，其中桥梁 2 717 座。到 1949 年年底基本修复了大陆上的主要铁路干线，全国通车里程达到 21 810km。

新中国成立后，为了便于铁路建设和运输管理，中央军委铁道部改组为中央人民政府铁道部，滕代远任部长。随后颁发了中国铁路第一本基本法规——《铁路技术管理规程》，从根本上结束了旧中国铁路各自为政的混乱局面。从 1950 年开始，国家进入三年经济恢复时期，在此期间，全国铁路复旧工程取得了巨大成就。1952 年 6 月，满洲里至广州开行第一辆列车全程 4 600km，畅通无阻。至 1952 年年底，全国铁路营业里程增加到 22 876km。在进行复旧工程的同时，铁路新线的建设也在进行。从 1950 年开始，我国在大西南、大西北有重点地修建了成渝、天兰铁路和湘佳铁路来(宾)睦(南关)段。从 1952 年开始，动工兴建兰新宝成、丰沙等铁路干线。1952 年 7 月，全长 505km 的成渝铁路建成通车。这是新中国成立后修建的第一条铁路，是旧中国的清政府、北洋政府、国民党政府都"筹建"而始终未建成的铁路，四川人民近半个世纪修筑这条铁路的愿望，终于实现了。成渝铁路结束了四川没有正式铁路的历史，它也是第一条全部以国产器材修筑的铁路。

宝成铁路于 1952 年开工，1956 年全线筑成通车，是连接我国西北和西南地区的干线。它起自陕西宝鸡，翻越秦岭和大巴山后，沿嘉陵江上游进入成都平原，全长 688km，所穿越的秦岭段曾被伟大的诗人李白喻为"蜀道难，难于上青天"。铁路线的最陡之处竟在直线 6km 距离之内升高达 680m，不得不将线路迂回盘旋展成"∞"形，这就是闻名于世的灯泡展线。宝成铁路为新中国培养了大批的铁路建设人才，此后的中国铁路建设完全进入了自力更生时期。

(2)穿越"修路禁区"的成昆铁路

纽约联合国总部陈列着被评为联合国特别奖、象征人类征服大自然的三件礼物:一件是美国阿波罗宇宙飞船带回来的月球岩石;一件是原苏联第一颗人造卫星模型;而排在三件特别奖礼物首位的是来自中国的高1.1m、宽1.95m、由140个人用了八颗象牙精心制作而成的成昆铁路象牙雕塑,它们一起代表了人类在20世纪创造的三项最伟大的杰作。

早在19世纪末期,当帝国主义列强企图瓜分中国的时候,英、美、法就想从上海修一条经过四川、云南到缅甸的铁路,但未能实施。20世纪30~40年代,国民党政府也曾做过勘测,但由于川、滇地区地势险峻、地质复杂、工程艰巨而放弃。

成昆铁路起自海拔500m左右的川西平原,逆大渡河、牛日河而上,穿越海拔2 280m的沙木拉达隧道后,沿孙水河、安宁河、雅砻江,下至海拔1 000m左右的金沙江河谷,再溯龙川江上行至海拔1 900m左右的滇中高原。全线有700km穿过川西南和滇北山地,地形极为复杂,谷深坡陡,河流峡谷两岸分布着数百米高的陡岩峭壁。受地质构造运动的影响,不仅断裂发育,而且大约有500km的线路位于地震烈度7~9度强地震地区。铁路沿线不良地质现象不仅种类繁多,如滑坡、危岩落石、崩塌、岩堆、泥石流山体错落、岩溶、岩爆、有害气体、软土、粉砂等,而且数量很大,较大的滑坡有183处、危岩落石近500处、泥石流沟249条、崩塌100多处、岩堆200多处。面对如此恶劣的地质条件,国外许多专家称之为"修路禁区"、"地质博物馆"。在如此困难的地形、地质条件下,通过7处盘山展线,13次跨牛日河,8次跨安宁河,49次跨过龙川江,以此克服巨大的地形高差和绕避重大不良地质地段。成昆铁路的选线技术在宝成铁路灯泡展线的基础上又上了一个新台阶。

成昆铁路工程浩大,全线共完成铺轨1 083km,修建各种桥梁991座,总延长106.9km;隧道427座,总延长344.7km;桥梁、隧道总延长达451.6km,超过了北京至山海关的距离,占线路长度的41%。在桥隧密集的一些地段,桥隧长度竟占线路长度的80%。以上有些地段的车站,小得不设在桥梁上或隧道内。

成昆铁路在穿越大渡河畔的凉山区时,有条地质裂缝叫老昌沟,沟的两侧山壁陡峭,直插云天,沟深200m,宽50m,沟里云飘雾绕,世人称为"一线天"。成昆线上有座跨度为54m的一线天铁路石拱桥,桥头两侧与隧道相接,此桥迄今仍是铁路石拱桥之最。在当时施工条件非常差的情况下,其主拱施工仅花了99天时间。

成昆铁路的建成大大提升了我国的铁路修建水平,其中有17项新技术、新工艺达到或超过国际水平。有专家说:"成昆铁路至少推动中国的铁路工程技术进步了半个世纪;不是跨越,不是跳跃,是飞跃!"1985年,成昆线荣获国家科学技术进步特等奖。

(3)20世纪80年代的技术引进

经历"文革"的磨难之后,20世纪80年代国家改革开放政策,促使我国的铁路建设引进了大量的国外资金、设备和技术,从而提高了我国铁路技术开发的起点,并大大提高了我国铁路自我发展的能力。这一阶段,我国先后同日本、英国、德国、瑞典、意大利、奥地利、澳大利亚等国进行技术合作,或进行不同层次的技术交流,使我国铁路建设开始由劳动力密集型逐渐向技术型转变。

在勘测技术方面,推广应用航测、遥感、光电测距等新技术,并利用航片进行室内勘测判断和现场核对;在地质预报方面开始使用地震波、声波探测等新技术。此外,大型的铁路施工机械、大型铁路养路机械和自然灾害预报等技术,也在我国的铁路系统得到了推广应用。这期间共进行了大秦线、京广线衡广复线、京秦线、包神线等 20 多条铁路的建设,其中最具代表性的是衡广复线的大瑶山隧道。

大瑶山隧道地处南岭山脉南麓瑶山区武水峡谷,武水迂回穿流,滩多水急,地势险峻,群山峙立,植被茂密,居民稀少。在线路勘测期间,为了解决运输困难问题,甚至采用直升机将钻机从空中吊运到工地,工程建设的困难可想而知。由于洞口施工困难,隧道的长度也由原设计的 14.3km 缩减为 14.295km。隧道的施工机具采用国外进口的大型四臂液压台车,实现了开挖、运输、衬砌三条机械化作业线。大瑶山隧道的建成标志着我国打开了修建 10km 以上铁路隧道的大门。当时大瑶山隧道位居世界铁路特长隧道的第十位。

20 世纪 80 年代对技术的引进和消化,为今后我国铁路建设整体技术水平的提高奠定了基础。

(4) 铁路列车的全面提速

进入 20 世纪 40 年代之后,铁路在与高速公路和航空的竞争中失去了速度优势,也逐步失去了市场。从 20 世纪后期开始,世界发达国家铁路以牵引动力革新为开端,不断提高列车速度。随着铁路行车速度的提高和高速铁路网的建设,其市场竞争力不断增强,铁路在世界范围内又一次重新崛起。

1990 年 10 月广深线 160km/h 行车项目正式立项,1994 年 12 月 22 日广深准高速铁路通车,从此我国第一条时速 160km/h 的准高速铁路正式投入运营。在全路旅客运输持续下滑的形势下,广深线客运市场非常红火,运量和效益逐年增长。广深准高速铁路的建成和成功运营坚定了我国提高铁路行车速度的发展方向,同时说明依靠我国的技术力量完全可能把主要干线旅客列车速度提升一个层次。

列车提速是一项非常复杂的系统工程,涉及机车车辆、轨道的技术标准和质量、路基的承载能力、桥梁的稳定性、通信信号设备的效率及安全性和行车组织等方面。

1997 年 4 月 1 日零时,中国铁路第一次大面积提速开始实施,拉开了铁路列车提速的序幕。这次的列车提速,在京广、京沪、京哈三大干线上实现了最高运行速度 140km/h;全国铁路以北京、上海、沈阳、武汉等大城市为中心,开行了最高速度 140km/h、旅行速度在 90km/h 以上的快速列车 40 对;开行了夕发朝至列车 78 列,被旅客誉为"移动宾馆"。

1998 年 10 月 1 日零时,中国铁路第二次大面积提速开始实施。提速后,快速列车最高运行速度达到了 160km/h,非提速段快速列车最高运行速度达到了 120km/h。京九、浙赣、候月、宝中、南昆线和兰新线武威至乌鲁木齐段列车运行速度也有一定幅度提高。广深线利用摆式列车,最高运行速度达到 200km/h。全国快速列车增至 80 对,夕发朝至列车增至 228 列。铁路的新一轮提速进一步适应了旅客对快速运输的要求,扩大了客货运输品牌效应,赢得了社会各界的广泛赞誉,铁路提速被 64 家产业报评为 1998 年"十件大事"之一。

2000 年 10 月 21 日零时,以西部地区为重点的第三次大面积提速在陇海、兰新、京九、浙赣线顺利实施。其中,陇海、兰新线提速线路长度达到了 3 410km。北京西至乌鲁木齐的 T69/70 次列车比提速前压缩 19 小时 36 分钟、上海至乌鲁木齐的 T53/54 次列车比提速前压缩 22 小时 58 分钟。自此我国京广、京沪、京哈、京九四条纵贯南北的大动脉和陇海、兰新线,浙赣线两条横跨东西的大干线全面实现了提速,全国铁路提速线路延展里程接近 10 000km,初步形成了覆盖全国主要地区的"四纵两横"提速网络。

为了进一步支持国家西部大开发战略的实施,2001 年 10 月 21 日零时,我国铁路第四次大面积提速开始实施。这次提速延展长度达到4 434km,还有1 400km的线路允许速度有较大提高。经过第四次提速,我国铁路提速网络进一步完善,提速范围进一步扩大,铁路提速延展里程达到13 000km,提速网络覆盖全国大部分省区。

2004年4月18日零时起,全国铁路实施第五次大面积提速,京沪、京广、京哈等几大干线的部分地段线路设计速度达到200km/h,提速网络总里程达到16 500km,其中速度150km/h及以上提速线路达7 700km,运行速度200km/h线路延展里程达1 960km。实施第五次大面积提速后,增开了北京至上海、杭州、南京、哈尔滨、武汉、西安、长沙等19对沿途不停、一站到达的直达特快旅客列车。

通过五次全面提速,全国铁路列车运行速度120km/h的线路延展里程达到22 090km,运行速度达到160km/h的线路延展里程达到14 025km,运行速度达到200km/h的线路延展里程达5 371km,铁路旅客列车运行速度得到了较大幅度的提高,形成了基本适应市场需求的客货运输产品系列,带动了铁路基础建设的发展并推动了科学技术进步。提速使中国铁路展现出了前所未有的勃勃生机和旺盛活力,有力地促进了区域经济的发展,为国民经济持续快速发展注入了新的动力。

全网铁路第六次提速于2007年4月18日实行,京哈、京沪、京广、陇海、兰新、胶济、武九、浙赣等线路列车速度达到200km/h,列车速度在120km/h以上的线路总长超过22 000km,部分地段列车的行驶速度超过200km/h。

(5)世界屋脊上的青藏铁路

西藏自治区地处祖国西南边陲的青藏高原面积达1 220 000km²,平均海拔4 000m以上,有"世界屋脊"、"地球第三极"之称。1951年西藏和平解放后,国家曾动用4 000多峰骆驼组成大型驮队向西藏运输货物。平均每行进1km,就要留下12具骆驼的尸体。1953年,数万名战士和农民工打通了青藏公路,该条公路平均每修1km就有一个人倒下。为修建另一条进藏通道——川藏公路,4 000多名解放军官兵献出了宝贵的生命。然而,已有通道远不能满足西藏社会经济发展的需求。中国藏学研究中心调查显示,由于自身生产能力低下和运输成本高,拉萨100元的购买力只相当于我国其他地方的54元。

青藏铁路的勘测设计始于1956年,铁道第一勘测设计研究院对从兰州到拉萨的进藏铁路全线进行了踏勘。1979年青藏铁路一期工程西宁至格尔木段建成。从1996年开始,铁道部加快了进藏铁路前期研究的步伐,继续完成了青藏线、甘藏线、滇藏线、川藏线的规划研究,最终确定以青藏线、滇藏线为进藏的主要比较方案,2001年6月29日,青藏铁路同时在海拔3 080m的格尔木南山口车站和海拔3 639m的拉萨柳吾隧道工地举行开工典礼。2002年开始从南山口向南铺轨,2004年在安多同时向南北两个方向铺,2005年铺轨通过唐古拉山,并提前实现全线铺通。经过10万筑路大军五年的辛勤建设,青藏铁路于2006年7月11日建成投入运营。

青藏铁路是世界海拔最高的高原铁路,铁路穿越海拔4 000m以上地段达960km,翻越唐古拉山的铁路最高点海拔为5 072m。它也是世界上最长的高原铁路,全线总里程达1 142km。青藏铁路冻土地段列车速度为100km/h,非冻土地段达到120km/h,这是目前列车在高原冻土上的最高行驶速度。该项目工程总量为:路基土石方7 191万m³,桥梁675座,涵洞2 086座,隧道7座。近期开通车站45个,远期预留13个,其中海拔5 068m的唐古拉山车站,是世界上海拔最高的铁路车站。海拔4 905m的风火山隧道,是世界上海拔最高的冻土隧道。全长

1 686m的昆仑山隧道,是世界上最长的高原冻土隧道。

青藏铁路被列为国家"十五"期间四大标志性工程之一,名列西部大开发12项重点工程之首。国外媒体评价青藏铁路"是有史以来最困难的铁路工程项目","它将成为世界上最壮观的铁路之一"。随着这条1 142km长的"天路"从格尔木成功铺轨至拉萨,世界铁路建设史、中国作为统一多民族国家的发展史以及青海西藏两省区人民的生活史都掀开了新的一页。国际社会称青藏铁路是"可与长城媲美的伟大工程"。短短四年多时间,跨越世界屋脊的青藏铁路就宣告全线贯通,包括藏族同胞在内的全体中国人的百年梦想终于实现。这是经过近30年改革开放中国综合国力显著提升的表现;是人类千百年来对青藏高原不断认识、探索以及与之亲近、融合的一次升华;是中国人以"挑战极限、勇创一流"的新时期民族精神在"世界屋脊"创造的世界奇迹。

五、高速轨道交通及其主要技术创新

第二次世界大战以后,汽车和飞机制造业快速发展,高速公路和民用航空逐渐兴起,铁路运输业客货运量日减,营业亏损一度被称为"夕阳产业"。高速铁路的出现改变了这一面貌,在世界铁路发展史上产生了深远的影响。日本东海道新干线在技术、经济上的成功,一举改变了经济发达国家铁路客运"夕阳产业"的形象,给铁路客运注入了新的活力。可以说,高速铁路引发了旅客运输业的一场技术革命,代表着铁路客运的发展方向。

高速铁路具有全天候、安全性好、运能大、速度快、能耗低、污染轻、占地少、投资省、效益高等特点,是当代科学技术的一项重要成就。它高度概括了铁路在牵引动力、线路结构、行车控制、运输组织和经营管理等方面的先进技术,涉及力学、机械、电子、信息、能源、材料、建筑、环保等科学技术领域。因此,对一个国家来说,发展高速铁路需要一定的科学技术水平作为前提条件;反过来,通过发展高速铁路可以促进该国的铁路以及其他相关的科学技术领域的进步。

高速铁路也是社会经济发展的产物。随着社会经济的发展,劳动生产率的提高,人们对出行效率的要求也随之提高。同时,随着人们生活水平的提高,对出行的舒适性要求也随之提高,提高交通工具的旅行速度是提高交通出行效率和舒适性的主要措施。

速度高低是一个具有时代性的相对概念。截至2005年年底,日本、法国、德国、意大利、比利时、西班牙等国投入运营的高速铁路已超过6 400km,正在修建高速铁路的国家有英国、荷兰、美国、瑞士、瑞典、奥地利、韩国、俄罗斯、澳大利亚,我国台湾省的高速铁路也已建成并于2006年投入试运营。

(1)日本的高速铁路

日本是世界上最早发展高速铁路的国家,其高速铁路行车试验可以追溯到第二次世界大战以前。至20世纪50年代,日本共有19 000km铁路,但均采用窄轨(轨距1 067mm),大大限制了运输能力,旅客运输尤为紧张,列车严重超员。1957年,日本政府组织了一个专门委员会,以解决人口密集的东西走廊(东京—大阪)的旅客运输紧张问题,通过对高速公路和各种不同形式的铁路运输系统的研究,包括对德国的轻轨运输系统及单轨铁路的分析,日本决定发展一种新型的铁路——高速铁路。

20世纪50年代,日本国铁(JNR)主席佐崇光(Shinji Sugo)力主按标准轨距(1 435mm)修建一条从东京直通大阪的高速铁路。1964年10月,世界上第一条高速铁路——东海新干线建成通车,全长515km,列车开行的最高速度达到230km/h,突破了保持多年的铁路运行速度世界纪录,从东京到大阪只需3小时10分钟(后来又缩短到2小时30分钟)。由于旅行速度比原有铁路提高一倍票价,较飞机便宜,从而吸引了大量客流,致使东京至名古屋间的飞机航班不得不因此停运,由此产生了世界上首个铁路与航空竞争取胜的实例。这条路线是全世界第一条载客营运高速铁路系统,仅用八年时间就收回全部投资。随后,新干线通过山阳地区,延长到福冈,称为山阳新干线。东海道及山阳这两条新干线通过的地区,集中了日本2/3的人口及3/4的经济,通车以后,新干线客运量急剧增长,达到了铁路从未承担过的负荷,对日本的经济发展具有重大意义。新干线修建之后对于日本经济的拉动也是引起世界高速铁路建设狂潮的原因之一。

20世纪80年代,日本继续进行新干线的路网建设,新建东北新干线通过地区的人口较少,修建目的主要是为了改变人口及经济的区域结构,将目前开发较少的地区与经济发达及工业集中的东海道地区连接起来,使人口分布及经济发展更加均衡,促进日本内地的对外交通。目前,日本已建成东海道、山阳、东北、上越、北陆、九州六条高速铁路,营业里程达2387km。1964~2004年新干线已累计完成客运量74亿人次。根据日本《全国新干线铁道整备法》,日本高速铁路网的建设已从"追随运量需要"转变为"国土开发需要",下一步将继续建设八户至新函馆、长野至富山、博多至新八代等新干线,进一步完善路网。

列车是实现高速的关键,新干线上的"子弹头"高速列车闻名于世。新干线上运行的"子弹头"高速列车共有12个系列,全部为动力分散型。其中,700系列车是日本目前最先进的高速列车,速度达300km/h,由于动轴多,列车总功率都很大,牵引力大,黏着性能好,所以列车的启动、加速快,制动性能好,制动距离短,适合车站较多、起停频繁的线路。此外,列车定员也很多,动力分散形式还有个优点是列车的最大轴重较轻,日本高速列车的最大轴重可以做到仅11t左右,这样对线路、桥梁的破坏作用较小。

新干线自1972年开始采用运行管理系统后,经多次改进,采用了新干线信息管理系统、车站旅客信息处理设备;在东北、上越新干线,开发了新型运行管理系统(COSMOS)。同时,日本在铁路沿线和海岸线上设置风速和地震测试仪,一旦有台风或地震灾情发生,可以及时发出减灾报警,迅速切断新干线的电网供电,迫使列车停止运行。正是由于诸多新技术的应用,新干线实现了大密度、大运量、高准确性的安全运行。

(2)欧洲的高速铁路

欧洲的高速铁路技术主要以法国和德国为代表。法国铁路在历史上对高速行车一直是情有独钟,并且还占有相当明显的优势。据统计,1890~1990年的100年间,世界铁路共创造了17次铁路行车最高纪录,其中有9次是由法国铁路创造和保持的。1955年,法国利用普通的电力机车牵引一节客车和一节试验车创造了331km/h的世界纪录,直到20世纪70年代,该纪录才由它自己的TGV-01试验型电动车组以380km/h的速度打破。法国铁路于1990年5月用TGV大西洋电动车组创造了515.3km/h的速度。2007年4月,法国TGV高速电气机车以574.8km/h的速度将纪录再次刷新。

20世纪60年代,法国从巴黎至里昂既有铁路线的客货运量已经饱和,急需修建一条新线。自1967年起,法国国有铁路公司(SNCF)就开始着手研究高速铁路的相关研究。1976年和1978年,东南线分别从南段和北段开始施工,并分别于1981年9月和1983年9月竣工通车。东南线从巴黎到里昂全长417km,其中新建线为389km,通车后最高行车速度为270km/h。TGV巴黎东南线通车后,法国接着修建了TGV大西洋线、TGV北方线和TGV地中海线等高速线。目前,法国运营中的高速铁路新线总长为 1 568km。除此之外,法国还有经过改造运营速度可达 200km/h 或超过 200km/h 的既有线近 400km。为了扩大高速列车的服务范围以吸引客流,TGV 高速列车不但在高速铁路新线上行驶,还行驶到既有线上,包括经过改造、允许速度达到和超过 200km/h 以及未经改造、允许速度低于 200km/h 的既有线。新线加上这些既有线统称 TGV 线路,总长约 7 000km。

法国高速铁路经营状况良好,TGV 东南线、大西洋高速线完全开通的第一年,即出现盈余。在铁路运输,特别是铁路客运方面非常不景气的欧洲,这是非常难能可贵的。TGV 北方高速线涉及五个国家(法国、英国、比利时、荷兰和德国),连接巴黎—伦敦—布鲁塞尔—阿姆斯特丹—科隆的法国境内重要通道,运量成倍增长,经济效益和社会效益都十分显著。TGV 已成为法国铁路运输业的主要经济支柱。TGV 每投资 10 亿法郎,即创造出 3 500 个就业机会。除此以外,由于高速铁路缩短了旅行时间,从而为人们创造了新的动态观念,使人们可以重新对周围的环境与地域概念进行设计,距离将不再以公里计算,而是以时间计算。

1971 年,德国开工建设第一条高速铁路新线——汉诺威至维尔茨华高速线(327km),之后又开始修建第二条高速新线——曼海姆至斯图加特高速线(99km)。这两条高速新线于 1991 年同时通车运营。1998 年,264km 的柏林至汉诺威和 180km 长的科隆至莱因/美因(法兰克福)高速线建成通车,这样德国高速铁路总长目前达到 900km 左右。除了设计速度 280~300km/h 的高速新线外,德国还有约 700km 最高允许速度达到 200km/h 的经过改造的既有线。因此,德国的高速铁路包括新线和速度达到 200km/h 的既有线,总长 1 570km 左右。与日本和法国的高速铁路不同,德国高速铁路是按客货车混跑的原则而设计的。德国铁路的高速列车都是 ICE 系列,ICE1 高速列车于 1991 年正式投入运营。第一代 ICE1 和第二代 ICE2 都采用了动力集中方式,第三代 ICE3 高速列车则改为动力分散形式,最高运营速度为 330km/h。此外德国无砟轨道技术经过近 40 年的发展,处于国际领先水平。

目前德铁正式批准的无砟轨道结构形式有 BOGL 型、Rheda 型、Zublin 等。

欧盟为了实现欧洲一体化,正在致力于建设一个统一的欧洲高速铁路网。2002 年年底,欧洲高速铁路新线总计 3 260km,预计到 2010 年将增加到 6 000km,到 2020 年将达到约 10 000km。

(3) 中国高速铁路的起步

从日本和欧洲国家的铁路发展可以看出,高速铁路已成为许多国家旅客运输发展的共同趋势。日本与欧洲各国幅员不大,民用航空、高速公路都比较发达,但高速铁路却取得了显著进展,这说明了高速铁路强大的生命力及显著的优势。我国疆域辽阔、人口众多,又处于经济建设的发展阶段,更需要运输能力大、速度快、运价低廉、节省能源、安全可靠的高速铁路。

高速铁路要应用很多当代的高新技术。我国铁路的工业和基建部门通过 20 多年的努力,在机车车辆制造、通信信号装置和筑路技术等方面已研究并积累了大量可贵成果。1997 年 1 月在北京环行试验线上,用 SS8 型电力机车牵引一节试验车、两节客车,实现了 212.6km/h 的最高速度,在我国铁路建设上首次达到了 200km/h 的高速指标。1998 年 6 月在京广线郑州许昌间,用 SS8 型电力机车牵引五节客车创造 240km/h 的最高试验速度,标志着我国已具备制造时速 200km/h 机车车辆并配置时速 200km/h 线路基础设施和供电设备的技术能力。

2002 年秦沈客运专线的建成和京沈客运通道的拉通,是我国第一条实质性的高速铁路。秦皇岛至沈阳新建的客运专线全长 404km,位于辽西走廊,西端与京山、京秦、大秦线相通,东端与哈大、沈吉、沈丹、苏抚线相通,是东北地区又一条进出关的铁路大动脉,是关内连接关外铁路运输的主要通道。秦沈客运专线设计运行速度200km/h,试验速度已经超过250km/h,最高速度达到321km/h,从线、桥、网、信号和通信以及运营工具的配置,可以认为这是我国高速铁路的雏形。我国自行生产的"中华之星"和"先锋"号高速电动车组在京沈线担任高速客运,为我国铁路高速运营积累了经验。

2006年4月1日,我国西部第一条高速铁路——遂渝铁路客运专线正式开通,从而将成都到重庆行车时间从10h缩短到3.5h。遂渝高速铁路为国家一级干线,全长128km,起于四川省遂宁市,途经潼南、合川到重庆,设计时速为200km/h。

根据国务院批准的《中长期铁路网规划》,"十一五"期间,我国将新建客运专线7 000km,并对13 000km既有线实施提速改造。到2020年,我国大陆将建设"四横四纵"客运专线网,线路长度在12 000km以上,客车速度目标值不小于200km/h,目前已经开工和即将开工建设的客运专线有武广、郑武、郑西、石太、甬台温、温福、福厦、厦深、合武、合宁、广珠、哈大等,其中相当一部分线路的设计速度目标值达350km/h。"十一五"期间将建设的众多客运专线中,京沪高速铁路是其中最主要的一条,举世瞩目,其全线按最高时速350km/h、运行时速300km/h设计。

(4)磁悬浮交通系统

借助轮轨间的黏着作用而产生牵引力的铁路,列车主要靠钢轨与钢轮之间的黏着力向前推进。速度越快,黏着力越小,列车牵引力越小,空气阻力越大。为了解决轮轨间的黏着力问题,20世纪60年代初期,日本、法国、意大利和英国等国家开始研究在导轨上行驶的非黏着式高速铁路,即所谓悬浮式铁路。高速磁浮列车运行时与轨道完全不接触,它没有轮子和传动机构,列车的悬浮、导向、驱动和制动都是利用电磁力来实现的。车上装了电磁铁,其与轨道两侧的电线圈之间产生强大的吸引力,从而使列车悬浮在空中;轨道沿线铺设的线圈通电后产生强大的磁场,使列车得以飞驰;当电流减小或者切断时,车就减速或停下来。

磁悬浮技术的研究始于20世纪初。1922年德国工程师肯泊(H. Kemper)提出电磁悬浮原理,1934年他申请了磁悬浮列车的专利。20世纪70年代以后,世界工业化国家经济实力不断加强,为提高交通运输能力以适应经济发展的需要,德国、日本、美国、加拿大、法国、英国等发达国家相继开始对磁悬浮运输系统进行开发。磁悬浮列车主要由悬浮系统、推进系统和导向系统三大部分组成。磁浮技术按是否利用超导电磁铁又分为超导和常导两类,超导以日本的MAGLEV为代表,常导以德国的TANSRAPID和日本的HSST为代表。

日本于1972年成功进行了2.2t重的超导磁浮列车试验,速度为50km/h。1977年12月,在宫崎磁浮试验线上,列车速度达到204km/h。1979年12月,提高到517km/h。1982年11月,磁浮列车载人试验获得成功。1995年,载人磁浮列车速度达到411km/h。2003年12月,日本铁道公司在山梨试验线上创造了581km/h的陆上速度世界纪录。

德国在常导高速埃姆斯特试验线上,创造了450km/h的试验速度。中国于1991年开始对磁浮列车进行有计划的研究,目标是低速列车,目前已研制成功了小型试验样车。成都飞机工业集团采用100%数字化设计,速度高达500km/h,拥有完全自主知识产权的中国第一辆磁浮列车——CMI"海豚"高速磁浮车,已投入试车。同济大学在上海安亭修建了一条1.7km的高速磁浮试验线,这是我国第一条高速磁浮试验线。

世界上正式投入运营的磁浮线有三条,即英国伯明翰线(已停止运营)、日本名古屋东部丘陵线和中国上海磁浮示范线。前两条是中低速磁浮线,上海磁浮示范线是全世界第一条高速磁浮商业运营线。上海磁浮示范线从浦东国际机场至地铁 2 号线龙阳路站,引进德 TANSRAPID 技术,全长 33km,总投资 100 亿元人民币,列车目前最高运营速度为 430km/h。其主线工程于 2001 年 6 月 10 日开始施工,2002 年 12 月 31 日举行通车典礼,2004 年 5 月正式投入商业试运行。截至 2006 年 3 月底,安全运行里程累计超过 240 万 km,运送乘客达 4 632 万人次,并经历了积雪、大风等恶劣气候的考验。

磁浮系统除了具有高速铁路的优点外,由于列车悬浮在轨道上,所以对轨道冲击小、振动小、噪声低,比高速铁路更节能、列车爬坡能力更强。由于不存在黏着极限速度,从长远看,可以替代飞机以避免空中线路过于繁忙,并节省能源。

六、城市轨道交通工程

(1) 城市轨道交通的起源

从 1825 年世界第一条铁路诞生到 1863 年伦敦第一条地铁线开通之前,铁路只是用于城市间的客货运输。尽管铁路没有直接服务于城市交通,但是它使得城市发展从靠水而建的约束中摆脱出来,其腹地范围迅速扩大。在不到半个世纪的时间中扩大了 3~6 倍,大大促进了城市交通需求的发展。这一时期的城市公共交通以公共马车为主。1829 年,巴黎引入较大的由马驱动的公共马车,纽约 1831 年也引入这种车辆,后来它迅速增长,但其缓慢颠簸,乘坐不舒适,且容易造成街道的车辆拥挤及阻塞。

把马车放在钢轨上行驶,可以提高速度及平稳性,还可以利用由多匹马组成的马队来提高牵引力,增大车辆规模,降低运输成本及票价。世界上第一条马拉的城市街道铁路于 1832 年在美国纽约的第 4 大街开始运营,这种有轨马车直到 1855 年才开始大规模地替代公共马车,那时轨道安装成本下降,也解决了与街道上无轨车辆交通的相互干扰问题。公共有轨马车是现代城市轨道交通的雏形,从 1855 年起,有轨马车线路在美国及欧洲迅速扩展,至 1890 年,总的轨道里程达到 9 900km。

虽然马车铁道比公共马车有了很大的改进,但随着城市人口及车辆的增加,在平交道口出现了交通阻塞的现象,在较大的城市中非常严重。1860 年,在纽约的曼哈顿,从南端的 Battery 到中央公园,8km 的行程需花一个多小时的时间。因此,通过立交形式的快速交通系统来避免铁道上或其街道上的拥挤已成为燃眉之急。同期,人们考虑采用机车代替马车来牵引,进一步增加了车辆运营速度。

法国工程师克里佐(M. deKerizouet)曾于 1845 年向巴黎市政府提出过修建地下铁道的计划,但因 1848 年发生法国大革命而告吹。1860 年法国工程师又想象出城市高架铁路,凡尔纳(J. Veme)在《八十天环游地球》一书中对此曾有十分精彩的描述。但是世界上第一条快速轨道交通线于 1863 年在伦敦诞生,线路和车站均设在地下,称为地下铁道(Under Ground Railway),它由英国律师皮尔逊(C. Pearson)鼓动并投资建设,该地铁线路从帕丁顿(Paddington)到弗灵顿(Farringdon),总长 6km,动力是向英国铁路公司租借的蒸汽机车,皮尔逊因此被誉为"地铁之父"。由于列车在地下隧道内运行,隧道里烟雾熏人,尽管如此,当时的伦敦市民甚至皇亲显贵们,都乐于乘坐这种地下列车,因为在拥挤不堪的伦敦地面街道上乘坐公共马车,其条件和速度还不如地铁列车。

随后,法国巴黎引进了这种新的交通系统,但由于巴黎地形的特殊性,部分线路位于地下,而有些线路则采用地面线的形式,如果借助于伦敦地下铁道的英文命名法就不准确,于是就用"Metro"(古法语"城市"的意思)来命名巴黎的城市轨道交通线。"Metro"成了世界上绝大多数国家城市轨道交通的标志和代号。1890 年,第一条电气化地铁开通,地铁进入电力牵引时代。由于环境条件大为改善,地铁显示出了强大的生命力。现代城市轨道交通也由此进入了快速发展阶段。

(2)城市轨道交通类型及其发展

城市轨道交通在其 100 多年的发展过程中,呈现出多元化趋势,如今已形成了一个包括地铁、轻轨、独轨以及磁悬浮列车等多种形式的交通系统。

地铁是现代城市快速轨道交通的先驱。地铁不仅具有运量大、速度快、安全、准时、节省能源、不污染环境等优点,而且可以在建筑群密集而不便于发展地面和高架轨道交通的地区大力发展。严格来讲,地铁已是一个历史名词,如今其内涵与外延均已有相当大的扩展,并不局限于运行线在地下隧道中这一种形式,而是泛指高峰小时单向运输能力在 3 万人次以上,可以采用地下线、地面线、高架线的大容量轨道交通系统。纽约、旧金山以及香港也称其为"大容量轨道交通"(Mass Rail Transit)或"快速交通系统"(Rapid Transit System);在台湾称其为捷运,即城市里的快捷运输系统。

轻轨交通系统原来的定义是指采用轻型轨道的城市交通系统。当初确实使用的是轻型钢轨,而如今的轻轨已采用与地铁相同质量的钢轨,所以,目前国内外都以客运量或车辆轴重(每根轮轴传给轨道的压力)的大小来区分地铁与轻轨。把每小时单向客流量为 0.6 万~3 万人次的轨道交通定义为中运量轨道交通,即轻轨。轻轨交通起源于 20 世纪 70 年代的法国、比利时和中、北欧的一些城市。经过 40 年来的发展,轻轨已形成三种主要类型:钢轮钢轨系统、线性电机牵引系统和橡胶轮系统。与地铁的结构形式一样,轻轨也可以有地下、地面或高架线路。

独轨交通分跨座式和悬挂式两类独轨运输能力为 0.5 万~2 万人次/h,一般采用跨座式,轨道梁、转辙机、转向架是独轨系统的关键技术。由于采用橡胶轮胎,因而车体结构必须轻量化,轨道梁和支座材料的耐潮湿、耐酸性要求也较高。德国的乌伯塔在 1901 年建成了世界上第一条悬挂式独轨线路。新交通系统可归纳为侧面导向式和中央导向式两种,其客运能力为 0.5 万~1.5 万人次/h,建设成本远低于地铁,与独轨相似。

在建的重庆高架轻轨线路工程,根据重庆山高坡陡、道路曲折的地形特征,采用了高架跨座式独轨交通系统。这是我国第一次引进的中运量胶轮轻轨系统。该系统转弯半径小、爬坡能力强;车辆运行噪声极低、具有明显的环保特性;独特的高架轨道梁占用道路少、体量轻巧、透光性好、可立体绿化、景观性好,全线建成后可形成最大单向 3 万人次/h 的客运能力,年客运量可达 2 亿人次。

(3)我国城市轨道交通建设及技术发展

从 20 世纪 50 年代起,我国就着手筹备地铁建设,规划了北京地铁网络。北京地铁于 1965 年 7 月 1 日开始修建一期工程,1971 年正式通车。截至 2006 年年底,我国已建成投入运营的城市轨道交通的总单程已超过 600km。另外,我国香港已建成香港地铁系统、屯门轻便铁路、机场快速铁路,线路总长度为 109km,我国台湾省台北市目前有木栅线、淡水线、新店线、中和线、板南线、新北投支线、小南门支线共七条捷运线,线路总长度为 121.3km。现阶段,我国约有 20 个城市拟定了轨道交通的建设计划,规划的轨道交通线路共约 2 200km。

在建设技术方面,早期的北京地铁充分利用旧城改造的时机而大量地采用明挖法。明挖法施工技术简单、快速、经济,但是在城市繁忙地带进行明挖法施工时,往往需要占用道路,影响交通。为了在施工期间保证地面交通畅通,在明挖法的基础上发展了盖挖法等对地面交通影响较小的施工方法。

在北京复兴门地铁折返线的修建工程中,我国第一次采用了"浅埋暗挖法",该法是针对埋置深度较浅、松散不稳定的上层和软弱破碎岩层施工而提出来的。由于该工法施工具有占地少、拆迁少、对周围环境污染少、对城市交通干扰小、造价低等特点,目前已得到越来越多的应用。南京地铁1号线南京站成功地采用该工法在铁路南京站下方修成了地铁车站,实现了国铁与城市轨道交通之间的零距离换乘。

城市轨道交通地下区间隧道除了明挖法、浅埋暗挖法外,更多的是采用盾构法修筑区间隧道。上海地铁的盾构法隧道已在地下形成立交穿越。广州地铁和南京地铁的盾构法隧道既可以在土层中穿越,又能在风化岩层中穿越。成都地铁的盾构则主要从饱水的卵石层中穿过,是目前国内外施工难度最大的地铁盾构隧道。

随着城市轨道交通网络的建成,出现了大型的地下换乘枢纽,由于它通常位于闹市区,地面和地下既有建筑物密集,所以其建设难度非常大。例如上海徐家汇商业中心的城市轨道交通1号线、9号线、11号线和地下商场形成的大型换乘枢纽,多条轨道交通线的客流和商场的购物客流可以互通,大大提高了轨道交通的使用效率,同时其实施难度也非常大。

第三节 现代轨道交通工程设计

从交通运输工程专业角度来看,现代轨道交通工程设计主要包括线路规划方面设计及轨道本身的结构设计,前者属交通工程领域的任务,并且与政治、经济、社会等多种因素相关,而后者属轨道工程领域的任务,属于土木工程的分支,下面简要介绍设计内容。

(1)轨道几何线形设计

轨道几何线形设计需要完成的主要任务是在线路主要控制点位确定后,根据轨道上行驶的轨道车辆的要求,综合设计轨道的平纵横三方向的连续位置。具体包括:超高设计、加宽设计、缓和曲线与圆曲线设计等。比较特殊的是,轨道在交叉或分道处会采用交分道岔,其作用是提供车辆转出的路径或为平面上交叉的两组轨道提供相容的构造。这些交分道岔都有标准化的规格、型号,可根据道岔处的具体条件选择。

(2)轨道路基设计

轨道路基为轨道系统提供了最下部的人工构造支撑体,路基之下一般是原状土基,部分软弱土基需要特殊处置才能铺筑路基。路基设计的主要内容是确定构成路基的各层材料及其厚度。采用的指标为路基中的压应力,即轨道车辆荷载作用下,路基材料内的压应力不超过高路基材料允许作用的最大压应力(抗压强度)。

(3)道床设计

现代轨道的道床逐步从有砟轨道发展到无砟轨道,有砟轨道道床的设计方法、理论相对简单,其设计要点在道床材料控制及有砟道床长期沉降控制方面,而无砟道床则主要在构造设计方面。同时,道床与连接件、扣件共同作用在钢轨上,将会对钢轨在动荷载作用下的动态响应造成直接影响,因此需要考虑这些构件的设置方式及其引起的动弹性特征的差异。

(4)无缝线路设计

早期轨道中的钢轨往往通过螺栓相互连接形成纵向连续的支承,因螺栓处接缝的存在,轨道车辆行驶时极不平顺,对车辆和轨道都有冲击损耗,乘客感觉较差,车辆通过时,轨道两侧的噪声水平也较高。为此,无缝线路得以发展,这种线路是将一定长度范围内的钢轨通过焊接的方式相互连接,并对焊缝作表面处治,从而形成了长的、相对光滑的支承表面,大大提高了列车行驶的平顺性,降低了对轨下基础部分的冲击,也相应减少了可能引起的累积变形,因此在现代轨道交通中广泛使用。

无缝线路焊接后,存在热胀冷缩问题,有必要验算热应力,防止变温情况下钢轨温度应力过大造成的钢轨变形、扭曲等。

(5)其他设计内容

除以上设计内容外,轨道工程中还需要对车辆的通过曲线及蠕滑力、钢轨抗倾覆安全性、振动与噪声控制等方面进行设计与调整。

第四节　轨道交通工程的展望

轨道交通工程总体上朝高速化、多样化、高效化、舒适性和节能性方面发展。提高速度是交通发展永恒的主题,在提高速度的同时,还要解决运量和节能问题,所以轨道交通工程学科的发展和众多相关领域的技术发展密切相关,轨道交通工程的发展势必带动电力电子、信息、材料机械制造等产业科技水平的提高。

电力电子技术在轨道交通工程建设中起着关键作用,半导体功率组件是机车牵引电源的核心部件。为适应高速行车的需要,需研制大功率的电力电子元器件,以及高可靠性地面供电设备的低损耗、高功率因数变流装置等;信息技术方面,高效安全的通信信号及控制系统、多种交通方式共享联动的轨道交通综合信息系统是发展的重点;材料技术方面,需要研制质量轻、强度高、耐腐蚀的新型复合材料用于轨道交通车辆制造,新型减振降噪材料用于减小列车运行时的振动和噪声,提高轨道交通的舒适性,减小对周边环境的影响等。

就轨道交通的土建工程而言,高速化带来两大问题:

(1)需要高精度的施工生产技术,例如磁悬浮系统的轨道梁和高速铁路的无砟轨道,其钢筋混凝土构件的加工甚至需要采用数控机床打磨生产,其施工技术精度的控制要求,已超越了传统意义土木工程的精度要求。

(2)由于高速化引发的交通工具和基础设施之间系统动力问题和高精度的变形控制问题,将需要新的设计理论。

轨道交通的高效化是轨道交通运输效果的综合体现,除了车体的不断发展、车站功能的不断提高之外,大型枢纽的建设是今后若干年内所需要重点解决的复杂技术问题之一。规划中的南京南站枢纽集高速铁路、城际铁路、三条城市轨道交通线、长途汽车客运和汽车公共交通等于一体,在空间上有地下、地面和空中多个不同的层次。

轨道交通技术的发展将需要一代又一代人不断的努力,才能一步一步地得到提高,未来需要大家共同去创造。

【复习思考题】

1. 轨道交通体系的优劣之处有哪些？在大交通中的地位如何？
2. 我国被国际上公认的铁路建设成就有哪些？
3. 20世纪后期，铁路为什么能在世界范围内重新崛起？
4. 谈谈我国修建青藏铁路的意义。
5. 根据你的切身体会，谈谈城市轨道交通的优点和问题。
6. 你认为未来的轨道交通将是什么样的？

第七章

桥梁工程

【学习目的与学习要求】

本章的学习目的是了解桥梁工程专业的特点、内涵、基本要求和未来发展方向。本章的学习要求是掌握桥梁结构的主要类型、桥梁的基本组成及构造和桥梁结构设计的主要步骤和内容，熟悉桥梁结构的基本理论和基础知识。

第一节 桥梁工程的内涵及素质要求

桥梁工程指桥梁勘测、设计、施工、养护和检定等的工作过程，以及研究这一过程的科学和工程技术，它是土木工程的一个分支。桥梁是指用石、砖、木、混凝土、钢筋混凝土和各种金属材料建造的能够跨越江河、峡谷的结构。桥梁工程可按照其使用的功能区分为：公路桥梁、铁路桥梁、城市桥梁、水渠桥梁、厂（场）内运输桥梁、管线桥梁等。

由于科学技术的进步，工业水平的提高，社会生产力的高速发展，人们对桥梁建筑提出了更高的要求。现代高速公路上迂回交叉的立交桥、高架桥和城市的高架道路，几十公里长的海湾、海峡大桥，新发展的城郊高速铁路桥与轻轨运输高架桥等，这些新型桥梁不但是规模巨大的工程实体，而且犹如一条地上"彩虹"，成为城市的标志性景观建筑。纵观世界各国的大城市，常以工程雄伟的大桥作为城市的标志与骄傲。因而桥梁建筑已不单纯作为交通线上重要的工程实体，而且常作为一种空间艺术结构物存在于社会之中。

建立四通八达的现代化交通网，大力发展交通运输事业，对于发展国民经济，加强全国各族人民的团结，促进文化交流和巩固国防等方面，都具有非常重要的作用。在公路、铁路、城市和农村道路以及水利建设中，为了跨越各种障碍（如江河、沟谷或其他线路等），必须修建各种类型的桥梁与涵洞，因此桥涵是交通线中的重要组成部分，而且往往是保证全线早日通车的关键。在经济上，桥梁和涵洞的造价一般说来平均占公路总造价的10%～20%。在国防上，桥梁是交通运输的咽喉，在需要高度快速、机动的现代战争中，它具有非常重要的地位。此外，为了保证已有公路的正常运营，桥梁的养护与维修工作也十分重要。

一、桥梁结构的发展概况

1. 我国桥梁的发展与成就

我国文化悠久，是世界上文明发达最早的国家之一。就桥梁来说，我们的祖先也在世界桥梁建筑史上写下了不少光辉灿烂的篇章。我国山川河流众多，自然条件错综复杂，古代桥梁不但数量惊人，而且类型也丰富多彩，几乎包含了所有近代桥梁中的最主要形式。

根据史料记载，在距今约3 000年的周文王时期，我国就已在宽阔的渭河上架过大型浮桥。鉴于浮桥的架设具有简便快速的特点，常被用于军事。汉唐以后，浮桥的运用日益普遍。现代桥梁中广为修建的多孔桩柱式桥梁，据历史考证，在我国春秋战国时期（公元前332年）已遍布于黄河流域和其他地区，不同的只是古桥多以木桩为墩柱，上置木梁、石梁，而今则都用钢筋混凝土代之。

近代的大跨径悬索桥和斜拉桥也是由古代的藤、竹悬索桥发展而来的。几乎在大部分有关桥梁的历史书上，都承认我国是最早有悬索桥的国家，迄今至少有3 000年左右的历史。据记载，至迟在唐朝中期，我国就从藤索、竹索发展到用铁链建造悬索桥，而西方在16世纪才开始建造铁链悬索桥，比我国晚了近千年。至今尚保留下来的古代悬索桥有四川泸定县的大渡河铁索桥（1706年）以及灌县的安澜竹索桥（1803年）等。泸定铁索桥（图7-1）跨长约100m，宽约2.8m，由13条锚固于两岸的铁链组成，1935年中国工农红军长征途中曾强渡此桥，由此更加闻名。安澜桥（图7-2）是世界上最著名的竹索桥，全长约340m，分8孔，最大跨径约61m，全桥由细竹篾编成粗0.167m的24根竹索组成，其中桥面索和扶栏索各半。

图7-1 泸定桥

图7-2 安澜桥

天然石料是大自然赋予人类最早的、取之不尽用之不竭的建筑材料。一旦人们创造了强有力的加工工具，石梁、石柱、石拱等结构无疑就普遍发展起来；又鉴于石料的耐久性，几千年来修建较多的古代桥梁要推石桥居首。我国古代桥工巨匠的辛勤劳动曾对桥梁建筑做出了卓越贡献,如秦汉时期广泛修建的石梁桥,富有民族风格的古代石拱桥等。赵州桥又称安济桥,修建于公元591~公元605年,位于河北省赵县城南,是现存最早并保存完好的拱桥。该桥为单孔空腹圆弧拱桥,长64.4m,净跨34.2m,矢高7.23m(图7-3)。福建漳州的虎渡桥(图7-4)为梁式石桥,1240年修建,总长335m;该桥沿宽度方向由三根石梁组成,每根宽1.7m,高1.9m,某些石梁长23.7m,自重达2 000kN。史料记载,这些巨大石梁是用潮水涨落浮运架设的,足见我国古代桥梁加工和安装技术的高超。

图7-3　赵州桥　　　　　　　　　　　　　图7-4　虎渡桥

新中国成立初期修复并加固了大量旧桥,第一、二个五年计划期间,在新建的铁路干线、公路网线和渡口,修建了不少重要的桥梁,并取得了迅速发展。1956年在公路上建成了第一座跨径20m的预应力混凝土简支梁桥。随后,预应力混凝土简支梁获得广泛应用,最大跨径达40m,提出了装配式预应力混凝土简支梁桥的系列设计标准。20世纪60年代,我国首次采用了先进的悬臂施工方法,建成了第一座T形刚构桥,为我国修建大跨径预应力桥梁提供了成功的经验,开拓了发展的前景。比较有代表性的是1971年建成的福建乌龙江公路大桥,主孔跨径为3×144m;1980年建成的重庆长江公路大桥,共8孔,总长共1 000m,最大跨径达174m。20世纪70年代后,各种体系的预应力混凝土桥获得了迅猛的发展并在我国开始兴建。进入80年代,用悬臂法施工的大跨径连续梁桥也获得了迅速发展,如1984年建成的广东珠海三桥,主跨为80m+110m+80m;1991年建成的杭州钱塘江二桥(图7-5),为公铁两用桥,主跨为18孔一联的预应力混凝土箱形连续梁,分跨为45m+65m+14×80m+65m+45m,连续长度达1 340m,为目前国内之冠。

在公铁两用桥方面,1957年建成了第一座长江大桥——武汉长江大桥(图7-6)。该桥的建成,既结束了我国万里长江无桥的状况,又标志着我国修建大跨度钢桥的现代化桥梁技术水平提高到新的起点。大桥的正桥为三联3×128m的连续钢桁梁,下层双线铁路,上层公路桥面宽18m,两侧各设2.25m人行道,包括引桥在内全桥总长1 670.4m。在总结武汉长江大桥建设经验的基础上,于1969年又胜利建成了举世瞩目的南京长江大桥(图7-7)。

新中国成立初期,广大建桥职工继承和发扬了我国建造石拱桥的优良传统,因地制宜,就地取材,修建了大量经济美观的石拱桥,其中跨径最大的是云南省的南盘江长虹桥($L=$112.5m)。到1972年,石拱桥的跨径纪录又被四川丰都县的九溪沟大桥($L=$116m)所超越。目前我国已建跨径在百米以上的石拱桥共7座,如建于1991年、跨度为120m的湖南乌巢河桥(图7-8)。除了石拱桥之外,国内相继建成了多座钢箱拱桥、钢管混凝土拱桥及钢桁架拱桥。如2009年建成的跨径为552m重庆朝天门长江大桥(钢桁架拱);2003年建成的跨径为

550m 的上海卢浦大桥(钢箱拱);2005 年建成的跨径为 460m 的巫山长江大桥(钢管混凝土拱);1997 年建成跨径为 420m 的四川万县长江大桥(钢管混凝土箱形劲性骨架,图 7-9)。

图 7-5　杭州钱塘江二桥

图 7-6　武汉长江大桥

图 7-7　南京长江大桥

图 7-8　乌巢河大桥

进入 20 世纪 90 年代后,我国经济的发展飞跃到新台阶,需要建设更大跨径的钢桥。一些大跨径斜拉桥和悬索桥相继修建成功。迄今为止,已建成大跨径悬索桥多座,如 2009 年建成的世界第二大跨度的浙江西堠门大桥(主跨 1650m,图 7-10);2005 年建成通车的润扬长江大桥南汊桥(图 7-11)主跨为 1 490m,位居中国第二,世界第四;1999 年 10 月建成通车的江阴长江大桥,主跨为 1 385m,位居中国第三,世界第六。1997 年建成的香港青马大桥(主跨 1 377m)是位居世界第一的公铁两用悬索桥(图 7-12);2013 年 2 月建成通车的南京长江第四大桥,主跨为 1 418m 的三跨悬索桥;2012 年建成的泰州长江大桥,为主跨 1 080m 的双塔三跨悬索桥(图 7-13)。表 7-1 统计为世界上具有代表性的大跨径悬索桥。

图 7-9　万县长江大桥

图 7-10　西堠门大桥

图 7-11　润扬长江大桥

图 7-12　青马大桥

世界上具有代表性的大跨径悬索桥　　　　　　　　表 7-1

序　号	桥　　　名	主跨（m）	主梁结构形式	所 在 国 家	建成年份（年）
1	明石海峡大桥	1 991	简支钢桁	日本	1 998
2	西堠门大桥	1 650	连续钢箱梁	中国	2 009
3	大带桥	1 624	连续钢箱梁	丹麦	1 998
4	润扬长江大桥	1 490	钢箱梁	中国	2 005
5	南京长江第四大桥	1 418	钢箱梁	中国	2 013
6	亨柏桥	1 410	钢箱梁	英国	1 981
7	江阴长江大桥	1 385	钢箱梁	中国	1 999
8	香港青马大桥	1 377	简支钢箱	中国	1 997
9	费雷泽诺桥	1 298.5	简支钢桁	美国	1 964
10	金门大桥	1 280	简支钢桁	美国	1 937

在大跨径斜拉桥方面，我国已经建成了多座具有代表性意义的桥梁。2008 年建成通车的苏通长江大桥（主跨径 1 088m，图 7-14），为世界第二跨径的公路斜拉桥；同年建成的主跨为 1 018m 的香港昂船洲大桥（图 7-15）为世界第二跨径的双塔斜拉桥；2010 年建成的鄂东长江公路大桥（图 7-16）、荆岳长江公路大桥均为钢—混凝土组合梁斜拉桥，其中鄂东长江公路大桥的跨径（926m）为世界第四；上海在 2009 年修建了两座大跨径斜拉桥，分别是主跨 730m 的上海长江大桥和主跨 708m 的闵浦大桥。表 7-2 为世界上具有代表性的大跨径斜拉桥。

图 7-13　泰州长江大桥

图 7-14　苏通长江大桥

图 7-15　昂船洲大桥　　　　　　　　　图 7-16　鄂东长江大桥

世界上具有代表性的大跨径斜拉桥　　　　　　　　　表 7-2

序号	桥　　名	主跨(m)	主梁结构形式	主塔结构形式	所在国家	建成年份(年)
1	俄罗斯岛大桥	1 104	钢箱梁	人字形混凝土塔柱,塔高 320.9m	俄罗斯	2012
2	苏通大桥	1 088	钢箱梁	倒 Y 形混凝土塔柱,塔高 300.4m	中国	2008
3	香港昂船洲大桥	1 018	钢箱梁	圆锥独柱式混凝土塔柱,塔高 298m	中国	2008
4	鄂东长江大桥	926	钢—混凝土组合梁	"凤翎"式混凝土塔柱,塔高 242.5m	中国	2010
5	多多罗大桥	890	连续钢桁	宝石形钢塔柱,塔高 224m	日本	1999
6	诺曼底大桥	856	钢箱梁	倒 Y 形混凝土塔柱,塔高 215m	法国	1995
7	荆岳长江大桥	816	钢—混凝土组合梁	H 形混凝土塔柱,塔高 265.5m	中国	2010
8	仁川大桥	800	钢箱梁	倒 Y 形混凝土塔柱,塔高 238m	韩国	2009
9	上海长江大桥	730	钢箱梁	人字形混凝土塔柱,塔高 212m	中国	2009
10	上海闵浦大桥	708	钢桁梁	H 形混凝土塔柱,塔高 214.5m	中国	2009

2. 国外桥梁的发展与成就

在 17 世纪以前,桥梁建筑材料主要是石材与木料。18 世纪末,炼铁技术发展,铁开始应用于桥梁。19 世纪有了锻铁,19 世纪中叶出现了现代建筑材料——钢材和钢丝,这是人工建筑材料的又一次飞跃。桥梁应用优质钢材使桁架结构形式有了发展,主跨从 100m 左右飞跃到 500m 左右。标志性建筑为 1883 年建成的美国纽约布鲁克林桥(主跨 486m 的悬索桥)和 1890 年建成的苏格兰福思湾铁路桥(主跨 520m 的悬臂钢桁桥)。进入 20 世纪,钢拱桥的第一个世界纪录为美国新河桥(518m);钢桁桥的第一世界纪录为加拿大的魁北克桥(549m),跨径上突破了几十米。但在 20 世纪,建筑钢材从普通钢发展到高强合金钢、全气候钢,结构的连接从铆接、栓接发展到焊接,结构高强轻型化,钢管、钢箱梁得以应用,制造工艺自动化、工厂化、施工机械化,从而创造出千姿百态的现代钢桥。

20 世纪钢结构桥梁的发展主要反映在悬索桥与斜拉桥的建设上。20 世纪 30 年代,德国工程师迪辛格(Dischinger)首先认识到斜拉桥结构的上述优越性并加以发展,由他研究设计的第一座现代斜拉桥——主跨 182m 的新斯特雷姆伍特桥(Stromsund)于 1955 年在瑞典建成,随后在德国的杜塞尔道夫建成了主跨 260m 的杜塞尔道夫北莱茵河桥(Tneoder Heuss),它们都采用稀索和钢主梁结构,这是早期现代斜拉桥的共同特点。从此,斜拉桥得到迅速发展,至今,全球已建成各类斜拉桥300余座,遍布30多个国家和地区。1994年年底,法国建成的主跨为856m的诺曼底大桥,是世界第三大跨径的混合型斜拉桥,其主跨中央部分为钢箱梁,边跨为混凝土梁。1998年年底日本建成的主跨为890m的多多罗大桥(图7-17),是20世纪最大跨径的钢斜拉桥(主梁为钢箱梁)。2012年7月建成通车的跨越东博斯普鲁斯海峡的俄罗斯岛大桥(图7-18)是目前最大跨径的钢箱梁斜拉桥,该桥主跨跨径达到1 104m,主塔高320.9m。悬索桥从20世纪初的1 000m(纽约华盛顿桥,主跨1 067m,1931年建成),至20世纪末跃至1 991m。标志性建筑为1937年建成的美国金门大桥(主跨988m,悬索桥,世界第一次采用扁箱流线型的加劲梁,改善了结构空气动力稳定性,图7-19),1997年建成的中国香港特别行政区青马大桥(主跨1 377m,世界上跨径最大的现代化公铁两用桥,图7-12)以及1998年建成的日本明石海峡大桥(主跨1 991m,并在施工期间经受了1995年日本阪神大地震,图7-20)。

图7-17　多多罗大桥

图7-18　俄罗斯岛大桥

图7-19　金门大桥

图7-20　明石海峡大桥

第一座现代混凝土斜拉桥是1962年委内瑞拉建成的马拉开波湖桥(图7-21),其跨径布置为160m+5×235m+160m,采用稀索布置,索塔两侧仅一对预应力混凝土拉索。进入20世纪70年代后,混凝土斜拉桥得到迅速发展。1977年建成的法国伯劳东纳桥主跨达320m;1983年西班牙建成的卢纳巴里奥斯桥主跨达440m,超过当时钢斜拉桥的最大跨径404m(法国的圣纳泽尔桥);1991年建成的挪威斯卡恩圣特桥,主跨530m,为当时世界上各类斜拉桥的最大跨径,至今仍保持混凝土斜拉桥的最大跨径纪录。而主跨主梁采用钢梁、边跨采用混凝土主梁的混合斜拉桥的最大跨径保持者为主跨856m的法国诺曼底大桥(图7-22)。

建设海峡工程,沟通全球交通,这在20世纪初就是桥梁界的梦想。第一个海峡工程是美国旧金山的奥克莱海湾(Sea Francisco Oakland Bay)大桥,长6.8km,建成于1936年。在进入20世纪末的20年中,连接日本本州四国的三条联络线(海峡工程)陆续建成,如1988年建成的兜岛—板出线,长9.9km;1998年建成的明石海峡大桥,长3.91km;1999年建成的今治—尾道线,长60km。连接丹麦岛间的大带海峡(Crest Belt Strait)桥,长17.5km,建成于1988年。

图7-21 马拉开波湖桥

图7-22 诺曼底大桥

二、桥梁工程专业基本素质要求

桥梁工程专业培养目标为:具有扎实的基础和专业知识、良好的动手能力,了解国内外最新专业理论与技术发展的高素质专业人才,能在相应的领域从事规划、设计、施工、管理、监理、科研与教学工作。

本专业学生应具有的知识、能力和素质有:

(1)具有扎实的数学、自然科学、力学和相关学科的知识。

(2)熟练掌握一门外语,具有综合运用各种手段进行资料查询、获取信息的能力,掌握交通、机械、电工、工程测量、施工技术与管理等方面的基本技术。

(3)具有团队精神和协作能力,口头及书面交流能力,良好的科学精神和职业道德。

(4)掌握桥梁工程专业知识,具有桥梁工程领域内重要测试与试验仪器的使用、材料与结构试验、力学分析与计算、工程制图、报告撰写等能力,了解本专业学科的最新专业理论知识与技术发展方向。

第二节 桥梁的分类

桥梁有各种分类方式。按其用途来划分,有公路桥、铁路桥、公路铁路两用桥、农桥、人行桥、运水桥(渡槽)及其他专用桥梁(如通过管路、电缆等)。

按照桥梁全长和跨径的不同,分为特大桥、大桥、中桥和小桥。《公路桥涵设计通用规范》(JTG D60—2004)规定的划分标准如表7-3所示。

桥梁涵洞分类　　　　表7-3

桥涵分类	多孔跨径总长 L(m)	单孔跨径 L_K(m)	桥涵分类	多孔跨径总长 L(m)	单孔跨径 L_K(m)
特大桥	$L>1\,000$	$L_K>150$	小桥	$8 \leqslant L<30$	$5 \leqslant L_K<20$
大桥	$100 \leqslant L<1\,000$	$40 \leqslant L_K<150$	涵洞	—	$L_K<5$
中桥	$30 \leqslant L<100$	$20 \leqslant L_K<40$			

按主要承重结构所用的材料来划分,有木桥、钢桥、圬工桥(包括砖、石、混凝土桥)、钢筋混凝土桥和预应力钢筋混凝土桥。木材易腐而且资源有限,因此,除了少数临时性桥梁外,一般不采用木材。在工程建设中,应用最广泛的是混凝土桥(包括钢筋混凝土桥、预应力混凝土桥和圬工拱桥)。

按结构体系划分,有梁式桥、拱桥、刚架桥、缆索承重桥(即悬索桥、斜拉桥)四种基本体系,还有几种由基本体系组合而成的组合体系。

桥梁除了跨越河流之外,还有跨越其他障碍的,如跨线桥和跨越深谷的桥梁等。除了固定式的桥梁以外,还有开启桥、浮桥、漫水桥等。

在混凝土桥梁中,按施工方法可分为整体式和节段式的桥梁。前者是在桥位上搭脚手架、立模板,然后现浇成为整体式的结构;后者是在工厂(或工场、桥头)预制成各种构件,然后运输、吊装就位,拼装成整体结构;或在桥位上采用现代先进施工方法逐段现浇而成的整体结构。

预制装配节段式混凝土桥可以省模板、支架,缩短工期,因制作条件较好,质量可以保证。所以它的优点是主要的,但是需要一定的运输条件和吊装机具。逐段现浇节段式混凝土桥主要应用在预应力混凝土结构,如采用悬臂浇筑法施工、逐跨施工法、移动模架法等的预应力混凝土节段式桥梁(悬臂梁、T形刚构、连续梁、连续刚构等各种体系)上。这种施工是逐段推进的,模板、机具设备可反复利用,结构整体性好,但需现场浇筑混凝土,然而对现代混凝土施工技术来说这已不是一个显著的缺点。

第三节　桥梁结构的主要类型

一、梁式桥

梁式桥是指在垂直荷载作用下,仅产生垂直反力而无水平反力的结构体系的总称,如图 7-23 所示。梁式桥包括简支梁桥[图 7-23a)]、连续梁桥[图 7-23b)]、悬臂梁桥[图 7-23c)]和刚构桥[图 7-23d)]。由于外力(恒载和活载)的作用方向与承重结构的轴线接近垂直,故与同样跨径的其他结构体系相比,梁内产生的弯矩最大,通常需用抗弯能力强的材料(钢、木、钢筋混凝土等)来建造。为了节约钢材和木料,目前在公路上应用最广的是预制装配式的钢筋混凝土简支梁桥。这种梁桥的结构简单,施工方便,对地基承载能力的要求也不高,但其常用跨径在 25m 以下。当跨度较大时,需要采用预应力混凝土简支梁桥,但跨度一般也不超过 50m。为了达到经济、省料的目的,可根据地质条件等修建连续式或悬臂式的梁桥,如图 7-23b)和图 7-23c)所示。对于很大跨径,以及对于承受很大荷载的特大桥梁,除可建造使用高强度材料的预应力混凝土梁桥外,也可建造钢桥,如图 7-23e)所示。

1. 简支梁桥

简支梁是一种静定结构,如图 7-23a)所示。体系温度、混凝土收缩徐变、初始预应力、地基变形等均不会在梁体中产生附加内力,设计计算方便,最易形成各种标准跨径的装配式结构。简支梁桥的受力简单,梁中只有正弯矩,其设计主要受跨中正弯矩的控制。

目前公路简支梁桥常用的是钢筋混凝土和预应力混凝土简支梁桥。这两种梁桥都是采用抗压性能好的混凝土和抗拉性能强的钢筋或预应力钢筋组合在一起。根据混凝土受压程度不同,预应力混凝土结构又可分为全预应力和部分预应力两种。全预应力混凝土结构是在使用荷载作用下,截面上混凝土不出现任何拉应力。部分预应力混凝土结构是容许出现拉应力但是不应超过拉应力限值或规定的裂缝宽度。

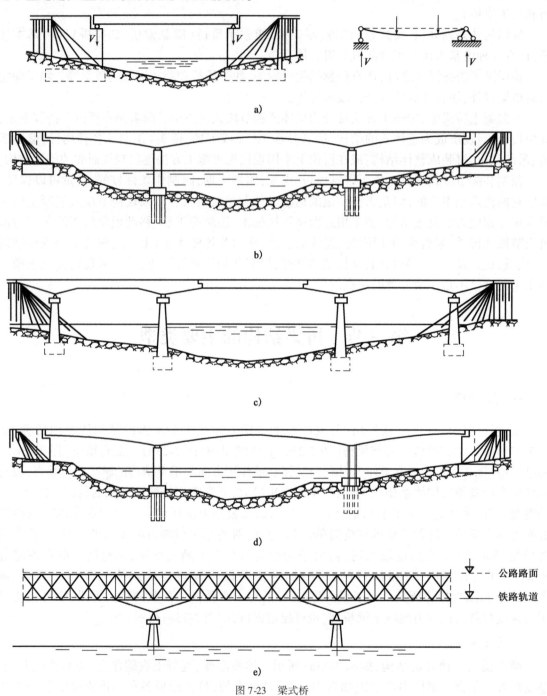

图 7-23 梁式桥
a)简支梁桥;b)连续梁桥;c)悬臂梁桥;d)连续刚构桥;e)钢桥

简支梁桥根据截面形式的不同可以分为板桥(图 7-24)、肋板式梁桥(图 7-25)和箱形梁桥(图 7-26)。

1) 板桥

板桥的承重结构就是矩形截面的钢筋混凝土或预应力混凝土板,如图7-24所示,其主要特点是构造简单,施工方便,而且建筑高度较小。从力学性能上分析,位于受拉区域的混凝土材料不但不能发挥作用,反而增大了结构的自重,当跨度稍大时就显得笨重而不经济。简支板桥的跨径只在十几米以下。

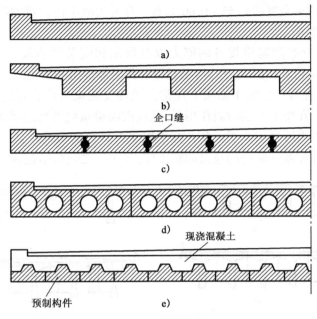

图7-24 板桥横截面

如图7-24a)所示为整体式板桥的横截面,这种板在车辆荷载作用下除了沿跨径方向引起弯曲受力外,板在横向也发生挠曲变形,因此它是一块双向受力的弹性薄板。有时为了减小自重,也可做成留有圆洞的空心板桥或将受拉区稍加挖空的矮肋式板桥[图7-24b)]。如图7-24c)所示为小跨径桥(不超过8m左右)中最广泛使用的装配式板桥,它由几块预制的实心板条利用板间企口缝填入混凝土拼连而成。从结构受力性能上分析,在荷载作用下,它不是双向受力的整体宽板,而是一系列单向受力的窄板式梁,板与板之间借铰缝传递剪力而共同受力。对于每块窄板而言,它主要沿跨径方向承受弯曲与扭转。装配式板桥也可做成横截面被显著挖空的空心板桥[图7-24d)]以达到减小自重和加大适用跨径的目的,这种预应力混凝土空心板桥的常用跨径为16~20m。图7-24e)是一种装配式整体组合式板桥,它利用一些小型预制构件安装就位后作为底模,在其上再浇筑混凝土结合成整体,在缺乏起重设备的情况下,这种板桥能收到好的效果。

2) 肋板式梁桥

在横截面内形成明显肋形结构的梁桥称为肋板式梁桥,或简称肋梁桥。在此种桥上,梁肋(或称腹板)与顶部的钢筋混凝土桥面板结合在一起作为承重结构(图7-25)。由于肋与肋之间处于受拉区域的混凝土得到很大程度的挖空,就显著减小了结构自重。特别对于仅承受正弯矩作用的简支梁来说,既充分利用了扩展的混凝土桥面板的抗压能力,又有效地发挥了集中布置在梁肋下部的受力钢筋的抗拉作用,从而使结构构造与受力性能达到理想的配合。与板桥相比,对于梁肋较高的肋梁桥来说,由于混凝土抗压和钢筋受拉所形成的力偶臂较大,因而肋梁桥也具有更大的抵抗荷载弯矩的能力。目前,中等跨径(20～25m 以上)的简支梁桥通常多采用肋板式梁桥。

如图 7-25a)、图 7-25b)所示为整体式肋梁桥的横截面形状。在设计整体式梁桥时,鉴于梁肋尺寸不受起重安装机具的限制,故可以根据钢筋混凝土体积最小的经济原则来确定截面尺寸。对于桥面净空为双车道的桥梁,只要建筑高度不受限制,往往以建成双主梁桥最为合理,主梁的间距可按桥梁全宽的 0.55～0.60 布置。有时为减小桥面板的跨径,还可在两主梁之间增设内纵梁[图 7-25b)]。

装配式肋梁桥,考虑到起重设备的能力以及预制和安装的方便,一般采用主梁间距在 2.0m 左右的多梁式结构。如图 7-25c)所示是目前我国最常用的装配式肋梁桥(也称装配式 T 形梁桥)的横截面。在每一预制 T 形梁上通常设置待安装就位后相互连接用的横隔梁,借以保证全桥的整体性。在桥上车辆荷载作用下,通过横隔梁接缝处传递剪力和弯矩而使各 T 形梁共同受力。对于较大跨径的 T 形梁桥往往采用图 7-25d)的截面形式。为了减轻吊装重量,减小块件的横向尺寸和增强块件间连接的整体性,在块件之间留出宽 30～50cm 湿接缝。

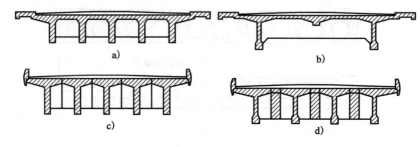

图 7-25 肋板桥横截面

3) 箱形梁桥

横截面呈一个或几个封闭箱形的梁桥简称为箱形梁桥。这种结构除了梁肋和上部翼缘板外,在底部尚有扩展的底板,因此它提供了能承受正、负弯矩的足够的混凝土受压区。箱形梁桥的另一个重要特点,是在一定的截面面积下能够获得较大的抗弯惯矩,而且抗扭刚度也比较大,在偏心活载作用下各梁肋的受力比较均匀。因此箱形截面能适用较大跨径的悬臂梁桥和连续梁桥,也可用来修建全截面均参与受力的预应力混凝土简支梁桥。显然,对于普通钢筋混凝土简支梁桥来说,底板除徒然增加自重外并无其他益处,故不宜采用。

如图 7-26a)所示的小箱梁就是内部挖空率较大的预应力混凝土空心板,其常用跨径为 25～30m。采用此类桥梁时特别要注意块件之间铰缝的连接强度,否则很易引起桥面纵向裂缝。目前在公路或城市道路上还常采用带斜腹板、梁间距较大(2.0～3.5m)的预应力混凝土小箱梁桥[图 7-26b)],常用跨径为 25～35m。与 T 形梁桥相比,箱形梁桥的梁高较小,运输、安装比较方便,外形也较美观,但制造稍复杂些。

此外,对于曲线半径较大的弯桥和变宽度的桥梁,采用小箱梁布置有较好的适应性。在设计中通常根据现场条件,经技术、经济等多种因素的方案比选来确定最适宜的梁型。

一般地说,整体现浇的梁桥具有整体性好、刚度大、易于做成复杂形状(如曲线桥、斜交桥、宽度变化的异形桥)等优点,但其施工速度慢,工业化程度较低,又要耗费大量支架模板材料。

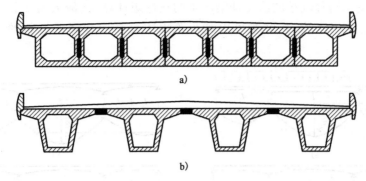

图 7-26 箱形截面

2. 连续梁桥

将简支梁体在支点上连续就成为连续梁桥,连续梁至少布置成两跨,一般布置成多跨一联。每联跨数越多,联长就越长,由温度变化和混凝土收缩等引起的纵向位移就越大,伸缩缝和活动支座的构造就越复杂;每联跨数越少,联长就越短,伸缩缝数量越多,则对高速行车越不利。为了充分发挥连续梁在高速行车中平顺的优点,现代伸缩缝及支座构造已经做了极大的改进,梁体连续长度 1 500m、伸缩缝伸缩 1m 长度已经成为可能。一般情况下,连续梁中间墩上只需设置一个支座,而在相邻两联连续梁的桥墩处仍需设置两个支座。在跨越山谷的连续梁中,中间高墩也可采用双柱(壁)式墩,每柱(壁)上都设有支座,连续梁支点负弯矩尖峰可被削低。

连续梁是一种外部超静定结构,基础不均匀沉降将引起结构附加内力,因此,对桥梁基础要求较高,通常宜选择良好的地基条件和沉降较小的基础形式。此外,初始预应力、混凝土收缩和徐变、结构温差作用等都会引起超静定结构影响力,不仅增加了设计计算的复杂程度,而且连续梁最终恒载内力的形成还依赖于不同的施工方法。

连续梁在力学性能上优于简支梁桥和悬臂梁桥,其具有结构刚度大、桥面变形小、动力性能好、变形曲线平顺、有利于高速行车等突出优点。虽然钢筋混凝土连续梁同悬臂梁一样,因在施工和使用上的相同缺陷,限制了它的使用,仅在城市高架和小半径弯桥中少量采用,一般跨径不超过 25～30m,但是预应力混凝土连续梁的应用范围很广,常用跨径达到了 150m,在数量上仅次于简支梁桥。尤其是悬臂施工法、顶推法、逐跨施工法等分段施工技术在连续桥中的应用,充分发挥了预应力技术的优点,使施工设备机械化和构件生产工厂化,从而提高了施工质量,减低了施工费用。

3. 悬臂梁桥

将简支梁梁体加长,并超过支点就成为悬臂梁桥。仅有一端越过支点的称为单悬臂梁,如图 7-27a)所示;两端同时越过支点的称为双悬臂梁,如图 7-27b)所示。由此可见,悬臂梁桥一般应布置成三跨以上,习惯上将悬臂主跨称为锚跨。

悬臂梁利用悬出支点以外的伸悬,使得支点产生负弯矩对锚跨之中正弯矩产生有利的卸载作用。显然,与简支梁各跨之中恒载弯矩相比[图 7-27a)],无论是单悬臂梁还是双悬臂梁,其锚跨之中弯矩同支点负弯矩图卸载作用而显著减小,而悬臂跨中因简支体系的跨径缩短而跨中弯矩也同样显著减小。再从活载方面来看,如梁只在悬臂梁的锚跨布载,活载引起的跨中最大正弯矩是按支承跨径较小的简支挂梁产生的正弯矩计算,其最大弯矩比简支梁小得多。由此可见,与简支梁相比较,悬臂梁可以减小跨内主梁高度和降低材料的用量,是比较经济的。

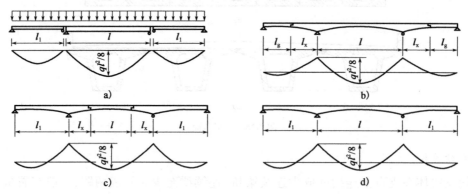

图 7-27 悬臂梁桥的受力特点

悬臂梁桥一般为静定结构,结构内力不受地基变形的影响,对基础要求较低。与简支梁相比,墩上均只需设置一个支座,减小了桥墩尺寸,节省了基础工程量。此外,悬臂梁将结构的伸缩缝移至跨内,其变形曲线的转折角比简支梁变形曲线在支点上的转折角要小,这对行车的舒适较有利。

悬臂梁桥虽然在力学性能上优于简支梁桥,可适用于更大跨径的桥梁方案,但由于悬臂梁的某些区段同时存在正、负弯矩,无论采用何种主梁截面形式,其构造均较为复杂;而且跨径增大以后,梁体重量快速增加,不宜采用装配式施工,往往要在费用昂贵、速度缓慢的支架上现浇。钢筋混凝土悬臂梁,还因支点负弯矩区段的存在,不可避免地将在梁顶产生裂缝,虽有桥面防水措施,但仍会受雨水侵蚀影响而降低使用年限;预应力混凝土悬臂梁桥虽无此患,并可采用节段悬臂施工,但由于支点为单点简支,施工时必须采用临时固结措施。正是由于结构构造和施工方法等方面的问题,无论是钢筋混凝土悬臂梁还是预应力混凝土悬臂梁,在实际桥梁工程中均较少采用。国内钢筋混凝土悬臂梁的最大跨径一般在 55m 以下,而预应力混凝土悬臂梁桥的最大跨径也在 100m 以下。

4. 刚构式桥

刚构式桥是一种具有悬臂受力特点的墩梁固结梁式桥,因桥墩两侧伸出悬臂形同"T"字,故又称为 T 形刚构。由于悬臂部分承受负弯矩,刚构式桥几乎都是预应力混凝土结构。预应力混凝土刚构式桥一般可以分为带剪力铰刚构、带挂梁刚构和连续刚构三种基本类型,如图 7-28 所示。

带剪力铰刚构桥的上部结构全部由悬臂组成,如图 7-28a)所示,相邻两悬臂端通过剪力铰相连接。所谓剪力铰是一种只能传递竖向剪力,不能传递水平推力和弯矩的连接构造。当在一个 T 形刚构单元上作用竖向力时,相邻的

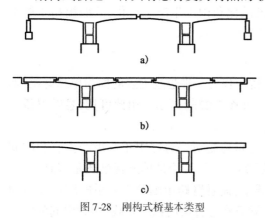

图 7-28 刚构式桥基本类型

T形刚构单元将通过剪力铰共同参与受力,从而减轻了直接受荷T形刚构单元的结构受力,从结构受力与牵制悬臂梁端竖向变形来看,剪力铰起到了有利作用。对称布置的带剪力铰刚构桥在恒载作用下属于静定结构,但在活载作用下是外部超静定结构。在结构温差作用、混凝土收缩和徐变、基础不均匀沉降等因素影响下,剪力铰两侧悬臂端的挠度不同,必然产生超静定结构附加内力。这些挠度和附加内力,事先难以准确估计,又不易采用措施加以调整。其次,中间铰结构复杂,用钢量很大,但耐久性又比较差。此外,在运营中发现,剪力铰处往往因下挠而形成折角,导致车辆跳车,损坏剪力铰。因此,带剪力铰刚构桥目前已经较少采用。

带挂梁刚构桥的上部结构由部分悬臂和挂梁组成,如图7-28b)所示,是一种静定结构,与带剪力铰刚构桥相比,虽由于各个T形刚构单元独立作用,在受力和变形方面略差一些,但它的受力明确,不受各种内外因素的影响。带挂梁刚构桥在跨内因有正、负弯矩分布,其总弯矩图的面积要比带剪力铰刚构桥小,虽然增加了牛腿构造,但免去了构造复杂的剪力铰。带挂梁刚构桥的主要缺点是桥面伸缩缝较多,对于高速行车不利;其次,除了悬臂施工工序和机具设备外,还增加了挂梁预制、安装工序及机具设备。目前国内经常采用的预应力混凝土带挂梁刚构桥的跨径为60~150m。

连续刚构桥综合了连续梁和上述两种刚构桥的受力特点,将主梁做成连续梁体,并与薄壁桥墩固结[图7-28c)]。它与连续梁一样,可以做成多跨一联,在特长桥中,还可以在若干中间跨以剪力铰或简支挂梁相连。典型的连续刚构体系,一般采用对称布置,非常适合于平衡悬臂施工。随着墩高的增加,薄壁桥墩对上部结构的嵌固作用越来越小,直至退化为柔性墩。连续刚构桥梁体的受力性能与连续梁相仿,而薄壁墩底部所承受的弯矩和梁体内的轴力会随着墩高的增大而急剧减小。在跨径大而墩高小的连续刚构桥中,由于体系温度的变化,混凝土收缩等将在墩顶产生较大的水平位移,为减少水平位移在墩中产生的弯矩,连续刚构桥常采用水平抗推刚度较小的双薄壁墩。目前,连续刚构桥已经成为预应力混凝土大跨径梁式桥的主要桥型,最大跨径已经突破300m。

二、拱桥

1. 拱桥的结构特点

拱桥是指在竖向荷载作用下,两端支承处除有竖向反力外,还产生水平推力的桥梁结构[图7-29a)]。在水平推力作用下,拱内产生轴向压力,大大减小了跨中弯矩,使主拱圈的截面材料强度得到充分发挥,跨越能力增大。根据理论推算,混凝土拱桥的极限跨度可达500m左右,钢拱桥的极限跨度可达1 200m左右。正是这个推力,故修建拱桥时要有较庞大的墩、台和良好的地基。

拱桥桥垮结构的主要承重构件是曲线形的拱圈,也称为主拱圈或主拱。拱圈在横桥方向有整体式和分离式两种构造方式。分离式拱圈通常由两条以上的拱肋组成。整体式拱圈的顶曲面称为拱背、底曲面称为拱腹[图7-29b)]。净矢高是从拱顶截面下缘至相邻两拱脚截面下缘最低点之连线的垂直距离,以f_0表示[图7-29b)]。计算矢高是从拱顶截面形心至相邻两拱脚截面形心之连线的垂直距离,以f表示[图7-29b)]。矢跨比是拱桥中拱圈(或拱肋)的计算矢高f与计算跨径l之比(f/l),也称拱矢度,它是反映拱桥受力特性的一个重要指标。

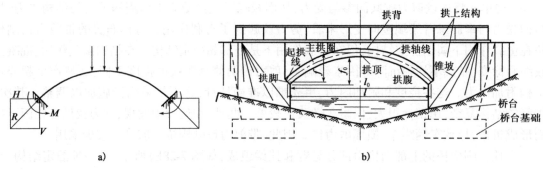

图 7-29 拱桥的基本组成

2. 拱桥的分类

1) 按照桥面系的位置分类

根据桥面系或桥面结构在拱桥上部结构立面中的位置,拱桥的桥跨结构可以做成上承式、下承式或中承式三种类型,如图 7-30 所示。

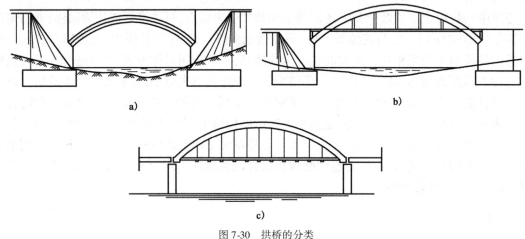

图 7-30 拱桥的分类
a) 上承式; b) 中承式; c) 下承式

上承式拱桥的桥面系位于拱圈之上,桥面系与拱圈之间由传力构件或填充物过渡以形成平顺的行车道。桥面系的这些传力构件或填充物统称为拱上结构或拱上建筑。拱上建筑完全填实充满的上承式拱桥,称为实腹式拱桥,否则称为空腹式拱桥。

中承式拱桥的拱圈由分离的拱肋所组成,由横梁及支承于其上的桥面板等所构成的桥面结构位于拱肋立面的中部,利用设在横梁处的吊杆将荷载传递到拱肋,桥面结构位于拱肋以上的部分则由立柱支撑在拱肋及墩、台上。

下承式拱桥的拱圈也由分离的拱肋所组成,桥面结构与中承式拱桥相似,但其位于拱肋立面的底部且均由吊杆悬吊在拱肋上。

2) 按照结构体系分类

拱式桥跨结构按照静力图式可以分为简单体系拱桥、组合体系拱桥和拱片桥三种类型。

(1) 简单体系拱桥

简单体系拱桥,可以做成上承式、下承式(无系杆拱)和中承式三种,均为有推力拱。

在简单体系的拱桥中,上承式拱桥的拱上建筑或中、下承式拱桥的拱下悬吊结构(统称为行车道系结构)不与主拱一起承受荷载。桥上的全部荷载由主拱单独承受,它们是桥跨结构的主要承重构件。拱的水平推力直接由墩台或基础承受。

按照主拱的静力特点,简单体系的拱桥又可以分为三铰拱、两铰拱和无铰拱三种类型,如图7-31所示。

① 三铰拱属外部静定结构。由于温度变化、支座沉陷等原因引起的变形不会在拱内产生附加内力,计算时无需考虑体系弹性变形对内力的影响。当地基条件不良,又需要采用拱式桥梁时,可以采用三铰拱。但由于铰的存在,使其构造复杂,施工较困难,维护费用增高,而且,减小了结构的整体刚度,降低了抗震能力;又由于拱的挠度曲线在顶铰处有转折,对行车不利,因此,三铰拱一般较少采用。国外三铰拱的最大跨径达107m,我国仅在一些较小跨径的桥上有所采用。公路空腹式拱桥的拱上建筑中的边腹拱中常用三铰拱。

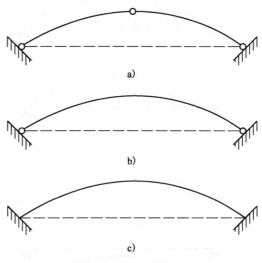

图7-31 拱圈的静力图式

② 两铰拱属外部一次超静定结构。由于取消了拱顶铰,结构整体刚度较三铰拱大。在墩台基础可能发生位移的情况下或坦拱中采用,较之无铰拱可以减小基础位移、温度变化以及混凝土收缩和徐变等引起的附加内力。目前世界最大跨径的两铰拱桥是日本的外津桥,跨径达170m。

③ 无铰拱属外部三次超静定结构。在自重及外荷载作用下,拱内的弯矩分布比两铰拱均匀,材料用量省。由于无铰,结构的整体刚度大,构造简单,施工方便,维护费用少,因此在实际中使用最广泛。但由于无铰拱的超静定次数高,温度变化、材料收缩、结构变形,特别是墩台位移会在拱内产生较大的附加内力,所以一般希望无铰拱修建在地基良好的条件下,这使它的使用范围受到一定限制。不过,随着跨径的增大,附加内力的影响要相对地减小,因而无铰拱仍是国内外拱桥上采用最多的一种构造形式,世界最大跨径已达420m。

(2)组合体系拱桥

在拱式桥跨结构中,行车系的行车道梁与拱组合,共同受力,称为组合体系拱桥。

由于行车系与主拱的组合方式不同,其静力图式也不同。组合拱可分成无推力的和有推力的两类。同样,组合拱可以做成上承式或下承式的。常用的有以下几种形式。

① 无推力的组合体系拱

拱的推力由系杆承受,墩台不承受水平推力。根据拱肋和系杆的刚度大小及吊杆的布置形式可以分为(图7-32):

a. 具有竖直吊杆的柔性系杆刚性拱,称为系杆拱,如图7-32a)所示。

b. 具有竖直吊杆的刚性系杆柔性拱,称为蓝格尔拱,如图7-32b)所示。

c. 具有竖直吊杆的刚性系杆刚性拱,称为洛泽拱,如图7-32c)所示。

以上三种拱,当用斜吊杆来代替竖直吊杆时,称为尼尔森拱,如图7-32d)、e)、f)所示。

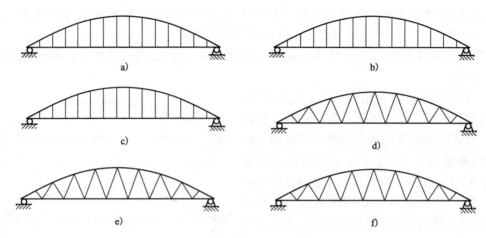

图 7-32 无推力的组合体系拱

② 有推力的组合体系拱

此种组合体系拱没有系杆,由单独的梁和拱共同受力,拱的推力仍由墩台承受。图 7-33a)是刚性梁柔性拱(倒蓝格尔拱);图 7-33b)是刚性梁刚性拱(倒洛泽拱)。

图 7-33 有推力的组合体系拱

(3)拱片桥

桥的上边缘与桥面纵向平行,下边缘是拱形的有推力结构,称为拱片。在拱片桥中,行车道系与拱肋刚性连成一整体,共同承受荷载,故它仅能用于上承式桥梁(图 7-34)。拱片的立面可以做成实体拱片,也可以挖空做成桁架式拱片。根据桥梁宽度的不同,拱片桥由两片以上的拱片组成,并用横向联结系将各拱片连成整体。行车道板支承在拱片上。拱片桥可以做成无铰、两铰或三铰,它的推力由墩台承受。

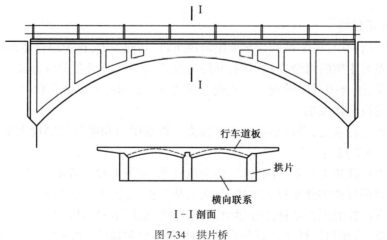

图 7-34 拱片桥

3) 按照主拱的截面形式分类

主拱的横截面形式很多,通常可分为下面几种类型。

(1) 板拱桥[图 7-35a)]

如果主拱的横截面是整块的实体矩形截面,则称为板拱桥。板拱桥是最古老的拱桥形式,由于它构造简单,施工方便,至今仍在使用。

由于在截面积相同的条件下,实体矩形截面比其他形式截面的截面抵抗矩小,在有弯矩作用时,材料的强度没有得到充分利用。如果要获得与其他形式截面相同的截面抵抗矩,板拱就必须增大截面面积,这就相应地增加了材料用量和结构自重,故采用板拱是不太经济的。

(2) 肋拱桥[图 7-35b)]

为了节省材料,减轻结构自重,必须充分利用材料的强度,以较小的截面面积获得较大的截面抵抗矩,将整块的矩形实体截面划分成两条(或多条)分离式的肋,以加大拱的高度,这就形成了由几条肋组成的拱桥,称为肋拱桥。肋拱桥的拱肋可以是实体截面、箱形截面或桁架截面。肋拱桥材料用量一般比板拱桥经济,但构造比板拱桥复杂。

(3) 双曲拱桥[图 7-35c)]

主拱圈的横截面是由数个横向小拱组成,使主拱圈在纵向及横向均呈曲线形,故称之为双曲拱桥。

双曲拱截面的抵抗矩比相同截面积的实体板拱圈要大,因此可节省材料,结构自重力小,特别是它的预制部件分得细,吊装质量轻。在公路桥梁上获得过较广泛的应用,最大跨径达150m。但由于其截面组成划分过细,整体性能较差,建成后出现裂缝较多,目前已基本不采用。

(4) 箱形拱桥[图 7-35d)]

将实体的板拱截面挖空成空心箱形截面,则称为箱形拱或空心板拱。由于截面挖空,使箱形拱的截面抵抗矩较相同截面积板拱的截面抵抗矩大得多,从而大大减小弯矩引起的应力,节省材料较多。

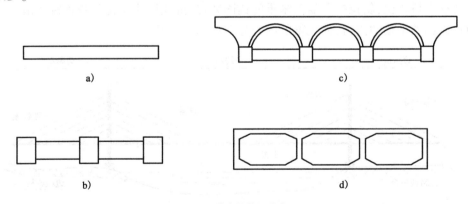

图 7-35 拱肋的截面形式

(5) 钢管混凝土拱桥(图 7-36)

钢管混凝土拱桥是将钢管内填充混凝土,由于钢管的径向约束而限制受压混凝土的膨胀,使混凝土处于三向受压状态,从而显著提高混凝土的抗压强度。钢管兼有纵向主筋和横向套箍的作用,可作为施工模板,方便混凝土浇筑。施工过程中,钢管可作为劲性承重骨架,其焊接工作简单,吊装质量轻,从而能简化施工工艺,缩短施工工期。

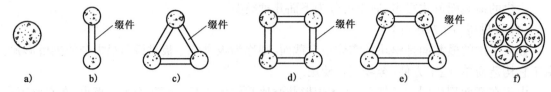

图 7-36 钢管混凝土拱

钢管混凝土拱桥真正的发展是在 20 世纪 90 年代的我国。我国第一座钢管混凝土拱桥是 1990 年建成的四川旺苍东河大桥,跨径 110m。据不完全统计,十多年来在我国已建的和在建的钢管混凝土拱桥约有 200 多座,其中跨径超过 200m 的有 30 多座。1995 年,广东三山西大桥是第一座跨径超过 200m 的钢管混凝土拱桥,也是第一座飞燕式拱桥。飞燕式钢管混凝土拱桥通过张拉系杆来平衡主拱所产生的大部分水平推力,大大降低了平原或软基地区拱桥下部与基础的工程量与造价,且造型美观,在我国得到了迅速发展,相继建成的有武汉市江汉五桥、江苏徐州京杭运河特大桥、南昌市生米特大桥等。尤其是建成于 2000 年跨径组合 76m + 360m + 76m 的丫髻沙大桥,把这一桥型,也可以说把钢管混凝土拱桥的跨径推上了一个新的台阶。

三、斜拉桥

1. 斜拉桥的结构特点

斜拉桥又称斜张桥,属组合体系桥梁,它的上部结构由主梁、拉索和索塔三种构件组成。它是一种桥面体系以主梁受轴向力(密索体系)或受弯(稀索体系)为主、支承体系以拉索受拉和索塔受压为主的桥梁,如图 7-37 所示。由图可以看出,斜拉桥是索塔上用若干斜向拉索支承起主梁以跨越较大的河谷等障碍。拉索的作用相当于在主梁跨内增加了若干弹性支承,使主梁跨径显著减小,从而大大减少了梁内弯矩、梁体尺寸和梁体重力,使桥梁的跨越能力显著增大。与悬索桥相比,斜拉桥不需要笨重的锚固装置,抗风性能又优于悬索桥。由调整拉索的预拉力可以调整主梁的内力,使主梁的内力分布更均匀合理。

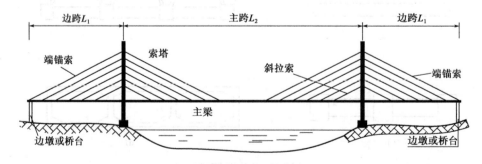

图 7-37 斜拉桥概貌

混凝土斜拉桥的主梁是由钢筋混凝土或预应力混凝土建成。拉索的水平分力可对混凝土主梁产生轴向预压作用,增强了主梁的抗裂性能并节省了高强钢材。斜拉桥利用主梁、拉索、索塔三者的不同组合形成不同的结构体系,以适应不同的地形和地质条件;斜拉桥便于采用悬臂法施工和架设,且安全可靠。但是,斜拉桥是一种高次超静定的组合结构,包含较多的设计变量,全桥总的技术经济合理性不能单从结构体积小、用料省或者满应力等概念来衡量,这给选定合理的桥型方案和经济合理的设计带来困难,同时,拉索与主梁和索塔的连接构造较复杂,施工技术要求高。拉索索力的调整工序也较复杂。

2. 斜拉桥结构体系

斜拉桥是由上部结构的主梁、拉索、索塔及下部结构的桥墩、桥台四种基本构件组成的组合体系桥梁。斜拉桥的结构体系可以根据主梁、拉索、索塔和桥墩的不同结合方式形成不同的结构体系,也可根据拉索的锚拉体系来形成斜拉桥的不同结构体系。下面就从这两个方面来叙述斜拉桥的结构体系。

1)由梁、索、塔、墩的不同结合构成的四种不同的结构体系

(1)塔、墩固结,塔、梁分离——飘浮体系[图7-38a)]

主梁除两端有支承外,其余全部由拉索作为支承,成为在纵向可稍作浮动的一根具有多点弹性支承的单跨梁,如图7-38a)所示。飘浮体系的主要优点是满载时,塔柱处主梁不出现负弯矩峰值;温度及混凝土收缩、徐变内力均较小,在密索情况下,主梁各截面的变形和内力的变化较平缓,受力较均匀。地震时允许全梁纵向摆动,从而起抗震消能作用。因此地震烈度较高的地区应优先考虑选择这种体系。

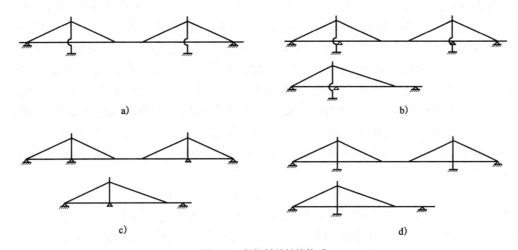

图7-38 斜拉桥的结构体系

但飘浮体系斜拉桥当采用悬臂施工时,塔柱处梁段需临时固结,以抵抗施工过程中的不平衡弯矩和纵向剪力。空间动力计算表明,由于拉索不能对主梁提供有效的横向支承,所以对飘浮体系必须施加一定的横向约束,提高其振动频率以改善动力性能。为抵抗由于风力等引起的横向水平力,一般是在塔柱和主梁之间设置板式橡胶支座或聚四氟乙烯盆式橡胶支座以限制主梁的横向位移,并能使主梁在横向形成较为柔性的约束,保持良好的动力性能。安装横向支座时应预先顶紧以施加横向约束,其构造示意如图7-39所示。

现代大跨径混凝土斜拉桥大多采用飘浮体系。

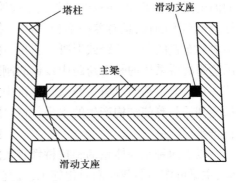

图7-39 漂浮体系主梁与主塔构造示意图

美国的哥伦比亚桥、东亨丁顿桥及日照高架桥,我国的武汉长江公路桥、重庆长江二桥、铜陵长江大桥、上海南浦大桥和杨浦大桥(钢—混凝土结合梁)都采用这种体系。

(2)塔、墩固结,塔、梁分离,在塔墩处主梁下设置竖向支承——半飘浮体系[图7-38b)]

此时,半飘浮体系的主梁成为在跨内具有多点弹性支承的连续梁或悬臂梁。主梁可布置成连续体系,也可在中跨跨中设剪力铰或简支挂孔,主梁布置成非连续体系。挂孔需有一定长度,避免当一侧悬臂受车辆荷载作用时挂梁发生过大倾斜,影响行车顺畅。半飘浮体系的主梁内力在塔墩支承处出现负弯矩峰值,通常须加强支承区段的主梁截面。温度及混凝土收缩、徐变内力也较大。但是,如在墩顶设置可调节高度的支座或弹簧支承来代替从塔柱中心悬吊下来的拉索(一般称为0号索),并在成桥时调整支座反力,以消除大部分收缩、徐变等不利影响,这样与飘浮体系相比,无论在经济上还是美观上都优于飘浮体系。我国辽宁长兴岛主跨176m的双塔双索面混凝土斜拉桥就是采用半飘浮体系,主梁为连续体系。

(3)塔、梁固结,塔、墩分离——塔、梁固结体系[图7-38c)]

塔梁固结并支承在桥墩上,这时主梁相当于顶面用拉索加强的一根连续梁或悬臂梁,如图7-38c)所示。主梁和塔柱内的内力和挠度直接与主梁和塔柱的弯曲刚度比值有关。塔梁固结体系的主要优点是取消了承受很大弯矩的梁下塔柱部分,代之以一般桥墩,使塔柱和主梁的温度内力极小,并可显著减小主梁中央段承受的轴向拉力。但当中跨满载时,由于主梁在墩顶处的转角位移导致塔柱倾斜,使塔顶产生较大的水平位移,因而显著增大了主梁的跨中挠度和边跨的负弯矩。并且上部结构的重力和活载反力均由支座传给桥墩,这就要求设置很大吨位的支座,故一般仅用于小跨径斜拉桥。对于大跨径斜拉桥,由于上部结构反力过大,可能需要设置上万吨的支座,使支座构造复杂,制作困难,且动力特性不理想,于抗风、抗震不利,故不宜采用。法国的伯劳东纳桥(主跨320m)采用塔梁固结体系,主梁布置成连续体系,支座用10块橡胶支座围成圆周,中心用800mm连接管,管内填充环氧树脂。我国上海泖港大桥也采用塔梁固结体系,主梁布置成非连续体系,中跨跨中有一孔30m长的简支挂梁形成单悬臂加挂梁的主梁结构体系。

(4)主梁、索塔、桥墩三者互为固结——刚构体系[图7-38d)]

梁、塔、墩固结,主梁成为在跨内有多点弹性支承的刚构。这种体系的优点是结构刚度大,主梁和塔柱的挠度均较小,不需要大吨位支座,最适合用悬臂法施工;但刚构体系动力性能差,在窄桥时尤差。因此,该体系用于地震区及风荷载较大的地区时,应认真进行动力分析研究。且在固结处主梁负弯矩极大,此区段内主梁截面必须加大。为了消除固结点处及墩脚处产生的温度附加弯矩,可在双塔三跨式主梁跨中设置可以允许水平位移的剪力铰或挂梁,但这样会导致行车不顺畅,且对养护不利,所以,梁、塔、墩固结体系较适合于独塔双跨式斜拉桥。我国不对称布置的独塔两跨式混凝土斜拉桥——石门大桥就是采用塔、梁、墩固结的刚构体系。美国达姆岬桥采用的是中跨跨中设铰的刚构体系。

在塔墩很高的双塔三跨式斜拉桥中,若采用双薄臂柔性墩,以适应由于温度、混凝土收缩、徐变和活载等使结构产生的水平位移,形成连续刚构体系,既能保持刚构体系的优点,又能使行车平顺舒适。

以上四种结构体系的斜拉桥都有实际桥例,但由于飘浮体系具有充分的刚度,受力比较均匀,主梁可作为等截面而简化施工,且抗风、抗震性能也较好等特点,是现代大跨径斜拉桥使用较多的一种体系。表7-4是四种结构体系的比较。

按梁、塔、墩的不同组合形成四种结构体系的斜拉桥比较 表7-4

梁、塔、墩组合关系	塔、墩固结,塔、梁分离	塔、墩固结,塔、梁分离	塔、梁固结,塔、墩分离	塔、梁、墩固结
塔、墩处主梁设支承情况	无,但必须设横向约束	有,支反力较小或设可调节高度的支座或弹簧支座	有,且需设大型支座	无
结构体系	飘浮体系	半飘浮体系	塔、梁固结体系	刚构体系
梁、塔、墩连接处截面内力	主梁内力较均匀,主梁在塔、墩连接处无负弯矩峰值	主梁内力在塔、墩固结处有负弯矩峰值	塔柱内力较小,但主梁在塔、墩固结处出现负弯矩峰值,比塔、墩固结,而塔、梁分离的主梁内力增大约15%	按梁、塔、墩刚度比分配内力,主梁在固结点附近内力相当大
适宜的主梁结构形式	连续体系主梁	以跨中设铰或挂梁的非连续主梁为宜	主梁跨中设铰或挂梁的非连续主梁,或连续体系主梁均可	跨中设铰或挂梁的非连续主梁,或柔性墩连续主梁

2)按拉索的锚拉体系不同而形成的三种结构体系

(1)自锚式斜拉桥

自锚式斜拉桥的塔前侧拉索分散锚固在主梁梁体上,而塔后侧的拉索除了最后边的锚固在主梁端支点处以外,其余拉索则分散锚固在边跨主梁上或将一部分拉索集中锚固在端支点附近的主梁上。自锚体系拉索的水平分力由主梁的轴力来平衡。自锚体系中,锚固在端支点处的拉索索力最大,一般需要较大的截面,并且它对控制塔顶的变位起重要作用,是最重要的一根(组)拉索,被称为端锚索或边索(背索),如图7-40所示。无论是双塔三跨式还是独塔双跨式斜拉桥,绝大多数均采用自锚体系。

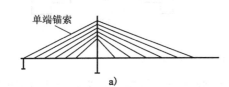 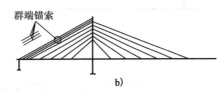

图7-40 自锚式斜拉桥

(2)地锚式斜拉桥

单跨式斜拉桥一般采用地锚式,全桥只需一个索塔。由于不存在边跨问题,塔后拉索只能采用地锚形式,这时,由拉索的水平分力引起的梁内水平轴力必须由相应的下部结构即地锚来承担。如图7-41所示是一座典型的地锚式单跨斜拉桥。

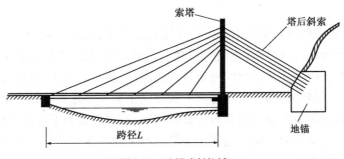

图7-41 地锚式斜拉桥

(3) 部分地锚式斜拉桥

无论是双塔三跨式还是独塔两跨式斜拉桥,由于某种原因边跨相对于主跨很小时,可以将边跨部分拉索锚固在主梁上,而部分拉索布置成地锚式。如我国主跨414m的湖北郧阳汉江桥,由于边跨与主跨之比仅为0.203,采用了部分地锚式体系,塔后侧的拉索只有4根锚于极短的边跨主梁上,另21道拉索全部锚在大体积混凝土桥台(重力式平衡桥台)上。西班牙的卢纳巴里奥斯桥也采用部分地锚式,索塔后侧8道拉索锚固在边跨主梁上(自锚),余下的13道拉索锚固在重力式大体积混凝土桥台上(地锚)。部分地锚式斜拉桥索塔两侧拉索的不平衡水平分力直接由边跨主梁传递给桥台(地锚)。

3) 锚拉体系与主梁轴力的关系

拉索作为斜拉桥主梁的弹性支承,减小了梁内弯矩,拉索索力的水平分力使主梁产生轴向力。主梁内轴向力的分布和轴力的正负号随斜拉桥拉索的锚拉体系和主梁的支承条件不同而变化。

图7-42是单跨地锚式斜拉桥在不同支承情况下的主梁轴力图。在图7-42a)中,主梁两端可活动,梁体轴力为正(受拉),而且跨中拉力大于两端拉力;在图7-42b)中,主梁两端固定,跨中设伸缩铰,这时,轴力为负(受压),且跨中压力小于两端压力。由此可以看出,同是地锚式斜拉桥,由于支承条件不同,梁内轴力的正负和大小却完全相反。

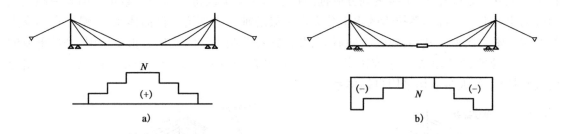

图7-42 单跨地锚式斜拉桥的主梁轴力比较

图7-43是三跨斜拉桥的轴力分布随支承条件的变化图。图7-43a)为自锚式,固定支承设在中间一个塔墩上,其余均为活动支座。图7-43b)为部分地锚式,桥两端设固定支座,主梁在塔墩处设伸缩铰,尾索锚固在边墩或锚固块上。图7-43c)也为部分地锚式,主梁全部支承在活动支座上。由图中可以看出,图7-43a)和图7-43b)主梁的轴力正负和大小完全相反,图7-43c)主梁轴力有正有负,且轴力较小。所以单对上部结构而言,从经济上考虑是图7-43c)最优,图7-43b)次之,图7-43a)最差。但若将下部结构一起来考虑时,则顺序将完全倒过来。

目前国内外已建成的斜拉桥绝大部分都采用自锚体系,如图7-43a)所示。主梁处于完全受压状态,这对抗压能力高、抗拉性能差的混凝土主梁来说,相当于施加了免费预应力,既能充分发挥高强材料的特性,又提高了梁的抗裂性,对混凝土斜拉桥是十分有利的。而地锚体系对抗拉能力较高的钢主梁较为有利,但不适合于混凝土主梁。半地锚体系主梁材料用量最省,随着跨径的增大,半地锚体系上部结构材料用量的节省,有可能抵消下部结构地锚材料的额外增加量,从而具有一定的竞争力。前面提到的主跨440m的西班牙卢纳巴里奥斯桥及我国主跨414m的郧阳汉江桥都采用了半地锚体系的混凝土斜拉桥形式。

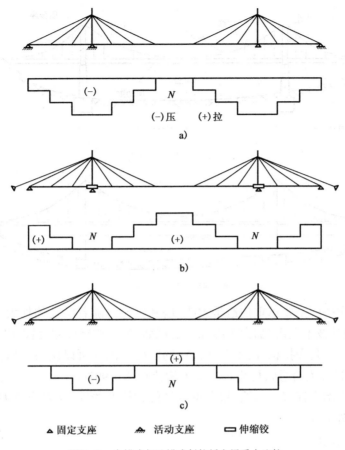

▲ 固定支座　　⚓ 活动支座　　▭ 伸缩铰

图 7-43　自锚式与地锚式斜拉桥主梁受力比较

四、悬索桥

悬索桥也叫吊桥,行车和行人的桥道梁(通常叫加劲梁)通过吊索挂在主缆上。现在的主缆一般用许多根高强钢丝做成,大缆两端用锚碇固定。通常还用两个高塔给大缆提供中间支承。悬索桥承重主要靠主缆。主缆的钢丝强度高且可根据需要增加钢丝数,所以悬索桥的跨越能力特别大。早在1931年,美国人就修建了跨度超过1 000m的悬索桥。80多年过去了,全世界跨度超过1 000m的悬索桥已有20余座。这说明悬索桥是一种最适合于大跨度的桥。由于其跨度大,相对来讲,悬索桥的桥塔高耸挺拔而主缆又显得轻柔飘逸,刚柔相济,雄伟壮观,特别美观,因此,大跨度悬索桥的所在地几乎无不将其作为重要的旅游景点。

1. 悬索桥的结构特点

悬索桥的桥面通过长短不同的吊索悬吊在悬索(主缆、大缆)上,使桥面具有一定的平直度。和拱桥不同的是,作为承重结构的拱肋是刚性的,而作为承重结构的悬索则是柔性的。为了避免在车辆驶过时桥面随着悬索一起变形,悬索桥一般均设有刚性梁(又称加劲梁)以保证车辆走过时不致发生过大的局部挠度。悬索桥的主缆一般均支承在两个塔柱上,塔顶设有鞍形支座,主缆的端部通过锚碇固定在地基中,图7-44给出了悬索桥的组成,个别也有将主缆固定在加劲梁端部的,称为自锚式悬索桥,如图7-45所示。

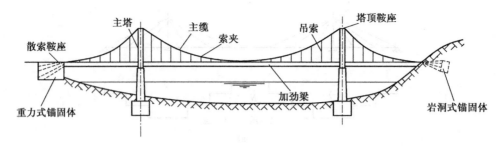

图 7-44 悬索桥概貌

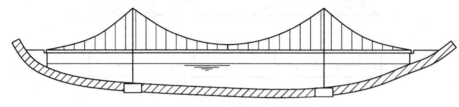

图 7-45 自锚式悬索桥

如上所述，悬索桥的主要承重构造是主缆、塔和锚碇。随着跨度的加大，这三者的承载能力都需要增加。而从技术上讲，加大主缆和塔的截面，加大锚碇尺寸，借以提高其承载能力，并无多大困难，同时主缆是受拉构件，不存在失稳的问题。因此可以认为：尽管悬索桥的跨度纪录已逼近 2 000m（世界大跨悬索桥明石海峡大桥跨径为 1 991m），但其潜力并未用足，若有需要，还可以让跨度再增大许多。当然，超大跨度将使结构非线性、风效应等因素的影响更加明显，从而增加其建造难度。

2. 悬索桥的体系类型

（1）地锚式与自锚式悬索桥

绝大部分悬索桥，特别是大跨度悬索桥，都是地锚式悬索桥。地锚式悬索桥主缆的拉力由桥梁端部的锚碇传递给地基，因此在锚碇处要求地基具有较大的承载力，最好是有良好的岩层做地基持力层。

自锚式悬索桥主缆水平拉力直接传递给加劲梁，但水平分力则使加劲梁产生巨大的轴向压力，为了抵抗巨大的主缆水平分力，加劲梁的截面必须增大，因此，自锚式悬索桥的跨度不宜过大，在中小跨径下采用混凝土主梁时具有一定的竞争力。自锚式悬索桥一般必须先架设加劲梁，然后再架设主缆，这也限制了其在特大跨径桥梁上的应用。

（2）双链式悬索桥

在小跨度悬索桥中可以采用双链式主缆来提高结构的刚度。加劲梁可以在全跨范围内均匀悬吊在双主缆上，如图 7-46a）所示，也可以左右两个半跨分别悬吊在下主缆上，如图 7-46b）所示。双链可以减小主梁在非对称的半跨布置活载作用下的 S 形变形，因此提高了全桥的刚度，克服重力刚度小的问题。但是，双链悬索桥主缆及吊索的构造比较复杂。

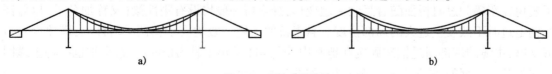

图 7-46 双链式悬索桥

(3) 悬索桥的孔跨布置形式

单跨悬索桥适合于边跨地面较高,采用桥墩来支承边跨的梁体结构是比较经济的情况[图 7-47a)]。单跨悬索桥由于边跨主缆的垂度较小,因此活载刚度较大,但在架设时主塔顶部须设置较大的鞍座预偏量。我国江阴长江大桥主跨 1 385m,是世界上跨度最大的单跨悬索桥。

当只有一岸的边跨地面较高时,可以采用两跨悬索桥的形式,如图 7-47b)所示。

三跨悬索桥是最常见的悬索桥布置形式[图 7-47c)],它的结构特性也比较合理,迄今为止大跨度悬索桥大部分采用这种形式。

超过三跨的悬索桥必须设置三个以上桥塔[图 7-47d)、e)],由于相邻跨的主缆不锚固在锚碇中,当其中一跨作用荷载时塔柱将向受荷跨弯曲,使悬索桥的整体刚度减小,因此,大跨径多跨悬索桥比较少见。如果要采用,中间桥塔必须加大其刚度,如采用在桥梁纵向呈 A 形的四柱立体桥塔。加大中间桥塔的刚度将大大增加中间桥塔及其基础的造价,因此,需要建多跨悬索桥时宁可采用两座三跨悬索桥和一个共用的主缆锚碇来布置成一前一后相连的形式,如图 7-47f)所示。

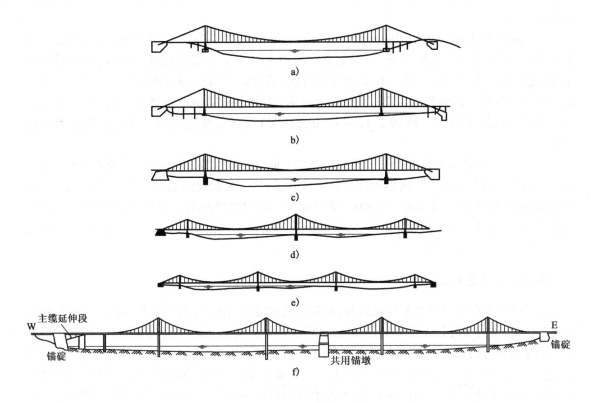

图 7-47 悬索桥的孔跨布置形式
a)单跨悬索桥;b)二跨悬索桥;c)三跨悬索桥;d)四跨悬索桥;e)五跨悬索桥;f)双联悬索桥

(4)加劲梁的支承体系

一般三跨悬索桥中加劲梁在塔柱处是非连续的,而是主跨和边跨分别简支在塔柱横梁上,称为三跨双铰加劲梁。但是,目前也有相当多的大跨径悬索桥将全桥设计成连续加劲梁。单跨悬索桥一般均采用双铰式,悬臂式较少见,如图 7-48 所示。

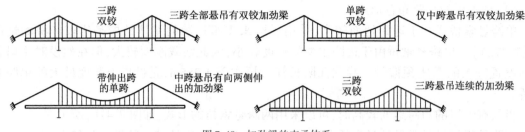

图 7-48 加劲梁的支承体系

三跨双铰式加劲梁的布置在受力上较合理,加劲梁的弯矩比较小,对桥塔基础不均匀沉降的适应性也比较好。但采用非连续的双铰加劲梁时,梁端的角变位和伸缩量以及跨中的最大挠度均较大。对于对变位要求较低的公路桥,采用三跨双铰加劲梁较合理,而对于有铁路通过的悬索桥,必须进行连续加劲梁和双铰加劲梁的比较。

3. 悬索桥的总体布置

悬索桥通常布置成三跨式,跨度比一般受具体桥位处的地形与地质条件制约,取值的自由度并不大,悬索桥的边中跨度比一般为 0.3~0.5,特大跨度时,为了提高结构的总体刚度,取为 0.2~0.4。

在主跨长及边中跨比一定的情况下,主缆的拉力(代表主缆所需截面积)随垂跨比的减小而增大,即垂度越大主缆力越小,但是垂度的增大增加了主缆的长度,同时增加了塔的高度,因此存在最优垂度的问题。在受力性能方面,垂度越大竖向整体刚度越小。同时,垂度的大小还影响悬索桥的竖向、扭转固有振动频率,从而影响结构抗风性能。综合上述因素,大跨度悬索桥的垂跨比一般为 1/12~1/10,公铁两用悬索桥通常取 1/11,公路悬索桥取 1/10。

在恒载下,悬索桥的加劲梁基本只承担局部弯曲,但是在活载作用下主梁的刚度对结构总体竖向刚度有很大贡献。从世界大跨度悬索桥看,桁架式加劲梁的高跨比为 1/180~1/70,钢箱形加劲梁的高跨比为 1/400~1/300。梁高除了与结构的竖向刚度有关外,还与全桥的抗风稳定性有关,梁高太低时截面扭转刚度削弱很多,容易产生涡振与抖振,造成结构疲劳,箱形梁的高宽比一般控制为 1/11~1/7。

五、组合体系桥梁

除了以上五种桥梁的基本体系以外,根据结构的受力特点,还有由几种不同体系的结构组而成的桥梁,称为组合体系桥。如图 7-49a)所示为一种梁和拱的组合体系,其中梁和拱都是主要承重结构,两者相互配合共同受力。由于吊杆将梁向上(与荷载作用的挠度方向相反)吊住,这样就显著减小了梁中的弯矩;同时由于拱与梁连接在一起,拱的水平推力就传给梁来承受,这样梁除了受弯以外尚且受拉。这种组合体系桥能跨越较一般简支梁桥更大的跨度,而对墩台没有推力作用,因此,对地基的要求就与一般简支梁桥一样。如图 7-49b)所示为拱置于梁的下方、通过立柱对梁起辅助支承作用的组合体系桥。

如图 7-50 所示为几座大跨度组合体系钢桥的实例。如图 7-50a)所示是钢桁架和钢拱的组合;如图 7-50b)所示是钢梁与悬吊系统的组合;如图 7-50c)所示是钢梁与斜拉索的组合;如图 7-50d)所示是斜拉索与悬索的组合。

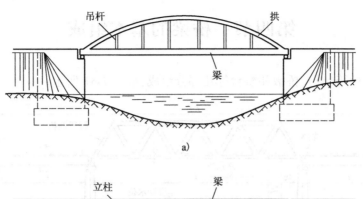

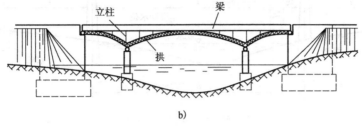

图 7-49　拱梁组合体系

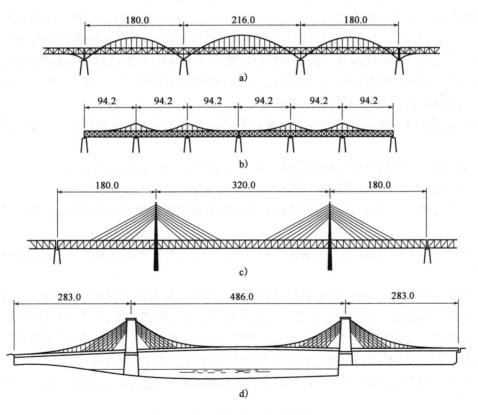

图 7-50　组合体系桥梁(尺寸单位:m)
a)九江长江大桥;b)丹东鸭绿江大桥;c)芜湖长江大桥;d)纽约布鲁克林大桥

第四节　桥梁的基本组成

桥梁一般由桥跨结构、桥墩和桥台等几部分组成,如图 7-51 所示。

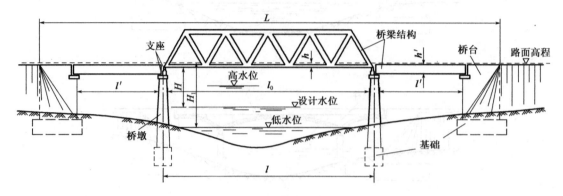

图 7-51　桥梁结构的基本组成

桥跨结构是在线路中断时跨越障碍的主要承重结构。当需要跨越幅度比较大,并且除恒载外要求安全地承受很大车辆荷载的情况下,桥跨结构的构造就比较复杂,施工也相当困难。

桥墩和桥台是支承桥跨结构并将恒载和车辆等活载传至地基的建筑物。通常设置在桥两端的称为桥台,它除了上述作用外,还与路堤相衔接,以抵御路堤土压力,防止路堤填土的滑坡和坍落。单孔桥没有中间桥墩。桥墩和桥台中使全部荷载传至地基的底部奠基部分,通常称为基础,它是确保桥梁能安全使用的关键。由于基础往往深埋于土层之中,并且需在水下施工,故也是桥梁建筑中比较困难的一个部分。

通常人们还习惯地称桥跨结构为桥梁上部结构,称桥墩或桥台(包括基础)为桥梁的下部结构。

一座桥梁中在桥跨结构与桥墩或桥台的支承处所设置的传力装置,称为支座,它不仅要传递很大的荷载,并且要保证桥跨结构能产生一定的变位。

在路堤与桥台衔接处,一般还在桥台两侧设置石砌的锥形护坡,以保证迎水部分路堤边坡的稳定。

在桥梁建筑工程中,除了上述基本结构外,根据需要还常常要修筑护岸、导流结构物等附属工程。

河流中的水位是变动的,在枯水季节的最低水位称为低水位,洪峰季节河流中的最高水位称为高水位。桥梁设计中按规定的设计洪水频率计算所得的高水位,称为设计洪水位。

净跨径对于梁式桥是指设计洪水位上相邻两个桥墩(或桥台)之间的净距,用 l_0 表示(图 7-51);对于拱式桥是指每孔拱跨两个拱脚截面最低点之间的水平距离(图 7-29)。

总跨径是多孔桥梁中各孔净跨径的总和,也称桥梁孔径($\sum l_0$),它反映了桥下宣泄洪水的能力。

计算跨径对于具有支座的桥梁,是指桥跨结构相邻及两个支座中心之间的距离,用 l 表示(图 7-51)。对于如图 7-29 所示的拱式桥,是两相邻拱脚截面形心点之间的水平距离。桥跨结

构的力学计算是以 l 为基准的。

桥梁全长简称桥长,是桥梁两端两个桥台的侧墙或八字墙后端点之间的距离,以 L 表示。

桥梁高度简称桥高,是指桥面与低水位之间的高差(如图7-51所示的 H_1)或为桥面与桥下线路路面之间的距离。桥高在某种程度上反映了桥梁施工的难易性。

桥下净空高度是设计洪水位或计算通航水位至桥跨结构最下缘之间的距离,以 H 表示,它应保证能安全排洪,并不得小于对该河流通航所规定的净空高度。

建筑高度是桥上行车路面(或轨顶)高程至桥跨结构最下缘之间的距离(图7-51中的 h 及 h'),它不仅与桥跨结构的体系和跨径大小有关,而且还随行车部分在桥上布置的高度位置而异。公路(或铁路)定线中所确定的桥面(或轨顶)高程,对通航净空顶部高程之差,又称为容许建筑高度。显然,桥梁的建筑高度不得大于其容许建筑高度,否则就不能保证桥下的通航要求。

此外,我国《公路桥涵设计通用规范》(JTG D60—2004)中规定,对标准设计或新建桥涵跨径在50m以下时,一般均应尽量采用标准跨径(l_b)。对于梁式桥,它是指两相邻桥墩中线之间的距离,或墩中线至桥台台背前缘之间的距离。对于拱式桥,则是指净跨径。

第五节 桥面构造

一、桥面铺装

桥面铺装即行车道铺装,也称桥面保护层,它是车轮直接作用的部分。桥面铺装的作用在于防止车辆轮胎或履带直接磨耗行车道板,保护主梁免受雨水侵蚀,并对车辆轮重的集中荷载起分布作用。因此行车道铺装要求有抗车辙、行车舒适、抗滑、不透水(和桥面板一起作用时)、刚度好等性能。行车道铺装可采用水泥混凝土、沥青混凝土、沥青表面处治和泥结碎石等各种类型材料。水泥混凝土和沥青混凝土桥面铺装用得较广,能满足各项要求。水泥混凝土铺装的耐磨性能好,适合重载交通,但养生期长,以后修补较麻烦。沥青混凝土桥面铺装维修养护方便,但易老化和变形。沥青表面处治和泥结碎石桥面铺装,耐久性较差,仅在中级和低级公路桥梁上使用。

桥面铺装一般不作受力计算,如在施工中能确保铺装层与行车道板紧密结合成整体,则铺装层的混凝土(除去作为车轮磨耗部分可取0.01~0.02m厚外)还可以计算在行车道的厚度内和行车道板共同受力。为使铺装层具有足够的强度和良好的整体性(能起联系各主梁共同受力的作用),一般宜在混凝土中设置直径为4~6mm的钢筋网。各种类型的桥面铺装如图7-52。

二、桥面纵横坡

桥面设置纵横坡,以利雨水迅速排除,防止或减少雨水对铺装层的渗透,从而保护了行车道板,延长桥梁使用寿命。

桥面上设置纵坡有利于排水,同时,在平原地区,还可以在满足桥下通航净空要求的前提下,降低墩台高程,减少引桥跨长或桥头引道土方量,从而节省工程费用。桥面的纵坡,一般都做成双向纵坡,在国内,纵坡一般以不超过3%~4%为宜;在国外,纵坡可达4%左右。

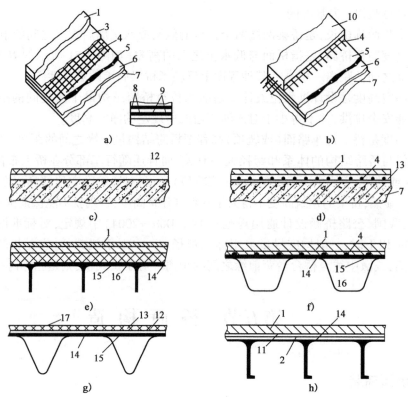

图 7-52 桥面铺装类型

1-沥青混凝土,厚 5~8cm;2-氯丁橡胶防水层;3-混凝土保护层,厚 3~6cm;4-钢筋网;5-防水层,厚 1~2cm;6-混凝土整平层,厚 2~3cm;7-钢筋混凝土桥面板;8-油毛毡或玻璃布网,层厚 2mm;9-沥青胶泥层,层厚 2mm;10-水泥混凝土,厚 6~8cm;11-氯丁橡胶涂料;12-聚合物铺装,厚 2cm;13-自应力混凝土层;14-正交各向异性桥面板的顶板;15-防腐层;16-黏结层;17-碎石磨耗层

桥面的横坡,一般采用 1.5%~3%。通常有三种设置形式:

(1)对于板桥(矩形板或空心板)或就地浇筑的肋板式梁桥,为节省铺装材料并减小恒载重力,可以将横坡直接设在墩台顶部,而使桥梁上部构造形成双向倾斜,此时,铺装层在整个桥宽上做成等厚的,如图 7-53a)所示。

(2)在装配肋板式梁桥中,为使主梁构造简单、架设与拼装方便,通常横坡不再设在墩台顶部,而直接设在行车道板上。先铺设一层厚度变化的混凝土三角垫层,形成双向倾斜,再铺设等厚的混凝土铺装层,如图 7-53b)所示。

(3)在比较宽的桥梁(或城市桥梁)中,用三角垫层设置横坡将使混凝土用量或恒载重力增加太多。为此,可将行车道板做成倾斜面而形成横坡,如图 7-53c)所示。它的缺点是主梁构造复杂,制作麻烦。

三、桥面防水层

桥面的防水层,设置在行车道铺装层下边,它将透过铺装层渗下的雨水汇集到排水设备(泄水管)排出。

钢筋混凝土桥面板与铺装层之间是否要设防水层,应视当地的气温、雨量、桥梁结构和桥面铺装的形式等具体情况而定。桥面伸缩缝处应连续铺设,不可切断;桥面纵向应铺过桥台背;桥面横向两侧,则应伸过缘石底面从人行道与缘石砌缝里向上叠起 0.10m。如无需设防水层,但考虑桥面铺装长期磨损,如桥面排水不良等,仍可能漏水,故桥面在主梁受弯作用处应设置防水层。

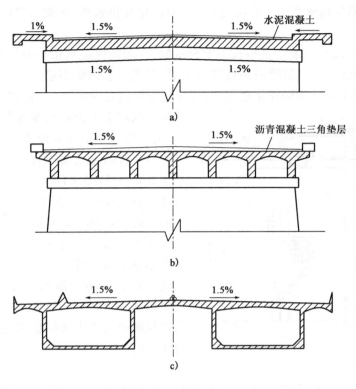

图 7-53　桥面横坡

防水层有三种类型:
(1)洒布薄层沥青或改性沥青,其上撒布一层砂,经碾压形成沥青涂胶下封层。
(2)涂刷聚氨酯胶泥、环氧树脂、阳离子乳化沥青、氯丁胶乳等高分子聚合物涂料。
(3)铺装沥青或改性沥青防水卷材,以及浸渍沥青的无纺土工布等。

高分子聚合物沥青防水涂料是以石油沥青为主要原料,以各种表面活性剂及多种化学助剂为辅助原料,再掺加大剂量的高分子聚合物进行改性而成的复合防水涂料。该涂料不但具有高分子聚合物的优异弹塑性、耐热性和黏结性,又具有与石油沥青制品良好的亲和性,以适应沥青混凝土在高温条件下施工。因操作方便安全,无环境污染,已成为各类大型桥梁及高架桥桥面防水施工专用涂料。

沥青防水卷材为结构材料的防水层,造价高,施工麻烦费时。它虽有防水作用,但因把行车道与铺装层分开,如施工处理不当,将使行车道铺装层似有一弹性垫层,在车轮荷载作用下,铺装层容易起壳开裂。

无防水层时,水泥混凝土铺装应采用防水混凝土。对于沥青混凝土铺装则应加强排水和养护。图 7-52c)为厚 0.02m 的聚合物铺装,它同时兼作磨耗层与防水层。图 7-52d)是由自应力水泥混凝土作为基础的桥面铺装,自应力水泥混凝土厚 0.1m,内设钢筋网,浇筑在桥面板上,它同时起到整平、防水和保护的作用。

四、桥面排水

为了迅速排除桥面积水,防止雨水积滞于桥面并渗入梁体而影响桥梁的耐久性,在桥梁设计时要有一个完整的排水系统。在桥面上除设置纵横坡排水外,常常需要设置一定数量的泄水管。

通常当桥面纵坡大于2%,而桥长小于50m时,一般能保证从桥头引道上排水,桥上就可以不设泄水管。此时,可在引道两侧设置流水槽,以免雨水冲刷引道路基。当桥面纵坡大于2%,而桥长大于50m时,为防止雨水积滞,桥面就需要设置泄水管,每隔12~15m设置一个。当桥面纵坡小于2%时,泄水管就需要设置更密一些,一般每隔6~8m设置一个。

泄水管的过水面积通常每平方米桥面上不小于$2 \times 10^{-4} \sim 3 \times 10^{-4} m^2$,泄水管可沿行车道两侧左右对称排列,也可交错排列。泄水管离缘石的距离为0.10~0.50m。

泄水管也可布置在人行道下面,见图7-54。桥面水通过设在缘石或人行道构件侧面的进水孔流入泄水孔,并在泄水孔的三个周边设置相应的聚水槽,起到聚水、导流和拦截作用。为防止大块垃圾进入堵塞泄水道,在进水的入口处设置金属栅门。

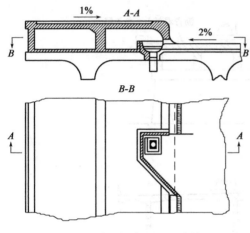

图7-54 在人行道下设置泄水管

(1)金属泄水管

如图7-55a)所示为一种构造比较完备的铸铁泄水管,适用于具有防水层的铺装结构。泄水管的内径一般为0.10~0.15m,管子下端应伸出行车道板底面以下至少0.15~0.20m,以防水渗湿主梁肋表面。安设泄水管,与防水层的接合处要做得特别仔细,防水层的边缘要紧夹在管子顶缘与泄水漏斗之间,以便防水层的渗水能通过漏斗上的过水孔流入管内。这种铸铁泄水管使用效果好,但结构较为复杂。根据具体情况,可以作简化改进,例如采用钢管和钢板的焊接构造等。

(2)钢筋混凝土泄水管

如图7-55b)所示为钢筋混凝土泄水管构造,它适用于不设防水层面而采用防水混凝土的铺装构造,布置细节可参见图7-54。在制作时,可将金属栅板直接作为钢筋混凝土管的端模板,并在栅板上焊上短钢筋锚固于混凝土中。这种预制的泄水管构造比较简单,可以节省钢材。

(3)横向排水孔道

对于一些跨径不大、不设人行道的小桥,有时为了简化构造和节省材料,可以直接在行车道两侧的安全带或缘石上预留横向孔道,用铁管或竹管等将水排出桥外,管口要伸出构件0.02~0.03m,以便滴水。这种做法虽简便,但因孔道坡度平缓,容易淤塞。

(4)封闭式排水系统

对于城市桥、立交桥及高速公路的桥梁,应该避免泄水管挂在板下,这样既影响桥的外观,又有碍公共卫生。完整的排水系统应将排水管道直接引向地面,如图7-56所示。

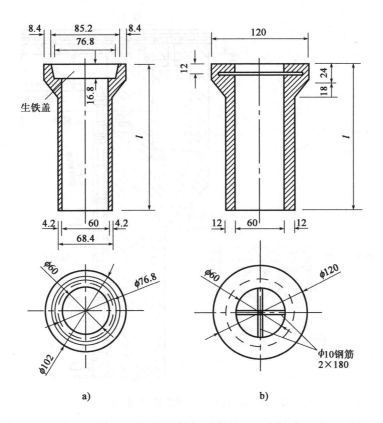

图 7-55　金属与钢筋混凝土泄水管(尺寸单位:mm)

小跨径桥,纵向排水管中的水在箱梁中或在主梁腹板内侧通往桥台,并用管道引向地面(图 7-57)。在活动支座处,竖向管道的连接应使桥梁的纵向活动不受影响。在长桥中,纵向排水管可通向一个设在台帽上的大漏斗中排水。

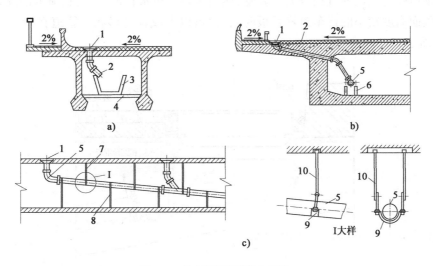

图 7-56　城市桥梁桥面排水设施
1-泄水漏斗;2-泄水管;3-钢筋混凝土斜槽;4-横梁;5-纵向排水管;6-支撑结构;7-悬吊结构;8-支柱;9-弧形;10-吊杆

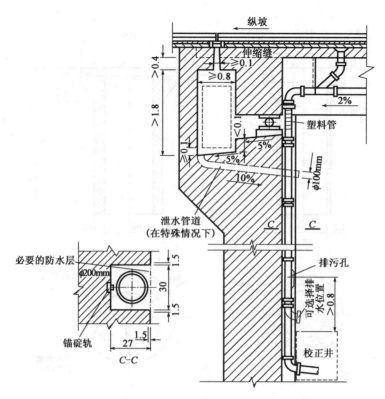

图 7-57　设置在桥台处的排水管道(尺寸单位:mm)

如果需要在桥墩上布置排水管道,应尽可能布置在墩壁的槽中或者布置在桥墩内部的箱室中。当桥墩很高时,排水管道应每隔 20～30m 设置伸缩缝,并且管道要有良好的固定装置,在墩脚处要有一个盆以消除下落的能量装置。

排水管道原则上不许现浇在混凝土内,因为冬天水管的堵塞可能冻裂混凝土,而应采用在混凝土中预留孔道或埋入直径较大的套管,然后再设置排水管道,一旦有损可以及时更换。当管道通过截面高度较小的行车道悬臂板时,管道可以做成扁平形状。管道在泄水口处的构造如图 7-58 所示。

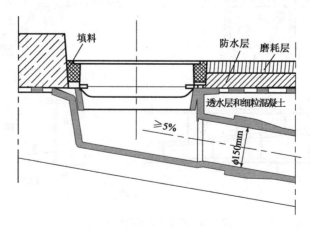

图 7-58　梁体内的管道与泄水口构造

在箱梁或箱墩中设置的排水管道系统,要在箱孔的深处预先考虑 2～3 个排水线路,以免一路受阻或爆裂而影响排水功能。

五、桥面伸缩缝

桥梁在气温变化时,桥面有膨胀或收缩的纵向变形,车辆荷载也将引起梁端的转动和纵向位移。为使车辆平稳通过桥面并满足桥面变形,需要在桥面伸缩缝处设置一定的伸缩装置,这种装置称为桥面伸缩缝装置。

到目前为止,我国公路桥梁和城市桥梁工程上使用的伸缩缝种类很多,可分成五大类,即对接式伸缩缝、钢制支承式伸缩缝、橡胶组合剪切式伸缩缝、模数支承式伸缩缝和无缝式伸缩缝。

1. 对接式伸缩装置

对接式伸缩装置,根据其构造形式和受力特点的不同,可分为填塞对接型和嵌固对接型两种。填塞对接型伸缩装置是以沥青、木板、麻絮、橡胶等材料填塞缝隙,伸缩体在任何情况下都处于受压状态。该类伸缩装置一般用于伸缩量在 40mm 以下的常规桥梁工程上,但目前已不多见了。嵌固对接型伸缩装置,利用不同形状的钢构件将不同形状的橡胶条(带)嵌牢固定,并以橡胶条(带)的拉压变形来吸收梁体的变形,其伸缩体可以处于受压状态,也可以处于受拉状态。该类伸缩装置被广泛应用于伸缩量在 80mm 及其以下的桥梁工程上。图 7-59 为 W 形伸缩装置。

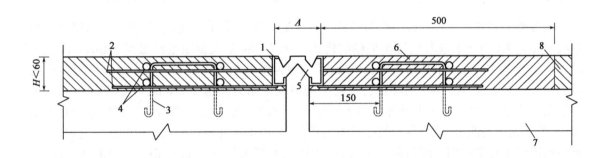

图 7-59　W 形伸缩缝装置(尺寸单位:mm)

1-用钢板弯制 L 钢;2-锚固钢筋;3-预埋钢筋;4-水平加强钢筋;5-W 形橡胶条;6-现浇 C30 混凝土;7-行车道上部构件;8-桥面铺装

2. 钢制支承式伸缩缝

钢制式伸缩缝是用钢材装配制成的,能直接承受车轮荷载的一种构造。以前这种伸缩装置多用于钢桥,现也用于混凝土桥梁。钢制支承式伸缩装置的形状、尺寸和种类繁多,其中有面层板成齿形,从左右伸出桥面板间隙处相互啮合的悬臂式构造,或者面层板成悬架的支承式构造,统称为钢梳形板伸缩装置。国内常见的为梳齿形板型和折板型。面层板为矩形的叠合悬架式的构造,叫作钢板叠合式伸缩装置(图 7-60)。

3. 组合剪切式(板式)橡胶伸缩装置

板式橡胶伸缩装置是利用橡胶材料剪切模量低的原理设计制造而成的。剪切型橡胶伸缩体设有上下凹槽,橡胶体内埋设承重钢板和锚固钢板,并设有预留螺栓孔,通过螺栓与梁端连成整体。它依靠上下凹槽之间的橡胶体剪切变形来满足梁体结构的相对位移;橡胶伸缩体内预埋钢板,跨越梁端间隙,承受车辆荷载。另外,在橡胶伸缩体内两侧预埋两块锚固钢板,通过螺栓与梁端连接的受力原理形成结构构造。一般橡胶板构造如图7-61所示。

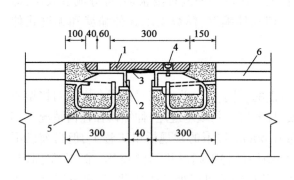

图7-60　钢板叠合式伸缩缝(尺寸单位:mm)

1-钢板;2-角钢;3-排水导槽;4-沉头螺钉;5-锚固钢筋;6-桥面铺装

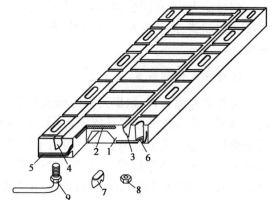

图7-61　板式橡胶伸缩缝装置

1-橡胶;2-加强钢板;3-伸缩用槽;4-止水块;5-嵌合部;6-螺帽垫板;7-腰形盖帽;8-螺帽;9-螺栓

这类伸缩装置是一种刚柔结合的装置。它承受荷载之后,有一定的竖向刚度,所以具有跨越间隙能力大(即伸缩量大)、行车平稳的优点。国外产品最大伸缩量已做到330mm,因此国内外均广泛采用。但由于其结构特点所致,其一般伸缩摩阻力比较大。国内部分厂家生产的板式橡胶伸缩装置,经产品检验测试,每延米的最大摩阻力高达26kN/m,故如果加工和施工安装稍不注意,往往产生早期破坏。鉴于存在这方面的问题,桥梁工程师和生产厂家经过不断研究,给予完善与改进,结合各地情况及不同条件,生产出各种形式的板式橡胶伸缩装置,投放到国内桥梁工程中应用。到目前为止,国内生产具有代表性的产品有 BF 型、SEJ 型、UG 型、BSL 型和 CD 型等。

4. 模数支承式伸缩装置

随着我国高等级公路和城市高架桥建设事业的迅速发展,桥梁的长大化得到突破性发展,这就要求有结构合理、大位移量的桥梁伸缩装置来适应这一发展的需要。然而板式橡胶伸缩装置很难满足大位移量的要求;钢制伸缩装置又很难做到密封不透水,而且容易造成对车辆的冲击,影响车辆的行驶性能。因此,出现了利用吸震缓冲性能好又容易做到密封的橡胶材料,与强度高、刚性好的异形钢材组合,在大位移量情况下能承受车辆荷载的各种类型的模数支承式(模数式)桥梁伸缩装置系列。这类伸缩装置的构造相同点是,均由V形截面或其他截面形状的橡胶密封条(带),嵌接于异形边钢梁和中钢梁内组成可伸缩的密封体,异形钢梁直接承受车辆荷载,且可根据要求的伸缩量,随意增加中钢梁和密封橡胶条(带),加工组装成各种伸缩量的系列产品;其不同点仅在于承重异形钢梁和传递伸缩力的传动机构形式及原理。异形钢采用钢板或型钢焊接而成,有挤压成形,也有轧钢坯经车轧成形或局部分段(层)轧制焊接成形的。目前已实现了热轧整体成形专用异形钢材的国产化。图 7-62 为 SG 伸缩缝的构造图,图 7-63 为横断面图,其最大位移量可达 640mm。

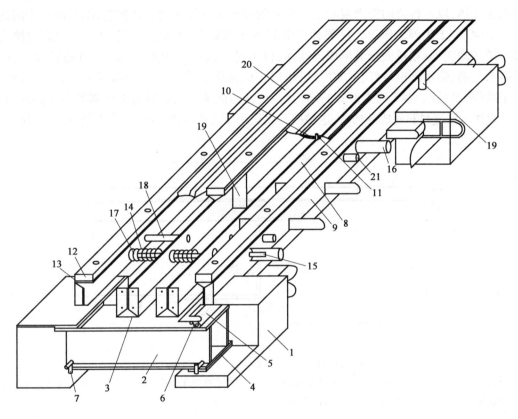

图 7-62　SG 型伸缩缝装置构造图

1-横梁支承箱;2-活动横梁;3-滑板;4-四氟板橡胶支座垫;5-橡胶滚轴;6-滚轴支架;7-限位栓;8-工字形中间梁;9-工字形边梁;10-弹簧;11-下盖板;12-边上盖板;13-边下盖板;14-弹簧;15-钢穿心杆;16-套筒;17-弹簧插座;18-限位栓;19-腹板加劲;20-橡胶伸缩带;21-限位栓

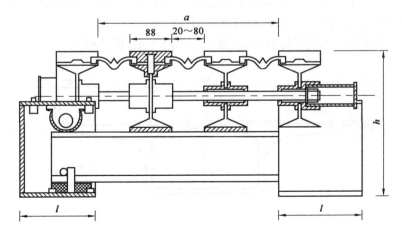

图 7-63　SG 型伸缩缝装置横断面图(尺寸单位:mm)

5. 无缝式(暗缝型)伸缩装置

无缝式伸缩装置,是接缝构造不伸出桥面时,在桥梁端部的伸缩间隙中填入弹性材料并铺上防水材料,然后在桥面铺装层铺筑黏弹性复合材料,使伸缩接缝处的桥面铺装与其他铺装部分形成连续体,以连接缝的沥青混凝土等材料的变形承受伸缩的一种构造,如我国常用的桥面连续(图7-64)、TST弹塑体等。这类伸缩装置的主要特点为:能适应桥梁上部构造的伸缩变形和小量转动变形;使桥面铺装形成连续体,行车时不致产生冲击、振动等,舒适性较好;形成多重防水构造,防水性也较好;在寒冷地区,易于机械化除雪养护,不致破坏接缝;施工简单,一般易于维修和更换。鉴于这类形式的结构特点,在路面铺装完成后再用切割器切割路面,并在其槽口内注入嵌缝材料而成的构造,这种接缝仅适用于较小的接缝部位,适用范围有所限制。

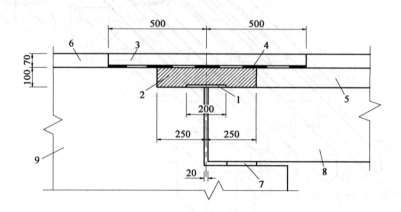

图 7-64 GP 型桥面连续构造(尺寸单位:mm)

1-钢板(A_3 200mm×500mm×12mm);2-Ⅰ型改性沥青混凝土;3-Ⅱ型改性沥青混凝土;4-编织布;5-桥面现浇混凝土层;6-沥青混凝土铺装;7-板式橡胶支座;8-预制板;9-背墙

六、其他设施

1. 人行道

人行道是用路缘石或护栏及其他类似设施加以分隔的专门供人行走的部分。

按人行道在桥梁结构中所处高程不同划分,有以下几种形式:

(1)人行道设在桥道承重结构的顶面,而且高出行车道(图7-65)。

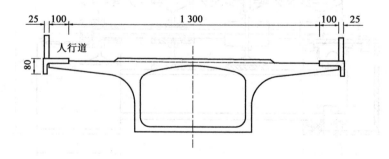

图 7-65 人行道设置在桥面(尺寸单位:m)

（2）双层桥面布置，即人行道（含非机动车道）与行车道布置在两个高程不同的桥面系（图7-66）。

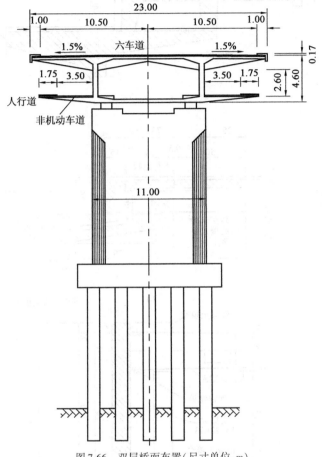

图7-66 双层桥面布置（尺寸单位：m）

按人行道的施工方法分又有就地浇筑式（图7-67）、预制装配式（图7-68）、部分装配和部分现浇的混合式（图7-69）。

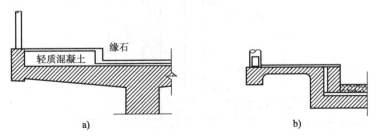

图7-67 就地浇筑式人行道

就地浇筑式的人行道用于跨径较小的桥梁中，有时人行道与行车道板及梁整体地联结在一起。由于人行道的恒载及活载很小，故将其设在桥梁行车道的悬臂挑出部分上，但目前此种做法已很少采用。

预制装配式的人行道，是将人行道做成预制块件安装，按预制块件分，有整体式和分块式两种；按安装在桥上的形式分，有悬臂式和搁置式两种。如图7-68所示为武汉江汉二桥整体

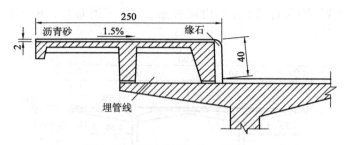

图 7-68 整体式人行道(尺寸单位:cm)

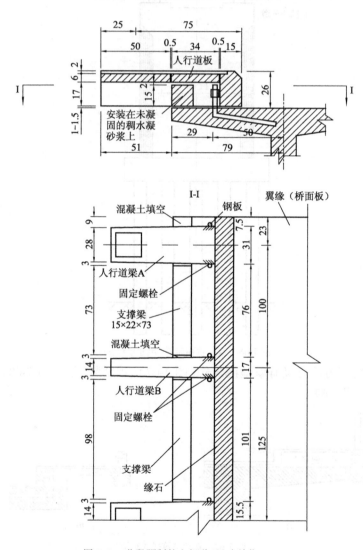

图 7-69 分段预制的人行道(尺寸单位:cm)

预制装配式人行道。

如图 7-69 所示是公路桥涵标准图中的一种分段预制、悬臂安装的人行道构件,人行道由人行道板、人行道梁、支撑梁及缘石组成。人行道梁搁在行车道的主梁上,一端是悬臂挑出,另一端则通过预埋的钢板与主梁预留的锚固钢筋焊接。人行道梁分 A、B 两种形式。A 式要安装栏杆柱,所以要做得宽一些。支撑梁用以固定人行道梁的位置,人行道板则铺装在人行道梁上。这种人行道的构造,预制块件小而轻,但施工较麻烦。在起重条件较好的地方,整体分段预制的人行道施工快而方便。

人行道顶面一般铺设20mm厚的水泥砂浆或沥青砂作为面层,并以此形成人行道顶面的排水横坡。

桥面铺装中若设贴式防水层,就要在人行道内侧设置缘石,以便把防水层伸过缘石底面,从人行道与缘石之间的砌缝里向上叠起。

人行道在桥面断缝处也必须做伸缩缝。现代桥梁人行道伸缩缝与行车道伸缩缝是连在一起的。

2. 栏杆与灯柱

栏杆是桥上的安全设施,要求坚固;栏杆又是桥梁的表面建筑,也要有好的艺术造型。栏杆的高度一般为0.8~1.2m,标准设计为1.0m;栏杆的间距一般为1.6~2.7m,标准设计为2.5m。

公路与城市道路的栏杆常用混凝土、钢筋混凝土、钢、铸铁或钢与混凝土混合材料制作,从形式上可分为节间式与连续式。节间式由立柱、扶手及横档(或栏杆板)组成,扶手支承于立柱上;连续式具有连续的扶手,一般由扶手、栏杆板(柱)及底座组成。节间式栏杆便于预制安装,能配合灯柱设计,但对于不等跨分孔的桥梁,在划分上会感到困难;连续式栏杆有规则的栏杆板,富有节奏感,简洁、明快,但一般自重比较大。

栏杆的设计首先要考虑结构安全可靠,选材合理,栏杆柱或栏杆底座要直接与浇在混凝土中的预埋件焊牢,以增强抗冲能力。同时栏杆要经济实用,工序简单,互换方便。对于艺术处理则根据桥梁的类别有不同要求,公路桥的栏杆要求简单明快,栏杆的材料和尺度与整体工程配合,常由简单的上扶手、下扶手和栏杆柱组成,使驾乘人员有一个广阔的视野。城市桥梁的栏杆艺术造型应当予以重视,以使栏杆与周围环境和桥梁本身相协调,这主要是指栏杆在形式、色调、图案和轮廓层次上应富有美感,而不是过分追求华丽的装饰。

在城市及城郊行人和车辆较多的桥梁上,要有照明设施,一般采用柱灯在桥面上照明。灯柱可以利用栏杆柱,也可单独设在人行道内侧。照明用灯一般高出车道5m左右。柱灯的设计要经济合理,要确实能起到照明作用,同时也要符合在全桥的立面上具有统一的格调。近年来在公路桥上也采用低照明和用发光建筑材料涂层标记,也可考虑选用。

3. 护栏

一般桥梁上的栏杆,当设于人行道上时,主要作用是给行人以安全感,遮拦行人,防止其掉入桥下;当无人行道时,桥上的栏杆虽也起防止行人跌落桥下的作用,但其主要作用与高填路堤或危险路段所设护栏相仿,用以诱导视线,起到一些轮廓标的作用,使车辆尽量在路幅之内行驶,并给驾驶员以安全感。用于高速公路、一级汽车专用公路、城市快速道路、主干道路、立交工程等的护栏是用以封闭沿线两侧,不使人畜与非机动车辆闯入公路的隔离设施,它同时具有吸收碰撞能量、迫使失控车辆改变方向并使其恢复到原有行驶方向,防止其越出路外或跌落桥下的作用。

防撞护栏按防撞性能有刚性护栏、半刚性护栏和柔性护栏之分。

(1)刚性护栏是一种基本不变形的护栏结构。混凝土护栏是刚性护栏的主要形式,是一种以一定形状的混凝土块相互连接而组成的墙式结构,它利用失控车辆碰撞后爬高并转向来吸收碰撞能量(图7-70、图7-71)。

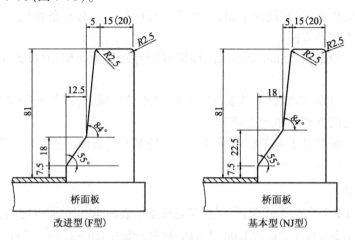

图7-70 钢筋混凝土墙式护栏(尺寸单位:cm)

(2)半刚性护栏是一种连续的梁柱式护栏结构,具有一定的刚度和柔性。波形梁护栏是半刚性护栏的主要代表形式,是一种以波纹状钢护栏板相互拼接并由立柱支撑而组成的连续结构,它利用土基、立柱、波形梁的变形来吸收碰撞能量,并迫使失控车辆改变方向(图7-72)。

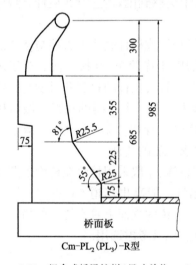

7-71 组合式桥梁护栏(尺寸单位:cm)

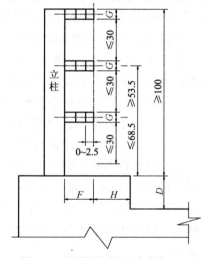

图7-72 半刚性护栏(尺寸单位:cm)

(3)柔性护栏是一种具有较大缓冲能力的韧性护栏结构。缆索护栏是柔性护栏的主要代表形式,它是一种以数根施加初张力的缆索固定于立柱上而组成的结构,主要依靠缆索的拉应力来抵抗车辆的碰撞,吸收碰撞能量(图7-73)。

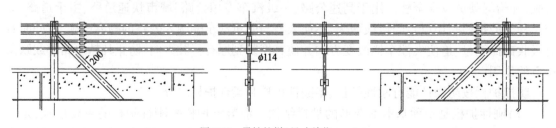

图7-73 柔性护栏(尺寸单位:mm)

第六节 桥梁结构设计

一、桥梁总体规划原则和基本设计资料

建设一座桥梁,不但与当地的经济、文化和人民生活有着密切关系,而且一座重要的桥梁还对国家发展交通运输事业、发展国民经济、促进文化交流和巩固国防等方面,都具有非常重要的意义。公路桥梁的设计,根据其使用任务、性质和所在线路的远景发展需要,应符合技术先进、安全可靠、适用耐久、经济合理的要求外,还应考虑造型美观和有利环保的原则,同时尚应考虑因地制宜、就地取材、便于施工和养护等因素。在靠近村镇、城市、铁路及水利设施的桥梁,应结合各有关方面的要求,考虑综合利用。我国公路桥涵结构的设计基准期为100年。设计人员在工作中须广泛积累和总结建桥实践中创造的先进经验,推广各种经济效益好的技术成果,积极采用新结构、新技术、新设备、新工艺、新材料。并且在设计中应结合我国的实际,学习和引进国外的最新科学成就,把学习外国经验和自主创新结合起来。

桥梁设计,既是一种工程设计,也是一门艺术。对于具体的一座桥梁,解决方法不是唯一的,它可以是重复已有设计图纸的平庸、常规设计,也可以是通过对已有设计的改进,甚至提出新的构思,做出具有一定创新内容的设计。工程师的职责就是要创造最合适的方法来解决工程问题。合理的创新构思,不但能提高结构安全,降低工程造价,还能起到改善使用功能和美化结构的效果。

为了培养学生在工程设计中具有综合创新构思的能力,在国外,特别是德国,已在工程设计的课程安排内增设了不分材料类型并视同理论教学同样重要的"概念设计"的教学。对于一项重大的工程建设,人们常说"设计是灵魂",而在整个设计过程中,酝酿、构思的"概念设计"工作,则更是发展创新思维的最重要阶段。

1. 桥梁设计的基本要求

桥梁设计的一般步骤为:通过概念设计确定结构方案,确立计算模型,确定结构的详细尺寸和细节构造。选择构思好的桥梁结构方案,是设计工作最重要的第一步,也是评价桥梁设计成功与否的重要标准。

与设计其他工程结构物一样,在桥梁设计中必须考虑下述各项要求。

(1)使用上的要求

桥上的行车道和人行道宽度应保证车辆和行人的安全畅通,并应适当考虑将来交通量增长的需要。桥型、跨度大小和桥下净空应满足泄洪、安全通航或通车等要求。建成的桥梁要保证使用年限,并便于检查和维修。

(2)经济上的要求

桥梁设计应体现经济上的合理性。在设计中必须进行详细周密的技术、经济比较,使桥梁的总造价和材料等的消耗为最少。应注意的是,要全面而精确地计及所有的经济因素往往是困难的,在技术经济比较中,尚应充分考虑桥梁在使用期间的运营条件以及养护和维修等方面的问题。

桥梁设计应根据因地制宜、就地取材、方便施工的原则,合理选用适当的桥型。此外,能满

足快速施工要求以达到缩短工期的桥梁设计,不仅能降低造价,而且提早通车在运输上将带来很大的经济效益。

(3)结构尺寸和构造上的要求

整个桥梁结构及其各部分构件,在制造、运输、安装和使用过程中应具有足够的强度、刚度、稳定性和耐久性。桥梁结构的强度应使全部构件及其连接构造的材料抗力或承载能力具有足够的安全储备。对于刚度的要求,应使桥梁在荷载等作用下的变形不超过规定的容许值,过度的变形会使结构的连接松弛,而且挠度过大会导致高速行车困难,引起桥梁剧烈振动,使人体感觉不适,严重者会危及桥梁结构的安全。结构的稳定性,是要使桥梁结构在各种外力作用下,具有能保持原来形状和位置的能力。例如,桥梁结构和墩台的整体不致倾倒或滑移,受压构件不致引起纵向屈曲变形等。在地震区修建桥梁时,在计算和构造上还要满足抵御地震破坏力的要求。

(4)施工上的要求

桥梁结构应便于制造和架设。应尽量采用先进的工艺技术和施工机械,以利于加快施工进度,保证工程质量和施工安全。

(5)美观上的要求

一座桥梁应具有优美的外形,应与周围的景观相协调。城市桥梁和游览地区的桥梁,可较多地考虑建筑艺术上的要求。公路上的特殊大桥宜进行景观设计,上跨高速公路、一级公路的桥梁应与自然环境和景观相协调。合理的结构布局和轮廓造型是桥梁美观的主要因素,决不应把美观片面地理解为豪华的细部装饰。

此外,优秀的、结构上既有特色且又美观的桥型方案,应使结构的造型与力学行为相协调。如果结构在外形上标新立异,虽有特色、与众不同,但其力学行为甚不合理的桥型方案,往往会显著提高经济造价和增加施工难度,严重者甚至会影响到结构的耐久性和运行安全。

2. 设计资料调查

在着手设计之前,首先要选择合理的桥位,这常常是影响桥梁设计、施工和使用的全局问题。对于所选定的桥位,必须进一步调查研究,详细分析建桥的具体情况,才能做出合理的设计方案。

(1)调查桥梁的使用任务:即根据桥梁所在的路线类别调查桥上的交通种类和行车、行人的往来密度,确定桥梁的荷载等级和行车道、人行道宽度等。调查桥上是否有需要通过的各类管线(如电力、电话线和水管等),为此需设置专门的构造装置。

(2)测量桥位附近的地形,绘制地形图供设计和施工使用。

(3)探测桥位的地质情况,包括岩土的分层高程、物理力学性能、地下水位等,并将钻探所得资料绘成地质剖面图。对于所遇到的地质不良现象,如滑坡、断层、溶洞、裂隙等,应详加注明。

(4)调查和测量河流的水文情况,包括调查河道性质(如河床及两岸的冲刷和淤积、河道的自然变迁等),收集和分析历年的洪水资料,测量河床断面图,调查河槽各部分的形态标志、粗糙度等,通过计算确定各种特征水位、流速、流量等。与有关水利和航道部门协商确定通航水位和通航净空标准。了解河流上有关水利设施对新建桥梁的影响。

(5)调查当地建筑材料(砂、石料等)的来源,水泥、钢材的供应情况以及水陆交通的运输情况。

(6) 调查了解施工单位的技术水平、施工机械等装备情况,以及施工现场的动力设备和电力供应情况。

(7) 调查和收集有关气象资料,包括气温、雨量及风速(或台风影响)等情况。

(8) 调查新建桥位上、下游有无老桥,其桥型布置及使用情况等。

很明显,为选择桥位就已需要一定的地形、地质和水文等资料,而对于所选定的桥位,又需要进一步为桥梁设计提供更为详尽的依据资料,因此以上各项工作往往是互相渗透、交错进行的。

3. 设计程序

设计工作是一座桥梁建设的灵魂。对于工程复杂的大、中桥梁的设计,为了能从错综复杂的客观情况中得出既经济又合理的设计,就需要循序渐进、逐步深入、科学地进行工作。一般大型桥梁的正规设计工作,分前期工作阶段和设计工作阶段。前者又分为工程预可行性研究(简称"预可")报告阶段和工程可行性研究(简称"工可")报告阶段;后者则又分成初步设计、技术设计和施工图设计三个阶段。各个阶段所包含的内容和深度、目的、解决的问题是不相同的。设计招标一般应在初步设计阶段进行。

(1) "预可"和"工可"研究阶段

两者所包含的内容基本一致,但研究的深度各有不同。"预可"阶段要在工程可行的基础上,着重研究建桥的必要性和宏观经济上的合理性。"工可"阶段则要在"预可"被审批确认后,进一步研究工程技术上的可行性和投资上的可行性。

对于一座大型桥梁的"预可"报告,应从经济、政治、国防等方面,详细阐明建桥理由和工程建设的重要性和必要性,同时初步探讨技术上的可行性。对于区域性线路上的桥梁,应以建桥地点(渡口等)的车流量调查(计及国民经济逐年增长率)为立论依据。

在"预可"阶段的另一重点是通过多个桥位的综合比较后,选定桥位和确定建设规模。

"预可"阶段工作的主要目标是解决建设工程的上报立项问题。在"工可"阶段,则要在"预可"的基础上着重研究和制订桥梁设计的技术标准,包括设计荷载标准、桥面宽度、通航标准(通航净宽和净高)、设计车速、桥面纵向和横向坡度、竖曲线与平曲线半径等。在这一阶段,要与河道、航运、城市规划等部门共同研究,处理好所有"外部条件"的关系。

在可行性研究阶段,尚不可能对桥式方案作深入比选,故不需要明确提出推荐方案,对工程量的估算也不宜偏紧。

在这两阶段内,对经济分析方面,主要涉及造价估算、投资回报以及资金来源、偿还等问题。一般来说,"预可"中要有设想,"工可"中要基本落实。

(2) 初步设计

根据所批准的"工可"报告而编制的"设计任务书",是进行初步设计的依据。在进一步的水文、地质初勘后,如发现原可行性研究阶段建议的桥位有问题,尚可适当挪动桥位轴线,推荐新桥位。

初步设计阶段,也是桥梁设计中通过酝酿、构思、最富于创造性的概念设计阶段,其工作重点是通过多个各具创意的桥式方案的比选,推荐最优方案,报上级单位审批。在编制各个桥型方案时,要提供桥式布置图、主桥和引桥的横断面图,标明主要结构尺寸(包括重要的细节构造和尺寸),并估算工程数量,提供主要材料的用量,根据施工组织设计和概算定额编制出工程概算。初步设计的概算造价是作为控制建设项目投资和以后编制施工预算的依据。对所做的工程概算加以适当调整,可以作为招标的"标底"。

(3) 技术设计

本阶段的工作是对初步设计的补充、修改、深化和完善。技术设计中所进行的补充勘探工作，称为"技勘"，对水中基础每墩都要有必要数量的地质钻孔。进一步研究解决所批准桥式方案的总体和细部的技术问题，并提交详细的结构设计图纸和工程数量，修正工程概算。如果初步设计中有批准下达的科研项目，也要在这阶段予以实施解决。

(4) 施工图设计

本阶段的工作是根据前面所批准核定的修建原则、技术方案、技术决定和总投资额等加以具体化。在施工图设计阶段，必要时需对重要的桥梁基础进行"施工钻探"，但此时一般不钻深孔。在此阶段中，必须对桥梁各部分构件进行详细的结构计算，绘制出施工详图，提供给施工单位，或进行施工招标，再由施工单位编制详细的施工组织设计和工程预算。施工图设计可由原编制技术设计的单位继续进行编制，或由中标施工单位编制，但要对技术设计有所改变的部分负责。

国内一般的公路大桥常把技术设计和施工图设计合并为一个阶段进行。对于一般小桥和较简单的中桥，也可以采用一阶段设计，即以扩大的初步设计来包含各阶段设计的主要内容。

二、桥梁纵、横断面设计和平面布置

1. 桥梁纵断面设计

桥梁纵断面设计包括确定桥梁的总跨径、桥梁的分孔、桥道的高程、桥上和桥头引道的纵坡以及基础的埋置深度等。

(1) 桥梁总跨径的确定

对于一般跨河桥梁，总跨径可参照水文计算来确定。桥梁的总跨径必须保证桥下有足够的排洪面积，使河床不致遭受过大的冲刷。另一方面，根据河床土壤的性质和基础的埋置情况，设计者应视河床的允许冲刷深度，适当缩短桥梁的总长度，以节约总投资。由此可见，桥梁的总跨径应根据具体情况经过全面分析后加以确定。例如，对于在非坚硬岩层上修筑的浅基础桥梁，总跨径应该大一些而不使路堤压缩河床；对于深埋基础，一般允许较大的冲刷，总跨径就可适当减小。山区河流一般河床流速本来已经很大，则应尽可能少压缩或不压缩河床；而对于平原区的宽滩河流虽然可允许较大的压缩，但必须注意壅水对河滩路堤以及附近农田和建筑物可能造成的危害。

(2) 桥梁的分孔

对于一座较长的桥梁，应当分成几孔，各孔的跨径大小，不仅影响到使用效果、施工难易等，并且在很大程度上关系到桥梁的总造价。跨径越大、孔数越少，上部结构的造价就越高，墩台的造价就减少；反之则上部结构的造价降低，而墩台造价将提高，这与桥墩的高度以及基础工程的难易程度有密切关系。最经济的分孔方式就是使上、下部结构的总造价趋于最低。

对于通航河流，在分孔时首先应考虑桥下通航的要求。桥梁的通航孔应布置在航行最方便的河域。对于变迁性河流，鉴于航道位置可能发生变化，就需要多设几个通航孔。

在平原地区的宽阔河流上修建多孔桥时，通常在主槽部分按需要布置跨径较大的通航孔，而在两旁浅滩部分则按经济跨径进行分孔。如果经济跨径较通航要求还大，则通航孔也应取用较大跨径。

在山区的深谷、水深流急的江河上或需在水库上修桥时，为了减少中间桥墩，应加大跨径。

条件允许的话,甚至可采用特大跨径单孔跨越。

在布置桥孔时,有时为了避开不利的地质段(如岩石破碎带、裂隙、溶洞等),也要将桥基位置移开,或适当加大跨径。

对于某些体系的多孔桥梁,为了合理地使用材料,各孔跨径应有适宜的比例关系。例如,为了使钢筋混凝土连续梁桥的中跨和相邻边跨的跨中最大弯矩接近相等,其中跨与相邻边跨的跨径比值,对于三跨连续者约为 1.00∶0.80,对于五跨连续者约为 1.00∶0.90∶0.65。对于悬臂施工的预应力混凝土梁桥,为了简化边孔的施工,往往将边跨做得更小些,例如 1.00∶0.65(0.55)。为了使多孔悬臂梁桥的结构对称,最好布置成奇数跨。

从战备方面考虑,应尽量使全桥的跨径做得一样,并且跨径不宜太大,以便于战时抢通和修复。

跨径的选择还与施工能力有关,有时选用较大跨径虽然在经济上是合理的,但限于当时的施工技术能力和设备条件,也不得不将跨径减小。对于大桥施工,基础工程往往对工期起控制作用,在此情况下,从缩短工期出发,就应减少基础数量而修建较大跨径的桥梁。

一座桥梁既是交通工程结构物,又是自然环境的美化者,对于一些特别重要的桥梁,更应该显示出宏伟社会主义建设的时代特点,因此在整体规划桥梁分孔时尚必须重视美观上的要求。

总之,对于大、中桥梁的分孔是一个相当复杂的问题,必须根据使用任务、桥位处的地形和环境、河床地质、水文等具体情况,通过技术经济等方面的分析比较,才能做出比较完美的设计方案。

桥梁的分孔布局要适应河床、地质等长期稳定的自然条件,人为地改变自然条件,如通过挖掘河床改变航道位置等的做法,是不可取的。

(3)桥道高程的确定

对于跨河桥梁,桥道的高程应保证桥下排洪和通航的需要;对于跨线桥,则应确保桥下安全行车。在平原区建桥时,抬高桥道高程往往伴随着桥头引道路堤土方量的显著增加。在修建城市桥梁时,桥高了使两端引道延伸会影响市容;或者需要设置立体交叉或高架栈桥,这将导致造价提高。因此,必须根据设计洪水位、桥下通航(或通车)净空等需要,结合桥型、跨径等一起考虑,以确定合理的桥道高程。在有些情况下,桥道高程在路线纵断面设计中已作规定。

为了保证桥下流水净空,对于梁式桥,梁底一般应高出设计洪水位(包括雍水和浪高)不小于 50cm,高出最高流冰水位 75cm。支座底面应高出设计洪水位不小于 25cm,高出最高流冰水位不小于 50cm(图 7-74),但如果支座部分有围护隔水者可不受此限。

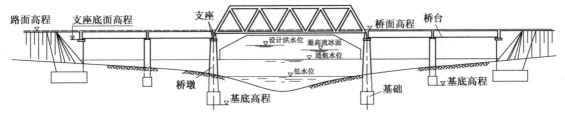

图 7-74 梁式桥纵断面规划图

对于无铰拱桥,拱脚允许被设计洪水位淹没,但淹没深度一般不超过拱圈矢高 f_0 的 2/3(图 7-75)。并且在任何情况下,拱顶底面应高出设计洪水位 1.0m,即 $\Delta f_0 \geqslant 1.0$m,拱脚的起拱线应高出最高流冰水位不小于 0.25m。

在河流中有形成流冰阻塞的危险或有漂浮物通过时,桥下净空应按当地具体情况确定。

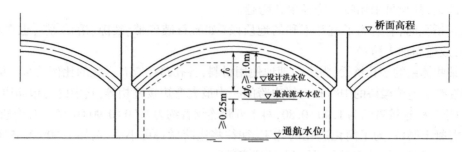

图 7-75 拱桥桥下净空

对于有淤积的河床,桥下净空应适当加高。

在通航及通行木筏的河流上,必须设置保证桥下安全通航的通航孔。在此情况下,桥跨结构下缘的高程应高出自设计通航水位算起的通航净空高度。所谓通航净空,就是在桥孔中垂直于流水方向所规定的空间界限(图 7-74 和图 7-75 中虚线所示的多边形),任何结构构件或航运设施均不得伸入其内。我国对于内河通航净空的尺寸规定见表 7-5。

天然和渠化河流水上过河建筑物通航净空尺度(m)　　表 7-5

航道等级	代表船舶、船队	净高	单孔通航孔			双向通航孔		
			净宽	上底宽	侧高	净宽	上底宽	侧高
Ⅰ	(1)4 排 4 列	24.0	200	150	7.0	400	350	7.0
	(2)3 排 3 列	18.0	160	120	7.0	320	280	7.0
	(3)2 排 2 列		110	82	8.0	220	192	8.0
Ⅱ	(1)3 排 3 列	18.0	145	108	6.0	290	253	6.0
	(2)2 排 2 列		105	78	8.0	210	183	8.0
	(3)2 排 1 列	10.0	75	56	6.0	150	131	6.0
Ⅲ	(1)3 排 2 列	18.0* / 10.0	100	75	6.0	200	175	6.0
	(2)2 排 2 列	10.0	75	56	6.0	150	131	6.0
	(3)2 排 1 列		55	41	6.0	110	96	6.0
Ⅳ	(1)3 排 2 列	8.0	75	61	4.0	150	136	4.0
	(2)2 排 2 列		60	49	4.0	120	109	4.0
	(3)2 排 1 列		45	36	5.0	90	81	5.0
	(4)货船							
Ⅴ	(1)2 排 2 列	8.0	55	44	4.5	110	99	4.5
	(2)2 排 1 列	8.0 或 5.0**	40	32	5.5 或 3.5**	80	72	5.5 或 3.5**
	(3)货船							
Ⅵ	(1)1 拖 5	4.5	25	18	3.4	40	33	3.4
	(2)货船	6.0			4.0			4.0
Ⅶ	(1)1 拖 5	3.5	20	15	2.8	32	27	2.8
	(2)货船	4.5						

注:*尺度仅适用于长江;**尺度仅适用于通航拖带船队的河流。

在设计跨越线路(铁路或公路)的立体交叉时,桥跨结构底缘的高程应高出规定的车辆净空高度。对于公路所需的净空尺寸,见桥梁横断面设计部分的内容,铁路的净空尺寸可查阅铁路桥涵设计规范。

桥道高程确定后,就可根据两端桥头的地形和线路要求来设计桥梁的纵断面线形。一般小桥通常做成平坡桥。对于大、中桥梁,为了利于桥面排水和降低引道路堤高度,往往设置从中间向两端倾斜的双向纵坡。桥上纵坡不宜大于4%,桥头引道纵坡不宜大于5%。对位于市镇混合交通繁忙处的桥梁,桥上纵坡和桥头引道纵坡均不得大于3%。桥上或引道处纵坡发生变更的地方均应按规定设置竖曲线。

2. 桥梁横断面设计

桥梁横断面的设计,主要是决定桥面的宽度和桥跨结构横截面的布置。桥面宽度决定于行车和行人的交通需要。我国公路桥面每条行车道的净宽标准与设计行车速度有关,当设计行车速度为80km/h或以上时车道净宽为3.75m,设计行车速度为60~20km/h时车道净宽为3.00~3.50m。

桥上人行道和自行车道的设置应根据实际需要而定。人行道的宽度为0.75m或1m,大于1m时按0.5m的级差增加。一条自行车道的宽度为1m,当单独设置自行车道时,一般不应少于两条自行车道的宽度。高速公路上的桥梁,应设检修道,不宜设人行道。与路基同宽的小桥和涵洞可仅设缘石或栏杆。漫水桥不设人行道,但可设置护栏。

城市桥梁以及位于大、中城市近郊的公路桥梁的桥面净空尺寸,应结合城市实际交通量和今后发展的要求来确定。在弯道上的桥梁应按路线要求予以加宽。

与行车道平设的人行道,两者间应有安全隔离设施,不然人行道和路缘石最好应高出行车道面0.25~0.35m,以确保行人和行车的安全。

如图7-76所示为对于相同桥面净宽的上承式桥和下承式桥的横截面布置。显然,由于结构布置上的需要,下承式桥承重结构的宽度B要比上承式桥的大,而其建筑高度h却比上承式桥的小。

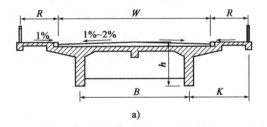 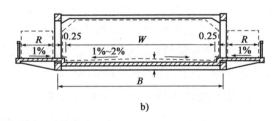

图7-76 横截面布置(尺寸单位:m)
a)上承式桥;b)下承式桥

公路和城市桥梁,为了利于桥面排水,应根据不同类型的桥面铺装,设置从桥面中央倾向两侧1.5%~3%的横向坡度。

3. 平面布置

桥梁的线形及桥头引道要保持平顺,使车辆能平稳地通过。高速公路和一级公路上的大中桥,以及各级公路上的小桥的线形及其与公路的衔接,应符合路线布设的规定。

二、三、四级公路上的大、中桥线形一般为直线,如必须设成曲线时,其各项指标应符合路线布设的规定。

从桥梁本身的经济性和施工方便来说,一般小桥,为了改善路线线形,应尽可能避免桥梁与河流或桥下路线斜交,但对于不宜大于航孔净宽或城市桥梁受原有街道的制约时,也允许修建斜交桥,斜度通常不宜大于45°。在通航河流上斜交不能避免时,交角不宜大于5°;当交角大于5°时,宜增加通航孔净宽。

三、桥梁设计的方案比较

为了获得经济、实用和美观的桥梁设计,设计者需要运用丰富的桥梁建筑理论和实践知识,按照本章所述的方法与步骤,进行深入细致的分析研究工作。对于一定的建桥条件,尽可能做出基本满足要求的多种不同的设计方案,只有通过技术经济等方面的综合比较,才能科学地得出完美的最优设计。

1. 拟定桥梁图式

编制设计方案,通常是从桥梁分孔和拟定桥梁图式开始。根据上节所述分孔原则初步作出分孔规划后,就可对所设计的桥梁拟出一系列各具特点而可能实现的桥型图式。拟定图式时,思路要宽广,宁可多画几个图式,也不要遗漏可能的桥型和布置。每一图式可在跨度、高度、矢跨比等方面大致按比例画在同样大小的桥址断面图上。

下一步工作就是经过综合分析和判断,剔除一些在技术经济上明显相形见绌的图式,并从中选出几个(通常2~4个)构思好、各具优点但一时还难于判定孰优孰差的图式,作为进一步详细研究和进行比较的桥型方案。

2. 编制方案

编制方案的目的在于提供各个中选图式的技术经济指标,以便经过相互比较,科学地从中选定最佳方案。这些指标包括:主要材料(钢、木、水泥)用量、全桥总造价(分上、下部结构列出)、工期、养护费用、运营条件、有无困难工程、要否为特种机具等。对于对桥型美观有特殊要求的桥梁,则应突出景观因素。为了获得上述的前两项指标,通常可充分利用已有资料或通过一些简便的近似验算,对每一方案拟定结构主要尺寸,并计算主要工程数量。乘以相应的材料定额以及扩大单价,就不难得出每个方案所需的材料数量,并估算全桥造价。其他的一些问题,虽难得到数量指标,也应进行适当的概略评价。每一桥梁设计方案图中应绘出附有河床断面及地质分层的立面图和横断面图。

3. 技术经济比较和最优方案的选定

设计方案的评价和比较要全面考虑上述各项指标,综合分析每一方案的优缺点,最后选定一个符合当前条件的最佳推荐方案。有时占优势的方案还可吸取其他方案的优点进一步加以改善,如果改动较多,最后中选的方案甚至可能是集聚各方案长处的另一个新方案。

一般说来,造价低、材料省、劳动力少、工期短的应是优秀方案。但实际上并不尽然,因为有时当其他技术因素或使用要求(如对美观有特殊要求)上升成为设计的主要矛盾时,就不得不放弃较为经济的方案。所以在比较时,必须从任务书提出的要求、所给的原始资料以及施工等条件中,找出所面临问题的关键所在,分清主次,才能探索出适合于各具体情况的最佳方案。

表7-6列出了前述方案比较实例的综合分析评述。该桥的关键问题之一是如何降低桥道

高程,减小纵坡。由比较可知,第一方案在桥高、桥长、纵坡以及使用效果方面均佳;第三方案虽造价最低,但从使用效果及用材(除钢材外)、劳动力等方面均逊于第一方案;第四方案结构新颖,工艺先进,但尚无实践经验,需先做试验后方能采用。因此经综合比较,决定推荐第一方案。

方案比较表 表7-6

序号	方案类别 比较项目	第一方案	第二方案	第三方案	第四方案
		主桥:预应力混凝土连续梁(40m + 4 × 65m + 40m); 引桥:预应力混凝土简支梁(11 × 25m)	主桥:预应力混凝土连续梁(50m + 3 × 80m + 50m); 引桥:预应力混凝土简支梁(11 × 25m)	主桥:钢筋混凝土箱形拱桥(4 × 80m); 引桥:钢筋混凝土较平坦拱(11 × 25m)	主桥:预应力混凝土板拉桥(45m + 90m + 100m + 2 × 45m + 35m); 引桥:预应力混凝土简支梁(10 × 25m)
1	桥高(m)	27.96	28.10	29.40	28.16
2	桥长(m)	620.5	620.6	625.2	631.6
3	最大纵坡(%)	2.2	2.4	2.5	2.4
4	工艺技术要求	技术先进、工艺要求较严格,所需设备较少,占用施工场地少	技术较先进、工艺要求较严格;主桥上部构造除用挂篮施工外,挂梁须另加一套安装设备	已有成熟的工艺技术经验,需用大量的吊装设备,占用施工场地大,需用劳动力多	结构新颖,顶推法施工工艺已有成功经验,工艺要求严格;所需施工设备少,占用施工场地少;因系新桥型,须先修试验桥取得经验后才宜采用
5	使用效果	属于超静定结构,受力较好;主桥桥面连续,无伸缩缝,行车条件好,养护也容易	属于超静定结构,受力不如静定结构好;桥面平整度易受悬臂浇筑挠度影响,行车条件稍差;主桥每孔有两道伸缩缝,养护较麻烦	拱的承载潜力大。伸缩缝多,养护较麻烦;纵坡较大,东岸广场及引道填土太高,土方量大,土方来源困难	属于静定结构,受力情况需中间试验验证;伸缩缝少,桥面平整
6	造价及用材	造价及钢材排第二,其他各项最省	造价及钢材排第三	造价最低,耗用钢材少,但木材、水泥和劳动力消耗均最多	尚无实践经验,需做中间试验,故造价高,用材较多

在方案比较中,除了绘制方案比较图以外,还应编写方案比较说明书,其中应阐明编制方案的主要原则、从中选出比较方案的理由、方案比较的综合评述,对于推荐方案的较详细说明等。有关为拟定结构主要尺寸所做的各种计算资料,以及为估算主要材料指标和造价等所依据的文件名称(如概算定额、各种费率标准)等,均可作为附录载入。

四、桥梁的设计荷载

1. 设计荷载的规定

根据使用任务,桥梁结构除了承受本身自重和各种附加恒载以外,主要是承受桥上各种交通荷载,例如各种汽车、平板挂车、履带车、电车以及各种非机动车和人群荷载。鉴于桥梁结构处在自然环境之中,还要经受气候、水文等种种复杂因素(外力)的影响。

通常可以将作用在公路桥梁上的各种荷载和外力统称为"作用"。作用可以分为三类:永久作用、可变作用和偶然作用。我国《公路桥涵设计通用规范》(JTG D60—2004)中,根据结构上可能同时出现的作用,按承载能力极限状态和正常使用极限状态进行作用效应组合,取其最不利效应组合进行设计。

1) 永久作用

永久作用也称恒载,它是在设计使用期内,其作用位置和大小、方向不随时间变化,或其变化与平均值相比是可忽略不计的作用。永久作用包括结构物自重、桥面铺装及附属设备的重量、作用于结构上的土重及土侧压力、基础变位作用、水浮力、长期作用于结构上的预应力以及混凝土收缩和徐变作用。

结构自重及桥面铺装、附属设备等附加重力均属结构重力,结构重力标准值可按常用材料的重度计算。对于公路桥梁,结构物的自重往往占全部设计荷载的很大部分,例如当跨径为 20~150m 时,结构自重占 30%~60%,跨径越大所占比例越高。对于特大跨度的圬工桥、钢筋混凝土桥或预应力混凝土桥,活载的影响往往降至次要地位。在此情况下,宜采用轻质、高强材料来减小桥梁结构的自重。

2) 可变作用

可变作用为在设计使用期内,其作用位置和大小、方向随时间变化,且其变化与平均值相比有不可忽略的作用。

桥梁设计中考虑的可变作用有汽车荷载和人群荷载。同时,对于汽车荷载应计及其冲击力、制动力和离心力。对于所有车辆荷载尚应计算其所引起的土侧压力。

此外可变作用尚包括支座摩阻力、温度(均匀温度和梯度温度)作用、风荷载、流水压力和冰压力等。

众所周知,每一种车辆都有许多不同的型号和载重等级,而且随着交通运输事业的发展,车辆的载质量也将不断增大,因此就需要拟定一种既满足目前车辆情况和将来发展需要,又便于在设计中应用的简明统一的荷载标准。我国在对现有车型、行车规律等进行大量实地观测和调查研究的基础上,根据汽车工业的发展和国防建设的需要,制订了设计公路桥涵或其他受车辆影响的构造物所用的荷载标准。

(1) 汽车荷载

公路桥涵设计时,汽车荷载的计算图式、荷载等级及其标准值、加载方法和纵横向折减等应符合下列规定:

①汽车荷载分为公路—Ⅰ级和公路—Ⅱ级两个等级。

②汽车荷载由车道荷载和车辆荷载组成。车道荷载由均布荷载和集中荷载组成。桥梁结构的整体计算采用车道荷载,桥梁结构的局部加载、涵洞、桥台和挡土墙土压力等的计算采用车辆荷载。车辆荷载与车道荷载的作用不得叠加。

③各级公路桥涵设计的汽车荷载等级应符合表7-5的规定。

二级公路为干线公路且重型车辆多时,其桥涵的设计可采用公路—Ⅰ级汽车荷载。

四级公路上重型车辆少时,其桥涵设计所采用的公路—Ⅱ级车道荷载的效应可乘以0.8的折减系数,车辆荷载的效应可乘以0.7的折减系数。

④车道荷载的计算图式见图7-77。

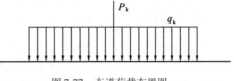

公路—Ⅰ级车道荷载的均布荷载标准值为 $q_k = 10.5 \text{kN/m}$。集中荷载标准值按以下规定选取:桥梁计算跨径小于或等于5m时,$P_k = 180 \text{kN}$;桥梁计算跨径等于或大于50m时,$P_k = 360 \text{kN}$;桥梁计算跨径在5~50m时,P_k 值采用直线内插求

图7-77 车道荷载布置图

得。计算剪力效应时,上述集中荷载标准值 P_k 应乘以1.2的系数。

公路—Ⅱ级车道荷载的均布荷载标准值 q_k 和集中荷载标准值 P_k 按公路—Ⅰ级车道荷载的0.75倍采用。

车道荷载的均布荷载标准值应满布于使结构产生最不利效应的同号影响线上;集中荷载标准值只作用于相应影响线中一个最大影响线峰值处。

车辆荷载的立面、平面尺寸见图7-78,主要技术指标规定见表7-7。

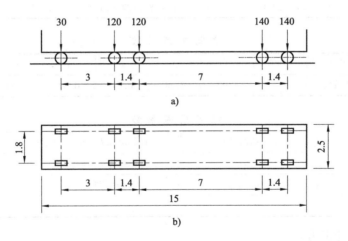

图7-78 车辆荷载的立面、平面布置(尺寸单位:m,荷载单位:kN)

公路—Ⅰ级和公路—Ⅱ级汽车荷载采用相同的车辆荷载标准值。

车道荷载横向分布系数应按设计车道数布置车辆荷载进行计算,如图7-79所示。

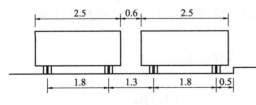

图7-79 车辆荷载横向布置(尺寸单位:m)

桥涵设计车道数应符合表7-8的折减数。多车道桥梁上的汽车荷载应考虑多车道折减。当桥涵设计车道数等于或大于2时,由汽车荷载产生的效应按表7-9规定的多车道折减系数进行折减,但折减后的效应不得小于两设计车道的荷载效应。

大跨径桥梁上的汽车荷载应考虑纵向折减。

当桥梁计算跨径大于150m时,应按表7-10规定的纵向折减系数进行折减。当为多跨连续结构时,整个结构应按最大的计算跨径考虑汽车荷载效应的纵向折减。

车辆荷载的主要技术指标 表7-7

项 目	单位	技术指标	项 目	单位	技术指标
车辆重力标准值	kN	550	轮距	m	1.8
前轴重力标准值	kN	30	前轮着地宽度及长度	m	0.3×0.2
中轴重力标准值	kN	2×120	中、后轮着地宽度及长度	m	0.6×0.2
后轴重力标准值	kN	2×140	车辆外形尺寸(长×宽)	m	1.5×2.5
轴距	m	3+1.4+7+1.4			

桥涵设计车道数 表7-8

桥面宽度 W(m)		桥涵设计车道数	桥面宽度 W(m)		桥涵设计车道数
车辆单向行驶时	车辆双向行驶时		车辆单向行驶时	车辆双向行驶时	
$W<7.0$		1	$17.0 \leq W<21.0$		5
$7.0 \leq W<10.5$	$6.0 \leq W<14.0$	2	$21.0 \leq W<24.5$	$21.0 \leq W<28.0$	6
$10.5 \leq W<14.0$		3	$24.5 \leq W<28.0$		7
$14.0 \leq W<17.5$	$14.0 \leq W<21.0$	4	$28.0 \leq W<31.5$	$28.0 \leq W<35.0$	8

横向折减系数 表7-9

横向布置设计车道数(条)	2	3	4	5	6	7	8
横向折减系数	1.00	0.78	0.67	0.60	0.55	0.52	0.50

纵向折减系数 表7-10

计算跨径 L_0(m)	纵向折减系数	计算跨径 L_0(m)	纵向折减系数
$150<L_0<400$	0.97	$800 \leq L_0<1000$	0.94
$400 \leq L_0<600$	0.96	$L_0 \geq 1000$	0.93
$600 \leq L_0<800$	0.95		

(2)汽车荷载冲击力

汽车荷载冲击力应按下列规定计算:

①钢桥、钢筋混凝土及预应力混凝土桥、污工拱桥等上部构造和钢支座、板式橡胶支座、盆式橡胶支座及钢筋混凝土柱式墩台,应计算汽车的冲击作用。

②填料厚度(包括路面厚度)等于或大于0.5m的拱桥、涵洞以及重力式墩台不计冲击力。

③支座的冲击力,按相应的桥梁取用。

④汽车荷载的冲击力标准值为汽车荷载标准值乘以冲击系数。

⑤冲击系数可按下式计算:

$$\mu = \begin{cases} 0.05 & f<1.5\text{Hz} \\ 0.01767\ln f - 0.0157 & 1.5\text{Hz} \leq f \leq 14\text{Hz} \\ 0.45 & f>14\text{Hz} \end{cases} \quad (7-1)$$

式中:μ——冲击系数;

f——结构基频(Hz)。

⑥汽车荷载的局部加载及在 T 梁、箱梁悬臂板上的冲击系数采用 1.3。

(3)人群荷载

人群荷载标准值应按下列规定采用:

①当桥梁计算跨径小于或等于 50m 时,人群荷载标准值为 3.0kN/m^2;当桥梁计算跨径等于或大于 150m 时,人群荷载标准值为 2.5kN/m^2;当桥梁计算跨径为 50~150m 时,可由线性内插得到人群荷载标准值。对跨径不等的连续结构,以最大跨径为准。

城镇郊区行人密集地区的公路桥梁,人群荷载标准值取上述规定值的 1.15 倍。专用人行桥梁,人群荷载标准值为 3.5kN/m^2。

②人群荷载在横向应布置在人行道的净宽度内,在纵向施加于使结构产生最不利荷载效应的区段内。

③人行道板(局部构件)可以一块板为单元,按标准值 4.0kN/m^2 的均布荷载计算。

④计算人行道栏杆时,作用在栏杆立柱顶上的水平推力标准值取 0.75kN/m,作用在栏杆扶手上的竖向力标准值取 1.0kN/m。

3)偶然作用

偶然作用包括地震力作用和船舶或漂流物的撞击作用。这种荷载在设计使用期内不一定出现,但一旦出现,其持续时间较短而数值很大。

地震动峰值加速度等于 $0.10g$、$0.15g$、$0.20g$、$0.30g$ 地区的公路桥涵,应进行抗震设计。地震动峰值加速度大于或等于 $0.40g$ 地区的公路桥涵,应进行专门的抗震研究和设计。地震动峰值加速度小于或等于 $0.05g$ 地区的公路桥涵,除有特殊要求者外,可采用简易设防。做过地震小区划的地区,应按主管部门审批后的地震动参数进行抗震设计。

公路桥梁地震作用的计算及结构的设计,应符合现行《公路工程抗震规范》(JTG B02—2013)的规定。

位于通航河流或有漂流物的河流中的桥梁墩台,在设计时应考虑船只或漂流物的撞击作用。取用撞击作用的数值一般可根据实测资料或与有关部门研究确定。当无资料作为依据时,可参照《公路桥涵设计通用规范》(JTG D60—2004)中有关规定计算。

桥梁结构必要时可考虑汽车的撞击作用。汽车撞击力标准值在车辆行驶方向取 1 000kN,在车辆行驶垂直方向取 500kN,两个方向的撞击力不同时考虑。撞击力作用于行车道以上 1.2m 处,直接分布于撞击涉及的构件上。

对于设有防撞设施的结构构件,可视防撞设施的防撞能力,对汽车撞击力标准值予以折减,但折减后的汽车撞击力标准值不应低于上述规定值的 1/6。

2. 荷载组合

上节中简述了各种可能出现的荷载和外力,显然这些荷载并非都同时作用于桥梁上。因此,在设计中应分清哪些荷载和外力是恒久存在的、经常出现的,哪些是偶尔出现的或者只在特殊情况下才发生。根据各种荷载重要性的不同和同时作用的可能性,《公路桥涵设计通用规范》(JTG D60—2004)规定了按承载能力极限状态和正常使用极限状态进行作用效应的组合,取其最不利效应的组合进行设计,并规定了可变作用中不同时参与组合的各种作用。

1)按承载能力极限状态设计时作用效应的组合

(1)基本组合

永久作用的设计值效应与可变作用设计值效应相组合,其效应组合表达式为

$$\gamma_0 S_{ud} = \gamma \left(\sum_{i=1}^{m} \gamma_{Gi} S_{Gid} + \gamma_{Q1} S_{Q1k} + \Psi_c \sum_{j=2}^{n} \gamma_{Qj} S_{Qjk} \right) \tag{7-2}$$

式中:S_{ud}——承载能力极限状态下作用基本组合的效应组合设计值;

γ_0——结构重要性系数,按表 7-11 规定的结构设计安全等级采用,对应于设计安全等级一级、二级、三级分别取 1.1、1.0、0.9;

γ_{Gi}——第 i 个永久作用效应的分项系数,应按《公路桥涵设计通用规范》(JTG D60—2004)表 4.1.6 的规定采用;

S_{Gik}——第 i 个永久作用效应的标准值;

γ_{Q1}——汽车荷载效应(含汽车冲击力、离心力)的分项系数,取 $\gamma_{Q1}=1.4$;当某个可变作用在效应组合中其值超过汽车荷载效应时,则该作用取代汽车荷载,其分项系数应采用汽车荷载分项系数;对专为承受某作用而设置的结构或装置,设计时该作用的分项系数取与汽车荷载同值;计算人行道板和人行道栏杆的局部荷载,其分项系数也与汽车荷载取同值;

S_{Q1k}——汽车荷载效应(含汽车冲击力、离心力)的标准值;

γ_{Qj}——在作用效应组合中除汽车荷载效应(含汽车冲击力、离心力)、风荷载外的其他第 j 个可变作用效应的分项系数,取 $\gamma_{Qj}=1.4$,但风荷载的分项系数取 $\gamma_{Qj}=1.1$;

S_{Qjk}——在作用效用组合中除汽车荷载效应(含汽车冲击力、离心力)外的其他第 j 个可变作用的标准值;

Ψ_c——在作用效应组合中,除汽车荷载效应(含汽车冲击力、离心力)外的其他可变作用效应的组合系数,当永久作用与汽车荷载和人群荷载(或其他一种可变作用)组合时,人群荷载(或其他一种可变作用)的组合系数 $\Psi_c=0.80$;当除汽车荷载(含汽车冲击力、离心力)外尚有两种其他可变作用参与组合时,其组合系数取 $\Psi_c=0.70$;尚有三种可变作用参与组合时,其组合系数 $\Psi_c=0.60$;尚有四种及多于四种的可变作用参与组合时,取 $\Psi_c=0.50$。

公路桥涵结构的安全等级 表 7-11

安 全 等 级	破 坏 后 果	桥 涵 类 型	结构重要性系数
一级	很严重	特大桥、重要大桥	1.1
二级	严重	大桥、中桥、重要小桥	1.9
三级	不严重	小桥、涵洞	0.9

(2)偶然组合

永久作用标准值效应与可变作用某种代表值效应、一种偶然作用标准值效应相组合。偶然作用的效应分项系数取 1.0;与偶然作用同时出现的可变作用,可根据观测资料和工程经验取用适当的代表值。地震作用标准值及其表达式按现行《公路工程抗震规范》(JTG B02—2013)规定采用。

2)按正常使用极限状态设计时作用效应的组合

(1)作用短期效应组合

永久作用标准值效应与可变作用频遇值效应相组合,其效应组合表达式为

$$S_{sd} = \left(\sum_{i=1}^{m} S_{Gik} + \sum_{j=1}^{n} \Psi_{1j} S_{Qjk}\right) \tag{7-3}$$

式中：S_{sd}——作用短期效应组合设计值；

Ψ_{1j}——第 j 个可变作用效应的频遇值系数，汽车荷载（不计冲击力）$\Psi_1 = 0.7$，人群荷载 $\Psi_1 = 1.0$，风荷载 $\Psi_1 = 0.75$，温度梯度作用 $\Psi_1 = 0.8$，其他作用 $\Psi_1 = 1.0$；

$\Psi_{1j} S_{Qjk}$——第 j 个可变作用效应的频遇值。

（2）作用长期效应组合

永久作用标准值效应与可变作用准永久值效应相组合，其效应组合表达式为

$$S_{ld} = \left(\sum_{i=1}^{m} S_{Gik} + \sum_{j=1}^{n} \Psi_{2j} S_{Qjk}\right) \tag{7-4}$$

式中：S_{ld}——作用长期效应组合设计值；

Ψ_{2j}——第 j 个可变作用效应的准永久值系数，汽车荷载（不计冲击力）$\Psi_2 = 0.4$，人群荷载 $\Psi_2 = 0.4$，风荷载 $\Psi_2 = 0.75$，温度梯度作用 $\Psi_2 = 0.8$，其他作用 $\Psi_1 = 1.0$；

$\Psi_{2j} S_{Qjk}$——第 j 个可变作用效应的准永久值。

结构构件当需进行弹性阶段截面应力计算时，除特别指明外，各作用的分项系数及组合系数应取为 1.0，各项应力限值应按各设计规范规定采用。

验算结构的抗倾覆、滑动稳定时，稳定系数、各作用的分项系数及摩擦系数，应根据不同结构按各有关桥涵设计规范的规定确定。支座的摩擦系数可按《公路桥涵设计通用规范》（JTG D60—2004）中的规定采用。

构件在吊装、运输时，构件重力应乘以动力系数 1.2 或 0.85，并可视构件具体情况做适当增减。

必须指出，如按以上两种极限状态的效应组合表达式进行详细、全面的组合比较，会使设计工作显得非常繁冗复杂，通常有经验的设计者可选择几种重要的、起控制作用的效应组合进行设计。

【复习思考题】

1. 结合所学的桥梁结构知识，谈谈你对桥梁结构发展的认识。
2. 桥梁结构体系的基本结构类型有哪些？查阅相关资料，试列举每类桥梁结构中具有代表性的桥梁。
3. 试说明桥梁结构的基本组成。
4. 桥梁结构的设计过程是什么？桥梁的设计内容有哪些？
5. 什么是作用和作用效应？《公路桥涵设计通用规范》（JTG D60—2004）中规定如何进行作用效应的组合？

第八章
城市地下空间工程

【学习目的与学习要求】

由于人口增加、资源短缺、土地衰退,地下空间和地下工程的开发应用日益得到重视。国际隧道协会发出"大力开发地下空间,开始人类新的穴居时代"的倡议,在世界各国得到了广泛的响应。目前,地下空间的利用已经渗透进了经济建设的各个方面,也进一步促进了地下工程技术的发展。

作为一名未来的城市地下空间工程师,必须全面了解我国地下空间的应用和发展现状,结合我国城市化的进程,了解国家发展地下空间的必要性、紧迫性和未来的趋势性。通过系统的学习,掌握地下空间规划、设计、建设、管理的基本知识,增加专业认同感,增强投身地下空间建设事业的荣誉感和责任感。

第一节 城市地下空间工程的内涵及素质要求

地球表面以下是一层很厚的岩石圈,岩层表面风化为土壤,形成不同厚度的土层,覆盖着陆地的大部分。岩层和土层在自然状态下都是实体,在外部条件作用下才能形成空间。

在岩层或土层中天然形成或经人工开发形成的空间称为地下空间。天然形成的地下空间,例如在石灰岩山体中由于水的冲蚀作用而形成的空洞,称为天然溶洞;在土层中存在地下水的空间称为含水层。人工开发的地下空间包括利用开采后废弃的矿坑和适用各种技术挖掘出来的空间。

建造在岩层或涂层中的各种建筑物,是在地下形成的建筑空间,称为地下建筑。地面建筑的地下室部分,也是地下建筑;一部分露出地面,大部分处于沿途或土壤中的建筑物和构筑物称为半地下建筑。地下构筑物一般是指减灾地下的矿井、巷道、输油或输气管道、输水苏雕、水库、油库、铁路和公路隧道、城市地铁、地下商业街、军事工程等。地下建筑物和构筑物一般统称为地下工程或地下设施。如图8-1所示为日本东京都城市地下空间利用构思示意图。

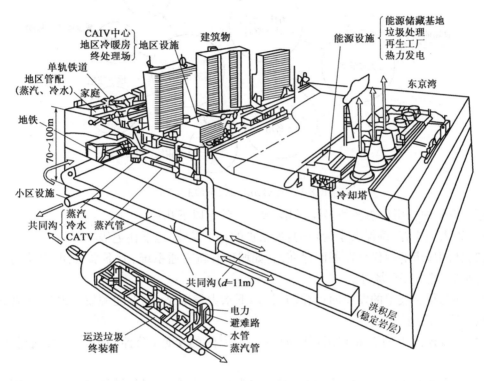

图8-1 日本东京都城市地下空间利用构思

在人类300万年的历史长河中,地下空间作为人类防御自然和外地侵袭的防御设施而被利用。随着科学技术和人类文明的发展,所能利用的地下空间也从自然洞穴向人工洞室发展。到现在地下空间利用的形态已千姿百态,远远超出为个人生活服务的利用领域,扩大到为保持作为集团的居民的生活需要空间。现代社会人口向城市集中、使城市功能恶化,为了保持城市功能及交通所需的空间,也开始求助于地下空间。作为人类在地球上安全舒适生活的补助空间,在经济可持续发展中,将占据重要地位,其利用程度和规模将会日益扩展。21世纪将是大力开发地下空间的世纪。

图8-2概括地说明了开发利用地下空间的主要原因。其中最重要的原因是大城市空间的严重不足;其次是为了保护历史建筑物和城市景观环境;第三个原因是要充分利用和发挥地下空间的优越特性。地下空间的开发和利用,主要是与城市的发展相联系的。在现代世界中,人口的增长和城市化的发展,促使城市过密,随之引发城市运输能力降低、饮用水不足、生活环境恶化等问题。为解决这些问题,有必要强化城市的各项功能和改善城市景观。从这一点来说,地下空间可以视为改善人类在城市生活的重要资源。另外,地下空间的利用与安全保障相联

系,为了适应复杂动荡的国际形势,进行粮食、石油等重要物资的储备,以及减小自然灾害的威胁等,都要求助于地下空间。

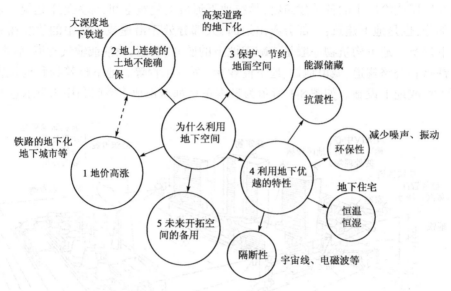

图8-2 开发利用地下空间的主要原因

地下空间的利用形态多种多样,归纳起来大致有以下几种:

(1)以人类生存、确保安全为目的:如粮食的地下储藏、地下住宅等。

(2)伴随城市的现代化发展而存在的:如城市有轨交通系统、上下水道、电力及瓦斯管道、地下商业街、地下停车场等。

(3)伴随科学技术的发展而存在的:如地下水力发电站、地下能源发电站以及地下工厂、地下核能发电设施等。

(4)大规模国土的有效利用:如城市间、国家间的交通(公路、铁路、跨海通道工程)设施等。

(5)防御和减少灾害的地下设施:如人防避难工程、各种储备设施、防御洪水灾害的地下坝、地下河、防灾型城市的构思等。

这些设施可以分为个人水平的设施、城市水平的设施和国家水平的设施。

①个人水平的设施:如住宅的地下式就是在地价高涨的情况下,为了扩大居住空间,而多由个人采取的措施。一般来说,个人水平的地下空间利用的特征,多是浅层埋深的利用。

②城市水平的地下利用:包括停车场、地下街等,主要由经济性决定,而上下水道、能源供给、交通等基础设施,则主要考虑环境、安全、便利等条件。城市人口越集中,这些地下设施在经济、环境、安全等方面所发挥的作用越大,例如北京西单地下文化广场和各城市大量修筑的地下停车场就是典型的实例。

③国家水平的地下利用:主要是从国土综合利用政策方面来考虑,主要包括作为产业经济基础的生产、储藏、输送、国土保持、防灾等设施。如我国南水北调工程中跨黄(河)输水隧道、京沪高速铁路越(长)江隧道以及西(安)安(康)线长达18.4km的秦岭铁路隧道等都属于此。这些设施,更多的是从增强国力、促进经济发展、改善和提高人民生活水平出发,具有重大的经济、技术意义。

应该指出,由于国际交流的增加,国家之间的交通联系也得到了关注。例如联系欧洲共同体的高速铁路计划,由南北和东西两条干线构成,总长度达 3 000km,全部位于地下 100m 的水平。建成后将大大缩短欧洲各国之间的交通时间,经济技术价值十分可观。

从根本上说,城市的成长,已经到了改变现在的社会和政治的时期。今后 40 年,世界人口预计有较大的增长,其中 90% 在发展中国家,而其中的 90% 又集中在城市。这种世界规模的大城市化的趋势,引起贫困、失业、城市基础设施不足、交通、大气污染、水质污染、噪声等一系列问题,社会基础设施不足、经历发展裹足不前、资源不足等将会引发社会的不稳定。

发展中国家的急剧城市化,使增加居住设施、公共事业和社会基础设施的必要性变得极为迫切。因此,国家和公共团体的重要资源,就是为城市居民提供交通、上下水道、防灾、休闲等大规模的基础设施,而地下空间是提供能源、上下水道、交通系统等的强有力手段,实现以整备社会基础设施为目的的地下空间的利用,是众望所归。

综上所述,地下空间的利用是多方面的,已渗透到人类生活的各个领域,形成了功能广泛的工程系统和科学体系,并发展成为对国民经济发展具有重要意义的产业部门。它是一个具有横跨岩土、地质、结构、计算机学、灾害防御等学科领域的大学科,也是 21 世纪重大的技术领域。它的形成和发展不容忽视,必须给予应有的重视。

城市地下空间工程专业培养面向国家建设需要,适应未来科技发展,知识、能力和素质全面协调发展,系统教授城市地下空间工程学科的基本原理、方法和技能,进行土木工程师(岩土)基本训练。培养理论扎实、专业知识宽广、创新能力强、视野宽广,能胜任地下工程和岩土工程的设计、工程施工与管理等工作的高级专门人才。

按照行业专业标准的基本要求,结合城市地下空间工程专业的办学理念和人才培养特色,毕业生应具有如下知识、能力和素质:

(1)具有人文社会科学基本知识和良好素养,具有扎实的自然科学基础,了解当代城市地下空间工程技术的发展方向和应用前景。

(2)掌握工程地质、工程材料、工程力学、弹性力学、岩体力学、土力学、结构设计原理等基本理论知识;掌握城市地下空间规划、地下建筑结构、隧道工程、地铁与轻轨等方面的基本原理与设计方法。

(3)具有工程制图、计算机应用的基本能力;掌握岩土力学试验和地下工程测试原理以及试验仪器使用的基本能力,具有综合应用各种手段(包括文献检索、网络搜索、调查研究等)获取科技资料和信息的能力。

(4)了解城市地下空间工程规划与建设的主要法规;掌握城市地下工程建设项目造价的确定和控制,具备从事城市地下空间工程规划、设计、开发、施工、监控与评价以及现代工程管理的初步能力。

(5)具有初步的科学研究能力和创新能力。

第二节　城市地下空间工程发展概况

地下空间已被视为人类所拥有、但又尚未充分利用和开发的宝贵自然资源。20 世纪 80 年代,国际隧道协会提出"大力开发地下空间,开始人类新的穴居时代"的倡议,得到了广泛的响应。近几十年来，随着地下电站（水电、火电、核电、地热电），地下城市，地下储能（热能、超导电能、石油、天然气、压缩空气），深部矿山及深海石油开采，地下铁道及轻轨建设，放射性核废料地下储存，国防、人防工程的发展，研究重点日益转向地下，不仅深入研究人工洞室的开挖技术，而且注意利用天然洞室或废旧矿井作地下工程。城市地下空间的利用日益成为众所关注的热点，除要建立完整的地下铁道网络外，还要建设综合性的地下城市，使地下同地上一样成为一个现代化的大城市。据估计21世纪末，人类约有1/3将重新"穴居地下"。

一、国外地下工程的发展现状

据《简氏城市年鉴》，从1863年伦敦建成6.2km的世界上第一条地铁开始，到2005年年底的100多年里，全世界已有94个国家近120多个城市修建了353条、线路总长超过6 000km（其中地下线路超过3 000km）的地下铁道交通系统。全球范围内都开始对地下空间进行大规模的开发利用。目前，国外城市地下空间的开发利用趋势主要有两方面：一是大型建筑物向地下的自然延伸发展到复杂的地下综合体（地下连接通道、地下车库、地下商业、休闲娱乐等），进而发展到地下城（与地下快速轨道交通系统相结合的地下街系统）；二是地下市政设施的建设从地下供、排水管网发展到地下大型供水系统，地下大型能源供应系统，地下大型排水及污水处理系统，地下生活垃圾的清除、处理和回收系统和地下综合管线廊道（共同沟）。

日本列岛属于环太平洋造山地带，是多火山、多地震区，山地多而耕地少，人口多集中在平原地区。地理形态决定了日本非常重视地下空间的开发利用。从地下高速铁路、停车场、共同沟、排水与蓄水的地下河川、地下热电站、蓄水的融雪槽和防灾设施等市政设施的实际建设，到"大深度地下城市"、封闭性循环系统的构想，地下空间的利用形态极其丰富，兴建的地下共同沟的数量在世界上位居前列。为了防患地震、台风等灾害和火灾，日本各地在公园等公共用地的地下建造了许多饮用水和消防用水的储水箱、避难所；还建造了许多用于各种目的的大型地下洞室，如建于山川坚硬基岩中的地下发电站、铁路和公路隧道，沿海地区的基岩中建造了大型洞室作为石油储备基地，在软土地基和软岩地基中建造大型地下储箱，储存发电燃料等。

美国和加拿大虽然国土辽阔，但因城市高度集中，城市矛盾仍十分尖锐，城市地下空间的开发利用也达到了较高的水平。美国纽约的地铁在世界上运营线路最长（443km），车站数量最多（504个），每天接待510万人次，每年接近20亿人次。纽约市大部分地铁车站比较朴素。站内一般只铺水泥地面，很少有建筑以外的装饰，但很便利。纽约市四通八达而不受气候影响的地下步行道系统，很好地解决了人车分流问题，缩短了地铁与公共汽车的换乘距离，同时把地铁车站与大型公共活动中心用地下道连接起来。

除了要解决城市用地和交通矛盾外，英国、法国、德国等欧洲各国还将地下空间利用同保护城市环境和自然景观结合起来，如这些国家规定，城市的上下水道设施、污水处理设施、废弃物处理、石油储藏设施等必须建造在地下，并要考虑与城市景观的协调。

北欧也是地下空间开发利用的发达地区，地下空间的利用与民防工程的结合是一大特点，在第二次世界大战后的冷战时期，建造了许多防空洞。如瑞典"克拉拉教堂的地下民防洞"和"伊艾特包里地下控制中心"，平时作为停车场、体育、娱乐设施、仓库等，战争时作为避难和指挥场所。北欧地质条件良好，基岩坚硬、稳定，开挖时很少使用辅助措施，在市政设施和公共建筑方面建造了许多大型的地下工程，如瑞典南部地区供水的大型系统全部在地下，埋深30～

90m，隧道长80km，靠重力自流。芬兰赫尔辛基的大型供水系统，隧道长120km，过滤等处理设施全在地下。公路隧道是北欧地下空间利用上的又一个亮点，世界上最长的公路隧道就是挪威西部的24.5km长的拉达尔隧道，如图8-3所示。

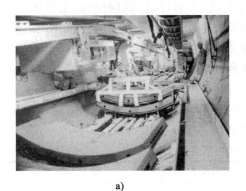
a)

b)

图8-3　拉达尔地下隧道

俄罗斯也是地下空间开发利用的发达国家，其特点是地铁系统相当发达，莫斯科地铁系统号称最豪华的地铁，素有"欧洲地下宫殿"之称，9条线路纵横交错，线路总长146km，103个车站内到处点缀圆雕、浮雕，形态各异。俄罗斯的地下共同沟也相当发达，莫斯科地下有130km的共同沟，除煤气管外各种管线都有，只是截面较小(3m×3m)，内部条件相对较差。

二、我国地下空间的利用现状

我国地下空间有计划的大规模利用始于20世纪60年代，主要是为了"备战备荒"的军事或准军事目的而修建的地下防灾设施。在20世纪60、70年代，我国建设了一批地下工厂、人防工程和北京、天津地下铁道。之后我国逐渐把地下空间利用的出发点从防空工程转移到国防与经济建设综合考虑上，目前基本形成了"平战结合，为民造福"的地下空间利用指导原则。由于我国地下空间利用起步相对较晚，利用形态相对简单，地下设施类型也较少。

我国的地铁始建于1965年。目前大陆已建成和在建地铁的城市有北京、上海、天津、广州、深圳、南京、武汉、长春、成都、武汉、苏州等城市。地下商业街、人行道、地下停车场是我国最广泛的城市地下空间利用形式，在各省会城市及大城市基本都有出现。

自1888年开工修建第一条狮球岭隧道起至2005年年末，我国共建成铁路隧道7538座，总延长4314km(未记入台湾铁路隧道数量)，其中3km以上的长隧道与特长隧道有158座，是世界上铁路隧道最多的国家。在建成的隧道中90%以上是中华人民共和国成立后修建的，平均每年修建铁路隧道超过120座，长度超过70km。1968年上海用国产挤土盾构建成了越江打浦路隧道，以后又陆续建成延安东路越江隧道。我国用沉管法先后建成了宁波甬江公路隧道、广州珠江铁路隧道。特别是在山城重庆，建成了多条公路山岭隧道。南京地下工程如图8-4所示。

图8-4　南京地下工程

三、地下工程的发展重点

目前各国都把地下空间利用的重点放在城市建设上。地下空间作为城市重要资源,得到了多方面的应用,大致有办公楼、地下街、地下停车场、交通设施、通信设施、上下水道、废弃物处理设施、文化设施等,这些地下设施与地面设施一道构成了城市的立体空间网络。

从城市地下空间利用的现状看,主要发展重点在联络城市各处设施的地下通道,如地下商业街、地下联络通道和城市有轨交通系统(地铁和轻轨)。目前,日本在全国20多个城市,共拥有150多处地下街,总面积约为120万 m^2。法国、英国以及一些发达国家,也正在修建地下街。如加拿大最大的城市蒙特利尔已提出以地下铁道车站为中心,建造联络城市2/3设施的地下街网的宏伟规划。表8-1列举了几个城市的地下空间利用的实例。

城市的地下空间利用实例　　　　　　　表8-1

城市	地形	地质	人口(万人)		与交通设施的关系	规模		
			区域	室内		名称	数量	用途
多伦多	平坦	岩层	235	68	铁道、地铁车站	大厦 宾馆 市厅所 商店 电影院 停车场	30个 2个 1个 1000个 2个 2个	办公面积2 km^2 办公 办公面积3 000 m^2 从业人员32 000人 客流100万人/周 停车空间
蒙特利尔	小起伏	岩层	282	102	铁道站	停车场 步行走廊 宾馆 住宅 大学 办公室 会议展览馆	 6个 1 250个 1个 多间 2个	2.9 km^2 12km(11 200 m^2) 办公空间 1 800 000 m^2 综合利用910 000 m^2
巴黎	平坦	岩层	851	218	郊外高速铁道、地铁、地下公路	停车场 住宅 宾馆 娱乐设施 事务所	 320个 1个 5个 	40 000 m^2 3 000 m^2
札幌	平坦	冲积层	200	140	地铁、公共汽车站	商店 停车场 公共道路 其他		37 300 m^2 12 000 m^2 6 500 m^2 6 000 m^2
川崎	平坦	冲积层		106	川崎站	商店 公共道路 停车场		67 100 m^2 15 200 m^2 停380台车

城市有轨交通系统(包括地铁、轻轨等运输系统),作为城市的基础设施和灾害防御设施,得到了巨大的发展,这是城市地下空间利用的第二个方面。许多国家都针对城市发展规模的特点,在人口超过 50 万以上的大中城市中,纷纷修建和发展大量(>40 000 人/高峰小时)、中量(25 000~400 00 人/高峰小时)、小量(<25 000 人/高峰小时)有轨交通系统,这是城市国际化、现代化的一个重要标志。一些国家也正在研究城市道路地下化的交通系统,如日本东京都的地下环形道路的建设,极大地减轻了地面交通的压力。我国近几年掀起的"地铁和轻轨热"正方兴未艾。级北京地铁之后,上海、广州地铁(一期工程)已经投入运营。深圳地铁已开始修建,南京、成都、武汉等城市的地铁,也局部开始投入运营。总之,利用地下空间,开辟交通通道,增加交通面积,是解决城市"交通难"的根本性措施之一。

防灾设施的地下化,也是城市地下利用的重要方面。应该指出,目前人类对灾害的发生还无法完全控制,但人类能够运用所掌握的科学技术手段,有效地防御灾害,从而减轻灾害造成的损失。在城市模式的研究中也是一样。美、日等国在这一领域中研究起步较早。例如,日本城市防灾研究所提出,从防灾的角度来综合利用地下空间的基本技术政策。日本国土研究机构也发表了《地下城市》的研究报告,提出从 21 世纪的远见出发,建立防灾型城市的构思。地下空间作为城市防灾基础设施,应加以充分利用,其中包括:城市有轨交通系统,洪水地下排泄系统、地下物流系统及地下物质储备、储藏系统等,都应按防灾型城市的要求,统一规划、统一实施,以提高整个城市的总体抗灾能力。

跨海、江、河高速交通通道的基础设施建设,已引起一定的关注。最近几年,我国曾先后对琼州海峡、珠江、青岛胶州湾、福建海峡、南通、天津塘沽和南京高速铁路跨江隧道等有关跨海、江河通道工程进行了论证。在论证中可以发现,越来越重视隧道跨海、江、河方案的选择,它的优越性主要体现在安全、隐蔽、不影响通航、维修相对小、不受气候影响等,在同等条件下,在经济上也是有利的。这些研究和论证符合面向 21 世纪的技术发展趋势,这也是地下空间利用的一个重要方面。目前世界上最长的海底隧道日本青函隧道全长 53.85km,海底部分 23.30km,1988 年建成;欧洲最长的英吉利海峡隧道全长 48.5km,其中 37.5km 在海底,也于 1994 年正式通车;我国第一条海底隧道厦门翔安隧道全长约 9km,其中海底隧道 5.95km,于 2010 年建成;青岛海底隧道也于 2011 年建成。

四、地下工程研究的内容

地下工程是一门综合性的系统科学技术,其主要内容包括完成地下建筑所实行的规划、设计、施工和运营维护。由于地下工程和地面工程在设计和施工上有着截然不同的性质,其规划、设计、施工方法有其自身固有的特点,因此,认识和了解地下工程设计、施工特点是极其重要的。地下工程设计、施工特点和研究的主要内容表现在以下方面:

(1)地下工程的合理开发和立法:地下空间是国民经济建设的重要资源,合理地开发和利用,并用立法的形式来指导和规范其合理性和科学性,是科学规范地下空间的重要保证。

(2)工程环境的特殊性:地下工程是处在各种地质环境中的地下结构物,地质环境对地下工程的规划、设计、施工将产生极大的影响;科学地研究和认识地质体的形成及其经历,原始地应力场,地质体的物理、力学、构造和时间特性及其分类等,是地下工程规划、设计、施工极其重要的前提。

(3)洞室结构体系的组成:洞室地下工程与地面工程的结构体系组成是不同的,一般地面工程结构体系是由结构和基础构成,而洞室地下结构体系是由围岩和支护结构组成,荷载主要来自围岩,而围岩又是承载结构的一个重要组成部分,同时,还是构成承载结构的基本材料。这种二位(荷载、承载单元)一体的特征与地面工程完全不同,因此,认识围岩的作用,研究三者的内在联系,是地下工程修建技术中重要的内容。

(4)设计、施工的一体化:在洞室地下工程中,设计和施工是密不可分的,一般预设计不可能将复杂的地质情况全部考虑到,常常根据施工中的观察和量测反馈的信息来修正或变更设计,"施工中设计"是地下工程的又一大特点。因此研究和建立施工中设计的基本原则、方法和模式,实现设计、施工一体化是地下工程设计、施工的一大任务。

(5)地下工程施工作业:归纳起来,地下工程施工作业的主要特点有风险大、隐蔽工程多、作业空间小、综合性强和作业环境恶劣等。因此,研究地下工程地质超前预测、预报技术,提高在不良地质条件下的风险意识和应变能力,规范化施工组织和作业技术,采用适合地下工程有限空间作业的施工机械和施工方法,创造安全、舒适和工厂化的作业环境,是地下工程施工技术要解决的重要课题。

(6)地下工程结构设计:近年来洞室结构设计方法不断推陈出新,从容许应力设计方法到极限状态设计方法,进而到可靠度设计方法和考虑维修养护管理的耐久性设计方法得到了应用,设计质量显著提高。有限元数值设计方法也开始应用于个别工程设计中,使洞室结构设计思想从过去单纯依靠衬砌承载的观点有了重大转变,结构的形式和参数更趋合理、经济。因此,研究和完善洞室结构的设计方法,发展各种形式的支护结构,使之科学、合理和具有良好的施工性是十分重要的。

(7)周边环境控制:地下工程的修建对周边环境产生着较大的影响,如地面沉陷可能影响附近的建筑物,施工降水引起大范围地面沉陷,地下水流失可能引起生态问题,施工垃圾引起环境问题等,虽然目前已经有了不少有效的措施,但对周边环境和结构物影响的评估方法等还需深入研究。

(8)地下工程防排水:防排水在地下建筑施工过程和完成后的使用期内均十分重要。涌水会带来施工困难;结构完成后,如果存在渗水,内部的设备及物质会受潮、锈蚀或腐烂变质、影响正常的使用。地下水还可能侵蚀混凝土、锈蚀钢筋,直接影响工程的安全和使用年限。对于常年埋设于地下水位以下的工程,在设计、施工中如何确保防水措施,是保证地下工程质量和使用的重要环节。

第三节　现代城市地下空间工程设计

一、地下结构的设计内容与目的

地下工程的结构设计应该按规范[如《混凝土结构设计规范》(GB 50010—2002)、《铁路隧道设计规范》(TB 10003—2005)、《公路隧道设计规范》(JTG D70—2004)、《地铁设计规范》(GB 50157—2003)、《锚杆喷射混凝土支护技术规范》(GB 50086—2001)和《水工隧洞设计规范》(SL 279—2002)等]进行,但是,要明白两点:任何规范都只是当前理论与经验水平的反映,并非"绝对真理";只有了解规范背后的理论和经验,才能有效地、合理地利用规范中的原则和规定。

任何地下工程的设计都包含经验、推理和观察三个元素,但在不同的项目中,三者所起作用的分量可能是不同的。工程类比法是地下结构常用的设计方法之一。地下结构设计的工程类比法可以分成直接与间接两种:直接类比法是把拟建工程的自然和工程条件与以往类似工程相比较,从而确定设计参数;间接类比法是按围岩分级(类)确定设计参数。

结构设计的目的是协调结构可靠与结构经济这一对矛盾,合理选择结构的参数,以达到安全、适用、耐久和经济等目的。结构设计当然与结构上的荷载有关;这里的荷载(又称为作用)是广义的,既包括土压力之类的直接作用,又包括如温度变化之类的间接作用。地下结构的荷载可以按其在设计基准期内随时间的变化特征划分为三类:

(1) 永久荷载,量值不随时间变化或变化与平均值相比可以忽略不计,包括结构自重、使用设施自重(如地铁道床重量)、地层压力(含水压力)、混凝土收缩和徐变力等。

(2) 可变荷载,量值随时间变化,且变化与平均值相比不可忽略,包括施工荷载、温度变化、使用活载(如交通隧道内的车辆活载、地面车辆活载等)和活载所产生的地层压力等。

(3) 偶然荷载,不一定出现且一旦出现作用时间很短,如地震力等。

地下结构的设计内容包括选择结构的轴线形状、内轮廓尺寸、结构的尺寸(如截面厚度)、材料和构造;结构的轴线形状和内轮廓尺寸要满足地下结构的净空要求;结构的尺寸(如截面厚度)、材料和构造要满足结构的承载力和稳定性要求;地下工程结构一般为超静定结构,结构内力只有在拟定了结构的尺寸、材料和构造以后才能求得。因此,地下结构的设计一般需要以下迭代过程:假定结构的尺寸、材料和构造,针对一定的荷载或荷载组合计算结构的内力,核算结构的承载力和稳定性,如果满足要求且经济合理则选定假设的结构尺寸、材料和构造,设计完成;否则重复上面的过程直到满足设计要求。

结构设计方法与结构的构造形式密切相关。例如,关于喷混凝土支护的几何参数和设置时间,可以根据地层的变形特征和初期支护的目的,采用相应的设计思想:如果初期支护是为了尽快地完全制止开挖带来的地层变形,就应该选择较大的喷层厚度;反之,假如地层的自稳性较好,而且周边环境也容许地层发生一定的变形,则可以选择较小的喷层厚度。下面依次介绍地下空间工程中主要的四种设计模型。

二、地下结构设计方法

1. 地下结构体系的计算模型

国际隧道协会(ITA)在1987年成立了隧道结构设计模型研究组,收集和汇总了各会员国目前采用的地下结构设计方法,如表8-2所示。经过总结,国际隧道协会认为,目前采用的地下结构设计方法可以归纳为以下四种设计模型:

(1) 以参照过去隧道工程实践经验进行了工程类比为主的经验设计法。

(2) 以现场量测和实验室试验为主的实用设计方法,例如以洞周位移量测值为基础的收敛—约束法。

(3) 作用—反作用模型,即荷载—结构模型,例如弹性地基圆环计算和弹性地基框架计算等计算法。

(4) 连续介质模型,包括解析法和数值法。数值计算法目前主要是有限单元法。

一些国家采用的设计方法概况　　　　　　　表 8-2

国名 \ 隧道类型	盾构开挖的软土质隧道	喷锚钢支撑的软土质隧道	中硬石质深埋隧道	明挖施工的框架结构
莫斯科	弹性地基圆环	弹性地基圆环,有限元法,收敛—约束法	经验法	弹性地基框架
西德	覆盖层厚<2D(D为隧道直径),顶部无支承的弹性地基圆环,覆盖>3D,全支承弹性地基圆环,有限元法	覆盖层厚<2D,顶部无支承的弹性地基圆环,覆盖>3D,全支承弹性地基圆环,有限元法	全支承弹性地基圆环,有限元法,连续介质或收敛法	弹性地基框架(底压力分布简化)
法国	弹性地基圆环,有限元法	有限元法,作用—反作用模型,经验法	连续介质模型,收敛法,经验法	—
日本	局部支承弹性地基圆环	局部支承弹性地基圆环,经验法加测试,有限元法	弹性地基框架,有限元法,特性曲线法	弹性地基框架,有限元法
中国	自由变形或弹性地基圆环	初期支护:有限元法,收敛法;二期支护:弹性地基圆环	初期支护:经验法;永久支护:作用和反作用模型;大型洞室:有限元法	弯矩分配法计算箱型框架
瑞士	—	作用—反作用模型	有限元法,收敛法	—
英国	弹性地基圆环	收敛—约束法,经验法	有限元法,收敛法,经验法	矩形框架
美国	弹性地基圆环	弹性地基圆环,作用—反作用模型	弹性地基圆环,Proctor-while 方法,有限元法,锚杆经验法	弹性地基上的连续框架

　　每种设计模型或方法各有其适用的场合,也各有自身的局限性。由于地下结构的设计受各种复杂因素的影响,因此经验设计法往往占据一定的位置。即使内力分析采用了比较严密的理论,其计算结果往往也需要用经验类比来判断和补充。以测试为主的实用设计方法常受到现场人员的欢迎,因为它能提供直接的材料,更确切地估计地层和地下结构的稳定性和安全程度。理论计算法可以用来进行无经验可循的新型工程设计,基于作用—反作用模型和连续介质模型的计算理论成为一种特定的计算手段,日益为人们所重视。工程技术人员在设计地下结构时,往往要进行多种设计方法的对比,以选择较为经济合理的设计。

从各国的地下结构设计实践看,目前,在设计地下结构体系时,主要采用两类计算模型:一类是以支护结构作为承载主体,围岩作为荷载,同时考虑其对支护结构的变形约束作用的模型;另一类则相反,将围岩视为承载主体,支护结构则约束围岩变形的模型。后者是设计中常采用的主要方法,但在一定的条件下,前者也是设计决策的主要依据。

2. 结构力学方法——荷载结构模型计算方法

传统的结构力学模型是将支护结构和围岩分开来考虑,支护结构是承载主体。围岩作为荷载的来源和支护结构的弹性支承,又可称为荷载—结构模型(图8-2)。在这类模型中,隧道支护结构与围岩的相互作用是通过弹性支承对支护结构施加约束来体现的,而围岩的承载能力则在确定围岩压力和弹性支承的约束能力时间接地考虑。围岩的承载能力越高,它给予支护结构的压力越小,弹性支承约束支护结构变形的抗力越大,相对来说,支护结构所起的作用就变小了。

只要在施工过程中不能使支护结构与围岩保持紧密接触,有效地制止周围岩体变形和松弛而产生松动压力,隧道的支护结构就应该按荷载—结构模型进行验算。一般说来,按此模型设计的隧道支护结构偏于保守。

这一类计算模型主要适用于围岩因过分变形而发生松弛和崩塌,支护结构主动承担围岩"松动"压力的情况。例如浅埋的土质地下结构、隧道的洞口段以及采用明挖法修筑的地下结构等。所以说,利用这类模型进行隧道支护结构设计的关键问题,是如何确定作用在支护结构上的主动荷载,其中最主要的是围岩所产生的松动压力,以及弹性支承给支护结构的弹性抗力。一旦这两个问题解决了,剩下的就只是运用普通结构力学方法求出超静定体系的内力和位移了。属于这一类模型的计算方法有:弹性连续框架(含拱形)法,假定抗力法和弹性地基梁(含曲梁和圆环)法等。当软弱地层对结构变形的约束能力较差时(或衬砌与地层间的空隙回填、灌浆不密实时),地下结构内力计算常用弹性连续框架法;反之,可用假定抗力法或弹性地基法。弹性连续框架法即为进行地面结构内计算时的力法与变形法。假定抗力法和弹性的地基梁法则已形成了一些经典计算方法。经典计算方法按所采用的地层变形理论而不同;荷载结构法又分为局部变形理论和共同变形理论计算法两类。由于这个模型概念清晰,计算简便,易被工程师们所接受,故至今仍很通用,尤其是对模注衬砌用得很普遍。

荷载—结构模型虽然都是以承受岩体松动、崩塌而产生的竖向和侧向主动压力为主要特征,但对围岩与支护结构相互作用的处理上却有几种不同的做法:

(1)主动荷载模型[图8-5a)]。它不考虑围岩与支护结构的相互作用,因此,支护结构在主动荷载作用下可以自由变形,和地面结构的计算原理没有什么不同。这种模型主要适用在围岩与支护结构的"刚度比"较小的情况下、软弱的围岩没有"能力"去约束刚性衬砌的变形。

(2)主动荷载加围岩弹性约束的模型[图8-5b)]。它认为围岩不仅对支护结构施加主动荷载,而且由于围岩与支护结构的相互作用,还对支护结构施加被动的弹性抗力。因为在非均匀分布的主动荷载作用下,支护结构的一部分将发生沿围岩方向的变形。只要围岩具有一定的刚度,就必然会对支护结构产生反作用力来抵制它的变形,这种反作用力就称为弹性抗力,属于被动性质。而支护结构的另一部分则背离围岩向着隧道内变形,形成所谓"脱离区"。支护结构就是在主动荷载和围岩的被动弹性抗力同时作用下进行工作的。这种模型几乎能适用于所有的围岩类型,只不过各类围岩所产生的弹性抗力的大小和范围不同而已。

(3) 当前正在发展一种以实地量测荷载代替主动荷载的类模型的亚型[图 8-5b)]。实地量测的荷载值是围岩与支护结构相互作用的综合反映,它既包含围岩的主动压力,也含有弹性抗力。在支护结构与围岩牢固接触时,不仅能量测到径向荷载,而且还能量测到切向荷载;否则,就只有径向荷载[图 8-5c)]。但应指出,实地量测的荷载值除与围岩特性有关外,还取决于支护结构的刚度以及支护结构背后回填的质量。因此,某一种实地量测的荷载,只适用于和量测条件相同的情况下。

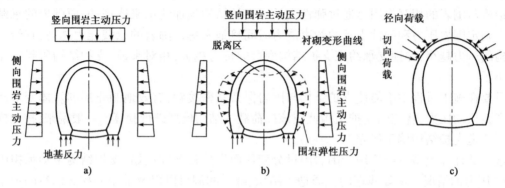

图 8-5 荷载的几种模型

从上述可知,对于(1)类模型,只要确定了作用在支护结构上的主动荷载,再用结构力学的一般方法即可解决。对于(2)类模型,除了上述的主动荷载外,尚需解决围岩的弹性抗力问题。在围岩上引起的弹性抗力的大小,目前常用"温克勒(Winkler)"假定为基础的局部变形理论来确定。它认为围岩的弹性抗力是与围岩在该点的变形成正比,用公式表示为

$$\sigma_i = k\delta_i \tag{8-1}$$

式中:δ_i——围岩表面上任意一点 i 的压缩变形(m);

σ_i——围岩在同一点 i 所产生的弹性抗力(MPa);

k——围岩的弹性抗力系数(MPa/m)。

弹性抗力的大小和分布形态取决于支护结构的变形,而支护结构的变形又和弹性抗力有关,所以,按(2)类模型计算支护结构的内力是个非线性问题,必须采用迭代解法或某些线性化的假定。如弹性抗力分布形状为已知,即可采用弹性地基梁的理论,或弹性支承代替弹性抗力等方法计算。

3. 岩石力学的计算方法

对于几何形状和围岩初始应力状态、地质条件都比较复杂的地下工程一般需要采取数值计算方法。尤其是需要考虑围岩的各种非线性特征和施工过程对坑道稳定性的影响时,采用岩石力学方法是有利的,它可以作为设计决策的重要参考。

岩石力学方法是将支护结构与围岩视为一体,作为共同承载的隧道结构体系,故又称为围岩—结构模型或复合整体模型(图 8-6)。在这个模型中围岩是直接的承载单元,支护结构只是用来约束和限制围岩的变形,这一点正好和上述模型相反。复合整体模型是目前隧道结构体系设计中力求采用的或正在发展的模型,因为它符合当前的施工技术水平。在围岩—结构模型中可以考虑各种几何形状、围岩和支护材料的非线性特性、开挖面空间效应所形成的三维

状态以及地质中不连续面、施工过程等。在这种模型中有些问题是可以用解析法求解或用收敛—约束法图解的,但绝大部分问题,因数学上的困难必须依赖数值方法,主要是有限单元法。

利用这个模型进行隧道结构体系设计的关键问题,是如何确定围岩的初始应力场,以及表示材料非线性特性的各种参数及其变化情况。一旦这些问题解决了,原则上任何场合都可用有限单元法求出围岩与支护结构的应力、位移状态。

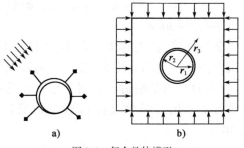

图 8-6 复合整体模型

无论是深埋或浅埋隧道都属于半无限空间问题,简化为平面应变问题时,则为半无限平面问题。从理论上讲,开挖对周围岩体的影响,将会随远离开挖部位而逐渐消失,因此,有限元分析仅需在一个有限的区域内进行即可。确定计算边界,一方面要节省计算费用,另一方面也要满足精度要求。实践证明,对于地下洞室开挖后的应力应变,仅在洞室周围距洞室中心 3~5 倍隧道开挖宽度(或高度)的范围内存在实际影响。在 3 倍宽度处的应力变化一般在 10% 以下,在 5 倍宽度处一般在 3% 以下。在这个边界上可以认为开挖引起的位移为零。此外,根据对称性的特点,分析区域可以取 1/2(一个对称轴)或 1/4(两个对称轴)。

当要求计算精度较高时,计算边界的确定就比较困难。可考虑采用有限元和无限元耦合法,即在一定范围,例如塑性区内用有限元、用无限元模拟无限边界。在有限元分析中引入无限元的三个主要优点:有效地解决了边界效应;提高计算精度;减少解题规模,节省内存,缩短计算时间。计算时需要输入围岩的初始地应力场和物理力学指标、防水材料和支护衬砌材料的物理力学指标、几何尺寸等。根据施工过程模拟开挖步骤,按顺序施加支护结构,直到施工全部完成,如图 8-7 所示。

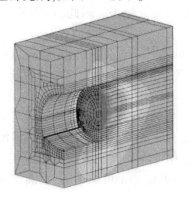

图 8-7 有限元法

4. 以围岩分级为基础的经验设计方法

在大多数情况下,隧道支护体系还是依赖"经验设计"的,在实施过程中,依据量测信息加以修改和验证。经验设计的前提是要正确地对坑道围岩进行分类,然后在分类的基础上编制支护结构系统的基本图示。从近期实践中,大致可以发现在进行支护结构经验设计时,需要注意的几点原则是:

(1) 首先要对坑道围岩进行分类,这些分类大都是根据地质调查结果,为各种地下工程单独编制的,如目前在奥地利等国广泛采用的 Luffer 分类。但不管采用何种分类,大体上都把坑道围岩分为四个基本类型,即完整、稳定岩体;易破碎、剥离的块状岩体;有地压作用的破碎岩体;强烈挤压性岩体或有强大地压的岩体。其中某些类别还有亚类。

(2) 在各类岩体中,支护结构参数大体是按下述原则选用:

① 完整、稳定的岩体:锚杆长度 $<1.5m$,$n=4~4.2$ 根/m,按力学计算是不需要锚杆的,围岩本身强度就可以支护坑道,但因有局部裂隙或岩爆等,用其加以控制而已。喷射混凝土用于

填平补齐,为确保洞内安全作业应设金属网防止顶部岩石剥离。二次衬砌用能灌注的最小混凝土厚度,约30cm。

②易破碎、剥离的块状岩体:锚杆长1.5~3.5m,$n=10$根/m左右,多数情况是长、短锚杆配合使用。短锚杆用胀壳式,长锚杆用胶结式。喷层厚0~10cm,稳定性好的用来填平补齐,也可只在拱部喷射。此时开挖正面无需喷混凝土。应设金属网防止顶部岩石剥离。特殊情况下采用可缩性支撑或轻型格栅钢支撑。二次衬砌厚度30~40cm,包括喷层在内约40cm。

③有地压作用的破碎岩体:锚杆长3.0~4.0m,有时用6.0m的全面胶结式,$n=10$根/m左右,这种围岩视单轴抗压强度和埋深压力的比值确定,预计有塑性区发生时,从控制它的发展看,锚杆必须用喷混凝土加强。拱部和侧壁喷层厚15~20cm,视情况正面也要喷3cm左右混凝土。开挖进度必要时控制在1m以下。二次衬砌厚度为40~50cm(包括喷层在内),尽可能薄些。

④强烈挤压性岩体或有强大地压的岩体:在这种围岩中施工是很困难的,要分台阶施工,限制分部的面积。

⑤锚杆长4.0~6.0m,$n=15$根/m左右。喷层厚20~25cm,正面喷混凝土3~5cm。必须采用可缩性支撑,间距约75cm。二次衬砌厚度,按总厚度50cm决定。在30d内断面要闭合,即要修好仰拱。

(3)在施工中应尽量少扰动围岩,使其尽量保持原有岩体的强度,因此,应采用控制爆破技术。

(4)预计有大变形和松弛的情况下,开挖面要全面防护(包括正面),使之有充分的约束效应,在分台阶开挖时,上半断面进深不宜过长,以免影响整个断面的闭合时间。

(5)二次衬砌通常为现场灌筑,在修二次衬砌之前要修防水层,形成具有防水性能的组合衬砌。应使衬砌成为薄壳,这样可减少弯矩而使发生弯曲破坏的可能最小。因此,一次衬砌、二次衬砌都要薄些。

(6)允许甚至希望岩石出现一定的变形,以减少支护所需的防护措施,这些防护措施包括衬砌、抑拱、锚固系统和其他结构构件。允许变形在有围囵支撑的情况下是由支撑的可缩量实现的。变形值根据地质情况的不同可取15~35mm。

(7)与此方法不可分割的是一个详细周密的量测计划。它系统地控制施工中的变形与应力情况,确定所建立的支护阻力是否和围岩类型相适应以及是否还需要加强措施。这些量测包括位移、接触应力、松弛范围等。根据现场量测,结构不可避免地需要做些修正,经过修正,就可制订经济的解决方案。Pabcewicz认为这种确定支护尺寸的方法是不可缺少的,它能作为解析方法的补充,但不会被解析方法所代替。

(8)支护结构的施工顺序与正确地掌握岩体的时间效应很有关系。因此,要严格按照预定的施工程序进行。

由上述可知,支护结构的"经验设计"不仅决定支护结构的参数,还包括施工过程以及施工量测的设计。这是现代隧道支护结构设计的关键,必须予以高度重视。

5. 情报化设计方法

最近几年随着量测技术、计算机技术的发展和渗透,地下工程结构体系的情报化设计方法有了很大的发展。所谓情报化设计,实质上是通过施工前和施工过程中的大量信息(情报)来指导设计和施工,以期获得最佳地下结构的一种设计方法,也称之为信息反馈设计方法或现场预测设计方法。

地下工程情报化设计方法的流程如图 8-8 所示。首先根据施工前的信息(主要是地质信息)进行预设计,然后付诸施工。同时进行施工监测,并依其信息(主要是位移、应变、压力等)修改预设计,再施工、再量测,直到形成一个长期稳定的结构体系。由此可见,情报化设计方法与过去或当前采用的一般设计方法相比,有了很大的改变。它不仅包括施工前的预设计,也包括施工过程中的修正设计,把过去截然分开的施工和设计两个阶段融为一体,构成了一个完整的设计过程。

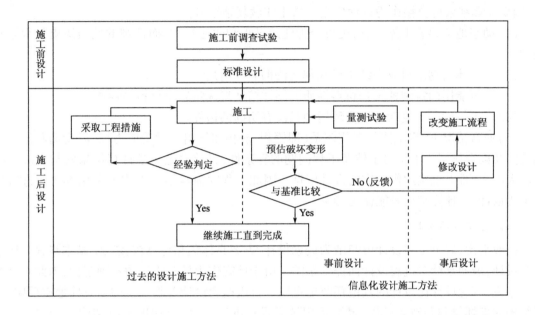

图 8-8　情报化设计流程

第四节　岩土工程设计

一般来说,岩土工程设计时必须考虑上部结构的特征和荷载、地基土的物理力学性质、基础的选型布置和材料特性、施工方法及其环境影响、工程的可靠度和造价等多种因素。这些因素各具特点,又密切联系,构成一个复杂的、多层次的设计系统。该系统有着明确的预定功能和目标,且只有当系统的各组成部分充分协调配合时,才能保证整个工程设计的预定功能和目标得以实现。传统的设计方法是以设计荷载加安全储备的概念为基础,其设计过程是假设—分析—校核—重新设计。重新设计的目的也是要选择一个合理的设计方案,但它只属于"分析"范畴,且只能凭设计者的经验做很少数几次重复,以通过"校核"为止。其主要缺陷在于对设计的整体性考虑不足,仅对有限几个方案进行比较,而且设计者的经验水平对设计结果影响很大。而系统分析方法是将设计中的诸因素视为一个完整的设计系统,运用运筹学技术,以规范规定的设计原则和使用、施工、环境等要求作为约束条件,对期望目标进行寻优,从而获得在多维设计因素空间的最优解,即最佳设计方案,其过程大致是假设—分析—搜索—最优设计。搜索过程也是修改设计的过程,这种修改是以按一定优化方法使设计方案达到"最佳"为目标,是一种主动的、有规则的搜索过程。

一、现行岩土工程设计法

1. 岩土体的复杂性

作为岩土工程主体结构物的岩土体,与建筑结构物相比具有显著的特殊性。建筑结构物的材料性质、构件类型、几何尺寸及结构形式都是清晰确定的,结构分析已达到相当精确的程度,因而计算结果可直接作为设计依据。岩土体就复杂很多:

(1)动态地考察岩土体,其历史可分为建造过程和改造过程,而详细的地质历史是很难知晓的。

(2)岩土体的物质组成和结构形式都无法彻底弄清楚。

(3)不可能用确定别种工程材料性质的同样精度来确定岩土材料的性质。

(4)岩土体赋存于复杂的地质环境中且没有明确的边界。

(5)通常情况下,岩土体是多相体系(即固相、液相和气相),承受应力场、温度场和渗流场的共同及耦合作用。由于岩土体及工程问题的复杂性,目前岩土力学计算结果常与实际情况有较大出入,难以直接用作可靠的设计依据。因此工程师通常不得不主要采用类比法进行岩土工程设计,而计算结果只能作为参考。

2. 概念设计与类比

一般来说,岩土工程设计可归结为概念设计、方案具体化和计算校核三个基本步骤。所谓概念设计,最初是针对抗震设计而提出来的。由于地震作用具有明显的不确定性,因此对结构抗震来说,概念设计比设计的其他环节更重要。抗震概念设计着眼于结构的总体地震反应,按照结构的破坏机制和破坏过程,灵活运用抗震设计准则,全面合理地解决结构设计的基本问题。由于岩土工程也具有显著的不确定性,近年来概念设计也被引入岩土工程中。其实,绝大多数工程设计都是从概念设计开始,逐步具体化为可实施的方案,最后检验方案的合理性。岩土工程设计之不同处在于,概念设计占有显著的地位,而简化的理论计算结果只能作为设计参考。还需指出的是,岩土工程设计过程并非简单的线形推进过程,不可避免地进行反复反馈、讨论和协调,直到获得一个令人满意的设计方案为止。概念设计的任务是对工程问题提出解决的思路和基本方案,其品质取决于设计者对工程总体目标的洞察,以及对技术手段和约束条件的全面把握。到目前为止,岩土工程的概念设计基本上是采用工程类比法来完成的。类比推理是一种极为重要的人类思维形式,在日常生活和科学活动中一直发挥着巨大作用,在工程技术中的应用也极为广泛。

3. 传统工程类比法

简单地说,类比设计就是主要参考类似工程的经验进行新项目的设计。目前岩土工程设计基本上以类比设计为核心,并不能达到建筑结构物的设计水平。现以隧道工程设计为例,对传统工程类比法做出简要说明。我国多数隧道工程的设计基本上依赖工程类比,处于定性设计水平。之所以如此,是因为隧道工程师通常只能在基本信息极其匮乏的条件下做出设计与施工决策,专家的经验知识不得不起着主导作用。在现行的隧道工程类比设计中,一般是通过围岩分级概括并传递工程经验,预测围岩稳定性,选择支护类型和参数。

二、岩土工程类比原理

1. 类比对象与推理

所谓类比就是在两个对象间进行比较,而类比推理基本上可以被看成是一种特殊的归纳推理。如果两个类比对象的某些方面具有类似性,那么根据某对象的一个已知特性或特征,便可以推出另一对象也具有与此类似的特性或特征,这就是类比推理,也称为类比迁移。我们可以形式化地将类比推理表述如下:若 $A(a\ b\ c\ \cdots e)$ 类似于 $B(a\ b\ c\ \cdots x)$,则 $x=e$,可推出 $B(a\ b\ c\ \cdots e)$。由于 A 和 B 这两个对象具有类似或相同的特征 a、b、c 等,则可以根据 A 有特征 e,推测 B 也有特征 e。为方便起见,将用于类比的已解决的课题 A 称为基础课题,有待解决的新课题 B 称为目标课题。类比推理的目的在于:利用基础课题的答案,来求解目标课题的问题。

2. 类比的基本原理

类比与推理要求一定的限制条件,主要包括类似性、系统性、选择性、目标控制、类似程度等,可以将它们视为类比的基本原理。

(1)类似性原理:普遍认为,类比迁移是以类比对象的类似性为基础的。当两个对象存在共有特性而刻画其特征值可能有差别时,则称两者共有的特性为类似特性。当两个对象存在类似特性时,便说这两对象存在类似性。即说两个对象类似,必须明确它们在哪些特征上是类似的。

(2)系统性原理:类似性与类比必须遵循系统性原理。所谓类比的系统性原理就是将类比对象视为系统,系统都具有一定的特征,包括要素、属性和关系;类比就是将两个对象的相应特征进行匹配,应该从系统的角度而不是仅从个别方面来研究类似性。

(3)选择性原理:对于复杂系统,不可能也没有必要在所有方面进行比较与匹配,因此类比的核心问题就是选择哪些方面进行类比。所谓选择原理,就是用于过滤相互匹配的特征。很显然,人们会很自然地想到选择那些对问题具有实质性影响的"重要方面"。

(4)目标性原理:岩土工程设计以解决关键问题为目标,所以工程问题与设计目标是密切相关的。类比应该是目标驱动的,这就是所谓目标控制原理。当然,为了实现有效的系统类比,既要考虑到目标,又要考虑到结构性的特征。

(5)类似程度:类似并不是差异的对立面,而只是一种将次要的差异加以忽视,将主要的类似予以强调的概括。两事物的类似性随其共同性而增加,随其差异性而减少。

现代系统学理论认为,现实复杂系统表现为一定的发展演化过程。系统的组成部分和演化过程中的时间都是系统要素,并构成系统的序结构。系统的序结构除了反映出系统内部组成要素的空间排列组合规律外,还反映出运动过程中时间序列要素之间功能发挥秩序,以及有机联系方式和相互作用的顺序。一般地说,系统的序结构包括空间序结构、时间序结构和功能序结构。空间序结构是指系统中组成要素的空间排列组合及相互联系的方式;时间序结构表示系统中要素的运动时间序列形式;功能序结构指系统要素在相互联系、相互作用过程中表现出来的一定功能。系统序结构的类似程度越大,系统的类似性就越大。

第五节 城市地下空间工程展望

伴随着城市化进程的加快,城市建设快速发展,城市规模不断扩大,人口急剧膨胀,许多城市都不同程度地出现了以建筑用地紧张、交通阻塞、基础设施陈旧落后、环境恶化、生态失衡等为特征的"城市病",严重影响了城市的持续发展,也制约了城市经济的进一步发展。开发利用城市地下空间资源是解决"城市病"等一系列问题、实现城市可持续发展的有效途径,具有重要的现实意义和深远的历史意义。

开发利用城市地下空间能够有效地缓解城市发展与土地资源紧缺之间的矛盾,也能够提高土地利用率、扩大城市的生存与发展空间,是加强城市基础设施建设、完善城市功能、实现城市可持续发展目标的重要手段和方法,同时开发利用地下空间有利于改善生态环境、提高城市总体防灾抗毁能力。

改革开放以来,城市地下空间资源的开发利用在我国得到了广泛的重视,许多城市修建了一定规模的地下建筑和设施,如地铁、共同沟、地下街、地下车库以及各种平战结合的人防工程等。上海、天津、武汉、大连、西安等城市修建了一些大型的地下工程,这些工程取得了一定的社会效益和经济效益。但从总体而言,我国的城市地下空间开发利用与国外同规模城市相比,无论规模还是功能都存在很大的差距。而且由于缺乏统一的规划和管理,地下空间的开发在一定程度上与城市建设脱节,布局不合理,利用水平低,不仅严重影响了城市建设与地下空间资源的综合利用,而且造成了地下空间资源的极大浪费。

1997年12月1日建设部颁布实施的《城市地下空间开发利用管理规定》是我国在城市地下空间规划、建设、管理方面的第一部法规性文件,它的颁布实施是我国城市大力开发利用地下空间的需要,是城市建设和经济社会发展的趋势,为城市地下空间的规划、建设和管理提供了法律依据,并逐步使地下空间的开发利用有序化、科学化、法制化、系统化,将指导、规范和促进地下空间资源的有效利用与有序开发,有力地推动我国可持续发展城市的建设和地下空间开发利用事业的向前发展,同时也标志着我国城市地下空间开发利用进入了一个新的历史阶段。

第二次工业革命以来,城市化水平的迅速提高导致了城市人口的剧增,使城市基础设施不能适应城市发展的需求,并产生了一系列的城市问题,如交通问题、环境问题等,工业化较早的国家和城市,为了解决这一系列的城市问题,大力开发利用城市地下空间资源,进行城市基础设施的建设,在一定程度上解决了这些城市问题,取得了巨大的成就。

近十年来,可持续发展成为人类发展的共同主题,在这样的背景下,国外的城市地下空间开发利用,以城市的可持续发展为目标,又进行了现代化城市基础设施的建设,如下水道、地下垃圾回收道、地下污水处理设施、地下垃圾处理设施等。在建设规模上,日本东京等城市面向21世纪信息时代的需求,开展了利用深层地下空间(深度大于50m)的各项技术准备,并具备了开发利用的各种技术条件。

目前国外城市地下空间开发利用呈现出以下几方面的趋势和特征:

(1)利用城市基础设施建设、更新、改造的契机,大力开发利用城市地下空间资源,不断完善城市基础设施的功能,使之能满足城市持续发展的需求,如地铁、共同沟、地下车库、地下废弃物处理设施等的建设。

（2）有人地下空间开发利用的规模不断扩大，如日本的地下街、加拿大的地下城的建设等。

（3）地上地下协同发展，地下空间成为城市空间资源的有机组成部分，如巴黎副都心——德芳斯的建设等。

地下空间以地铁枢纽站为起点，以城市空间的视角，向空中、地下和周围地区辐射发展，把城市地下、地上空间进行系统的有机整合。地下空间正在成为城市公共空间的延伸和新的重要组成部分。

建设可持续发展的城市是我国未来城市建设的唯一选择，作为城市空间资源的重要组成部分，地下空间的开发利用是城市可持续发展的重要建设领域，没有城市地下空间的开发利用就没有城市的可持续发展，建设可持续发展的城市必须开发利用城市地下空间资源。

【复习思考题】

1. 为什么说21世纪是地下工程发展的时代？
2. 地下工程具有什么特征？说明其特征和利用之间的关系。
3. 地下工程有哪些利用形态？简述其在国民经济各个建设领域中的关系。
4. 地下工程主要的设计计算方法有哪些？简述其特征。
5. 城市地下空间工程发展的重点领域是什么？

第九章
港口与航道工程

【学习目的与学习要求】

　　港口是水路运输与陆路运输转换的枢纽,是发展国民经济的重要支柱,是全球经济合作以及国际间竞争的重要战略资源。港口航道与海岸工程在我国已成为与水利工程、土木工程关系密切的相对独立分支。港口工程是兴建港口(包括修造船水工建筑物)所需各项工程设施和工程技术的总称,包括港址选择、港口规划与设计以及各项工程的修建;航道工程包括航道整治工程、航道疏浚工程、渠化工程等。本专业主要培养港口航道工程与海岸工程建设的高级工程技术人才和管理人才。本章学习目的是了解港口航道工程与海岸工程的发展现状与发展特点、工作内容、基本要求和未来发展趋势。

　　本章的学习要求是掌握我国港口工程、航道工程与海岸工程的发展概况和相关工程设计、建设、管理的基本知识。

第一节　港口与航道工程的内涵及素质要求

　　港口是全球经济合作以及国际间竞争的重要战略资源,在国民经济中起着至关重要的作用。在大宗货物的远距离运输,特别是在洲际外贸运输方面,水运一枝独秀,全球90%以上的货物依赖航运。无论是中国还是世界上其他国家,大部分城市都是依江傍海,或紧靠大江,或依傍海滨。经济发达区与人口密集区主要分布在沿海地区。世界经济发达国家一般都有"近水"、"得水"的优势;反之,一些不发达国家一般"贫水"、"缺水",缺少供货物大进大出的现代化港口。我国已成为港口大国,港口吞吐量连续多年位居世界第一。

港口是具有水路联运设备和条件,供船舶安全进出和停泊的运输枢纽;是水路交通的集结点和枢纽;是工农业产品和外贸进出口物资的集散地,是运输链上货物最集中的地方;也是船舶停泊、装卸货物、上下旅客、补充给养的场所。港口运输吞吐量大,可运输超大件货物、节能环保、投资省、生产效率高,可谓拥有得天独厚的优势。

一、港口组成

港口是由各种水工建筑物和陆地建筑物、各种水上设施和陆上设施,各种机械、输变电、导航和通信设备等组成的综合体,各个部分的作用不同,但又互相联系,互相依存,协调一致。港区岸线长度是指港区陆域与水域毗邻地段的实际长度,包括码头、护岸和自然岸坡等长度。港口一般由水域、陆域和码头组成,见图9-1。

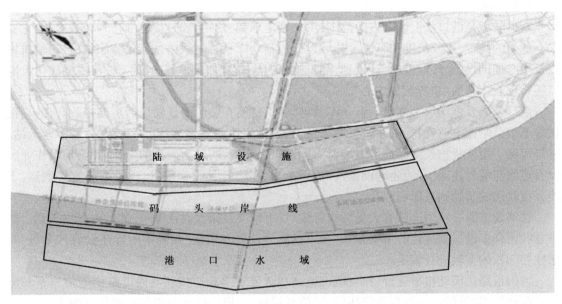

图9-1　港口组成示意图

1. 港口水域

港口水域供船舶航行、运转、锚泊和停泊装卸之用,它要求有适当的深度和面积,水流平缓,水面稳静。海港可分为港外水域和港内水域。内河港口一般没有这样的区分。

港口水域是港口水上区域所占的范围,包括码头前水域或港池、转头水域、港口锚地、进港航道。

码头前水域或港池——供船舶停靠和装卸货物用的毗邻码头水域。

转头水域——也称回旋水域,是船舶由港内航道驶向码头或由码头驶向航道的水域。它要求有船舶能够进行回转的水域。

港口锚地——供船舶解队及编队,等候靠岸及离港,进行水上装卸的水域。锚地按所处位置分为港内锚地和港外锚地。锚地水深是指锚地范围内最浅处当地海图零点以下的水深。锚地系泊能力是指锚地能够停泊的最大船舶载重吨级和对应的船舶数量。

进港航道——从主航道通往港口的航道。它是保证船舶沿着足够宽度、足够水深的路线进出港口的水域。

此外，港口水域还有导航、助航标志等设施。导航助航标志主要有灯塔，它是船舶接近陆岸的主要标志。防波堤堤头、险礁以及指示锚地边界一般采用灯桩。

船舶装卸作业需要水面平稳，避免船舶颠簸。在天然掩护不足的地点建港，需要建设防波堤，用以维护足够的水域，防止波浪、海流等侵袭。

2. 码头

码头是停靠船舶、上下旅客和装卸货物的场所，是港口的核心。码头前沿线是水域和陆域交接的地域。码头泊位长度是指港口用于停系靠船舶，进行货物装卸和上下旅客地段的实际长度。码头线长度决定于所要求的泊位数和每个泊位的长度，而泊位长度则因停靠船舶的吨位大小而异。

构成码头岸线的码头建筑物是港口生产活动的中心，是一切港口不可缺少的建筑物。

3. 陆域设施

港口陆域是港口陆上区所占的范围，供旅客上下船、货物装卸、货物堆存和转载之用，它要求有适当的高程、岸线长度和纵深。陆域设施包括仓库、堆场、铁路、道路、装卸机械、运输机械以及生产辅助设施、环保设施、计量、监测设施、信息中心（EDI 服务中心）等，有些现代化大港口还管理着当地的"世界贸易中心"。

港口仓库及堆场——港口设置仓库及堆场，供货物在装船前或卸船后短期存放。矿石、钢铁等不怕日晒雨淋的货物，可在露天堆场存储；石油码头需建造油库。客运码头设置客运站。港口库场不用于货物长期储存。由港口库场至码头前沿线，称为码头前沿作业区，前沿作业区设有道路与港外连通，有的还铺设铁路线，火车、汽车能开到码头前沿，进行车船直接联运；不能直接联运的货物则进库场暂存。

铁路及道路——当港口有大量货物运输时，可铺设铁路线通往港口，通过火车集疏运。铁路是我国许多港口集疏运的主要方式，在库场前后设置专用线，在码头附近还设分区车场，对来往装卸线的车辆进行编送。

港内道路供流动机械运行，并与城市道路和疏港道路相连接。港内道路供运货汽车和流动装卸运输机械通行，一般布置成环形，以便利运输，并应尽可能减少与装卸作业的干扰。

装卸及运输机械——为了加快车船装卸效率，提高港口吞吐能力，降低运输成本，减少工人体力劳动强度，港口设置装卸机械及运输机械，包括起重机械、运输机械和库场机械、船舱机械等。

港口辅助生产设备——是完成港口生产不可缺少的设置。它主要包括：给排水设施；供电系统；通信设施；辅助生产建筑，如流动机械库、工具库、机修厂、消防站、办公楼、候工室等。随着现代港口商贸功能的拓展，国际贸易港口通信设施已发生了质的变化。以通信网络传递为基础，与具有一定结构特征的标准经济信息、计算机系统相结合，实现外贸实务处理的自动化，即电子数据交换系统，现代国际贸易港口均建有港口信息服务中心。

一些较大的港口还设置燃料供应站，供给来港船舶所需要的各种燃料；配备辅助工作的船舶；设置港口工程建筑物及设备维修所用的工程维修基地；设置航修站，能对船舶进行临时性修理，并兼修港内作业船舶。部分港口设有水上服务中心。

港口生产作业是系统化生产,各个个体必须相互适应、相互配合才能使生产作业顺利进行。对于上述组成港口的个体,从港口生产作业上进行归类,现代港口生产作业系统主要归纳为以下六大系统。

(1)船舶航行作业系统:包括航道、通信导航设施、助航拖船、锚地、回旋水域、港池、航修设施、船舶供水、供油、船舶废弃物收集等。

(2)装卸作业系统:包括码头、装卸作业锚地、装卸机械、运输机械、旅客上下船设施、防波堤、控制中心、计算机中心。

(3)存储分运系统:包括港内各种仓库、堆场、库内接卸、分运中心(分拨中心)、客运站、宾馆等。

(4)集疏运作业系统:包括铁路、公路(进港高速路)、水网、管道等。

(5)信息商务系统:包括港口信息服务中心(电子数据交换系统)、贸易服务中心(世界贸易中心)等。

(6)环境保护系统:包括港区各种绿地、各种污水(含油、含煤、洗箱)处理、废弃物处理、油回收船、海面清扫船等。

现代港口作为整个物流系统运动过程的枢纽,汇集了船公司、船代、贸易、货代、仓储、金融、保险、海关、检验等有关部门。信息的传递、处理、分送是促进、协调上述各部门商务活动开展的先决条件。各系统、各环节通过大量单证这个纽带有机地联系、配合和相互支持。国际贸易、运输、商务产生的大量单证流,其制作、传递、交换、存储、登陆、分析需要按公认标准,形成结构化的商务处理报文数据,在计算机系统之间自动交换和自动处理。信息化正在引起管理方式和贸易形式的改变,国际贸易已开始进入"无纸化贸易"阶段,港口电子数据交换系统已经成为进入世界范围大市场的通行证。港口信息服务中心是港口与综合物流管理系统、世界贸易运输系统联系的纽带。

港口系统本身各个环节之间必须协调,各个系统的通过能力必须互相适应。港口概念的简要描述如下:

(1)港口就其功能而言,是交通运输的枢纽、水陆联运的咽喉,是水陆运输工具的衔接点和货物、旅客的集散地。在世界经济一体化发展的新形势下,港口正向国际贸易的综合运输中心和国际贸易后勤基地的多功能方向发展。

(2)港口就其工程内容而言,是各种工程建筑物(水工、房建、铁路、道路、桥梁和给排水等)、设备及信息基础设施所组成的综合体,港口水工建筑物是这个综合体最主要的组成部分。

二、港口类型

水运生产过程是使货物和旅客转移场所的过程。运输货物和旅客的工具是船舶和各种车辆以及管道。港口是货物和旅客同船舶及其他运输工具的连接点,同时也是众多与货物有关的单证、信息和数据汇集、分送的中心。通过港口装卸货物、上下旅客、信息处理获得港口的各种服务。

1. 按港口功能、用途分类

(1)商港。一般以商船和货船为服务对象的港口,也称为贸易港。世界大港如鹿特丹港、纽约港等。

(2)工业港。供临水的大型企业输入原材料及输出成品而设置的港口,我国称为货主码头。如上海宝钢码头。

（3）渔港。为渔业生产服务,是渔船停泊、渔获物卸船、鱼货保鲜、冷藏加工、修补渔网、中转外调鱼货和渔船获得生产、生活补给品的基地。

（4）军港。专供军用、为舰艇停泊并取得舰艇所需战术补给的港口。在港口选址、总图布置、陆域设施等方面与民用港口有较大的差异。军港往往有天然防浪屏障或人工防浪设施,有建造和修理舰艇及海上部队全面补给的各种设施,如美国珍珠港、中国旅顺港等。

（5）旅游港。为游艇停泊和岸上保管而设计的港池、码头及陆域设施,已成为一种形式的港口,常称为游艇基地。近年来作为海滨休憩活动的海上游艇数量日益增多,日本约2 000人拥有一艘,我国海滨城市已经开始此项休憩活动。

2.按港口地理位置分类

（1）海岸港。港口位于有掩护的海湾内或位于开敞的海岸上。如大连港即位于开敞的海岸上;香港港则是典型的位于有掩护的海湾的港口,港区位于香港岛与九龙半岛之间的维多利亚港。葵涌集装箱港区位于青衣岛东侧;深圳盐田港区位于大棚港区西北侧,也是属于有掩护海湾的海港。

（2）河口港。位于河流入海口或河流下游潮区界的港口,可同时停泊海船和河船。河口港与腹地联系方便,有河流水路优越的集疏运条件,对风浪有比较好的掩护条件,历史悠久的著名大港多属于河口港。我国上海港位于长江黄浦江岸,世界第一大港鹿特丹港位于莱茵河三角洲,美国第一大港纽约·新泽西位于哈得逊河口,德国第一大港汉堡港位于易北河口。海岸港和河口港统称为海港。

（3）河港。位于江、河沿岸的港口,多以内贸为主,停泊河船。我国武汉、重庆、安庆、九江等都是长江上的主要河港。湖南湘江的长沙港,江西赣江的南昌港等都是较大的河港。

（4）运河港。位于运河上,如我国徐州港、扬州港、万寨港等。

3.按港口重要性分类

（1）航运中心。

（2）喂给港。

（3）组合港。

三、航道条件

为了组织水上运输所规定或设置的船舶航行的通道即为航道。

1.航道的分类

1）按照航道的级别分类

（1）等级航道:共分为一～七级航道。

（2）等外级航道:通航标准低于七级的航道。等外级航道可通航50t以下级船舶。

一级航道可通航3 000t级船舶;二级航道可通航2 000t级船舶;三级航道可通航1 000t级船舶;四级航道可通航500t级船舶;五级航道可通航300t级船舶;六级航道可通航100t级船舶;七级航道可通航50t级船舶。

2）按照航道的管理属性分类

（1）国家航道。国家航道是指构成国家航道网、可通航500t级以上船舶的内河干线航道,跨省、自治区、直辖市可常年通航300t级以上船舶的内河干线航道，可通航3 000t级以上海船的沿海干线航道，以及对外开放的海港航道和国家指定的重要航道。

(2) 地方航道。

(3) 专用航道。专用航道是指由军事、水利电力、林业、水产等部门以及其他企事业单位自行建设和使用的航道。

3) 按照航道所处地域分类

(1) 内河航道。是河流、湖泊、水库内的航道以及运河和通航渠道的总称。

(2) 沿海航道。原则上是指位于海岸线附近，便捷且可供海船航行的航道。

4) 按照航道形成的因素分类

(1) 天然航道。

(2) 人工航道。

(3) 渠化航道。

航道必须具备必要的通航条件，它们包括：

(1) 足够的水深、宽度和弯曲半径。

(2) 适合的水流条件，包括流速、比降和流态。

(3) 足够的水上净空，包括净空高度和宽度。

此外，航道尺度的选择应综合考虑其必要性、可能性和经济合理性。

2. 航道工程措施方案

航道工程措施方案包括：

(1) 根据综合利用的要求及河流的自然特点，拟定航道的治理或开发方式。

(2) 拟定航道路线。

(3) 拟定航道及其建筑物的通航标准尺度。

(4) 拟定改善通航条件的工程措施。

(5) 分析水工建筑物建成后对通航条件所产生的影响，提出航运流量及航运保证率的要求，提出对水库电站操作的要求。

(6) 航道规划还应根据流域远景货运的发展，提出运河开发方案。

四、港口与航道工程专业的主要特点

港口与航道工程是对港口与航道等水运生产设施进行研究、设计、施工和管理的一门学科。港口与航道工程专业培养具备港口工程、航道工程、海岸工程的规划、设计、施工和管理等方面的知识，能在交通、水利、海岸开发等部门从事规划、设计、施工和管理等工作的高级工程技术人才和管理人才。

本专业毕业生主要面向交通、水利、海岸开发等行业部门从事规划、设计、施工和管理等工作。毕业生就业分布最多的省市有辽宁、天津、山东、江苏、上海、浙江、广东、湖北等港口和沿海城市。除此之外，本专业毕业生还可以在一些教育部门、研究院从事教育与研究工作。

五、港口与航道工程专业的基本素质要求

该专业学生主要学习港口工程、航道工程和海岸工程方面的基本理论和基本知识，接受制图、测量、运算、实验、理论研究、综合分析和专业实践等方面的基本训练，培养具有工程规划、

设计、施工和管理方面的基本能力。

毕业生应获得以下几个方面的知识和能力：

(1) 掌握数学、力学、海岸动力学和建筑结构等学科的基本理论、基本知识。

(2) 掌握港口工程、航道工程和海岸工程的基本理论和设计方法。

(3) 具有从事工程规划、设计、施工和管理的基本能力。

(4) 熟悉国家的有关方针、政策和法规。

(5) 了解港口工程、航道工程和海岸工程的发展动态。

(6) 掌握国内外科技文献检索、资料查询的方法，具有初步的科学研究和实际工作能力。

港口与航道工程投资较大，港口与航道工程的设计、施工、建设和使用不仅关系到国民经济的稳步发展及社会的稳定，还关系到人民生命财产的安全。作为一名合格的港口与航道工程专业人员，应当秉承认真负责、严谨踏实的工作精神，铭记"安全第一"的原则，在严格保证工程质量的前提下，综合考虑各个方面的因素，选取最优的工程方案，尽量减少工程项目的投入，使工程项目达到经济、安全的最佳指标。

第二节 港口与航道工程发展概况

一、水运工程的地位与作用

港口源于古代渔捞的开始。宋元，我国福建泉州港成为当时世界上最大的国际贸易港（公元 10 世纪~1368 年），近代海运的发祥地——威尼斯，在 1368~1484 年则发展成为期间第一大港。世界著名大港纽约港（1894~1962 年）、横滨港（1962~1986 年）、鹿特丹港（1986~2005 年）都曾领跑群雄。2005 年以后我国上海港吞吐量跃居世界第一。

许多发展中国家通过对外贸易，成功地转变成今天的"新兴工业化国家"，发达国家为了自身的发展，也致力于国家经济全球化的发展，世界经济向"一体化"发展几乎成为不可逆转的趋势。世界经济一体化的实质是各国经济发展日益依赖于对外贸易和国际间的商品交流，通过生产要素国际间大规模活动来实现生产要素的最优配置和合理的国际分工。多年来世界贸易额增长以高出世界经济增长速度 1 倍多的幅度增长，就是最好的佐证。国际贸易量 90% 以上是通过水路运输（主要是海运）和港口完成的。从这个意义上，对外开放的港口已经成为国际运输链和国际生产贸易体系的重要参与者和组成部分。

我国经济自改革开放以来，外额增长速度较快，开放型经济已经成为我国经济发展的主要模式之一，在一定程度上反映出我国经济发展依赖统一的世界经济体系已经达到一定水平，间接地反映出港口在发展我国经济中的重要地位与作用。

我国港口特别是沿海港口，在发展外向型经济和参与世界范围的竞争方面，具有重要的战略地位。我国国力的上升，与大力发展海外贸易是密不可分的，这种依赖已经达到不可或缺的程度。

现代交通综合运输系统，是铁路、公路、水路、管道和航空等几种运输方式的有机结合。港口作为交通运输的枢纽、水路联运的咽喉，通常是铁路、公路、水路和管道几种运输方式的汇集点。港口通过能力受与其连接的各种运输方式的能力的制约；反过来港口能力也影响与其连接的各种运输能力的发挥。这就不难想象港口在整个综合运输体系中的重要地位及其对发展地区经济的重要推动作用。

港口被认为是地区经济发展的强劲助推剂和国际运输链、国际生产贸易的重要组成部分。这是由于：

（1）港口通常是海运的起始点和终点。海洋运输无论是集装箱或散货运输，都是货运量最大的运输方式，因此，港口总是运输链上货物最集中的地方，是全球生产要素的最佳结合点。

（2）如果不同大陆之间，或相距较远的国家之间，在生产要素上存在着巨大的差别，通常要依靠海运运输货物，港口自然是用最有利的方式将不同生产要素作用结合的地点，这正是"临海工业"在国际市场上取得巨大成本优势的原因；世界主要港口基本上都是重要的工业基地。

（3）就国际贸易而言，港口是最大、最重要的运输方式连接点，在这里可以找到货主、货运代理、托运人、船东、船务代理、货物分运商、包装公司、陆地运输经营人、海关商检、银行、保险、法律等有关公司和部门，这里是重要的信息中心和国际运输的完整舞台。

港口的功能需要适应水运事业的发展。港口的运输、贸易、流通、生产、旅游和服务等综合功能正在得到显现。港口的发展经历以下阶段：

第一代港口是货物的运输中心，其主要功能是货物的运输、分运和存储。

第二代港口是货物的配送中心，其主要功能是货物的运输、分运、存储、拆装箱、存储管理和产品加工。

第三代港口是货物的综合物流中心，其主要功能是货物的运输、分运、存储、拆装箱、存储管理、产品加工和信息中心。

第四代港口是全球资源配置的枢纽。

二、我国水运发展概况

我国拥有 18 000km 以上的海岸线，6 500 多个岛屿，流域面积在 $100km^2$ 以上的内河共有 5 700 多条，江河水系发达，发展水运和建设港口的条件十分优越。

中国港口正以水陆联运枢纽功能为主体，向兼有产业、商务、贸易的国际贸易综合运输中心和国际贸易的后勤基地发展。

（1）目前我国水路运输正在建设和发展中的五大区域港口群为：

①渤海地区港口群。

由辽宁、津冀和山东沿海港口群组成。环渤海"金锁链"18 个地市的 5 800km 海岸线上拥有 60 多个大小海港，以大连、天津、青岛港为主。一批具有时代特征的港口群正在形成，包括营口港、丹东港、锦州港、秦皇岛港、京唐港（含曹妃甸港区）、黄骅港、烟台港、日照港等。港口为环渤海湾地区的经济腾飞做出了重大的贡献。亿吨级大港有大连港、天津港、青岛港、秦皇岛港、日照港，其中，大连港、天津港、青岛港属于全国沿海八大集装箱干线。大连港已经建成北方最大的外贸港，天津港是中国北方最大的综合性港口、我国最大的人工港和我国北方集装箱中转的枢纽，秦皇岛港是世界最大的能源输出港。

②长江三角洲地区港口群。

港口成为长三角经济发展乃至全国经济发展的核心和重要支撑。依托上海国际航运中心，以上海、宁波、连云港为主。长三角港口群发展最快、实力最强。长三角沿江、沿海地区是电力、冶金、石化集中的地区,该区域内90%的能源、原材料需由区外调入,同时大量产成品要销往世界各地,水运承担了全区域内90%以上能源、外贸物资的运输。长三角沿江地区钢铁产量约占全国1/3,石化产量占全国27%,汽车产量占全国47%,火电装机容量占全国16%。该地区所需铁矿石的80%、原油的72%、电煤的83%是依靠水运来保障的。

上海港已发展为我国第一大港,跃居世界大港前列。上海港为我国内地首个也是唯一一个国际航运中心,是长三角地区乃至全国经济贸易、金融及航运的引擎;上海港正全力实施"长江战略",打造中转核心。拥有自贸区的政策,上海港吞吐量必将大幅增长——这对拉动整个中国的经济将会产生不可估量的影响。宁波—舟山港成为长三角港口群的又一主要代表。宁波港、连云港港、苏州港、舟山港、南通港、苏州港、镇江港、温州、南京港等港口都对长江经济带的发展起到了重要的带动作用。连云港港是新亚欧大陆桥东桥头堡和新丝绸之路东端起点。

③东南沿海地区港口群。

东南沿海地区港口群以厦门、福州港为主,由福建省的厦门港、福州港、泉州港、莆田港、漳州港等港组成。厦门港是东南沿海港口群集装箱主枢纽港。东南沿海区域港口具有港口深水岸线资源优势,以集装箱、陆岛运输和海峡间对台客货运输为重点,逐渐将港口资源优势转化为更大的经济优势。

④珠江三角洲地区港口群。

珠江三角洲地区港口群由粤东和珠江三角洲地区的广州、深圳、珠海、汕头等港口为主组成。珠三角的集装箱港口已初步具备了香港国际航运中心、深圳区域性航运中心和广州港等众多城市港口为补充的集装箱港口群。珠三角经济圈内主要港口下的各集装箱公司,以各自独立的企业形象出现在航运市场上,是国内比较独特的一道风景线。以港口为中心的现代物流业,已成为珠三角港口群所在城市的重要支柱产业之一,对于该地区综合实力的提升、综合运输网的完善等,正发挥着越来越重要的作用。广州港为国家综合运输体系的重要枢纽,华南地区对外贸易的重要口岸。

⑤西南沿海地区港口群。

西南沿海地区港口群由粤西、广西沿海和海南省的港口组成,包括湛江、防城港、海口及北海、钦州、洋浦、八所、三亚等港口。西南沿海港口群背靠腹地深广、资源富集、发展潜力巨大的广西、贵州、云南、四川、重庆、西藏六省区市,又面向不断升温的东盟经济圈,集装箱运输有着巨大的发展空间。西南沿海港口在助推我国西部崛起的这幕大戏中扮演的角色越来越重要,已成为中国与东盟开展经济贸易交流的"黄金通道"。

(2)目前我国水路运输的七大运输系统为:

①煤炭运输。根据"北煤南运"的总体格局,装船港由北方沿海的秦皇岛港、唐山港、天津港、黄骅港、青岛港、日照港、连云港等组成。卸船港由华东、华南等沿海煤炭消费地区的电力企业专用码头和公用港区煤炭转运设施组成。

②石油运输。依托石化企业布点,以20万~30万吨级专业化的进口原油卸船码头和中转储运设施以及成品油、天然气中转储运设施组成。

③铁矿石运输。邻近钢铁企业或与钢铁企业的调整布局相适应,由20万~30万吨级高效、专业化的进口铁矿石卸船码头和接卸中转设施组成。

④逐步形成三个层次港口相结合的格局,环渤海地区以大连、天津、青岛港为主线港;长江

三角洲地区以上海、宁波和苏州港为主干线;东南沿海地区以厦门港为主干线;珠江三角洲地区继续保持香港国际航运中心的地位,以深圳、广州港为主线港;沿海其他港口开展支线或喂给运输。

⑤粮食运输。与我国粮食主要流出区、流入区的地理分布相适应,与粮食流通、储备、物流通道相配套,规模化、集约化、专业化运营发展的粮食运输系统。

⑥商品汽车。依托汽车产业布局和内、外贸易汽车进、出口口岸,专业化、便捷化的商品汽车运输及物流系统。

⑦陆岛及旅客运输。以大陆、岛屿间滚装运输为重点,适应沿海岛屿社会经济协调发展的需要,以人为本、安全、舒适、便捷的旅客运输系统。

我国内河航道主要发展长江干线、西江航运干线、京杭运河、长江三角洲高等级航道网、珠江三角洲高等级航道网、18条主要干支流高等级航道(两横一纵两网十八线)。

经过多年的建设与发展,长江干线已成为世界上水运最为繁忙和运输量最大的河流,西江航运干线已成为沟通西南与粤港澳地区的重要纽带,京杭大运河贯通南北沟通五大水系,长江三角洲、珠江三角洲航道网已成为区域综合运输体系的重要组成部分。京杭运河已成为我国"北煤南运"的水上运输大动脉,一条大运河相当于两条铁路主干线的运输能力。

目前我国港口正逐渐朝着国际整体物流体系中的一个转运环节发展,港口群逐步形成,港口建设向深水化、大型化、专业化发展,港口关系趋于信息化、运行高效化、多功能化。我国港口的发展目标是发展现代化港口体系,使我国成为世界港口强国。

三、近代港口的发展特点

为适应现代经济全球化的发展,近代港口呈现以下发展趋势:

1. 运量的迅速增长

第二次世界大战以后,世界海运出现了持续的增长趋势,以石油、煤炭、谷物的增长最为显著。我国港口的吞吐量随着改革开放而迅猛增长,特别是能源物资运量的增长更为迅猛。我国上海港的吞吐量已居世界港口的前列。2010年我国亿吨大港达到20个,沿海港口综合通过能力50亿t。

2. 船舶的大型化和专业化

海运量及大宗货物批量的大幅度增长及全球性的国家货物交换,这种长距离的远洋运输促进了船舶的大型化和专业化,特别是油轮与散货船。船舶的大型化和专业化在降低成本和扩大运力方面有着显著的优势。

3. 杂货运输方式集装箱化

从1957年出现第一艘集装箱船以来,集装箱运输有了极大的发展,集装箱码头的建设是今后港口建设的重点之一。杂货运输集装箱发展可以减少装卸及转运作业的操作量,可以节约包装成本。集装箱运输是未来运输中发展最快的一种运输方式。

4. 港口建设向深水发展

船舶的大型化与专业化,要求有更长、更宽的码头,要求航道、港池及水运的水深满足要求。为保证港口建设及运营期间的经济利益与满足大型船舶的作业要求,可以通过以下三种途径选择和建设港口:

(1) 加深航道,在原有港区附近建设深水港。
(2) 在深水岸线另辟新港区。
(3) 在外海建造开敞式泊位。

港口发展更加注重港口综合服务,突出港口产业链的延伸和配套产业的发展,港口由相互竞争走向差异化和区域协作发展,通过分工合作实现优势互补、共同发展。港口发展动态主要表现在:从传统的货运业向现代航运服务业延伸;从港口自身发展向港城深度融合延伸,港口经济由运输业向临港产业延伸;临港工业产业集群向构建新型临港工业基地转型;国内港口资源整合态势明显;以资产为纽带的区域港口集团横向整合,港口与腹地资源的纵向整合,港口与城市资源的整合,航运CBD的建设;开放政策的实施。

第三节 港口与航道工程设计

一、港口布置与规划

1. 港址选择

港口建设地点的选择,是在港口布局的基础上进行。根据港口生产规模(客货运量)、进港船型、远景发展,结合当地地形、地质地貌、水文气象、陆上交通和水电供应、城市发展等条件,从政治、经济、军事和技术等各方面进行分析比较后确定。

港址选择是一件复杂而细致的工作,其成败不仅是技术经济问题,而且涉及长期的营运使用。

1) 确定港址的依据

港口腹地资源、经贸开发、客货运量、交通运输条件、自然条件及建设条件等是确定港址的重要依据。

2) 确定港址的原则

适宜建港的水域及其陆域是港口建设的宝贵资源,应当按照深水深用的原则,优先考虑发展港口的需要。港口建设应根据岸线资源的实际情况,做到港口建设与城市规划相互协调,布局合理。

3) 港址选择的基本要求

(1) 港口应有一定的腹地范围,与腹地间有方便的交通条件。

(2) 港口应有足够的水域面积、岸线及便利的进港航道,且无严重的淤积及冲刷,便于船舶航行、锚泊、系靠、避风、装卸等作业。

(3) 港口陆域应有适当高度、纵深及足够的面积,能合理布置码头、仓库、货场、铁路、公路及辅助建筑物。

(4) 岸线长度及水陆域均有发展的余地。

(5) 与城市有良好的联系、配合,交通方便;但又不相互干扰、限制,并应充分注意保护环境。

(6) 与铁路、公路、水源、电源接线方便。

(7) 选址时应尽量利用荒地、劣地,尽量不占用农田。

(8) 有良好的施工场地和施工船舶避风的水域,建筑材料供应方便。
(9) 能满足国防及战备要求。
(10) 对附近水域生态环境和水、陆域自然景观尽可能不产生不利影响。

4) 河港选址特点
(1) 顺直微弯型河段:港址应选在枯洪水位时水深足够的深槽处。
(2) 弯曲型河段:在有限弯曲河段,可利用凹岸深槽,选作港址。
(3) 分汊河段:港址宜选在分汊河段的上游或下游,尽可能不选在汊道内。

2. 港口规划

1) 港口发展战略规划

港口发展战略规划,一般时间跨度为 20~30 年,以至更长远一些。提出的往往是一个港口发展的模式,指出港口总的发展方向和在不同时间段上的发展水平。

研究牵涉经济、技术和社会各方面的因素,港口本身又是比较复杂的系统,因此,研究港口发展战略时以系统科学的思想和方法论为指导原则是必要的。港口发展战略规划目标的制订必须充分考虑实施过程中的可操作性、实现总体战略目标的阶段性、在国民经济发展的时间过程中与经济发展阶段性目标的一致性、与整个运输体系中结构演化过程的协调性以及针对规划决策人员来说港口发展战略规划研究中所提出的战略目标的可选择性。

2) 港口布局规划

港口布局规划是高层面的港口规划,主要根据全国或区域港口的基本条件、区域经济发展和产业布局的状况及需要,并根据相关行业的发展规划,研究和确定港口的合理分布,引导港口协调发展。

国家港口布局规划作为国家级港口的布局,服务于国家经济安全、社会进步、贸易发展、结构调整以及国防建设,体现国家发展现代化港口和综合运输的意志,并通过港口布局规划来指导各省和具体港口的发展规划,合理利用和保护港口岸线资源,通过港口的集约化发展来提高港口资源的利用率,为经济社会的协调、可持续发展提供水路交通保障。

3) 港口总体规划

港口总体规划是一个港口建设发展的具体规划,需要对腹地经济与社会发展、港口建设的历史与现状、建港条件等情况进行深入调查研究,收集并掌握经济社会、自然条件及其他必要的基础资料;严格依照国家颁布的有关法律、法规及政策要求,符合有关的技术规范和标准,采用比较先进的规划方法和技术手段,提高规划的科学性和前瞻性。

港口总体规划应当认真分析港口发展状况,总结港口发展特点、作用,剖析存在的问题;深入研究国内外经济、贸易发展趋势及腹地产业和交通体系布局,采用定量与定性分析相结合的方法,预测经济社会发展对港口的需求;综合分析港口岸线资源和环境等因素,研究确定港口性质、功能和各项规划。

港口总体规划应当包括以下内容:
(1) 分析港口发展状况,研究港口自然条件。
(2) 合理划分港口经济腹地,预测港口吞吐量发展水平。
(3) 结合国内外航运发展趋势,预测到港船型。
(4) 依据相关港口布局规划,论证确定港口的性质、功能。
(5) 根据经济发展需要、岸线资源条件,提出港口岸线利用规划。

(6) 确定规划港区功能、相应的水陆域布置规划，划定港口水陆域界限。

(7) 提出集疏运、供水、供电等港口配套设施规划。

(8) 提出环境保护规划。

(9) 论述与相关规划的关系。

二、港口工程

港口工程内容一般包括：码头、防波堤、护岸、船台滑道、船坞等建筑物。

1. 码头分类

码头是港口必不可少的主体建筑物，码头在承受较大垂直荷载的同时，还要承受较大水平荷载（如船舶荷载），水平荷载有时会成为控制荷载。随着我国自然条件较好的海湾和海岸的逐步开发，港口岸线（含维持港口设施正常运营所需的相关水域和陆域）资源越发宝贵，今后建港将更多地处于各种复杂的条件下，或浪大流急，或海滩平缓，或地基土质松软，在适应新的装卸工艺、提高装卸效率、综合利用水资源等方面对码头的建设提出了新的要求。码头分类方法较多。

1) 码头按平面布置分类

(1) 顺岸式。码头前沿线与原自然岸线平行或基本平行的码头。这种布置通常具有陆域广阔、船舶靠离方便等优点，但占用岸线长。顺岸式码头又有整片式、L 形（或 T 形）及 ∏ 形布置，多用于河港或河口港。

(2) 突堤式。突堤码头前沿线与原岸线成一较大角度，码头从岸边伸入水中，它能充分利用岸线，船舶可在突堤顶头和两侧及港池原岸线部分停靠。其主要优点是可以在有限的岸线内布置更多的码头泊位，布置紧凑，便于管理，自然岸线短时宜优先使用，多见于海港；缺点是占用河道宽度多。突堤式又分为宽突堤和窄突堤两种。

(3) 挖入式。挖入式港池是向岸的陆域一侧（或利用河汊和洼地）开挖出来的港池。其优点是可有效利用岸线，多建码头泊位，且掩护条件较好；缺点是开挖土方量较大。在地形条件适宜或岸线不足或通航条件限制时可采用挖入式，挖入式可用于内河。图 9-2 为淮河第一大港——凤阳（鸿运）港，该港充分利用了当地自然地形地貌条件，大幅增加了人工再生岸线，最大限度地发挥了港口岸线综合效能，可称为挖入式布置的示范工程。

(4) 墩式。墩式码头的前沿结构不连续，码头是由靠船墩、系船墩、工作平台、连接桥、引桥等组成。墩台与岸用引桥连接，墩台之间用人行桥连接。船舶的系靠由系船墩和靠船墩承担，装卸作业在工作平台墩上进行。墩式码头主要用于石油码头、内河港口的专业煤码头和矿石码头，如图 9-3 所示。

图 9-2　淮河第一大港凤阳（鸿运）港

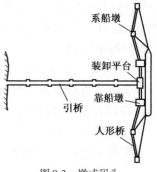

图 9-3　墩式码头

2) 按断面形式分类(图9-4)

(1) 直立式。码头前沿靠船面为直立或近于直立,多用于水位变化不大的港口,船舶系靠和作业都比较方便。

(2) 斜坡式。码头前沿临水面呈斜坡状,适用于水位变化较大的情况,如天然河流的上游和中游港口,一般设有便于船舶停靠的趸船,趸船与岸用活动引桥或缆车联系,前者称为浮码头,后者称为缆车码头。

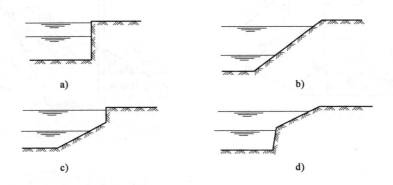

图9-4 码头的断面形式
a) 直立式; b) 斜坡式; c) 半直立式; d) 半斜坡式

(3) 半直立式。码头靠船面上部为直墙而下部为斜坡,适用于高水位时间较长而低水位时间较短的情况,如水库港。

(4) 半斜坡式。码头靠船面上部为斜坡,下部为直墙。适用于枯水位时间较长而高水位时间较短的情况,如天然河流的上游港口。

3) 按结构形式分类

按结构形式主要分为重力式、板桩式、高桩式和混合式等大类,见图9-5。

2. 重力式码头

1) 重力式码头概述

重力式码头是以结构本身和填料的重力保持稳定的码头。

工作特性:依靠结构本身及其上面填料的重力来保持结构自重的滑移稳定和倾覆稳定。

优点:坚固耐用,整体性好,抗冻和抗冰性能好,能承受较大的地面荷载和船舶荷载,对较大的集中荷载以及码头地面超载和装卸工艺变化适应性强,施工简单,维修费用少,用钢量少,有些结构(实心方块)基本不用钢材,造价低,设计和施工经验比较成熟。

缺点:砂石材料用量大,对海港码头来说,当港内波浪较大时,岸壁前波浪的反射将影响港内水域的平稳,不利于船舶的停靠和作业。

适用条件:较好的地基(各类岩基、砂、卵石、砾石、硬黏土地基)。

重力式码头一般由下列几部分组成:

(1) 墙身和胸墙:墙身和胸墙是重力式码头的主要部分,它构成船舶系靠所需要的直立墙面,挡住墙后的回填材料,承受作用在码头上的外力,并将这些力传到基础和地基中。

(2) 基础:基础的作用是将由墙身传下来的力分布到地基的较大范围内,以减小地基应力,减小建筑物的沉降;其另一作用是保护地基,免受波浪和水流的淘刷,以保证墙身的稳定。

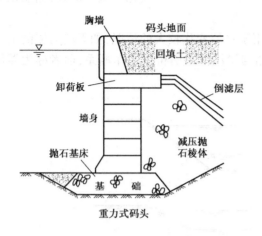
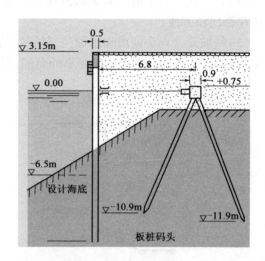

图 9-5　码头主要结构形式(尺寸单位:m)

(3)墙后回填:在岸壁式码头中,墙后需要回填,以形成码头地面。

2)重力式码头结构形式

重力式码头根据墙身结构分为方块码头、沉箱码头、扶壁码头、大直径圆筒码头和格形钢板桩码头等形式。

(1)方块码头

方块码头的墙身由方块块体砌筑而成,根据断面形式分为阶梯式、衡重式和卸荷板式。

①阶梯式方块码头(图 9-6)。

阶梯式方块码头断面和底宽较大,混凝土用量多,方块数量、种类和层数较多,横断面整体性差。受力特点是重心靠前,基底应力分布不均匀。

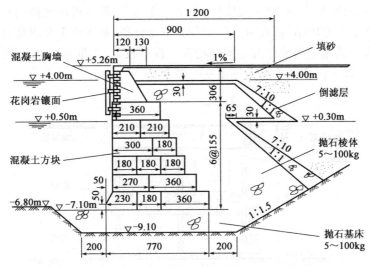

图 9-6 阶梯形码头断面(尺寸单位:cm)

阶梯形断面是一种古老的形式。

②衡重式方块码头(图 9-7)。

衡重式方块码头断面形式有底层方块后踵削角、倒梯形、弯月形等。受力特点是重心靠后,可增大抗倾力矩,使地基应力分布均匀,墙后土压力减小。

③卸荷板式方块码头(图 9-8)。

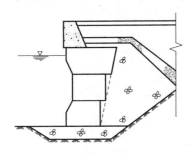

图 9-7 衡重式码头断面

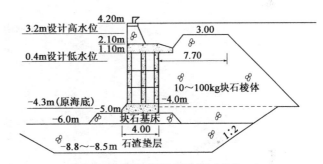

图 9-8 卸荷板式码头断面(尺寸单位:m)

带卸荷板的方块码头,常将卸荷板置于胸墙下,断面比阶梯形和衡重式都小。对于墙高较大的码头,宜优先选用卸荷板式结构。受力特点是利用卸荷板遮掩作用,减小墙后土压力,并利用卸荷板以上填料自重,使结构重心后移,增加抗倾稳定性,地基应力分布均匀。

方块码头根据结构形式可分为实心方块、空心方块和异形方块。

实心方块制作方便,耐久性好,施工维修简便,但混凝土或石料用量大。若起重设备能力足够,地基承载力好,材料供应充足,宜选用这种形式。

空心方块分为有底空心和无底空心。有底空心外形尺寸大,抗倾能力大,基底应力较小,但易断裂。无底空心抗倾能力小,基底局部应力集中,仅用于小码头。

异型方块属于轻型结构,材料较省,土压力较小(空腔内不完全填满石料),造价低,但施工中稳定性差,基底局部应力集中,一般用于小码头。

(2)沉箱码头

沉箱是一种隔仓式的箱形混凝土构件。沉箱码头整体性好,空心率大,内部填料自重小,地基应力较小;抗震能力强,施工速度快,水下工作量少,箱内可填充砂石料,造价低。但钢材用量大,耐久性不如方块结构,且需专门的预制下水设备;基床整平要求高;沉箱一旦遭到破坏,修理难度较大。适用于当地有沉箱预制场或工程量较大,工期短的大型码头,或需要采用沉箱结构的特殊工程。沉箱码头结构见图9-9、图9-10。

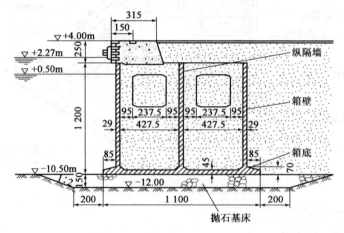

图9-9　沉箱码头(尺寸单位:cm)

图9-10　施工中的沉箱结构

沉箱码头根据断面形式的不同分为矩形沉箱和圆形沉箱。

①矩形沉箱。

矩形沉箱制作简单,浮游稳定性好,施工经验丰富,多用于岸壁式码头。

对称式矩形沉箱最常用;非对称式矩形沉箱节省钢筋混凝土,但制作麻烦,浮游稳定性差;开孔式矩形沉箱对无掩护的港口,消能效果较好。

②圆形沉箱。

圆形沉箱有很多优点,其受力条件好,浮游时产生径向水压力,壁内产生压应力,使用时产生径向侧压力,壁内产生拉应力;按构造配筋,用钢量少(填料侧压力按储仓压力计算,数值不大,往往不起控制作用);腔体内不设隔板,混凝土用量减少,质量减小,且空间大,施工方便;

环形箱壁对水流的阻力小。多用于墩式码头。

沉箱的长度或直径应根据施工设备能力、施工要求的最小尺寸及码头变形缝间距确定。我国船厂生产的沉箱体积一般为 $10m \times 12m \sim 12m \times 14m$，质量为 $600 \sim 800t$，国内最大沉箱质量为 $2\,000t$，世界上最大沉箱是我国为马尔太设计并利用马尔太船坞生产的沉箱，$L \times b \times h = 26m \times 26m \times 21.5m$，约 $6\,400t$。

沉箱的底宽应根据建筑物的稳定性和地基承载力确定，同时也要满足浮运吃水、干舷高度和浮游稳定性的要求。

(3) 扶壁码头

扶壁码头由立板、底板和肋板构成，见图 9-11。

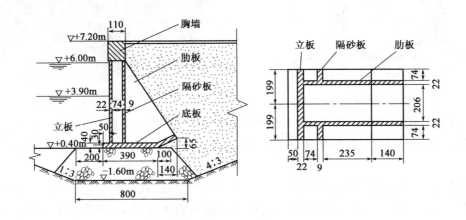

图 9-11　扶壁码头(尺寸单位:cm)

立板又称墙面板，挡土并构成码头直立岸壁；底板是扶壁结构的基底，将上部荷载传给基床；肋板又称扶壁，将立板和底板连成整体，并支撑立板和底板。底板的前后缘可以外伸，分别称为前趾板、后趾板。底板后方可以翘起形成尾板。一个扶壁构件的肋板数量和肋板间距一般通过技术经济比较确定。扶壁结构可以预制，也可现场浇筑。

扶壁码头优点是结构简单，施工速度快，节省材料，造价低；缺点是整体性差，耐久性差。

适用于有起重运输设备，有预制能力的情况或有干地施工条件。

扶壁码头按照形式可以分为空腹式或折线式扶壁、翘尾式扶壁以及无底扶壁。

扶壁码头的高度由码头水深和胸墙的底高程确定，且不低于胸墙的施工水位，护壁顶端宜嵌入胸墙 10cm。

扶壁码头的宽度由结构稳定性和地基承载能力确定，但构造上应满足：前趾长度不大于 1m；翘尾长度不大于底宽的 1/4；翘尾角度不大于墙后填料的内摩擦角 φ。

扶壁码头长度的确定取决于预制安装时的起重能力，但需不小于 $H/3$（H 为墙高）；干地现浇时，取变形缝间距。对预制扶壁，若预制件长小于 4m，用单肋扶壁；若预制件长不小于 4m，用双肋或多肋扶壁。

(4) 大直径圆筒码头

大直径圆筒码头墙身由依次排列的无底、大直径钢筋混凝土薄壳圆筒或钢圆筒构成，见图 9-12、图 9-13。

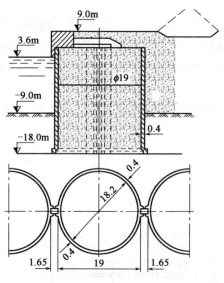

图9-12 沉入式大直径圆筒码头(尺寸单位:m)　　　　图9-13 大直径圆筒码头施工现场

该结构形式钢材、混凝土用量少,每延米材料用量与圆筒直径无关,只与码头高度和圆筒壁厚有关;对地基条件的适应能力比其他重力式码头强;圆筒内填料可就地取材;构造简单,较受欢迎。

圆筒的施工可整体预制;或将圆筒沿高度分成几段预制,在现场安装;或将圆筒在平面上分成若干片,然后在陆上或现场进行拼装;也可以现场整体浇筑,有干地施工条件,同沉井一般,边浇边沉。

大直径圆筒的高度由码头的水深和埋入地基的深度确定。埋入地基的深度由建筑物的稳定性和地基持力层深度决定,一般埋深2.0~5.0m。

圆筒的直径应根据码头稳定性及使用要求确定,一般为5~20m,具体由计算确定。壁厚由强度等计算确定,一般为25~40cm;圆筒直径大于14m时,壁厚应适当取大值。

墙后用块石回填时,采用预制的混凝土(钢筋混凝土)梯形条堵缝,或打钢管桩。墙后回填细颗粒填料时:采用水下浇筑混凝土堵缝或采用空腔对接,并在腔内浇筑混凝土。

(5)格形钢板桩码头

格形钢板桩码头由格形板桩重力墙身和其上部的胸墙组成,见图9-14。

该结构形式对地基条件适应能力强,施工速度快,占用场地小,施工期具有较大的抗风浪能力。

格形钢板桩码头由上部结构(即胸墙)、格形墙体和墙后回填组成。格形墙体由直腹式钢板桩形成的主格仓、副格仓以及格仓内的填料组成。格仓形式有圆格形、平格形、四分格形、偏圆格形等。

(6)现浇混凝土码头

在水位较大的内河地区,如淮河,随着码头挡墙的增高,普通重力式实体挡墙等结构方案的应用受到限制。为了解决较大水位差内河地区的结构选型问题,目前已成功采用了(轻型)混凝土半重力式的新型结构方案,见图9-15。半重力式挡墙采用混凝土建造,与传统重力式挡墙比较,主要优点有:(挡墙)立墙断面减少,前后底脚放大;墙身和基础板混凝土强度满足要求处不配筋或配置少量构造筋,在强度不满足要求处配有少量受力钢筋。图 9-15 码头前沿高程 20.00m,码头前沿泥面高程或港池底高程 8.00m。

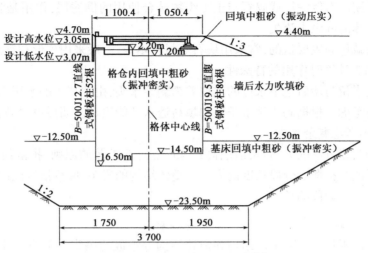

图 9-14 格形钢板桩码头断面图(尺寸单位:cm)

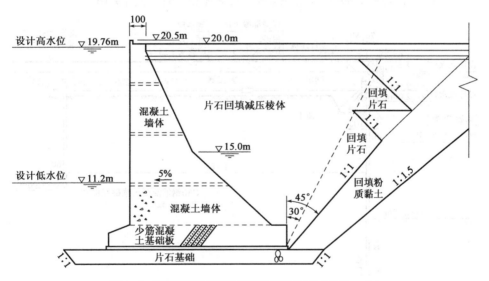

图 9-15 安徽凤阳鸿运码头工程结构形式(尺寸单位:cm)

3)重力式码头基础与墙后回填

基础将通过墙身传来的外力扩散到较大范围的地基上,以减小地基应力和建筑物沉降,同时保护地基免受波浪和水流的淘刷。

重力式码头抛石基床是用块石抛填并经整平的基床,形式有暗基床(适用于天然水深小于码头前沿水深)、明基床(适用于天然水深大于码头前沿水深)和混合基床(适用于天然水深大于码头前沿水深且地基土质较差)三种。具体形式根据码头前沿水深、地形和地基土质情况采用。

基床顶面应力大于地基容许承载力时,抛石基床起扩散应力的作用,基床厚度应大于 1m;基床顶面应力不大于地基容许承载力时,抛石基床起整平基面和防止地基被淘刷的作用,基床厚度应大于 0.5m。基槽底宽决定于对地基应力扩散范围的要求,不宜小于码头墙底宽度加两倍的基床厚度。

墙后回填分设抛石棱体和不设抛石棱体两种。抛石棱体的作用是减小墙后土压力并防止回填土的流失。

倒滤层可采用碎石倒滤层或碎石与土工织物结合使用的倒滤层,作用是防止墙后回填的细粒土从抛填棱体的缝隙中流失。

减压棱体以减压为主要目的,常采用块石等材料填筑,一般采用梯形和锯齿形断面。

4)重力式码头计算时作用的特殊性

墙前计算低水位与墙后地下水位的水位差为剩余水头,由此产生的水压力为剩余水压力,一般按静水压力考虑。根据码头排水条件和填料透水性能决定。墙后设置抛石棱体或回填料粗于中砂时,可不考虑剩余水头。

系缆力沿码头线方向的分布:按沿墙高以45°角向下扩散的原则,扩散线遇竖缝截止,然后从缝底端向下继续扩散。分段长度内为一个整体结构的码头,验算沿墙底的稳定性,系缆力的分布长度等于一个分段的长度。

3. 板桩码头

板桩码头是由板桩、导梁、上部结构和锚碇结构等组成的码头。工作特性:依靠板桩入土部分的侧向土抗力和码头上部的锚碇结构维持其整体稳定性,见图9-16。

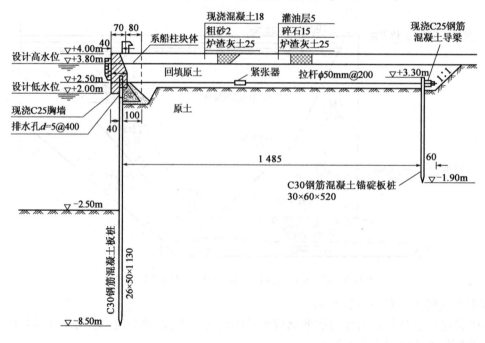

图9-16 板桩码头(尺寸单位:cm)

优点:结构简单,材料用量少,施工方便,施工速度快,主要构件可在预制厂预制。

缺点:结构耐久性不如重力式码头,施工过程中一般不能承受较大的波浪作用。

适用条件:所有板桩可沉入的地基。

板桩码头的构成包括板桩墙拉杆、导梁、帽梁和胸墙、锚碇结构等。拉杆是板桩墙和锚碇结构之间的传力构件。为使每根板桩都能被拉杆拉住,在拉杆和板桩墙的连接处设置导梁。为使板桩能共同工作且码头前沿线整齐,在板桩顶端用现浇混凝土做帽梁。当水位差不大、拉杆距码头面距离较小时,可将导梁和帽梁合二为一设计成胸墙。

板桩码头按锚碇系统分为无锚板桩码头和有锚板桩码头(单锚板桩、双锚板桩、斜拉板桩)。无锚板桩只有板桩墙和帽梁两部分,适用于墙高2m以下和地面荷载较小的情况;单锚板桩多用于中小型码头,是最常用的板桩形式;码头水深较大时,为减小板桩弯矩,可以采用双锚板桩;墙后受地形或现有建筑物限制,不便埋设拉杆或锚定结构时,以斜拉桩代替拉杆锚碇系统即斜拉板桩码头。

单锚板桩墙在不同的受力状态下有不同的工作状况。

第一种工作状态:板桩入土不深,板桩产生弯曲变形,并围绕板桩上端支承点转动,此时板桩入土深度最小,板桩中只有一个方向的弯矩且数值最大,入土部分位移较大,所需板桩长度最短,但断面最大。这种状态按底端自由计算。

第二种工作状态:其入土情况和受力情况介于第一种和第三种工作状态之间。

第三种工作状态:随着板桩入土深度增加,入土部分出现与跨中相反方向的弯矩,板桩弹性嵌固于地基中。按底端嵌固计算,算得的板桩断面较小,入土部分位移小,板桩墙稳定性较好。

第四种工作状态:与第三种工作状态类似,但入土深度更大,固端弯矩大于跨中弯矩。

按板桩墙结构可分为普通板桩墙,长短板桩结合,主桩板桩结合和主桩挡板。普通板桩墙由断面和长度相同的板桩组成,板桩类型少,便于施工;地基土质较差时,为保证岸壁的整体稳定性,可隔几根加长一根,形成长短板桩结合的型式;为发挥长板桩的作用,将长板桩的断面加大,成为主桩,而将短板桩断面减小,形成主桩板桩的结构型式;主桩挡板是用主桩后面的挡板或主桩之间的套板代替板桩挡土,形成主桩挡板结构型式,适用水深不太大的情况。

4. 高桩码头

高桩码头是由桩基及上部结构组成的各种码头。

工作特性:利用打入地基一定深度的桩,将作用在码头上的荷载传到地基中去。

优点:预制安装程度高,适宜做成透空结构,结构轻,减弱波浪的效果好,泊稳条件较好,砂石料用量省,对于挖泥超深的适应性强。

缺点:对地面超载和装卸工艺变化的适应性差,耐久性不如重力式和板桩式码头,构件易损坏且难修复。

适用条件:可以沉桩的各种地基,特别适用于软土地基。

高桩码头是一种比较常用的结构形式,见图9-17。

图9-17 高桩码头

1) 按桩台宽度和接岸结构分类

按桩台宽度和接岸结构分类,高桩码头可分为窄桩台和宽桩台。

(1) 窄桩台码头

根据挡土结构的设置,分为两类:

①挡土结构与码头连成整体,挡土结构一般采用板桩墙,有前板桩高桩码头与后板桩高桩码头。

②挡土结构与码头分开设置,各自独立工作,桩台不承受土压力。适用于地基较好,土方回填量较少或回填料较便宜的地区。

(2) 宽桩台高桩码头

不设挡土墙或较矮的挡土墙,码头结构分为前方桩台与后方桩台。

①前方桩台:主要承受船舶荷载、门机、铁路、流动起重运输机械及堆货等,受力情况复杂,一般需设置叉桩或半叉桩,并要求有良好的整体性。

②后方桩台:主要起与岸坡连接的作用,只承受垂直荷载,不需设叉桩,且对上部结构的整体性要求不高。

2) 按上部结构形式分类

按上部结构形式分类,高桩码头可以分为板梁式、桁架式、无梁板式和承台式。

(1) 板梁式高桩码头

上部结构主要由面板、纵梁、横梁、桩帽和靠船构件组成,见图9-18。

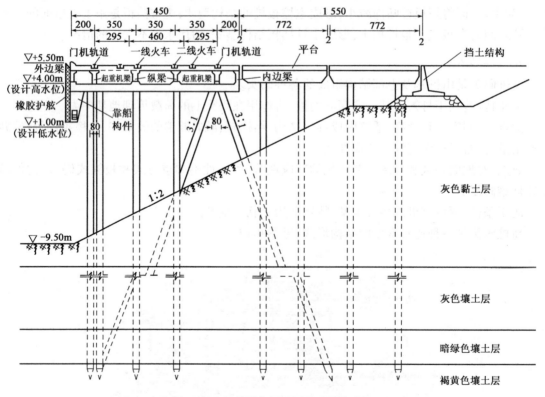

图9-18 上海港某高桩码头(尺寸单位:cm)

优点:各构件受力明确合理;可采用预应力构件,提高抗裂性能;横向排架间距大,桩的承载能力充分发挥,节省材料;装配程度高,施工速度快,造价较低。

缺点:构件类型和数量多,施工麻烦;上部结构底部轮廓形状复杂,死角多,水气不易排除,构件中钢筋易锈蚀。

适用条件:水位差不大、荷载较大且复杂的大型码头。

(2)桁架式高桩码头

上部结构由面板、纵梁、桁架和水平连杆组成。上部桁架见图9-19。

图9-19 桁架式高桩码头

优点:整体性好、刚度大;上部结构高度大,水位差较大时,可采用两层或多层系缆。

缺点:施工麻烦,材料用量多,造价较高。

适用条件:适用于水位差较大需多层系缆的内河港口。

(3)无梁板式高桩码头

无梁板式高桩码头上部结构由面板、桩帽和靠船构件组成,见图9-20。

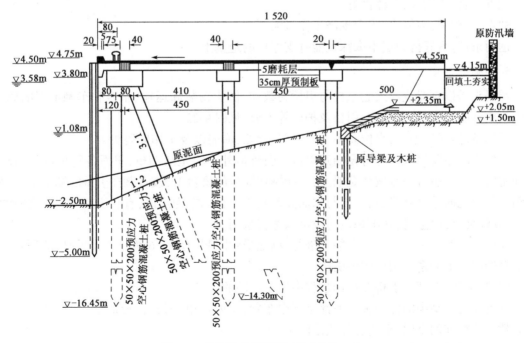

图9-20 无梁板式高桩码头(尺寸单位:cm)

优点:结构简单,施工迅速,造价低。

缺点:面板为双向受力构件,采用双向预应力有困难;面板位置高,使靠船构件悬臂长度增大,给靠船构件设计带来困难;桩的自由高度大,对结构的整体性和桩的耐久性不利。

适用条件:适用于水位差不大,集中荷载较小的中小型码头。

(4) 承台式高桩码头

承台式高桩码头上部结构由水平承台、胸墙和靠船构件组成,见图9-21。

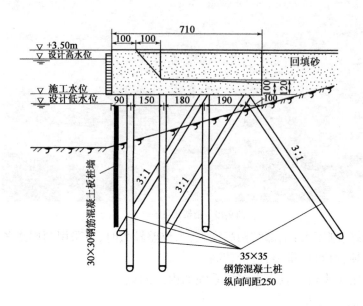

图 9-21　承台式高桩码头(尺寸单位:cm)

优点:结构刚度大,整体性好。

缺点:自重大,需桩多,承台现浇工作量大。

适用条件:良好持力层不太深且能打支撑桩的地基上。

5. 浮码头

浮码头是以趸船或浮式起重机与引桥为载体,供货物装卸运输、旅客和车辆上下的码头。浮码头由趸船、支撑锚系设施、引桥及护岸等组成,见图9-22。

适用条件:风浪不大,水位差不大的客船、货船、渔船以及工作船码头。

浮码头的主要组成部分有趸船及引桥。引桥最外一跨是活动桥,里面各跨可以是活动的或固定的。活动引桥一端搁在趸船上,一端搁在陆域的桥台上,或者搁在引桥的端墩上。码头面随水位变化而垂直升降,码头面与水面高差较小而且基本为定值,有利于船与码头之间的作业;机动性高,可以搬迁,在不稳定河段可以考虑采用。

浮码头的船舶装卸作业在趸船上进行,场地受到限制,有5~6级以上大风时,即须停止装卸。趸船与岸上联系须通过倾斜引桥。

趸船、锚链、撑杆和引桥在作用过程中均是活动的。

河港和河口港中的浮码头一般都是顺岸布置,趸船可单个设置,形成独立的浮码头,也可用联桥连接相邻的趸船,形成连片式浮码头。

浮码头又可分为:

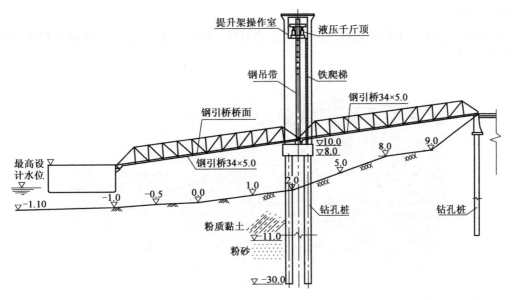

图 9-22 浮码头(尺寸单位:m,高程单位:m)

(1)单跨引桥浮码头。它适用于水位差不大、岸坡较陡的地区。

(2)多跨引桥浮码头。引桥由几个可升降的活动桥段组成,每个桥段的提升或下降通过升降架上电动或人力升降装置来进行。它适用于岸坡平缓、水位差较大的地区。

(3)活动浮码头。此种浮码头的引桥和趸船连成整体,必要时可连同趸船一起转移。机动性大,可用作战备码头。

(4)滚动式单跨引桥浮码头。引桥一端支承在趸船上,另一端装有滚轮,支承在固定斜坡道的轨道上。

浮码头的防冲撞设备有以下几种:

(1)护木。护木的优点是加工方便,造价低;它的主要缺点是弹性不高,吸收撞击动能的效果差,易被船体压裂、撞伤。在水位变化区,很容易腐朽,耐久性较差。

(2)橡胶防冲设备。随着巨型船舶的出现,船舶撞击力越来越大,对防冲设备的要求也越来越高。使用橡胶材料,做成各种形式的防冲设备,日益普遍。目前使用最广的是压缩型橡胶防冲设备。它是由橡胶制品的结构变形和橡胶材料的压缩变形来吸收船舶的冲击能量。与护木相比较,橡胶防冲的优点有:弹性高,能吸收很大的撞击能量,大大减少作用在建筑物上撞击力;结构简单,制造容易,便于安装和更换;能耐腐蚀,不怕虫蛀,因此维修费用低;耐久性好,使用年限长。存在的问题主要有:橡胶防冲设备耗胶量大,因为橡胶价高,所以初期投资大。

(3)桩式防冲设备。桩式防冲设备(也称靠船桩)是在码头前面布置一系列长桩作为防冲设施,可使用木桩、钢桩或预应力钢筋混凝土桩。在水位变化大的地区,船舶上下移动范围大,采用靠船桩是一种解决办法。

(4)钢质防冲设备。使用钢材做成的钢质防冲设备,也称"钢护木"。钢质防冲设备比较结实,但弹性差,费钢材。

(5)其他形式的防冲设备。

6. 斜坡码头

斜坡码头是以岸坡上固定斜坡道结构作为载体,供货物装卸运输、旅客或车辆上下的码头,见图9-23。

图9-23　斜坡码头

斜坡码头由坡道、趸船、移动引桥和坡顶挡土墙组成。其中,斜坡道为基本结构,其他结构可根据具体需要设置。趸船供船舶靠离码头,临时堆货,并可以上下、前后移动以适应水位的变化。不同水位时,船舶停泊的平面位置随水位变化沿岸坡前后相应移动。

斜坡码头优点是结构简单,建设速度快,投资少;对水位变化适应性强,缺点是趸船移泊作业麻烦;装卸环节多,通过能力小;趸船易受风浪影响;作业安全性差。对于设计水位差在17m以上的通用码头和设计水位差8~17m的进口散货码头,采用斜坡式码头较为适宜。

按照斜坡道的结构分类,斜坡码头的斜坡道结构形式可分为实体斜坡、架空斜坡和混合形式。

实体斜坡利用天然岸坡加以适当修整填筑,再用人工护面而成。其施工简单,造价低。适用于天然岸坡地形起伏不大、坡脚处水深足够时。

架空斜坡利用墩台和梁板构成斜坡。结构复杂,造价高,桥面有被漂浮物碰损的危险,适用于河岸较陡而河滩平缓的凹形岸坡,或者在修建实体岸坡可能造成回淤的地区。

混合形式为部分架空、部分实体形式。

按照上下坡运输作业的方式,斜坡码头分为缆车码头、皮带机码头和汽车下河码头。其中缆车码头由缆车、趸船、斜坡道、轨道结构、缆车牵引系统和其他附属设施组成。

7. 防波堤

防波堤是防御风浪侵袭港口水域,保证港内水域平稳的水工建筑物。防波堤的主要功能是防御波浪对港域的侵袭,保证港口具有平稳的水域,便于船舶停靠系泊,顺利进行货物装卸作业和上下旅客;有的防波堤还具有防沙、防流、防冰、导流或内侧兼作码头的功能。

防波堤是人工掩护的沿海港口的重要组成部分。防波堤掩护的水域常有一个或几个口门供船只进出。

防波堤按平面形式可分为突堤和岛式防波堤两类。防波堤的一端(堤根)与岸相连时称为突堤;防波堤的两端均不与岸相连时称为岛式防波堤。

按照断面结构形式分为斜坡式、直立式和混合式,见图9-24。

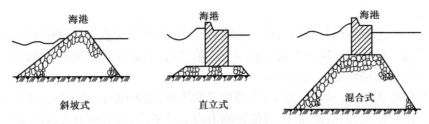

图 9-24 混合式防波堤断面图

1）斜坡式（图 9-25）

斜坡式是用石料或混凝土块体抛筑、堤两侧为斜坡的防波堤，断面为梯形，见图 9-25、图 9-26。

图 9-25 斜坡式防波堤

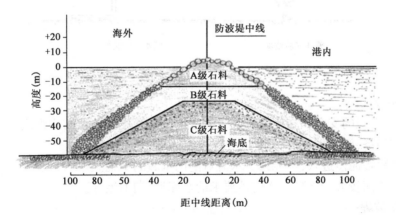

图 9-26 斜坡式防波堤断面图

优点：消浪功能好，波浪大部分不反射；对地基承载要求不高，损坏后易修复；施工容易，一般不需大型起重设备，便于就地取材。

缺点：护面块石易被波浪冲走，需经常维修，增加后期费用；堤两侧不能直接作系靠船舶的码头之用。

适用范围：适用于水深不大（<10~12m），当地基料价格便宜或地基较软的情况。

2) 直立式

一般由墙身、上部结构与基础组成。在临海、临港两侧均为直立墙,底部基础多采用抛石基床,水下墙身一般采用混凝土方块或混凝土沉箱结构,上部多采用现浇或整体装配式混凝土结构(由平台和防浪墙组成),见图9-24。

优点:与斜坡式相比,材料用量少;不需要经常维修;堤内侧可兼作码头,适用方便。

缺点:波浪反射大,消浪效果差,可能影响港内水域平静;地基应力大,对不均匀沉降敏感;一旦破坏,修复困难。

适用范围:海底土质坚实、地基承载能力较好和水深大于波浪破碎水深的情况。

3) 混合式

混合式防波堤是上部用混凝土直墙,下部用斜坡式抛石突基床混合组成的防波堤,它结合了直立式与斜坡式两者的特点,见图9-24。

缺点:确定斜坡顶高程,要进行经济、技术比较;论证方案稳定性,需做模型试验,增加设计费用,延长设计时间。

适用范围:水深较大(>20~28m),地基承载能力有限的情况。

除上述防波堤外,还有适应波能分布特点的特殊形式防波堤,包括透空式防波堤、浮式防波堤、喷气式和喷水式防波堤,见图9-27。

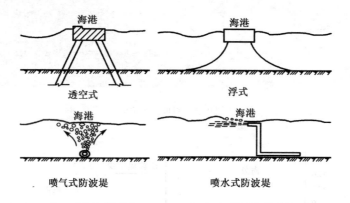

图9-27 特殊形式防波堤

(1) 透空防波堤

由不同结构形式的支墩和在支墩之间没入水中一定深度的挡浪结构组成。

优点:比较经济,施工也容易。

缺点:不能阻止泥沙进入,不能减少水流对港内水域的干扰。

适用条件:水深较大、波浪小、无防沙要求的水库港、湖泊港等。

(2) 浮式防波堤

由有一定吃水的浮涵或浮排和锚系组成。

优点:不受水深、地质条件限制;易拆除,易修建,较经济。

缺点:锚链设备复杂,可靠性差,易走锚,不能阻止泥沙进入港内,不能减小水流对港内水域的影响。

适用条件:波陡大,水位变幅大的渔港或作临时防护。

(3) 喷气式、喷水式防波堤

喷气式防波堤利用安装在水中的带孔管道释放压缩空气,形成空气帘幕来达到降低堤后波高的目的。喷水式防波堤利用在水面附近的喷嘴喷射水流,直接形成与入射波逆向的水平表面流,以达到降低堤后波高的目的。

优点:施工简单,基建投资少,安装、拆迁方便。

缺点:动力消耗大,运输费用高,只适用于波长较短的陡波。

适用条件:围堰施工,打捞沉船及临时的装卸作业。

防波堤的建造技术比较复杂,同时防波堤的建造费用十分昂贵。

三、护岸

护岸建筑(图9-28)即利用护坡和护岸墙等加固天然岸边,抵抗侵蚀。

图9-28 烟台港西港池顺岸码头四脚块护岸工程

直接护岸建筑有斜面式护坡(图9-29)、直立式护岸墙,混合式护岸也被经常采用。

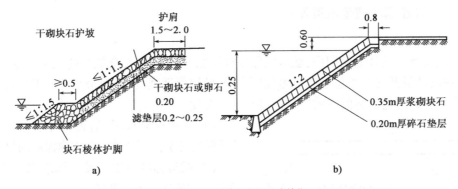

图9-29 斜面式护坡断面图(尺寸单位:m)

四、航道工程

1. 航道与通航水域

航道是指在内河、湖泊、港湾等水域内供船舶安全航行的通道,由可通航水域、助航设施和水域条件组成。广义上必须把航道理解为水道或河道整体,它可以不包括堤防和整个河漫滩,但不能不包括常遇洪水位线以下的基本河槽或者是中高潮位以下的沿海水域。航道的狭义概念等同于"航槽"。

按通航条件,航道的分类如下。

1）按通航时间长短分

（1）常年通航航道。

（2）季节通航航道。

2）按通航限制条件

（1）单行航道：在同一时间内,只能供船舶沿一个方向行驶,不得追越或在行进中会让的航道,又可称为单线航道。

（2）双行航道：在同一时间内,允许船舶对驶、并行或追越的航道,又可称为双线航道或双向航道。

（3）限制性航道：由于水面狭窄、断面系数小等原因,对船舶航行有明显的限制作用的航道,包括运河、通航渠道、狭窄的设闸航道、水网地区的狭窄航道,以及具有上述特征的滩险航道等。

3）按通航船舶类别

（1）内河船航道：只能供内河船舶或船队通航的内河航道。

（2）海船进江航道：内河航道中可供进江海船航行的航道,其航线一般通过增设专门的标志辅以必要的"海船进江航行指南"之类的文件加以明确。

（3）主航道：供多数尺度较大的标准船舶或船队航行的航道。

（4）副航道：为分流部分尺度较小的船舶或船队而另行增辟的航道。

（5）缓流航道：为使上行船舶能利用缓流航行而开辟的航道,这种航道一般都靠近凸岸边滩。

（6）短捷航道：分汊河道上开辟的较主航道航程短的航道,这种航道一般都位于可在中洪水期通航的支汊内。

除上述分类方法外,航道还可按所处特殊部位分别定名。如桥区航道、港区航道、坝区航道、内河进港航道、海港进港航道等。

2. 航道尺度

航道尺度指在设计通航期内,航道能保证设计船型(船队)安全航行的最小尺度。包括两个方面：在设计最低通航水位下的航道保证水深、航道保证宽度、航道最小弯曲半径；在设计最高通航水位时跨河建筑物的下的净空高度和净空宽度。

（1）航道标准水深(航道设计水深)。是指设计最低通航水位下的航道范围内保证的最小水深。

（2）航道标准宽度。航道标准宽度等于航迹带宽度与安全富余宽度的和。

（3）航道最小弯曲半径。是指保证标准船队安全通过弯曲航道的最小中心线的曲率半径。

（4）水上跨河建筑物的通航净空。包括净空高度 H_m,净空宽度 B_m,上底宽 b,侧高 h。见图9-30。

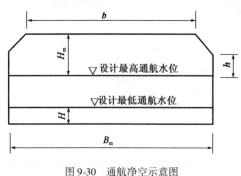

图9-30　通航净空示意图

3. 航道工程内容

1) 航道工程措施

航道工程是开拓航道和改善航道航行条件的工程。航道工程措施包括航道整治工程、航道疏浚工程、渠化工程、径流调节和运河工程。

(1) 航道整治工程

航道整治工程是借助于在河床中建筑专门的整治建筑物以影响河中水流,并造成有利的水流结构,利用水流本身的内部力量刷深航道并维持航道的稳定,保证枯水期航道必需的尺度;改善流态、降低急流滩的流速和比降;保护河岸,控制洲滩演变,稳定河势。

整治建筑物主要包括丁坝、顺坝、锁坝、潜坝、导流建筑物和护岸工程。根据不同河势及特征,采取相应的整治措施。

丁坝:自岸边向外伸出,对斜向朝着岸坡行进的波浪和与岸平行的沿岸流都具有阻碍作用,同时也阻碍了泥沙的沿岸运动,使泥沙落淤在丁坝之间,使滩地增高,原有岸地就更为稳固,见图9-31。

图9-31 丁坝工程

长江东流航道整治工程,见图9-32。

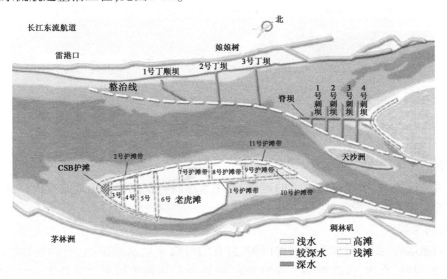

图9-32 长江东流航道整治工程

(2)航道疏浚工程

航道疏浚工程是利用机械作用(如挖泥、爆炸)浚深航道中最浅的浅滩部分,以建立并维持枯水期航道所必需的深度和宽度,见图9-33。

图9-33　航道疏浚工程

航道疏浚工程分为三类:

①基建性疏浚。

②维修性疏浚。

③临时性疏浚。

(3)渠化工程

渠化工程是在通航河流上修建一系列闸坝和船闸(或升船机),抬高上游水位,减小流速,使闸坝间形成互相衔接的深水缓流航道,从根本上消除自然情况下的碍航浅滩,大幅度、永久地增加航道尺度的工程措施,突出一个"壅"字。

渠化工程的水工建筑物一般包括挡水建筑物、泄水建筑物、通航建筑物以及其他综合利用水资源的专门建筑物,它们共同组成渠化枢纽。

船闸是帮助船舶克服航道水位落差的通航水工建筑物。渠化工程中修建的船闸见图9-34。

图9-34　船闸工程

(4)径流调节

根据河流流量大、水深自然也大的道理,利用水库的容蓄能力人工地改变天然河流的径流分配以改善水库下游航行条件,突出一个"调"字。

(5)运河工程

通过兴建运河,使不同水系之间得以沟通,有的可以缩短水运距离,有的可以实现跨流域通航,使水运成网、直达,提高效率。苏伊士运河、巴拿马运河等通海运河是成功的杰作。

2)改善航道的工程措施比较
(1)疏浚的特点
①疏浚工程完成后,航道尺度即刻增加,通航条件即刻改善。
②不需要大量的建筑材料和人力。
③对河势的改变相对较小,引起的问题较容易解决。
④挖槽易回淤,需维护。
(2)整治的特点
①整治工程完成后,河床与水流要相互调整,有时通航条件不能即刻改善。
②需要大量的建筑材料和人力,特别是平原河流,河道宽阔,要改变水流结构需要的整治建筑物体量较大。
③属于强制性工程措施,对河势的改变相对较大,措施不当易引起不良后果。
④坝体水毁,需维护。
(3)渠化的特点
①渠化是最高层次的航道工程措施,可大幅度改善通航条件。
②渠化工程往往是河流综合开发的目的之一,投资大、技术复杂。
③属于强制性工程措施,对河势的改变最大,须建过坝通航建筑物。
(4)工程措施的选择
平原河流以疏浚为主。山区河流采取整治、炸礁与疏浚相结合的措施。一般整治与疏浚措施难以改善通航条件时,宜采取渠化工程措施。对河流特性演变规律未充分掌握时,不宜采取强制性措施,可先进行疏浚。

五、修造船水工建筑物

修造船水工建筑物是港口工程的重要组成部分,见图9-35。

图9-35 修造船水工建筑物

修造船水工建筑物上指供船舶建造和修理用的水工建筑物,包括船台滑道、船坞、升船机。

1.船台滑道

船舶利用机械设备沿岸坡斜面上岸或下水,或靠船舶自重沿岸坡斜面滑行下水,斜面上供船舶上墩下水的专用轨道称为滑道,船舶在岸上修造的场地称为船台。

船台滑道为一倾斜的供船舶上墩下水的建筑物。按其用途和设备分,目前有三种:
(1)木滑道

在天然地基上铺设纵向木梁作为滑道,在木梁上放置滑板,船体支承在滑板上,用电动绞盘或绞车拖曳船舶上墩或下水。水滑道有纵向和横向两类,船舶在倾斜船台上进行修造船。木滑道结构简单,造价低,但使用不便。适用于自重在500t以下的小船。

（2）涂油滑道

由木滑道发展而来,它是在木滑道与滑板之间涂上油脂作为摩擦润滑剂,船舶下水时可依靠其自重力沿滑道斜面的向下分力滑行下水。当建造的船舶质量增大,木滑道的承载力不够时,可在天然地基或人工加固地基上建造钢筋混凝土梁板基础来支承木质下水滑道。涂油滑道结构简单,造价低。国内已用于10万吨级船舶的下水（国外已用于32万吨级船舶的下水）,见图9-36。

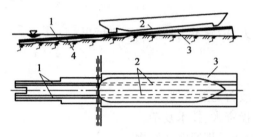

图9-36　纵向涂油滑道
1-下水滑道；2-滑板；3-船台；4-滑道基础

（3）钢珠滑道

它是利用带有保距器的钢珠代替下水滑道上的油脂,变滑动摩擦为滚动摩擦,以减小滑板与滑道间的摩擦阻力。它主要由钢珠、保距器和轨板组成。在滑道末端设置有收集钢珠的网袋,以收集钢珠和保距器。适用于各种船型。

（4）机械化滑道

机械化滑道是由钢轨代替木滑道,车子代替滑板,机械操作方便,具有很多优点。一个下水滑道可为多个船台服务；船台集中,船厂总平面布置可紧凑；船台造价低,操作简便,营运费用低。受到机械拉曳设备能力限制,主要适用于中小船舶的修造。

2. 船坞

船坞为用于修造船舶的水工建筑物,见图9-37。

图9-37　船坞

船坞可分为干船坞和浮船坞两种。

（1）干船坞（图9-38）

干船坞是位于地面以下,有开口通向水域以进出船舶,并设有坞门,坞门关闭后将水排出以从事修造船的水工建筑物。干船坞三面接陆一面临水,由坞室、坞口、坞门、排水系统、灌水系统和其他设备组成。坞室是一个巨大的长方形人工水池、修建船的场所。坞口（坞首）由两

图 9-38 干船坞

个门墩和中间底板组成,供船舶进出和坞门的安设。坞门用来挡水。

坞室是干船坞的主体。坞室结构由底板和两侧坞墙组成,根据坞墙和底板的连接方式主要可分为整体式和分离式两大类。坞墙和底板刚性连接者称为整体式,两者用缝分开而相互独立者称为分离式。墙与底板铰接的,可认为是介于整体式和分离式之间的铰接式。

船舶进入船坞修理,首先用灌泄水设施向坞内充水,待坞内坞外水位齐平时,打开坞门,利用牵引设备将船舶慢速牵入坞内,之后将坞内水体抽干,使船舶坐落于龙骨墩上。修完或建完的船舶出坞,首先向坞内灌水,至坞门内外水位齐平时,打开坞门,牵船出坞。干船坞是修造万吨级以上大型船舶常用的一种水工建筑物。

(2)浮船坞(图9-39)

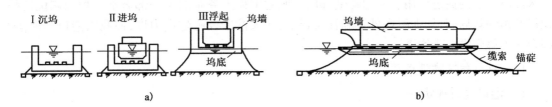

图 9-39 浮船坞示意图

浮船坞是供船舶上墩下水,且可在其坞底甲板上进行修船工作的一种水上设备。它是浮于水上并可移动的船坞,由坞墙和坞底组成槽形平底,两端开敞。其坞墙和坞底中设有若干封闭的舱格,以保证必要的浮性。船舶进坞上墩过程:先将坞舱室灌水下沉,船进坞,泵排出压舱水,船坞托船上浮,使船体水下部分及底囤甲板露出水面以便进行船舶修造。船舶修造完成,出坞下水操作程序则相反。浮船坞适用于较大型船舶的修理。

3. 升船机

升船机是利用机械设备垂直升降船只。升船机主要有绞车卷扬式和液压式两种。船厂升船机一般操作过程:船进升船池,电动绞车使平台升起,船舶落于支墩上,提升至码头锁住平台,船台车移至船底,千斤顶升起船只,移动船台车至船台修理。其特点:占用水域和陆域面积小;操作简便,安全迅速;可供多个船台使用;造价较低;适用于厂区水、陆域面积受到限制时,限制采用滑道的情况。

我国三峡大坝工程中的升船机垂直提升高度达113m,承船厢带水质量达13000t以上。其规模和技术复杂程度都属世界第一,见图9-40。

图 9-40 三峡大坝升船机

第四节 港口与航道工程展望

一、港口与航道建设现状

我国正努力提高沿海港口发展水平与国际竞争力,强化主要港口在全国港口中的骨干地位,有序推进港口基础设施建设与完善,着力提升发展水平。港口建设不断向深水化、大型化、专业化发展。同时,积极推进中小港口发展,加强基础设施建设,发挥中小港口对临港产业和地区经济发展的促进作用。交通运输部门按照党中央国务院的统一部署不断积极调优化整,积极开拓创新局面,加强引进外资和社会资本,加大推进设施建设力度,使我国港口和航运业综合实力得到进一步增强。

1. 港口与航道建设成果

(1) 港口建设现状

新中国成立后,中国港口经历了五次大规模的建设高潮。第一个发展时期是新中国成立初期的 20 世纪 50~70 年代初,其间主要以技术改造、恢复利用为主。第二个发展时期是 20 世纪 70 年代,周总理于 1973 年初发出了"三年改变港口面貌"的号召,随之我国开始了第一次建港高潮。第三个发展时期是 20 世纪 70 年代末~80 年代,我国经济发展进入一个新的历史时期,我国政府在"六五"(1981~1985 年)计划中将港口列为国民经济建设的重点,港口建设进入第二次建设高潮。第四个发展时期是 20 世纪 80 年代末~90 年代,我国开始注重泊位深水化、专业化建设。第五个发展时期是 20 世纪 90 年代末~21 世纪初,为适应我国加入 WTO 后和现代物流发展的需要,在激烈的竞争中立于不败之地,我国各大港口都积极开展港口发展战略研究,全面提升港口等级。经过五次大规模的港口建设,我国港口无论是在规模上,还是在专业程度和管理水平上,都迈上了新的台阶。

进入 21 世纪以来,我国经济一直处于快速发展时期,港口作为交通的枢纽,在经济发展的同时,港口吞吐量和港口建设规模以前所未有的速度发展。2010 年世界港口吞吐量排名前 10 的世界港口中我国大陆占有 6 席位(上海、宁波、广州、天津、香港、青岛)。"十一五"期间中国沿海港口五年建成深水泊位 661 个,达到 1774 个,新增通过能力 30 亿 t。"十二五"期间,我国港口继续保持健康有序快速发展。在总量规模不断扩大的同时,中国港口结构发生了重大变化。中国港口总体能力与国民经济发展要求进一步适应,大型专业化的原油、铁矿石码头建设布局基本形成,集装箱干线港、支线港、喂给港布局基本形成。主要港口现代化信息网络基本建成,重点港口基本实现现代化。港口逐步向新型临港产业、工业基地转变,临港发展船舶、飞机、汽车研发制造和配套,发展精细化工、电子、经济、信息等专业临港工业集群。实现临港工业集群、城市产业以及区域产业更深层次的融合,实现由单个港口服务向区域港口服务、资源合理配置发展。港口码头大型化、专业化程度进一步提升,港口码头行业正面临着持续繁荣的契机。

我国沿江港口的发展现状与特点:沿江港口城市的扩容加速使港城空间矛盾加剧;原有港口布局分散、规模小、经济落后,需要形成新的港区;新一轮的产业转移,为沿江港口形成大规模现代化提供了良好基础条件。

我国沿海港口建设重点围绕煤炭、集装箱、进口铁矿石、粮食、陆岛滚装、深水出海航道等运输系统进行。我国港口行业正处在产业的扩张期,地处沿海二线城市的大中型港口和长江沿线的主要港口,将会继续推进规模扩张,力求在本区域内争夺或确立枢纽地位。

上海洋山港区工程(图9-41)的建设,加快了上海国际航运中心的建设进程,对于中国港口的发展具有重要的意义。

图9-41　上海洋山港区一期工程

(2)航道建设现状

我国的航道整治建设主要是在内河,其重点是对长江黄金水道的致力改善。目前长江黄金水道等内河水运项目的建设已经取得重大进展,交通运输部与沿江七省二市建立了合力发展协调机制。长江口12.5m深水航道治理等工程成功实施。珠江三角洲高等级航道网基本建成,京杭运河和长江三角洲高等级航道网建设工程成效明显。我国内河航道进一步改善开发,初步形成了国家高等级航道网络。对于推进内河运输,加强内陆与沿海发达地区的联系,促进我国经济均衡发展有重要作用。同时也扩大了上海港的腹地,进一步增强了沿海对内陆的经济推动力。

(3)港口与航道工程创新技术

主要标志成果:我国初步形成了沿海大型专业化码头建设成套技术;基本掌握了大型、高效港口机械装备和新技术;我国建设科研技术人员攻克了大型深水航道建设的部分关键技术,基础性研究也取得了重大进展;大型格型钢板桩码头结构、大直径预应力混凝土管桩码头和大圆筒码头得到研究应用;大部分港口广泛应用和提升信息化技术。我国内河港口水运工程技术也取得了重大进展。

我国港口水工建筑物的结构形式不断得到改进与创新,新理论与新技术不断得到应用。

2. 港口与航道存在问题

(1) 港口功能还比较单一

港口功能扩展仍旧滞后于国民经济发展的需求,这是我国港口建设面临的首要问题。在我国沿海,支线港口较多,各个小港口存在总体规模小、港口水深浅等较大问题。为适应国际水路运输集装箱大型化以及国民经济发展的大方向趋势,港口功能应该进一步扩展,需要建设更为先进的国际多功能、服务水平高的现代化枢纽港。此外,我国的跨海轮渡码头、游艇码头、单点及多点系泊设施的建设工程应该进一步适时发展。

(2) 港口建设发展不够均衡

按照全国沿海港口布局规划,全国沿海分为渤海湾、长三角、东南沿海、珠三角、西南沿海这五大港口群。各港口群腹地经济文化发展不平衡,有很大差别,反映出港口航运发展也有很大差别。各大港口群的发展与当地经济文化水平、客观需求、国家支持力度有很大关系。部分港口的运营能力得到充分发挥,有的则是运营能力不足。港口的建设发展需加强港口总布局规划,使港口得到进一步健康合理的发展。

(3) 内河航道通行能力有待进一步提升

我国内河航道通航里程位居世界第一,但千吨级航道里程占通航里程的比例仅为10%,而美国达到60%,德国达到70%。由于水流条件复杂,河床组成复杂,洲滩演变剧烈多变,尽管我国每年都投入大量资金进行航道整治建设,但仍有不少瓶颈河段影响着内河航运整体通航里程;素有"黄金水道"之称的长江,在它的中上游部分干流航段也会出现枯水期,驳船能力只能发挥50%~60%,有些支流航段枯水期流量大幅度减少,引起航道变浅甚至出现断航,大大影响内河航运服务水平。

(4) 港口与航道工程关键技术研究尚需加强

复杂自然条件下,建设大型港口工程的关键技术、大型专业化码头建设成套关键技术、内河基础设施建设关键技术、大型施工装备与新工艺开发、码头结构整体试验与评估关键技术、港口与航道工程安全技术等基础性研究与通用关键技术的研究需要进一步加强。

二、港口与航道工程的发展前景

我国正处于重要战略机遇期,经济在发展,国内外运输量不断增加,以港口为基础的水路运输作为国家运输体系中的一个重要组成部分,其支柱地位不可动摇,进一步发展水路运输是我国的既定方针。2010年10月,党的十七届五中全会更加突出强调了"按照适度超前原则,统筹各种运输方式发展"。港口作为国民经济基础性产业和先导性产业,有着良好的发展前景。

港口建设目标是有序地加快推进沿海港口建设,完善煤油矿箱等主要货种港口布局,加强资源整合,推进以临港工业为依托的沿海港口新港区开发建设,使我国沿海港口万吨级以上深水泊位适应度达到1.1:1。

2011年交通运输部出台了《公路水路交通运输"十二五"科技发展规划》、《公路水路交通运输信息化"十二五"发展规划》等政策,为中国港口码头的发展提供了良好的政策环境。

加快推进长江等内河高等级航道建设,实施南京以下12.5m深水航道建设工程、荆江河段治理工程、西江航运干线和京杭运河扩能工程等重点项目。

我国港口的发展目标是2020年适度超前国民经济的发展,建立结构合理、层次分明、功能完善、信息畅通、安全高效的现代化港口体系,成为现代物流的平台和中心,成为世界港口强国。

1. 加强港口与航道工程建设,完善建设综合运输体系

每一种运输方式都有优势,各有自身独特的技术经济特性。加强综合运输体系建设,充分利用各种运输资源,对于更好地服务和支撑国民经济快速发展具有十分重要的意义。综合运输体系离不开港口航道工程的建设发展。新的港口建设要求加快深水码头、大型码头开发,强调港口建设规模化、现代化。我国正加强综合规划,完善布局,统筹推进,优化发展,进一步突出水运优势,发挥港口航运在综合运输体系中的重要地位作用。

2. 加强重点港口建设,体现优秀港区示范作用

加快发展现代航运服务能力,提高综合服务水平,进一步缩小服务能力与世界发达国家港口之间的差距,促进提高港口国际竞争力;进一步发挥上海等国内重要先进港口示范带头作用,推进长三角区域港口科学布局、完善分工、合作共赢。我国主要港口,尤其是长三角各港及大连、天津、重庆等地,应从国家战略和决策部署出发,发挥比较优势,抢抓机遇,加快发展。

3. 加强港口航道建设研究,实现关键技术突破

加强"资源节约型,环境友好型"的港口与航道工程关键技术研究,推进交通运输一体化技术发展,提高港口综合和通过能力。加强内河港口航道建设研究,充分发挥内河航运节地、节能、改善环境的优势。进一步开展港口机械装备技术的大型化、智能化、专业化的开发与应用等一系列研究。积极开展复杂自然条件下建设重大水运工程的关键技术、沿海大型专业化码头建设成套关键技术、码头结构整体现场试验与评估关键技术、内河基础设施建设关键技术、大型施工装备与新工艺开发的研究,开展港口服务管理的智能化、信息化应用、水运工程基础性研究与通用关键技术的研究,争取实现我国港口水平领先世界。

【复习思考题】

1. 举例说明"城以港兴",简述港口的地位、优势与作用。
2. 常见港口重力式码头结构形式及其特点。
3. 港口板桩码头结构形式及其特点。
4. 港口高桩码头结构形式及其特点。
5. 简述斜坡式码头、浮码头的应用特点。
6. 简述防波堤的作用和基本类型。
7. 简述航道标准与航道尺度的基本概念。
8. 简述航道整治工程、疏浚工程、渠化工程、船闸工程的基本概念。
9. 简述修造船水工建筑物的类型与作用。
10. 简述港口的组成、类型及常用平面布置形式。
11. 简述港口规划、码头结构物、陆域形成与地基处理、道路与堆场等基本概念。
12. 我国港口的发展规划与发展趋势。
13. 简述中外主要港口及其特点。
14. 学好港航工程专业需要哪些理论知识?

第十章 交通运输工程专业人才的知识结构

【学习目的与学习要求】

交通运输专业人才培养是为国家培养交通运输工程的规划、设计、管理、运营等高级人才,他们将担负未来交通运输建设与管理的重任。因此,培养合格的交通运输高级人才是学校的主要任务,通过本章的学习,学生将了解交通运输专业人才的基本要求、人才培养的基本过程以及自我修养培养的基本方法。

本章的主要要求是深入了解交通运输专业人才的"四要素",即知识结构、实践技能、能力结构以及综合素质与创新意识,了解每种要素的训练过程及培养目标。

第一节 概 述

通过了解交通运输工程各领域的发展总貌,可以看到交通运输工程专业是一个业务范围十分宽广、职业去向十分多样的专业。交通运输工程专业毕业生的工作对象包括交通工程、道路桥梁及渡河工程、岩土工程、隧道及地下工程、机场工程、铁道与城市轨道工程、港口工程、港口与航道工程等;工作内容涵盖设计、施工、管理、咨询、监理、投资、教育、研究与开发等的技或管理工作;工作性质包括工程管理、工程技术、教学和研究工作等。在如此广阔的天地下,交通运输工程专业毕业生的择业范围是十分多样的。因此,交通运输工程专业的培养方案也将适应这一特点,做出符合教学规律的安排。

第二节 交通运输工程专业人才培养中的四要素

鉴于交通运输工程专业毕业生的工作对象较广且差别较大,工作内容多样且理论重点各异,工作性质更是截然不同,四年的学习年制是不可能采用一个对象、一个对象依次学习掌握的,必须按规律进行安排。从我国高等学校交通运输工程专业指导委员会编制的《高等学校交通运输工程专业本科教育培养目标和培养方案及课程教学大纲》中,可以看出在交通运输工程专业高级专门人才培养的过程中,不论今后择业有何不同,都必须重视以下"四要素"的要求,并按照"四要素"的要求制订培养方案。"四要素"即为知识结构、实践技能、能力结构以及综合素质与创新意识。

知识结构是指交通运输工程专业毕业生必须掌握的知识,用"结构"两字是说明这些知识不是可以任意取舍、支离破碎的,也不应是互不相关的,而应该是组成交通运输工程专业的知识结构必不可少、不可或缺的。由这些知识组成的知识结构应能满足交通运输工程专业毕业生职业去向多样化的需要,也能为今后发展提供坚实又宽广的理论基础,为向较高的综合素质与创新意识发展提供必要的理论知识上的保障。

交通运输工程专业是一个实践性非常强、工程性质十分明显的专业。为了交通运输工程专业的毕业生能够更好地为社会主义现代化建设做出贡献,必须培养他们具有较好的实践技能。这些技能包括材料与结构方面的设计与分析技能、交通工程分析与设计技能等。

能力结构是指交通运输工程专业毕业生必须具有的能力,用"结构"两字是说明这些能力应该是最基本的,也是最必需的。由这些能力组成的能力结构,应能为交通运输工程专业毕业生在工作中发挥很好的作用,并能为其向更高的综合素质与更强的创新意识发展,提供最重要也是最基础的能力上的保障。

因此,知识结构、实践技能和能力结构是人才培养的三个基础要素,用以支撑和发展综合素质与创新意识,综合素质与创新意识的高低则与前三个基础要素休戚相关。四要素之间的关系可用图 10-1 表示。

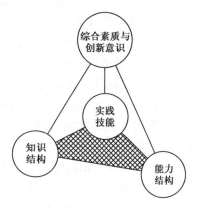

图 10-1 交通运输工程专业人才培养四要素

第三节 交通运输工程专业的知识结构

一、交通运输工程专业知识结构的总体描述

交通运输工程专业知识结构的具体组成可分为三个阶段:第一阶段为公共基础知识,第二阶段为专业基础知识,第三阶段为专业知识。

公共基础知识是高级工程专门人才具有必要文化素质所需掌握的通用基础知识。在此基础上可以有效和扎实地学习专业基础知识。专业基础知识更是学习专业知识的基础,在专业知识阶段,学生可以修习 1~2 个具体工程对象的专业知识。学生毕业以后,当需要从事其他工程对象的技术工作时,可以运用专业基础知识,借鉴已学具体工程专业知识的方法和过程,举一反三,通过自学很快地掌握所需学习工程对象的专业知识。

公共基础知识阶段、专业基础知识阶段和专业知识阶段的这一关系和安排就构成了交通运输工程专业高级专门人才的知识结构。

二、第一阶段——公共基础知识阶段

这一阶段的内容是根据作为一个交通运输工程师所必须掌握的知识而安排的,包括以下两个方面的内容:

(1)思想道德、心理素质及人文、社会科学基础知识

必修课有马克思主义哲学原理、毛泽东思想概论、邓小平理论概论、法律基础、交通运输工程建筑法规、大学英语等。选修课可由各院校自主决定开设,但宜覆盖以下学科门类:经济学(如政治经济学、经济学、工程经济学)、管理学、语言(如大学语文、科技论文写作)、文学和艺术、伦理(如伦理学、职业伦理、品德修养)、心理学或社会学(如公共关系学)、历史。

通过这些基础知识的学习,要求达到理解马列主义、毛泽东思想、邓小平理论的基本原理,在哲学及方法论、经济学、法律等方面具有必要的知识,了解社会发展规律和 21 世纪发展趋势,对文学、艺术、伦理、历史、社会学及公共关系学等若干方面进行一定的修习,掌握一门外国语。

外国语对于交通运输工程专业是一种语言工具,可以用于阅读国外学术书刊等,了解国际最新动态,吸收国际先进技术;可以用于向国外刊物发表学术论文,将国内的先进技术介绍到国外;可以用于与国外的交通运输工程技术人员进行面对面的学术或技术交流。要达到这一要求,也就是通常说的要会"读、写、听、说"。对于一个交通运输工程专业的高级专门人才,应该尽可能向达到这一要求努力。在学习时应十分重视语言环境的营造,教师可以采用双语教学的方式提高学生"读"与"听"的能力;学生可以用外语提问和做作业的方式来提高"写"与"说"的能力。同学之间可以约定在某些场合如寝室内采用外语交谈,提高"听"和"说"的能力。但是必须提出,外国语毕竟只是一种语言工具,绝不能因为学习外国语而影响了公共基础知识和专业基础知识的学习,否则就得不偿失和本末倒置了。

必须指出,交通运输工程与法律的关系较其他类别的工程要密切得多。交通运输工程的每一项工作都会关联到法律的问题。以建筑法规为例,在进行建设项目策划及立项时,要符合城市规划法;在进行工程设计时,要符合招标投标法、工程勘察设计法、消防法和抗震减灾法等;在进行工程施工时,要符合建筑法、建筑工程合同管理法和建筑企业及从业人员资质管理条例等。除此之外,与工程有关的法规还有环境保护法、文物保护法、风景名胜区法规、城市市政公用事业法、村庄和集镇建设管理条例等。因此在学习交通运输工程专业有关的知识时,必须时时注意与有关法规的关系,养成自觉注意和遵守各项法规的意识和习惯。

(2)自然科学基础知识

必修课有高等数学、物理、物理实验化学、化学实验、体育、军事理论等,选修课应覆盖以下

学科门类:环境科学、信息科学、现代材料学、计算机语言与程序设计等。

通过这些基础知识的学习,要求达到掌握高等数学和交通运输工程专业所必需的工程数学,掌握普通物理的基本理论,掌握与交通运输工程专业有关的化学原理和分析方法,了解现代物理、现代化学的基本知识,了解信息科学、环境科学的基本知识,了解当代科学技术发展的其他主要方面和应用前景,掌握一门计算机程序语言。

计算机的发明,大大拓展了交通运输工程的设计理论;商用软件的面世,大大提高了交通运输工程的分析能力;互联网的出现,大大缩小了交通运输工程的信息限界。总之,计算机的出现和发展给交通运输工程带来了划时代的变化,这是不争的事实。但是计算机对于交通运输工程专业毕竟只是一种分析计算和信息收集的工具。交通运输工程要在设计理论、材料性能和施工技术等方面有所进展,一个交通运输工程项目要摆脱传统,应用新理论、新材料、新技术成为一个优秀工程项目,还得靠人的智慧和创造。因此在学习计算机技术的同时,千万不要轻信"计算机万能"、"学习计算机走遍天下都不怕"等言论,而放松了公共基础知识和专业基础知识的学习。

公共基础知识阶段一般安排在一、二年级。由于公共基础知识是工程类学科均必须掌握的,因而很少会接触到交通运输工程专业的知识。这一阶段其实极为重要,必须十分重视,一方面因为是工程类学科的公共基础知识,另一方面则是由高中学习阶段向大学学习阶段的过渡。大学学习阶段与高中学习阶段的最大区别在于大学以讲授原理为主,应用和练习较少,且进度快,同时课余时间较多。因此要能深刻和扎实地掌握教师所讲的知识,主要靠自学。这一阶段的学习必须学会自己安排时间,根据自己的实际情况,通过自己学习,掌握教师讲授的知识。这仅仅是最低要求,此外还应有意识地加深和扩大所学的知识。当在第一阶段完成了这一过渡,学会了大学阶段的学习方法,对于今后学习能力的提升将起十分重要的作用,即使毕业后踏上社会也将是终身受益的。

三、第二阶段——专业基础知识阶段

在第一节中已经提到交通运输工程是一个业务范围十分宽广、职业去向十分多样的专业。为了适应这一情况,交通运输工程专业的毕业生必须具有较深入且宽广的基础理论。第二阶段的内容是根据作为一个交通运输工程师所必须掌握的专业基础知识而安排的,不仅为专业学习需要,而且也为今后的发展以及进入新领域提供必要的基础理论。

专业基础知识阶段按交通运输工程专业业务范围的需要,可分为几个不同学科的内容,包括工程数学、工程力学、结构工程学、岩土工程、交通工程、道路与桥梁工程等,以及从事交通运输工程设计、施工、管理所必需的专业基础理论。必修课有:线性代数、概率论与数理统计、数值计算、理论力学、材料力学、结构力学、流体力学、弹性力学、土力学与土力学、工程地质、土木工程材料、画法几何、工程制图与计算机绘图、工程测量、结构设计原理、交通工程学基础、基础工程、工程施工、建设项目策划与管理、工程概预算等。选修课根据不同的专业方向进行合理的选择,拓展自己的知识面。

通过这些专业基础知识的学习,要求达到掌握工程力学学科包括理论力学、材料力学、结构力学的基本原理和分析方法;掌握交通运输工程材料的基本性能和适用条件、工程测量的基本原理和方法、画法几何基本原理、工程施工与组织的一般过程等。

专业基础知识阶段一般安排在二、三年级。由于这一阶段的知识是交通运输工程专业的基础理论，因而有关交通运输工程各类具体工程对象的内容不会很多，但必须看到，专业基础知识构成了交通运输工程专业共同的专业平台，为以后的专业知识学习和毕业后在专业的各个领域继续学习提供了坚实的基础，可以认为这一阶段的学习是大学期间最为重要的。

四、第三阶段——专业知识阶段

这一阶段的内容是要求通过对具体工程对象的分析，达到了解一般交通运输工程项目的规划、设计、施工、管理等基本过程，学会应用由专业基础知识阶段学得的基本理论，较深入地掌握专业技能，建立初步工程经验的目的，以适应当前用人单位对交通运输工程专业本科人才基本能力的一般要求。由于交通运输工程涵盖的具体工程对象类别繁多，如交通规划、桥梁、隧道、地下结构、道路与机场、港口工程、测绘工程、地理信息系统等，在设计和施工方法上都有差别，在大学阶段不可能也不必要对每一种工程对象都详细学习。学校对第三阶段即专业知识阶段可根据各自的特点进行安排。各校根据自己的特点选择专业教学和通识教学。例如，东南大学采用以学院为单位的通识教学，要求一年级学习基本相同的基础知识，然后在二年级选择相关专业进行专业学习。

通过专业知识的学习，要求达到掌握城市交通规划、交通工程项目的规划、勘测、选线或选型、构造的基本知识；掌握交通运输工程结构的设计方法、CAD 和其他软件的应用、交通运输工程基础的设计方法；了解地基处理的基本方法；掌握交通运输工程现代施工技术、工程检测与试验的基本方法；了解交通运输工程防灾与减灾的基本原理及一般设计方法；了解本专业的有关法规、规范与规程以及本专业的发展动态等。通过这一阶段的学习，还应了解相邻学科知识，包括交通运输工程与可持续发展的关系、道路与交通的基本知识、交通运输、测量工程、地下结构工程等的一般知识。

专业知识阶段一般安排在三、四年级。学生所学的专业知识涉及面应在交通运输工程领域内有一定宽度，至少应涉及交通运输工程领域中的交通工程类、道路桥梁及渡河工程类、交通运输、港口与航道工程、地下建筑工程、测量工程、地理信息工程等。在这一阶段中，除了要学习交通运输工程中某一专业对象的专业知识外，学生更应学会怎样从由专业基础知识构成的交通运输工程专业共同的专业平台上，掌握某一类工程对象的专业知识的过程和方法，这样才能在需要进入另一类工程对象领域时举一反三，不致束手无策。

五、知识的综合要求

在公共基础知识、专业基础知识和专业知识阶段，是主要以单一学科体系进行学习的。每门课程的学习均按照该门课程所属学科的严密体系由浅入深、由简到繁、循序渐进的方法进行学习。这是一种将自然界的现象和工程中的问题进行分析、按学科分解并归类，然后按学科体系进行学习的方法。从根本上说，这是一种以分析为主的学习方法，是分学科的学习方法。这种方法对于学习知识是有效的，也是科学的。但是，自然界的想象和工程中的问题本身却是综合性的，不同学科的问题错综复杂地交织在一起。解决问题时必须综合运用多学科的知识，针对问题的具体情况，理清头绪予以解决。

因此，可以这样说，学习知识应采用以分析为主的方法；解决工程问题应是多学科知识的综合运用。作为交通运输工程专业高级专门人才必须都要学会这两个方面。

怎样学习知识的综合运用呢？在大学学习阶段主要落实在实践教学环节，但是光靠学校的安排是不够的，更为重要的是要靠自己有意识地学习和培养，采用的方法有以下几种：一种是根据不同的学习阶段注意阅读一些科技杂志，特别是在专业基础知识和专业知识学习阶段，更要安排固定时间阅读国内外有关交通运输工程的科技杂志，从文章中学习他人是怎样将知识综合运用于解决工程问题的，还可以对文章进行评论，提出问题或建议，并整理成文请教师指导；一种是积极参加各种设计竞赛，从中琢磨、学习和体会怎样综合运用知识才能进行设计并能完成高质量的设计。只要能认真地、有意识地进行这方面的学习和培养，就会达到知识的综合要求，就会发现一片广阔的天地可供自由翱翔，就会感到学习的快乐并乐此不倦。

第四节 交通运输工程专业的实践技能

一、需要培养的各种实践技能

交通运输工程具有极强的实践性。在工程项目选址时，需要了解拟选的路基是否会滑坡，是否属于地震断裂带，是否存在不适宜工程项目选址的其他地质因素等，这就需要掌握一定的地质勘测技能；在工程项目设计时，需要进行大量的计算和绘制大量的工程图，这就需要掌握制图技能、计算机CAD绘图技能和应用计算机及分析软件进行分析计算的技能；当工程项目采用新材料、新理论、新结构和新技术而需要进行试验时，则需要掌握材料、结构、工艺试验的技能；在工程项目施工时，需要按设计图纸将工程项目在建设场地正确无误地定位并建造起来，这就需要掌握工程测量技能；当需要对某一既有工程进行检测并对其承载能力或耐久性进行鉴定时，就更需要掌握结构检测技能。

因此，交通运输工程专业需要培养的实践技能主要有制图技能、计算机应用技能、地质勘测技能、工程测量技能、材料、结构、工艺试验技能、结构检测技能等。

二、如何培养实践技能

交通运输工程专业的实践技能是在公共基础知识阶段、专业基础知识阶段和专业知识阶段中的实践教学环节培养的。实践教学环节还具有培养学生各种能力，特别是工程能力和创新能力的作用。因此，实践教学环节在交通运输工程专业的教学中具有非常重要的地位，它的作用和功能是理论教学所不能替代的。

交通运输工程专业的实践教学环节有以下几种类别：计算机应用类、实验类、实习类、课程设计类和毕业设计（论文）等。有组织的科技创新活动等也应纳入实践教学环节。下面介绍各类实践教学所包括的实践技能和工程能力的培养要求。

（1）计算机应用类

计算机应用包括计算机语言与程序设计课程中的计算机上机实习，以及在各课程教学和设计类教学过程中的计算机运用操作等。通过计算机应用类的实践环节，要求学生了解计算机基础、算法与数据结构，掌握若干种计算机实用软件，掌握有关的工程软件应用方法，熟悉CAD制图。

(2) 实验类

实验包括大学物理实验、化学实验、力学实验、材料试验、土工试验、结构试验和施工试验等。通过实验类的实践环节,要求学生了解所学课程的实验方法,能正确使用仪器设备,掌握一般结构实验的基本方法,初步具备结构检验的技能。通过实验类的实践环节,还应培养学生的实验动手能力、科学实验方法和创新意识。

(3) 实习类

实习包括认识实习、测量实习、地质实习、生产实习和毕业实习等。通过实习类的实践环节,要求学生掌握各项实习内容及有关的操作和测量技能,能初步应用理论知识解决工程实际问题;了解交通运输工程师的工作职责范围,参与部分工作;了解交通运输工程的项目管理,正确使用我国现行的施工规范和规程。

(4) 课程设计类

课程设计包括勘测或房屋建筑类课程设计、结构类课程设计、工程地基基础类课程设计、施工类课程设计等。通过课程设计类的实践环节,要求学生了解与交通运输工程有关的法规和规定;熟悉技术规程中与课程设计有关的主要内容;了解工程师的工作过程和工作职责;了解设计过程中各工种之间的配合原则。通过工程设计,学生应能综合应用所学基础理论和专业知识,具有独立分析和解决一般交通运输工程技术问题的能力;用书面及口头的方式清晰而准确地表达设计意图及各项技术观点。

(5) 毕业设计(论文)

毕业设计(论文)在培养学生的工程能力和创新能力上有十分重要的作用。通过毕业设计(论文),要求学生在知识方面能综合应用各学科的理论、知识和技能,分析和解决工程实际问题,并通过学习、研究和实践,深化理论、拓宽知识、延伸专业技能。在能力方面能进行资料的调研和综合,能正确运用工具书,掌握有关交通规划与设计、工程设计程序、方法和技术规范,提高工程设计计算、理论分析、图表绘制、技术文件编写的能力;或具有实验、测试、数据分析等研究技能,有分析与解决问题的能力;有外文翻译和计算机应用的能力。在素质方面能培养并具备正确的设计思想、严肃认真的科学态度和严谨的工作作风,能遵守纪律,善于与他人合作。

第五节 交通运输工程专业的能力结构

一、需要培养的各种能力

交通运输工程是一个工程应用性的学科。工程技术人员要把在学校里学到的专业基础知识、专业知识和实践技能应用到工程项目中去,就要依靠自身的各种能力。一个缺少把专业知识综合运用到工程实践能力的工程技术人员,充其量也只能成为一部"活字典"、一个"信息源";一个缺少把实践技能应用到工程项目能力的工程技术人员,充其量也只能成为一个"活工具"、一部"工具书"。

为了能够把所学的知识和实践技能灵活、有效并具创新性地应用于工程实践,一般需要培养以下各种能力:自学能力、工程能力、管理能力、科技开发能力、表达能力和公关能力,以及由这些能力衍生的创新能力。

(1) 自学能力

顾名思义,自学能力就是自己学习的能力。自学能力又可细分为通过自学接受知识的能力以及通过自学在获取知识的基础上进行创新思维的能力。

在公共基础知识阶段(一、二年级),由于教学以讲授原理为主,应用和练习较少,因此这一阶段的学习,学生应着力于培养自己能通过自学掌握教师所讲授知识的原理及其灵活应用的方法,也就是培养自己通过自学获取知识的能力。

在专业基础知识阶段(二、三年级),由于交通运输工程的专业基础涵盖范围极为广泛,教学内容涉及许多学科,将会引发学生学习的兴趣和积极性,学生会根据各自的特点希望将教师所讲授的内容进一步拓宽和加深,这一要求只能靠自己学习解决。因此这一阶段的学习,学生应在已具有通过自学接受知识能力的基础上,进一步培养自己通过自学去掌握教师没有讲授而自己又希望能掌握的知识,也就是培养自己通过自学获取知识的能力。

在专业知识阶段(三、四年级),教学内容已涉及某些具体的工程对象,教师除了讲授有关规划、勘察、设计、施工、管理等方面的基本知识、设计方法、施工技术、管理原理外,还会加大信息量,讲述一些新的科研成果、正在探索的新设计理论、结合新的工程材料和分析方法出现的新的结构形式和体系、计算机控制的新施工技术等。这些内容必将激发学生的许多遐想。学生可以在通过自学获取知识的基础上学习创新思维,提出一些新的想法以及付诸实施的理论依据和实现技术,也就是培养自己通过自学获取知识的基础上进行创新思维的能力。

可以看出,自学能力是高级专门人才赖以持续发展和不断提高的一种能力,因此也是最根本和最重要的能力。

(2) 工程能力

工程能力就是交通运输工程技术人员在从事交通运输工程工作时应用工程技术知识和技能的能力。对于交通运输工程专业技术人才,工程能力的培养是必不可少的。一个从事交通运输工程的技术人员,如果缺少必要的工程能力,将是一个不合格的交通运输工程师。

在大学阶段,工程能力的培养,主要在实习类实践教学环节、课程设计类实践教学环节和毕业设计实践教学环节中进行。各实践教学环节关于工程能力的培养要求,在前一节中已有所阐述。工程能力培养的总体要求应该是:具有根据使用要求、地质地形条件、材料与施工的实际情况,经济合理、安全可靠地进行交通运输工程勘测和设计的能力;具有解决施工技术问题和编制施工组织设计的初步能力;具有工程经济分析的初步能力;具有应用计算机进行辅助设计的初步能力。

(3) 管理能力

交通运输工程是一种群体性的工作。对于交通运输工程专业高级专门技术人才,应进行必要的管理能力与意识的培养,包括人力资源管理、投资管理、进度管理、质量管理、安全管理、工程项目管理、各工种工作的协调等。

大学阶段管理能力的培养,主要在生产实习、毕业实习和毕业设计等实践教学环节中进行。此外,还可在各种社会活动中进行。

管理能力的培养要求有:具有进行工程项目管理的初步能力;具有进行工程监测、检测、工程质量可靠性评价的初步能力;具有一般交通运输工程项目规划或策划的初步能力;具有应用计算机进行辅助管理的初步能力。

(4)科技开发能力

科技开发能力是交通运输工程专业技术人才必须具备的一种重要的能力。科技开发能力就是在现有的设计方法和施工技术的基础上,对设计方法和施工技术提出改进设想并予以实施的能力。这一能力的培养除了要有自学能力、工程能力、管理能力外,还应在实验类等实践教学环节和毕业设计(论文)实践教学环节中进一步培养。通过知识教学环节和实践教学环节,主要让学生掌握进行科技开发所需的必要知识和技能,但这并不等于科技开发能力。科技开发能力主要依靠自身有意识的培养,要在自学过程中养成提出问题、分析问题和解决问题的习惯。这种能力的培养需要有一个长期的过程,需要日积月累。如果在专业知识学习阶段能够发现许多问题可以进一步改进或完善,并能提出正确的想法和建议或写成文章,这就说明有了一定的科技开发能力;否则,还需进一步培养。

(5)表达能力和公关能力

交通运输工程具有工种繁多、与政府行政部门联系多等特点,交通运输工程专业高级专门技术人才需要有良好的表达能力和公关能力。具体地说,就是要具有文字、图纸和口头的表达能力;具有社会活动、人际交往和公关的能力。

二、各种能力间的关系

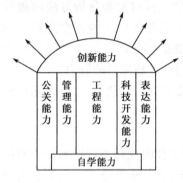

图 10-2 各种能力之间的关系

各种能力间的关系可用图 10-2 表示,图中反映了自学能力是最基本的能力,它是工程能力、管理能力和科技开发能力的基础,它的强弱将直接影响这些能力的培养。因此,在大学学习期间,自学能力的培养是一刻也不能忽视、一刻也不能松懈的。公关能力和表达能力与个人的性格、灵敏性和口才等有关,具有较多的先天性因素,但也可以通过后天的努力加以改变和提高,这同样有赖于自学能力。创新能力则是各种能力综合发挥的结果,它可以有各种不同方向的创新,与工作对象、工作环境、工作条件有关。

第六节 培养交通运输工程专业人才的综合素质和创新意识

一、从对交通运输工程师的要求看大学教育的作用和地位

交通运输工程师是交通运输工程专业的专门人才。交通运输工程师的工作具有十分重大的社会意义,由他们负责设计和建造的交通运输工程项目都应符合安全、经济和耐久的要求。如果工程项目由于安全问题导致破坏甚至倒塌,就会造成人民生命和财产的重大损失;如果工程项目的建设很不经济,导致浪费,同样会造成人民和国家经济的重大损失;如果工程项目的耐久性很差,用后不久就暴露出各种问题,包括安全问题,这样给业主和社会带来棘手的后遗症,造成人民和国家的经济损失。因此,交通运输工程师肩负重要的社会责任,社会对交通运输工程师也提出了各种要求。我国采用交通运输工程师注册制度来保证交通运输工程师能符

合各种要求,这也是世界各国通行的方式。我国交通运输工程师注册制度按工作性质分为注册结构工程师、注册岩土工程师、注册建造师等。

以注册结构工程师为例,分一级和二级两个级别。一级注册结构工程师是以四年大学本科教育为基本条件,再加上至少四年的工程结构设计经验。二级注册结构工程师的基本教育条件比较低,中专和大专毕业都可以。一级和二级注册结构工程师在执业范围上是有区别的,如规定某种复杂程度或某种难度或某种规模的工作必须由一级注册结构工程师做等。

我国的结构工程师注册制度规定,要成为一级注册结构工程师,必须满足以下要求(详见附录):

(1)通过基础考试。基础考试最早可在大学毕业后进行。基础考试的目的就是检查该毕业生是否已掌握作为一个结构工程师必须具有的公共基础知识、专业基础知识和专业知识。

(2)通过至少四年的工程结构设计经验。结构工程师的工作具有以下特点:

①实践性强。

②设计对象的个性强。

③社会责任大。

因此,结构工程师应具备下列要求:

①要深入实践。

②要积累经验。

③要有社会责任感,包括法律意识、环境意识、可持续发展观等。

这些要求在大学教学中无法培养,只能在工程实践中不断加以培养。在此期间还必须接受继续教育和职业训练。

(3)通过专业考试。专业考试最早在具有四年工程结构设计经验后进行。专业考试的目的就是检查该设计人员是否已具备作为一个结构工程师必须具备的要求。

(4)两年有效期后的重新注册。我国对一级注册结构工程师实行注册后两年有效的制度,两年期满后必须重新注册。重新注册的要求是每年必须要接受不少于规定时数的继续教育,不断更新知识;两年内必须完成与一级注册工程师相适应的工程实践。如达不到上述要求,就不能重新注册,也就失去了注册结构工程师的资格;要想再次注册,必须重新通过考试。

上述所举注册结构工程师的例子说明我国对注册工程师的要求有两大方面。第一方面的要求是注册工程师必须具备合格的知识结构,具有一定的实践技能和能力结构,这方面的要求是在大学学习阶段进行的,是作为注册工程师必备的基础条件,或称之为门槛条件。第二方面的要求是注册工程师必须经过质和量均符合要求的实践锻炼,不断积累经验,要接受继续教育更新知识,要有良好的综合素质,这方面的要求主要在工作阶段完成。

因此,从对交通运输工程师的要求看,大学教育的作用和地位可用图10-3描述。从图中可以看出,大学专业教育是一个十分重要的基础。基础是否打

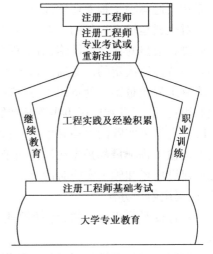

图10-3　从对交通运输工程要求看大学专业教育的作用和地位

得宽广、深厚，将最终影响"自身的形象"，深厚、宽广的基础，为高大形象的形成提供了条件；反之，如基础很窄很浅就很难形成高大的形象。工程实践及经验积累是建立在大学专业教育基础上并成为交通运输工程师的主体，只有主体结实才能使形象高大。主体只有在大学毕业后在工作中去形成，它与大学专业教育有相当的相连关系，但又是互相独立的两个方面。继续教育和职业训练是两个很重要的组成部分，支撑着主体的壮大。一个不重视继续教育、知识更新和职业训练的工程师，他的工作必将是墨守成规、凭经验吃老本，也就不可能形成高大的形象。

一个交通运输工程专业的学生应该十分重视大学阶段的公共基础知识、专业基础知识和专业知识的学习，应该重视实践技能和各种能力的培养，并在此基础上着力向良好的综合素质和创新意识发展。只有这样，才能为今后的发展形成深厚、宽广的基础，在工作阶段对经验的积累和工程的创新起到事半功倍的作用。

二、如何培养学生的综合素质和创新意识

交通运输工程专业人才除了应有合格的知识结构、实践技能和能力结构外，还必须有良好的综合素质和创新意识。但是迄今为止，综合素质和创新意识指什么？在大学学习阶段如何培养？这些问题一直没有公认的说法。这里将做一些探索性的阐述。

1. 关于综合素质的培养

（1）综合素质应由以下诸方面组成：

①在个人素养方面，应热爱祖国、具有良好的思想品德、社会公德和文明礼貌的举止。

②在人文、社会科学方面，应具有基本的和高尚的科学人文素养和精神，具有哲理、情趣、品位和人格方面的较高修养。

③在心理和体魄方面，应具有健康的心理和体魄，能保持心态平和、乐观和积极向上，能形成良好的体育锻炼和卫生习惯，能够履行建设祖国的神圣义务。

④在自然科学方面，应能了解当代科学技术发展的主要方面，初步学会科学思维的方法，能够采用合理的方法对事情做出正确的判断。

⑤在交通运输工程专业方面，应按照对交通运输工程师的素质要求，不断培养和提高专业素质。对交通运输工程师的专业素质要求，最主要的是：

a. 要有很强的社会责任感，对工程质量应有终身负责的意识和行为。这是由交通运输工程的外在特性所决定的。交通运输工程师的社会责任感将在本书第十三章中阐述，简要而言，除了应有工程质量第一的意识外，还应有基本的法律意识、环境意识和可持续发展意识，包括合理利用资源、开发和应用再生资源和绿色资源、节约能源、合理使用土地等。

b. 要有深入实践的愿望和本领。这是由交通运输工程的内在特性所决定的，因为任何一个交通运输工程项目都是先在设计图纸上体现出来，然后拿到建设现场去实施。由于设计时考虑的建设现场和施工实施时的可能情况会与实际情况有一定差别，这就需要在现场深入了解情况，提出解决办法。

c. 要有良好的职业道德，包括敬业爱岗、团结合作、严肃认真的科学态度和严谨的工作作风。

d. 要有正确的设计思想和创新意识，能够把上述要求在设计中充分反映。

由上所述可见，综合素质主要由五方面的素质组成，因此不可能由一门课来讲授，也不可

能在短期内养成。综合素质的培养实际上是一个系统工程。首先要掌握这些素质的内涵,即有哪些基本知识和要求;其次要在大学学习期间自始至终加以注意,在各个教学环节中加以培养;再次要教师和学生的共同努力。教师应以身作则,言传身教;学生应边学边用,自我培养。

因此,综合素质的培养需要学校在教学中精心安排,如开设一些课程让学生选修;请一些先进人物来校作心得体会的报告,加深学生的理解;在实践环节中,提出一些要求,让学生在实践中增强感性认识;学生也应在各教学环节中着意加深自身综合素质的培养。

2. 关于创新意识的培养

交通运输工程是工程学科中的一种。对于工程含义的理解,目前尚无统一的认识。李伯聪先生提出的"科学—技术—工程三元论"是工程、科学和技术三者相互关系的较为完整的说法。三元论认为科学发现、技术发明和工程设计是三种不同的社会实践;科学活动的本质是反映存在,技术活动的本质是探寻变革存在的具体方法,而工程活动的本质则是创造一个世界上原本不存在的物,是超越存在和创造存在的活动。三元论提出的工程活动的本质就是创造的观点,这与20世纪著名流体力学家冯·卡门和现代著名桥梁专家邓文中的观点是一致的。冯·卡门认为科学家致力于发现已有的世界,而工程师则致力于创造从未有过的世界。邓文中认为一位桥梁工程师如果不试图在每项设计中尽可能地进行改进,那么他就没有尽到工程师应尽的义务,这些至理名言都指出了创新和创造应是工程活动的本质,也是工程师的义务,这里指的工程当然也包含交通运输工程在内。因此可以认为创新意识和能力的培养是工程教育首要的核心任务。

创新意识是交通运输工程专业人才应该着力培养的,可是创新意识的培养并不简单,牵涉到教师的教学思想和学生的学习方法,以及他们对培养创新意识是他们教学工作的核心任务的认识。在前面已经明确表示创新意识的基础是知识结构、实践技能和能力结构,脱离了知识结构、实践技能和能力结构就谈不上创新意识。因此,创新意识不可能孤立地培养。学生除了应有扎实的知识结构、良好的实践技能和完善的能力结构外,还必须结合各阶段的教学环节自觉地加以培养。

在各个教学环节中,教师的教学思想应有两方面的认识。第一,教师的教学重点应从单纯传授知识转变为在传授知识的同时,还应启发学生思考,提出一些问题,营造一种得以让学生能够自由思考和探索的空间,激发学生对新知识进行探求的积极性,引导学生乐于思索的习惯。第二,教师的教学职责应从单纯传授好知识改变为不但要传授好知识,还应培养好学生的各种能力。应结合各种教学环节,包括理论教学和实践教学环节,采用各种不同的教学方式,如课堂或专题讨论、进行综合性或设计性实验、撰写实习报告和心得、进行设计方案的比较等,培养学生各种能力,特别是综合运用所学知识解决实际问题的能力。

在大学学习期间,学生应养成良好的学习方法。第一,学生应结合自己的特点、兴趣和志向,逐步明确今后的发展方向,选好学习课程,安排好学习时间。不少研究指出:知识的积淀和实践,加上艺术灵感火花的爆炸,就能产生创意。因为理工科专业往往过多强调逻辑思维,而艺术和音乐等则是着重创意思维和形象思维,两种方法的结合,往往是激发科技创新思维的很好途径,因此在安排学习时也应选修艺术和美学方面的课程,接受这方面的熏陶。第二,在前面已经描述了学生应掌握的各种能力间的关系,同时也阐明了自学能力是其他各种能力的基础。因此学生在大学学习期间除了要学习各种知识外,还必须培养自己的自学能力,二者不可偏废;应该在学习的不同阶段,循序渐进地培养通过自学掌握知识的能力、通过自学获取知识的能力和通过自学在获取知识的基础上进行创新思维的能力。

三、成才过程中应正确对待的几个关系

学生在大学学习期间,在成为交通运输工程专业高级专门人才的过程中,会遇到各种各样的困难和问题,在解决这些困难和问题时,下列一些关系是必须正确对待的:教师与学生的关系;接受知识与获取知识的关系;知识与能力的关系;自学能力与创新能力的关系;知识与综合素质的关系。这些关系在前面几节中都有涉及,这里再做一次汇总,前面已有详细阐述的就不再重复。

(1) 教师与学生的关系

在大学里,经常会听到学生埋怨教师的言论,认为教师讲不清楚,影响了自己的学习。这里就牵涉到教师与学生的关系问题。

学生在大学学习成为交通运输工程专业人才的过程中,教师与学生的关系应该是:"入门靠教师,深造靠自己"。

在进入大学后,学生开始在各自不同专业学习。为了使学生能够成为交通运输工程专业高级专门人才,学校对四年的教学进行精心安排,并挑选教师按学习阶段的不同,逐步引领学生入门,进入交通运输工程不同教学阶段的学习。由于受到时间的限制,教师只能讲授最基本也是最重要的内容,而且进度比较快。这时,有些学生学懂了,可以跟着教师的节奏前进;有些学生一知半解,懵懵懂懂地跟着走。如果是后面一种情况,就需要认真思考如果是自己上课不专心听讲,这就需要认真约束自己上课认真听讲;如果是自己的基础不够扎实,这就需要抓紧时间补基础;如果是不习惯于教师的思维方式,这就需要多看教科书和参考书,学懂教师讲授的内容,跟上步伐,并逐步适应教师的思维方式;如果是课外花的复习时间太少,这就要合理安排时间。只有这样才能跟上教师的节奏,完成某一门学科的入门。这个入门其实并不难,只要肯认真并抓紧时间是能够完成的。如果一味埋怨教师,就会在客观原因的借口下放松学习,不接受教师的入门引领,从而被遗落在学科的大门之外。

在入门之后就会发现在学科中还有许多教师没有讲授而自己又感兴趣的知识,对这类知识要想进一步加深和拓宽则需要靠自学。

(2) 接受知识与获取知识的关系

这里所说的接受知识和获取知识是与通过自学接受知识和通过自学获取知识相对应的。在自学能力中,前者属于低层次的能力,后者属于较高层次的能力。

通过对两个层次自学能力的解释,可以看出接受知识是被动的,掌握知识的多少取决于教师或别人讲授内容的多少;而获取知识是主动的,掌握知识的多少完全取决于个人努力,可以大大超越教师或别人的讲授内容。因此,两者具有如下的关系:接受知识可以充实自己,获取知识才能发展自己。

了解这一关系后,学生在大学学习期间必须在掌握通过自学接受知识能力的基础上,着重培养并掌握通过自学获取知识的能力,具体地说就是要能针对某一问题,具有查阅文献或其他资料、获得信息、拓展知识领域、继续学习并提高业务水平的能力。

(3) 知识与能力的关系

知识和能力是不相同的,对于交通运输工程专业高级专门人才而言,都是必需、不可偏废的,但是二者又是密切相关的,知识要靠能力去运用,能力要以知识为支撑,学习知识归根结底

在于提高能力。

了解这个关系后,学生在大学学习期间不但要掌握扎实的知识,而且更要重视在掌握知识的基础上对能力的培养。

交通运输工程专业所需要的各种能力的培养主要在实践教学环节中进行,学生在学习期间必须十分重视实践教学环节。根据能力的特点,能力的培养除了要依靠学校对实践教学环节的精心安排外,更需要学生自身的努力。因此,学生在各个实践教学环节中,应该努力捕捉各种机遇,勇于实践,有意识地培养各种能力。

(4) 自学能力与创新能力的关系

自学能力是其他各种能力,包括工程能力、管理能力和科技开发能力的基础,创新能力是各种能力综合发挥的结果。这个关系说明:有自学能力一般易有创新能力,创新能力还需其他能力支持。想通过捷径培养创新能力是不现实的。

(5) 知识与综合素质的关系

知识与综合素质的关系为"综合素质必须建立在有关知识的基础上,有关知识只有一直落实在行动上才能成为良好的综合素质"。

一个人的综合素质是很难一言以蔽之的,但是在与他接触的过程中,他的一言一行却又会明明白白地表露出来。这说明一个人的综合素质不光与他知识有关,更主要的是由他的行动表达的。这就形成了上述知识与综合素质关系中的后一个关系。

交通运输工程专业人才应具有良好的综合素质,学生在学习期间要培养自己具有优良的综合素质,就必须注意将优良综合素质的内涵时时、处处、事事落实在行动上并成为一种习惯行为。

【复习思考题】

1. 您是否了解交通运输工程专业毕业生的主要职业去向?您是否对您今后的职业去向有所设想?

2. 您认为大学的教学方法与中学的有何不同?您是否已适应大学的教学方法?

3. 您对交通运输工程专业的知识结构、实践技能和能力结构是否已有所了解?您能理解这三者之间的差别和关系吗?

4. 交通运输工程专业所需的各种能力是十分重要的,它们的培养又是比较困难的,除了需要教师的引导外,更需要学生自己的努力。您认为这种提法是否合适?为什么?

5. 交通运输工程专业高级专门人才应有良好的综合素质和创新意识,您认为良好的综合素质和创新能力应采用什么方法培养最有效?

6. 在成才过程中是否还有一些关系需要正确对待?如有,请加以说明。

附录　注册结构工程师执业资格制度暂行规定

第一章　总　则

第一条　为了加强对结构工程设计人员的管理,提高工程设计质量与水平,保障公众生命和财产安全,维护社会公共利益,根据执业资格制度的有关规定,制定本规定。

第二条　注册结构工程师资格制度纳入专业技术人员执业资格制度由国家确认批准。

第三条　本规定所称注册结构工程师,是指取得中华人民共和国注册结构工程师执业资格证书和注册证书,从事房屋结构、桥梁结构及塔架结构等工程设计及相关业务的专业技术人员。

注册结构工程师分为一级注册结构工程师和二级注册结构工程师。

第四条　建设部、人事部和省、自治区、直辖市人民政府建设行政主管部门、人事行政主管部门依照本规定对注册结构工程师的考试、注册和执业实施指导、监督和管理。

第五条　全国注册结构工程师管理委员会由建设部、人事部和国务院有关部门的代表及工程设计专家组成。

省、自治区、直辖市可成立相应的注册结构工程师管理委员会。

各级注册结构工程师管理委员会可依照本规定及建设部、人事部有关规定,负责或参与注册结构工程师的考试和注册等具体工作。

第二章　考试与注册

第六条　注册结构工程师考试实行全国统一大纲、统一命题、统一组织的办法,原则上每年举行一次。

第七条　建设部负责组织有关专家拟定考试大纲、组织命题,编写培训教材、组织考前培训等工作;人事部负责组织有关专家审定考试大纲和试题,会同有关部门组织考试并负责考务等工作。

第八条　一级注册结构工程师资格考试由基础考试和专业考试两部分组成。通过基础考试的人员,从事结构工程设计或相关业务满规定年限,方可申请参加专业考试。

一级注册结构工程师考试具体办法由建设部、人事部另行制定。

第九条　注册结构工程师资格考试合格者,由省、自治区、直辖市人事(职改)部门颁发人事部统一印制、加盖建设部和人事部印章的中华人民共和国注册结构工程师执业资格证书。

第十条　取得注册结构工程师执业资格证书者,要从事结构工程设计业务的,须申请注册。

第十一条　有下列情形之一的,不予注册:

(一)不具备完全民事行为能力的。

(二)因受刑事处罚,自处罚完毕之日起至申请注册之日止不满5年的。

(三)因在结构工程设计或相关业务中犯有错误受到行政处罚或者撤职以上行政处分,自处罚、处分决定之日起至申请注册之日止不满2年的。

(四)受吊销注册结构工程师注册证书处罚,自处罚决定之日起至申请注册之日止不满5年的。

(五)建设部和国务院有关部门规定不予注册的其他情形的。

第十二条　全国注册结构工程师管理委员会和省、自治区、直辖市注册结构工程师管理委员会依照本规定第十一条,决定不予注册的,应当自决定之日起15日内书面通知申请人。若有异议的,可自收到通知之日起15日内向建设部或各省、自治区、直辖市人民政府建设行政主管部门申请复议。

第十三条　各级注册结构工程师管理委员会按照职责分工应将准予注册的注册结构工程师名单报同级建设行政主管部门备案。

建设部或各省、自治区、直辖市人民政府建设行政主管部门发现有与注册规定不符的,应通知有关注册结构工程师管理委员会撤销注册。

第十四条　准予注册的申请人,分别由全国注册结构工程师管理委员会和省、自治区、直辖市注册结构工程师管理委员会核发由建设部统一制作的注册结构工程师注册证书。

第十五条　注册结构工程师注册有效期为2年,有效期届满需要继续注册的,应当在期满前30日内办理注册手续。

第十六条　注册结构工程师注册后,有下列情形之一的,由全国或省、自治区、直辖市注册结构工程师管理委员会撤销注册,收回注册证书:

(一)完全丧失民事行为能力的。

(二)受刑事处罚的。

(三)因在工程设计或者相关业务中造成工程事故、受到行政处罚或者撤职以上行政处分的。

(四)自行停止注册结构工程师业务满2年的。

被撤销注册的当事人对撤销注册有异议的,可以自接到撤销注册通知之日起15日内向建设部或省、自治区、直辖市人民政府建设行政主管部门申请复议。

第十七条　被撤销注册的人员可依照本规定的要求重新注册。

第三章　执　　业

第十八条　注册结构工程师的执业范围:

(一)结构工程设计。

(二)结构工程设计技术咨询。

(三)建筑物、构筑物、工程设施等调查和鉴定。

(四)对本人主持设计的项目进行施工指导和监督。

(五)建设部和国务院有关部门规定的其他业务。

一级注册结构工程师的执业范围不受工程规模及工程复杂程度的限制。

第十九条　注册结构工程师执行业务,应当加入一个勘察设计单位。

第二十条　注册结构工程师执行业务,由勘察设计单位统一接受委托并统一收费。

第二十一条　因结构设计质量造成的经济损失,由勘察设计单位承担赔偿责任;勘察设计单位有权向签字的注册结构工程师追偿。

第二十二条　注册结构工程师执业管理和处罚办法由建设部另行规定。

第四章 权利和义务

第二十三条 注册结构工程师有权以注册结构工程师的名义执行注册结构工程师业务。非注册结构工程师不得以注册结构工程师的名义执行注册结构工程师业务。

第二十四条 国家规定的一定跨度、高度等以上的结构工程设计，应当由注册结构工程师主持设计。

第二十五条 任何单位和个人修改注册结构工程师的设计图纸，应当征得该注册结构工程师同意；但是因特殊情况不能征得该注册结构工程师同意的除外。

第二十六条 注册结构工程师应当履行下列义务：

（一）遵守法律、法规和职业道德，维护社会公众利益。

（二）保证工程设计的质量，并在其负责的设计图纸上签字盖章。

（三）保守在执业中知悉的单位和个人的秘密。

（四）不得同时受聘于二个以上勘察设计单位执行业务。

（五）不得准许他人以本人名义执行业务。

第二十七条 注册结构工程师按规定接受必要的继续教育，定期进行业务和法规培训，并作为重新注册的依据。

第五章 附　则

第二十八条 在全国实施注册结构工程师考试之前，对已经达到注册结构工程师资格水平的，可经考核认定，获得注册结构工程师资格。

考核认定办法由建设部、人事部另行制定。

第二十九条 外国人申请参加中国注册结构工程师全国统一考试和注册以及外国结构工程师申请在中国境内执行注册结构工程师业务，由国务院主管部门另行规定。

第三十条 二级注册结构工程师依照本规定的原则执行，具体实施办法由建设部、人事部另行制定。

第三十一条 本规定自发布之日起施行。本规定由建设部、人事部在各自的职责内负责解释。

第十一章
交通运输工程师的社会责任

【学习目的与学习要求】

　　交通运输工程是国家重要的基础设施,同时,交通运输建设是服务社会、造福人类的工程,交通运输建设也同样需要承担一定的社会责任,环境保护、生态防护、可持续发展,还有人文意识等。作为一名未来的交通运输行业职业工程师,必须深入了解国家可持续发展战略,担负时代赋予的社会责任,促进交通行业的可持续发展。本章学习的目的就是了解交通运输工程建设的社会责任和每个交通建设者应该承担的内容。

　　通过本章的学习,学生应该了解交通运输工程的法律意识、风险意识,了解可持续发展的内涵,通过环境保护、生态防护和人文交通建设,担负交通运输工程可持续发展的社会责任。

　　交通运输工程师担负着交通工程、桥梁、隧道、道路等重要基础设施的建设与维护重任,在研究自然规律获取工程知识的基础上,要用其创造性的劳动成果为人类社会提供适宜的生活环境。因此,交通运输工程师在学习自然科学知识、掌握工程应用技术的同时,还应建立基本的法律意识、风险意识、环境意识和人文意识,并树立可持续的发展观,为和谐社会建设和人类可持续发展做出应有的贡献。

第一节　交通运输工程师的法律意识

一、建设工程法律法规

一切建设活动必须依法有序地进行。为了调整国家及其有关机构、企事业单位、社会团体、公民之间在建设活动中发生的各种社会关系，国家权力机关或其授权的行政机关制定了一系列的建设工程法律法规。根据我国的立法体系，这些法律法规主要分五个层次。

(1) 第一层次为建设工程法律，具有最高的法律效力。在我国，建设工程法律的立法机构是全国人民代表大会及其常务委员会。建设工程法律的主要内容包括建设工程方面的基本方针、政策，涉及建设工程领域的根本性、长远和重大的问题，以及建设工程市场管理的基本规范等。我国现行的建设工程法律主要有《中华人民共和国建筑法》、《中华人民共和国招标投标法》、《中华人民共和国安全生产法》等。

(2) 第二层次为建设工程行政法规，一般是对法律条款的进一步细化，以便于法律的实施。在我国，建设工程行政法规是由国务院根据法律、法规和管理全国建设工程行政工作的需要而制定的，这些法规包括《建设工程质量管理条例》、《建设工程安全生产管理条例》等。

(3) 第三层次为建设工程部门规章，由国务院各部委根据法律、法规发布。其中综合性规章主要由建设部发布，如《房屋建筑工程和市政设施工程竣工验收备案管理暂行办法》等。

(4) 第四层次为建设工程地方性法规，由地方(省、直辖市、自治区和经济特区等)人民代表大会及其常务委员会在与宪法、法律行政法规不相抵触的前提下制定。地方性建设工程法规在管辖的行政区内具有法律效力，如《上海市城市规划条例》。

(5) 第五层次为建设工程地方性规章，由各地方人民政府及人民政府所在地的人民政府根据法律和行政法规制定。地方性建设工程规章在其行政区内具有法律效力，但其法律效力低于地方法规。如《上海市城市规划管理技术规定》。

有关机构、社会组织(法人)、自然人(统称法律关系主体)在从事工程建设时享受法律赋予的权利，同时必须履行法律规定或约定的义务。工程建设法律关系主体在法定范围内，根据国家建设管理要求和自己业务活动的需要，有权进行各种建设活动。权利主体可要求其他主体做出一定的行为或抑制一定的行为，以实现自己的权利，因其他主体的行为而使权利不能实现时有权要求国家机关加以保护并予以制裁。工程建设法律关系主体必须按法律规定或约定承担相应的责任。义务主体如果不履行或不适当履行，就要承担相应的法律责任。如设计院在进行一项工程的设计时，其在设计过程中采用的新技术、新工艺以及所有的设计成果等知识产权受到法律的保护，他人不得侵占，但设计院必须在符合国家规定并满足使用要求的前提下，保证所设计的项目安全可靠，否则就要受到处罚甚至被取消设计资质。

二、合同法律制度

当事人之间为了确立权利义务关系而签订的协议称作合同。合同是一种民事法律行为，是当事人意识表示的结果,以设立、变更、终止财产的民事权利为目的。合同依法成立,即具有法律约束力,如果当事人违反合同,就要承担相应的法律责任。但当事人间因不可抗拒事件的发生造成合同不能履行时,依法可免除违约责任。

建设工程合同是承包方进行工程建设,发包方支付价款的合同。主要有勘察合同、设计合同、施工合同、工程监理合同、物质采购合同、货物运输合同、机械设备租赁合同和保险合同等多种形式。

勘察合同是委托人与承包人就交通运输工程地理、地质状况的调查研究工作而达成的协议。我国法律对从事地质勘察工作的单位有明确、严格的要求。建设单位一般都要把勘察工作委托给专门的地质工程单位。

设计合同一般有两种形式。一种是初步设计合同,即在工程项目立项阶段,承包人为项目决策提供可行性资料设计而与建设单位签订的合同;另一种设计合同是在国家计划部门批准后,承包人与建设单位之间达成的具体施工设计合同。两者内容虽然有异,但法律关系一样。在我国,可以委托从事设计工作的必须获得国家或省级行政主管部门的"设计资质证书"的法人组织。在签订设计合同时,建设单位应向承包人提供上级部门批准的立项和初步设计文件。

施工合同是建设单位(发包方)与施工单位(承包方)为完成工程项目的建筑安装施工任务而签订的协议。施工合同是工程建设中最为重要的合同,我国法律、法规对其有明确而严格的规定。对建设单位而言,必须具备相应的组织协调能力,实施对合同范围内工程项目建设的管理;对施工单位而言,必须具备相应的资质等级,并持有营业执照等证明文件。

工程监理合同是指建设单位和监理单位为了在工程建设监理过程中明确双方权利与义务关系而签订的协议。具有相应资质的监理单位依据国家有关工程建设的法律、法规,经建设主管部门批准的工程项目建设文件以及建设单位的委托工程监理合同,对工程建设实施专业化的管理和监督。

物质采购合同是指具有平等民事主体资格的法人、其他经济组织之间为实现工程建设项目所需物质的买卖而签订的明确相互权利义务关系的协议。货物运输合同是指由承运人将承运的货物运送到指定地点,托运人向承运人交付运费的合同。机械设备租赁合同是指当事人一方将特定的机械设备交给另一方使用,另一方支付租金并于使用完毕后返还原物的协议。保险合同是指投保人与保险人约定保险权利义务关系的协议。我国的工程保险主要有建筑工程一切险、安装工程一切险、建筑安装工程第三者责任险、人身意外伤害险、货物运输险等。

建设项目的实施过程实质上就是建设工程合同的履行过程。要保证项目按计划、正常、高效地实施,合同双方当事人都必须严格、认真、正确地履行合同。

三、工程纠纷

建设工程的纠纷主要分为合同纠纷和技术纠纷。合同纠纷是指建设工程当事人或合同签订者对建设过程中的权利和义务产生了不同的理解而引发的纠纷。显然对前节介绍的不同合同中的权利和义务的不同理解都会引发不同的纠纷。技术纠纷主要是指由于技术的原因造成工程建设参与者与非参与者之间的纠纷,如没有正确处理给水排水、通行、通风、采光等方面的问题而引起的相邻关系纠纷;对自然环境造成了破坏(包括建设工程对相邻建筑物和其他相邻交通运输工程设施的破坏)引起的纠纷;施工产生的粉尘、噪声、振动等对周围生活居住区污染和危害而引起的纠纷;由于工程事故而引起的费用纠纷等。

建设工程纠纷的解决方法一般有和解、调解、仲裁和诉讼四种。和解是指建设工程纠纷当事人在自愿友好的基础上,互相沟通、互相谅解,从而解决纠纷的一种方式。建设工程发生纠纷时,当事人应首先考虑通过和解解决纠纷。调解是第三者(不是仲裁机构和审判人员)按照一定的道德法律规范和技术分析结果,通过摆事实、讲道理,促使当事人双方做出适当让步,自愿达成协议,以求解决纠纷的方法。仲裁是当事人双方在纠纷发生前或发生后达成协议,自愿将纠纷交给仲裁机构,由其在事实的基础上做出判断并在权利和义务上做出裁决的一种解决纠纷的方法。诉讼是指纠纷当事人依法请求人民法院行使审判权,审理双方间的纠纷,做出由国家强制保证实现其合法权益的判决,从而解决纠纷的审判活动。

纠纷解决的成功与否首先依赖于充分的理由和事实,因此在建设工程项目的执行过程中应建立完善的资料记录和信息收集制度,认真、系统地收集项目实施过程中的各种资料和信息。对技术纠纷,有时应委托有资质的技术鉴定单位进行调查、检测、试验和计算分析,最终得出科学的结论,在技术层面上为纠纷的解决提供依据。

第二节 交通运输工程师的风险意识

一、建设工程中的风险及评估

建设工程项目风险是指建设工程项目在设计、施工和竣工验收等各个阶段可能遭到的风险,可将其定义为:在建设工程项目目标规定的条件下,所有影响工程项目目标实现的不确定因素的集合。建设工程项目建设过程是一个周期长、投资规模大、技术要求高、系统复杂的生产消费过程,在该过程中,不确定因素大量存在并不断变化,由此而造成的风险直接威胁工程项目的顺利实施和成功。

建设工程项目的风险有以下特点:

(1)建设工程项目风险具有客观性和普遍性。在工程建设中,无论是自然界的风暴、地震、洪灾,还是现实社会中的矛盾、冲突,甚至战争,都是不以人的意志为转移的客观实在;另外,人类对自然的认知总是有限度的。因此,风险无处不在、无时不有。人类只能在有限的空间和时间内改变风险存在和发生的条件,降低其发生的频率,减少损失程度,而不能也不可能完全消除风险。

(2)建设工程项目风险具有不确定性和可测量性。这表现在风险事件是否发生、何时发生、发生之后会造成什么样的后果等均是不确定的。但人们可以根据历史数据和经验,对建设工程项目风险发生的概率及其造成的经济损失程度做出统计分析和主观判断,从而对可能发生的风险进行预测与衡量。

(3)建设工程项目风险具有相对性。主要表现在两个方面:其一,风险主体是相对的。同样的风险事件对不同的主体有不同的影响,有些主体遭受很大损失,而有些主体却可能因同一风险而有相当大的获利机会。其二,风险的大小是相对的。人们对于风险活动或事件具有一定的承受能力,但这种能力因活动、人和时间而异。

(4)建设工项目风险具有可变性。随着项目的进行,有些风险会得到控制,有些风险会发生并得到处理,同时在项目的每一个阶段都可能产生新的风险。

(5)建设工程项目风险具有多样性和多层次性。工程建设项目周期长、规模大、涉及范围广、风险因素数量多且种类繁杂致使其面临的风险多种多样。而且大量风险因素之间的内在关系错综复杂、各风险因素之间以及与外界交叉影响又使风险显示出多层次性。如按风险产生的原因分类,建设程项目风险分为政治风险、社会风险、经济风险、自然灾害风险和技术风险等。

为了减轻风险,在项目建设以前应进行风险评估,即在风险识别和风险估测的基础上把握风险发生的概率、损失严重程度,综合考虑其他因素得出项目系统发生风险事故的可能性及其危害程度,并与公认的安全指标比较,确定系统的危险等级,然后根据评估结果,制订出完整的风险控制计划。风险评估的过程如图 11-1 所示。风险评估是评价建设项目可行性的重要依据。

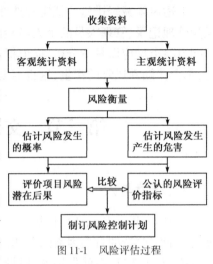

图 11-1　风险评估过程

风险评估的方法主要有两种:定性评估法和定量评估法。定性风险评估法适用于风险后果不严重的情况,通常是根据经验和判断能力进行评估,它不需要大量的统计资料,所采用的方法有风险初步分析法、系统风险分析问答法、安全检查法和事故树法等。定量风险评估法需要有大量的统计资料和数学运算,所采用的方法有可能性风险评估法、模糊综合评估法。

风险评估首先应坚持科学性的原则,在评估中,风险评估体系的建立首先必须能反映客观事物的本质,反映影响建设项目安全状态的主要因素。其次,应坚持通用性的原则,评估选用的评判标准,必须是国际或国家认可的通用标准。再次,应坚持综合性的原则,必须综合整体评估体系中各子系统的风险情况,全盘考虑,不能因为一、两个较大的风险源而否定全系统。另外,还应坚持可行性的原则,控制风险的建议和要求必须实际、可行。

二、减轻建设风险的措施

减轻建设工程风险的措施主要包括:风险减免、风险分割、后备应急措施和风险自留等。

风险减免是指在风险发生前采取预防措施,降低风险发生的可能性或减少风险发生所造成的损失。事前预防措施包括采取严格的安全管理制度、监督制度、保持规范的信息沟通和交流,建立系统的风险跟踪和控制机构等。

风险分割是指将项目的活动或作业内容在时间和空间上进行适当的区域划分。当风险发生时,其影响范围在空间上、时间上受到限制,从而缩小风险的影响范围,减少风险发生时的损失。

风险发生后,若事先考虑了后备应急措施,缩小风险影响的范围,降低风险损失的程度,或弥补已造成的损失,则风险的损失将会受到遏制。工程项目风险管理中的后备应急措施包括进度、技术(质量)和费用三个方面。

工程项目风险自留也称风险接受,是一种由项目主体自行承担风险后果的一种风险应对策略,这是项目主体出于经济性和可行性的考虑,将风险自留。采取风险自留应对措施时,一般需要准备一笔费用。一旦风险发生时可将这笔费用用于损失补偿,如果损失不发生,则这笔费用则可节余。

风险是一种潜在的可能性，但并不是所有的风险都是消极的。如果正确处置，加强管理，承担某些风险可以获得丰厚的利润回报，此即所谓的风险利用。但是，要利用风险就必须充分分析风险利用的可能性与价值、计算利用风险的代价，而不应该做无谓的冒险。一般而言，具有投机性质的风险通常是可以利用的。

上述风险减轻措施的拟定和选择需要结合项目具体情况进行，同时还要借鉴历史项目的风险管理记录、管理人员的个人经验以及其他同类项目的经验等。因此，针对不同项目类型、不同风险类型应做具体分析，谨慎拟定和选择相应的措施。另外，采取任何形式的风险响应措施，都会伴随新风险的产生，这也需要建设工程项目管理者和建设者认真考虑和研究。

第三节 交通运输工程师的环境意识

一、环境与人

《中华人民共和国环境保护法》对环境的界定为：影响人类生存和发展的各种天然的和经过人工加工改造的自然因素的总体，包括大气、水、海洋、土地、矿藏、森林、草原、野生生物、自然遗迹、人文遗迹、自然保护区、风景名胜区、城市和乡村等。

对人类而言，人类环境是指人类赖以生存、从事生产和生活的外界条件，包括自然环境和社会环境两部分。所谓自然环境，是指由大气圈、岩石圈、水圈、土壤圈和生物圈所组成的相互渗透、相互制约和相互作用的庞大、独特、复杂的物质体系。社会环境主要指聚落环境，它以人群聚集和活动作为环境的主要特征和标志，是人类自己创造出来的人工环境。聚落环境根据其性质、功能和规模可分为院落环境、村落环境、城市环境等。此外，社会环境的概念还包括文化环境，大到社会制度、经济水平、政策法规、生产方式、宗教信仰、饮食文化、文学艺术、精神文明、医疗卫生、生活质量等范畴，小到博物馆、剧院、公园，甚至公厕的建设等方面，都包含着文化环境的内容。

人类是生态系统中的一员。人类与环境之间的相互关系，首先表现在人类的生存和发展必须依赖于自然界，离不开土地、空气、水和动植物。人类在漫长而艰苦的进化过程中，逐渐形成了对环境的适应能力，而这个适应是有一定的限度的。超过了这种限度，人就难以继续生存和发展，这是人的生物学特性的重要反映。但是，科学技术的发展往往掩盖这一生物学特性，其实那只是扩大或延伸这一生物学特性，却不能根本改变这一特性。

人类受制于环境，同时又给环境以巨大影响，人类与环境的关系是对立统一的关系，人类极力按照自己的理想和意愿来改造环境，但环境也给予相应的反应。人类对环境的影响基本上表现在两个方面：一是对环境施加积极的建设性影响，提高环境质量，创造新的更适合于人类生活的人工生态系统；二是消极的破坏性影响，例如不合理利用土地资源造成的土地沙化、草原退化、水土流失等，以及对环境的污染和资源的破坏。

人类在地球上诞生初期，对环境的影响微弱，只是采集自然食物和捕食猎物，很少能有意识地去改造环境。当时的环境问题主要是由于人口的自然增长，乱采乱捕，滥用资源所造成的生态破坏。后来，人类逐渐学会了种植植物和驯化动物，开始了农业和畜牧业，这在人类社会发展史上是一次大革命。伴随着农业和畜牧业的发展，人类改造环境的作用也越来越大，与此相应地产生了一系列的环境问题，如刀耕火种引起的森林破坏、草原破坏、大规模的严重水土流失、土地沙化和沙漠化，由于兴修水利工程引起的土壤次生盐渍化及沼泽化等，随着人类社会生产力的进一步发展出现了现代化的大工业，人类改造自然的能力大大加强，深刻地改变了环境的结构和组成，改变了环境中物质循环的方式和强度，丰富了人类物质生活的内容和条件，但同时也带来了一系列新的环境问题。工业生产带来的"三废"引起环境质量的恶化；大量的矿物资源开采和土地等有限资源的不断利用使可用资源不断减少。就全球范围来看，20世纪50年代以后，世界人口猛增，都市化速度加快。1900年世界人口16亿，至1950年增加到25亿，目前世界人口已突破60亿大关。1900年拥有70万人口的城，全世界有299座，到1951年则增至879座，其中百万人口以上的城市有69座，到20世纪90年代，世界上很多大城市的人口均在1 000万以上。世界人口的激增及其开发强度的增加，导致了一系列全球环境问题的产生，诸如全球气候变暖、臭氧层破坏、地表水污染及淡水资源匮乏、湖泊富营养化土地退化及沙漠化、水土流失等。

人类一直以环境的主人自居，一次又一次地向地球母亲、向环境索取，并且似乎每一次都"如愿"地获得"成功"，因而自大地认为"人定胜天"。然而现实是残酷的，正如恩格斯在100多年前就提出的警告那样："我们不要过分地陶醉于我们对自然界的胜利。对于每一次这样的胜利，自然界都报复了我们。"进入20世纪90年代，人们总结了历史发展的经验，积极采取各种措施，减少社会经济发展对环境的污染及生态的破坏。国际社会和各国政府都已经积极做出反应，将保护地球环境的问题纳入了主流发展过程。"环境与人"是现在的话题，也是未来的永恒话题。

二、工程项目对已有环境的影响

工程项目对已有自然环境的影响主要表现在自然资源的消耗、生态系统的改变、空气污染、水污染、噪声和废物等方面。

交通运输工程建设项目是自然资源的最大消耗者。以我国为例，每年人均混凝土的用量已超过$1m^3$，使得有些地区面临砂石短缺；黏土砖的大量使用荒废了大片可用耕地；对木材的需求导致森林被砍伐。另外在进行工程项目建设时还要耗费大量的电力、汽油等能源。工程项目建设在消耗自然资源的同时，还在某种程度上加快了土地的沙漠化。据统计，全球每有600公顷的土地变为沙漠，中国、阿富汗、蒙古、巴基斯坦和印度是受沙漠化影响较重的国家。

大型交通运输工程项目的建设会导致生态系统的改变。因工程开垦、开挖会导致森林减少、植被破坏、水土流失、拆迁原有建筑物、占用耕地等，使得动物失去原来的栖息之处，严重的会引起物种灭绝，生物多样性减少，这将瓦解人类生存的基础。目前地球上生物多样性损失的速度比历史上任何时候都快，鸟类和哺乳动物的灭绝速度是它们在未受干扰的自然界中的$100 \sim 1 000$倍。

工程项目建设工地最常见的空气污染物是尘埃。车辆进出、货物装卸、钻孔、切割、磨光、破碎、开挖、爆破、拆除等都会产生尘埃。另外，车辆和其他燃气动力设备还会向空中排放废气。工地烧煮沥青、露天焚烧建筑废料、塑料车胎、金属废料或任何杂物等也会污染空气，空气严重污染会引发温室效应，导致全球变暖。

当工程项目建设工地中的建筑材料、机械油污等经雨水冲刷扩散后，流入附近农田、河流，会产生水体污染。施工过程中产生的废弃物或生活废水,未经过处理直接排放也会造成水体污染。如一些施工单位在桩基施工中,把夹杂着地下土的泥浆直接排放到附近农田、河流、城市污(雨)水管,造成水污染。在施工和养护过程中,若有害物质进入土中还会污染地下水,导致地下饮用水和农业用水源的污染。

在旷野或相对边远地区,建设工程项目的噪声问题大多不是首先需要处理的环境问题,因为工地与民居有相当的距离,居民对噪声问题相对较容忍,但在一些人口密集的城镇,噪声问题往往是环境污染问题之中最受关注的问题之一。撞击式打桩工程的施工过程中,由打桩所产生的声浪可达 113~135 分贝(dB)。一般的机械所产生的声级也可达到 90~128 分贝(dB)。噪声会诱发各类疾病,导致听力下降甚至耳聋,持续的噪声还会导致人类生理功能失调,从而影响正常生活、工作和学习。

工程项目建设工地产生的废物包括泥土、木料、铁料及塑料等,对整个社会的环境保护会构成相当大的压力。以香港为例,惰性建筑废物例如泥、石、砂,一般作填海之用,收集该类建筑废物之处被称为公众卸泥区。但若某填海工程接近落成,其建筑废物吸纳量必然减少。因此,惰性建筑废物对公众卸泥区构成周期性的压力。另外,不宜倾卸于公众卸泥区的有机建筑废料如不能再使用,则弃置于策略性堆填区,但堆填区有一定的容量及寿命,长远来说不是解决废物的有效方法。2002~2005 年,由于多宗填海工程暂停或更改工期,填海工地对惰性废物的需求大幅下降。建设工地的废弃物还包括化学废物,如剩余白胶浆、润滑油、酸碱化学品、有机溶剂、石棉、油漆等,部分化学废物有高危险性。化学废物的不妥善弃置将会造成土地污染,修复期可能相当长。

工程项目对社会环境的影响主要涉及移民、拆迁和人文资源的保护等方面。大的交通运输工程建设项目有时会在相当大范围内展开,当建设范围内有众多的居民时,往往需要将其向异处迁移。如我国的三峡工程建设就有大批居民迁出,且被安置在我国的不同地区。远距离的移民会改变村落环境,使居民离开自己熟悉的家园,面临新的挑战。城市居民区建设改造或市政建设时,往往也会拆除既有旧建筑,在城市的其他地方安置原建筑中的居民。和远距离的移民相比,城市内的迁移虽然改变了城市环境,但对居民的"冲击"要小得多。基础设施建设或其他大型项目建设过程中,可能会遇到历史文物、优秀保护建筑、名人名居、风景名胜等,如缺乏保护意识将可能破坏这些宝贵的人文资源。

三、工程项目对未来环境的影响

工程项目对未来环境的影响主要体现在材料的持续污染、光污染、空气污染、噪声、振动、景观和生态的改变等方面。另外,由于工程项目建设引起的房屋拆迁、居民重新安置等问题,对城镇布局、农业耕作区等现有设施造成分割而引起的不良影响也将是长远的。

交通运输工程材料中若含有有害物质,则其在交通运输工程设施的使用过程中会缓慢持续地释放,这将对未来的使用者及自然环境产生持久的危害。矿渣、炉渣、粉煤灰、花岗岩、大理石等材料中往往含有超量的放射性物质,生活在这样居室中的居民会长期受到放射性照射。近几年,修建穿越花岗岩地层的隧道时,也发现有放射性物质。

道路、桥梁、隧道等运营期由于机动车尾气会造成空气污染。据国家环保总局测算,2005年我国机动车尾气排放在城市大气污染中的分担率达到 79% 左右。另外,这些基础设施运营过程中产生的橡胶末、碳氧化合物、盐类、燃料与润滑料的遗洒物等也会污染小溪、河流和湖泊。

微风压波是由于列车进隧道时产生的压缩波沿隧道传播,在到达出口的瞬间形成回压力,从隧道出口向周围区域辐射,产生突发性爆破声。微风压波造成的环境影响使出口附近的建筑物受到强烈的振动和噪声干扰。从国内铁路运行的实际情况和国外相关资料可知:微风压波多为高速列车在隧道中行驶时产生。要发展高速铁路,需研究有关微风压波的发生机理和防治措施。

道路建设会对自然景观产生很大影响,尤其是丘陵、山区道路。道路建设中的深挖和高填路基、喷浆砌石护坡、直线形边坡形式等从某种意义上讲都是对自然景观的一种破坏。临近或位于风景区、城镇市区、郊区的隧道进出口或高架道路的匝道若处理不当,会造成与周围环境反差大,从而影响视觉效果,破坏景观协调和谐。

道路建筑垃圾处理不当,会严重污染土地。长期使用带碎砖瓦砾的"垃圾肥",土壤就会严重"渣化";未经处理的有害废弃物在土壤中风化,淋溶后渗入土壤会导致土壤质量下降。由于车流量、车速、路宽的不断增加,对动植物的影响也随之增加,一条四车道的道路对森林中的中小哺乳动物所起的阻碍作用相当于两倍路宽的淡水分隔。

四、项目与环境的和谐

讨论工程项目对环境的影响,并不是要限制工程项目的建设,而是要在工程项目建设中采取积极的态度和科学有效的方法,努力实现工程项目与环境的和谐。下面以建筑为例做简要说明。建筑行为对环境的影响主要表现在,建筑全寿命周期内消耗自然资源和造成环境污染以及建筑最后废弃处理带来的废弃物等。建筑不是从虚无之中构建出来的,而是基于对自然界的改造。为达到建筑与环境的和谐,在建筑的规划、设计、施工和使用全过程中应贯彻可持续的发展观,如"绿色交通"、"绿色建筑"、"生态建筑"、"节能建筑"、"材料的再利用"、"既有建筑的再利用"等,这些概念中都蕴涵了可持续发展的理念,并逐渐被设计师、承包人,特别是业主所接受。与传统理念相比较,可持续发展的建筑设计、施工与使用更注重于考虑对环境的尊重与适应,如考虑如何更高效地使用可再生资源,减少不可再生资源的使用,如何考虑有效地利用既有建筑资源,同时营造出更舒适的居住和工作空间。这就要求设计师要基于高效使用资源和保护自然生态环境的原则进行设计,而不仅仅是满足功能和美观的要求;施工单位在进行施工时减少噪声、粉尘、排污、排废等对环境的影响,同时使用可再生的材料;建筑使用者在日常生活中加强对建筑的维护;建筑开发商在开发新项目时,尽量减少拆除、充分利用既有建筑。

第四节 交通运输工程师的人文意识

一、工程项目与人文资源

所谓人文资源,一般是指人类为开辟、发展和完善自己赖以生存的环境,在改造利用自然、改造社会和塑造人类自身的长期实践过程中所创造和积累的可供利用的物质文化遗产和精神文化遗产。人文资源是人类文明的结晶,是人类所创造的辉煌文明的载体,也是人类文明继续发展进步可汲取的营养资源。人文资源形成的特殊原因和它所具有的不可重复性与不可替代性，决定了它不能像矿产、森林等自然资源那样被用来进行生产，而只能用以展示、保存。但是，并非所有的人对于人文资源的价值都具有正确的认识。特别是在以经济建设为中心的政策推动下，人们在工程建设时往往大力提倡高科技、高技术，追求新颖、独特，而忽视了交通运输工程师应有的人文关怀和人文意识。

人类从为遮风避雨而有意识地建造房屋起，到今天已有数千年的历史。在漫长的历史中，建筑并不单纯是一项人类基本的物质生产活动，它也是人类文化活动的重要内容。建筑为人类所造，又表现人类自身。它反映人们的生活、活动和社会特征，并影响着人类的文明和进步。例如意大利文艺复兴时期的许多府邸、别墅，无论在实用功能上还是在造型语言上，都与当时的人文主义思想指导下的世俗生活方式和观念形态同构。同样，我国不同时代的建筑、桥梁、水利工程和其他交通运输工程设施如故宫建筑群、河北赵州桥、都江堰水利工程和万里长城等都反映了当时的政治经济技术和文化状况。因此，建筑物或其他交通运输工程项目不仅是一种巨大物体或空间，或仅仅是美丽的"艺术品"，而是一种人化的产物。其最根本的特征在于满足人的物质和精神需求，寓含人类活动的各种意义，并富含深厚的人文精神。进入工业化时代以来，随着科学技术的进步、经济的发展和社会结构的变革，交通运输工程项目中的人文精神得到不断的更新。交通运输工程师的任务并不单单在于寻求某个工程项目最好的技术解答或者经济解答，还要将它们转化为更合乎人们需要的解答，使所建设的工程更为人性化，并赋予人文意义；不仅要能增加经济效益，更重要的是可以保护和适应工程项目所处的人文环境，提高人们的精神境界。

中国作为文明古国，悠长的历史积淀了非常浓厚的社会文化和极为丰富的人文资源，这些都是我们今天弥足珍贵的财富。因此，无论是新兴工程项目的建设还是对既有工程设施的维护和改造，交通运输工程师都应树立一种浓厚的人文意识，对作为人文资源的物质文化遗产和精神文化遗产予以保护，并赋予新意，从而使工程建设成为促进社会发展的一个重要资源。

二、工程项目建设中的人文意识

任何一个工程项目的建设都包含很多过程，从项目立项开始，至采取相应的技术手段进行施工，到最后的验收交付使用，甚至还有后期的维护保养，在这一系列的过程中都不能忽视对于人文资源的保护和开发。

在项目建设中要做到对人文资源的保护和开发，首先要树立正确的价值观，既关心工程项目建设的经济性，又不遗忘对人文的关怀；其次要处理好科技所带来的便利性与传统人文环境的矛盾，在建设发展与人文环境的保护之间取得适度的平衡，是每个交通运输工程师和建筑师应当思考的问题。我国的很多地方和城市都有大量优秀历史建筑和历史文化风貌区，如西安、南京等地的古城墙，北京的古建筑群，上海市大量风格各异的近代建筑等。在这些地区的工程项目，从规划、设计到项目建设，都应在尊重历史的原则下进行，正确处理工程项目建设与历史建筑之间的关系。西安城区建设的成功做法是：根据历史建筑所处的环境位置和城市规划的思路，对于新建筑按区域进行高度限制；重新整合历史建筑周边的空间构成；根据城市的现代功能需求，对历史性、标志性建筑进行风貌性现代化改造。一方面在追求土地开发利用价值的同时，注重社会文化效益，不割断历史；另一方面把建筑创作和项目建设放在一个动态系统中，利用现代的科学技术手段最大限度地挖掘历史环境的精神价值。按照这些原则，钟鼓楼广场的建设、大雁塔广场的建设以及南门广场的建设都给城市风貌增添了新的亮点；而陕西历史博物馆的建设因其具有强烈的历史文化内涵和个性特征，成为西安新的标志性建筑。上海外滩也是正确处理工程项目建设（越江隧道、道路拓宽、防汛墙外移等）与优秀历史资源保护关系的成功实例之一。

三、历史人文资源的保护

前面已经提到，人文资源的一个很重要的组成部分就是以物质形态表现出来的物质文化遗产。优秀历史建筑、历史文化风貌区和重要的人类工程（如埃及的金字塔、我国的都江堰水利工程和万里长城等），是一个国家、城市、地区历史的浓缩、文化的积淀，是难能可贵的物质文化遗产。这些成规模、有特色的优秀历史建筑、历史文化风貌区和人类工程不仅展示了其独具的文化和艺术价值，而且对促进社会的经济发展，丰富和满足社会精神文明需求发挥着独特的作用。然而，这类具有鲜明时代特征的绝大部分优秀历史建筑和人类工程已有几十年、上百年甚至一千年的历史，经历了时代变迁及不同使用人的需求变化，有相当数量的历史建筑和工程设施已残损，存在着影响安全的结构隐患。因此，对于交通运输工程师而言，如何有效地保护好、处理好、使用好、利用好这些人类优秀文化遗产，避免发生破坏，提高其可靠性，是社会发展的需要、市场发展的需要，也是保护人文资源的一项极有意义的工作。

第二次世界大战以后，建筑遗产保护大规模普及发展，保护范围开始由少量的珍宝型建筑向大量的一般化建筑扩展，由单体向群体，直至街区与城镇扩展。人们逐渐认识到，虽然福尔马林式的保护方式最大限度地冻结保有了建筑遗产，但仅仅将其主要作为观瞻的古董，只是一种消极的保存；建筑遗产完整、健康、充满活力的存在状态更在于其与社会经济文化发展密切关联的文化情感价值与物质功能价值的复兴。1964年，国际古迹遗址理事会发布的《国际古迹保护与修复宪章》（简称《威尼斯宪章》）中指出："为社会利益而使用文物建筑，有利于它的保护"。因此，从根本上讲，不存在不为了利用而进行的保护，保护就是为了利用。

四、历史建筑的再利用

在某种意义上，人类开发利用建筑只有两种方式，那就是新建与再利用。形象而言，新建就是平地起高楼，而再利用就是在非全部拆除的前提下，全部或部分利用既有建筑的一种方式。建筑再利用在外延上包括三方面：一是建筑体的加固、修缮等；二是改建、增建等；三是部分既有机体在新建筑中的循环利用。正视历史性建筑可以提供一定物质功能的基本建筑属性，并从城市建设和社会发展的战略角度积极地对之开发利用，是对保护和发展都具有生命力的保护策略。如何把历史建筑利用得更好，取得更大的社会效益，是现代生活对传统保护方针提出的新问题，也是给每一位从事历史建筑改造利用的土木工程师所提出的任务。

第五节　交通运输工程师的可持续发展观

一、交通运输工程与可持续发展

如第一章中所述，"可持续发展可在不牺牲后代并满足其需要能力的条件下，满足当前的需要"。20世纪50年代，人们热衷于发展繁荣，把工程奇迹看作是人类主宰地球的标志，把其对个人产生的不良影响看成是发展必须要付出的代价。20世纪50年代后,公众对于开展建设时必须保护好环境这点有了清楚的认识,但对"可持续"这个词不是很熟悉,也不清楚工程师在可持续发展中能够发挥什么样的作用。面对世界范围内人口剧增、土地严重沙化、自然灾害频繁、温室效应日增、资源日渐枯竭、环境恶化等人类生存危机,人类不得不明白"我们只有一个地球"。为此,1992年联合国环境与发展大会明确提出了人类要走可持续发展之路,以实现人类发展与自然的和谐共生。目前可持续的发展理念正逐步融入工程建设之中。

交通运输工程建造了维系人类生活方式的基础设施,对整个社会的可持续发展起到相当重要的作用。为了在不牺牲后代并满足其需要能力的条件下满足当前的需要,交通运输工程的可持续性主要涉及如下方面:第一是合理利用自然资源,包括节约能源、节约土地和既有交通运输工程设施的再利用等;第二是拓展现有的生存空间,包括向太空、向地下、向海洋和沙漠的拓展;第三是开发和利用再生资源和绿色资源,包括再生沥青混凝土、再生混凝土和其他绿色工程材料等。交通运输工程师虽然不是"可持续发展"政策的制订者,但却是可持续发展政策的实行者。尤其在工程项目的规划和设计阶段,交通运输工程师往往会起主导作用。因此,在工程建设的每一项专业活动中都应考虑到可持续性与可接受性。

二、自然资源的合理利用

如前所述为合理利用自然资源,在交通运输工程项目的建设、使用和维护过程中,交通运输工程师应主动做到节能节地,并最大限度地发挥既有交通运输工程设施的作用。节能节地实际上就是节约大自然赐予我们的自然资源,即科学地、有效地、长远地利用自然资源。所谓节能,是指有效利用能源,并用太阳能、风能等新能源取代石油、天然气、煤炭、木柴等传统能源;所谓节地是指建设活动后最大限度少占地表面积并使绿化面积尽量少损失、不损失甚至增多。

交通运输工程项目建设时,为达到节约土地的目的,应优化设计方案减少占地面积。另外,还应采取积极的措施,拓展已有的生存空间,这将在后面专门叙述。

当交通运输工程设施完成其原有使用功能时,一般有两种处理方法:一是将其拆除,二是使其转变功能,对其实施改造性再利用。第一种处理方法除了浪费现有资源外,还会因为建筑废料而带来对环境的影响问题;第二种处理方法可能会受到多种条件的限制,但却能最大限度地发挥既有交通运输工程设施的作用,在节约资源和减少对环境的影响两方面都有积极的意义,应是交通运输工程师首先考虑的方案。

三、生存空间的拓展

地球上可以居住、生活和耕种的土地和资源是有限的,而人口增长速度却在不断加快。联合国有关机构的报告预测,到2025年,世界人口将超过80亿。为了争取生存空间,交通运输工程师应有开阔的视野,不断发展新理论和新技术,使未来人类的生存空间向高空延伸,向地下发展,向海洋、沙漠拓宽,最终迈向太空。图11-2为日本人工岛上的关西机场。

要想向沙漠进军,必须将沙漠改造成绿洲,这首先需要水。沙漠地区的深层地下水是理想的水源。在缺乏地下水的沙漠地区,国际上正在研究开发使用沙漠地区太阳能淡化海水,该方案一旦付诸实施,将会导致毗邻海洋地区的沙漠大规模的建设工程,最先可能受益的地区包括墨西哥加利福尼亚半岛的南部、秘鲁和智利西海岸、中东、纳米比亚以及许多岛屿。这些工程的实现将会造就一批最具吸引力的经济开发区。我国也在沙漠输水工程和沙漠地区建设新绿洲等实践中取得了成功的经验,自行修建了第一条长途沙漠输水工程——甘肃民勤调水工程,顺利地将黄河水引入河西走廊的民勤县红崖山水库,建设了一些沙漠绿洲。根据1980年的资料,新

图 11-2　日本人工岛上的关西机场

疆古尔班通古特沙漠西南边新绿洲面积比新中国成立前增加了 5.2 倍,但是沙漠开发远未真正成功。

四、再生资源和绿色资源的开发与应用

发展再生材料和绿色生态材料是实现社会可持续发展的重要内容。与其他材料相比,钢材较为符合绿色建材的标准,应大力发展钢结构。然而在众多工程材料中,混凝土材料是使用最广的材料之一,随着世界水泥年产量和混凝土浇筑量的不断增加,其对资源、能源和环境会产生极其巨大的影响。因此,在现有混凝土材料的基础上,进行再生资源和绿色资源的研究、开发和应用具有非常重要的意义,这也是交通运输工程师应担负的社会责任之一。

世界上每年拆除的废旧混凝土、工程建设产生的废弃混凝土、混凝土预制构件厂排放的混凝土等均会产生巨量的建筑垃圾,全世界在 1991~2000 年的十年间,废混凝土总量已超过 10 亿 t。我国每年施工建设产生的建筑垃圾达 4 000 万 t,产生的废混凝土就有 1 360 万 t,清运处理工作量大,环境污染严重。因此,将废弃混凝土作为再生集料生产再生混凝土是一种新型的绿色建材。

另外,利用工业体废弃物如锅炉煤渣、煤矿的煤石、火力发电厂的粉煤灰等工业废料作为集料,变废为宝,采用一定技术措施制备的轻质混凝土,这种轻质混凝土密度较小、相对强度高、保温、抗冻性能好,还降低了混凝土的生产成本,是另一种形式的再生混凝土。在混凝土中添加以工业废液如黑色纸浆废液为主要原料改性制造的各种外加剂,采用磨细矿渣、优质粉煤灰、硅灰和稻壳灰等作为活性掺和料等方法也可配制再生混凝土。再生混凝土的强度一般不高,可用于基础、路面和非承重结构,若能够严格控制混凝土配合比和再生集料的掺和量,也可配置强度较高的再生混凝土,满足承重结构混凝土的要求。

传统混凝土材料的密实性使各类混凝土结构缺乏透气性和透水性,调节空气温度和湿度的能力差。大量钢筋混凝土建筑物和混凝土道路使绿化面积明显减少,降雨时不透水的混凝土道路表面容易积水,雨水长期不能下渗,使地下水位下降,土壤中水分不足、缺氧,影响植物生长,造成生态系统失调。水利、铁路、公路工程中的护坡广泛使用混凝土砌块,甚至直接用混凝土浇筑成硬质斜坡或地坪,既不能长草,又不能下渗雨水,缺乏生态功能。另外,混凝土材料颜色灰暗,给人以硬、冷暗的感觉,缺乏艺术的美感。因此,还应开发应用既可作为建筑材料,又能与周围自然生态环境融为一体的新型生态混凝土材料。如利用一些金属废渣作为掺和料配制彩色混凝土,以改善混凝土的观感,增加艺术效果;开发能够适应绿色植物生长,进行绿色

图 11-3 植被混凝土

植被的混凝土及其制品；研制可以吸收噪声和粉尘，满足吸声、保温等功能要求的混凝土等。根据使用功能的不同，目前开发的生态混凝土的品种主要有透水性混凝土、植被混凝土和景观混凝土等。如图 11-3 所示为植被混凝土的应用实例。生态混凝土的开发和应用在我国还刚刚起步，但已显示了美好的前景。

　　扎实的专业知识是合格交通运输工程师的基础，强烈的社会责任感是体现交通运输工程师社会价值的保障。愿大家在学习专业知识的同时，树立相应的社会责任感，将来更好地为国家、社会工作、服务。

【复习思考题】

　　1. 如何处理工程纠纷？如何处理工程事故？
　　2. 交通运输工程师为何要担负一定的社会责任？
　　3. 如何对待交通运输工程中的风险？
　　4. 如何减轻交通运输工程项目对环境的影响？如何处理项目建设与环境保护之间的关系？
　　5. 如何理解工程项目建设中的人文意识？
　　6. 交通运输工程师可以在哪些方面对人类社会的可持续发展做出贡献？

参考文献

[1] 项海帆,沈祖炎,范立础. 土木工程概论[M]. 北京:人民交通出版社,2007.
[2] 徐吉谦,陈学武. 交通工程总论[M]. 3版. 北京:人民交通出版社,2008.
[3] 王炜,过秀成,等. 交通工程学[M]. 2版. 南京:东南大学出版社,2011.
[4] 王殿海. 交通流理论[M]. 北京:人民交通出版社,2002.
[5] 陈宽民,严宝杰. 道路通行能力分析[M]. 北京:人民交通出版社,2003.
[6] 王炜,陆建,等. 道路交通工程系统分析方法[M]. 2版. 北京:人民交通出版社,2011.
[7] 姚祖康. 道路与交通工程系统分析[M]. 北京:人民交通出版社,2000.
[8] 王炜,陈学武. 交通规划[M]. 北京:人民交通出版社,2007.
[9] 陈峻,徐良杰,朱顺应,等. 交通管理与控制[M]. 北京:人民交通出版社,2012.
[10] 杨晓光,白玉,马万经,等. 交通设计[M]. 北京:人民交通出版社,2010.
[11] 黄卫,陆小波. 智能运输系统(ITS)概论[M]. 2版. 北京:人民交通出版社,2008.
[12] 贺国光. ITS系统工程导论[M]. 北京:中国铁道出版社,2004.
[13] The National ITS Architecture 7.0. U. S. Department of Transportation. 2012.
[14] 陆键,项乔君,等. 智能运输系统规划方法与应用[M]. 江苏:江苏科学技术出版社. 2008.
[15] 王笑京,齐彤岩,蔡华,等. 智能交通系统体系框架原理与应用[M]. 北京:中国铁道出版社,2004.
[16] 王伯惠. 道路立交工程[M]. 北京:人民交通出版社,2000.
[17] 吴瑞麟,沈建武. 城市道路设计[M]. 北京:人民交通出版社,2003.
[18] 姚玲森. 桥梁工程[M]. 2版. 北京:人民交通出版社,2008.
[19] 刘朝晖,秦仁杰. 公路环境与景观设计[M]. 北京:人民交通出版社,2003.
[20] 杨少伟. 道路勘测设计[M]. 北京:人民交通出版社,2004.
[21] 姚祖康,顾保南. 交通运输工程导论[M]. 北京:人民交通出版社,2004.
[22] 邓学钧. 路基路面工程[M]. 3版. 北京:人民交通出版社,2008.

[23] 邓学钧,陈荣生.刚性路面设计[M].北京:人民交通出版社,1992.
[24] 邓学钧,黄晓明.路面设计原理与方法[M].北京:人民交通出版社,2001.
[25] 黄晓明.路基路面工程[M].南京:东南大学出版社,2006.
[26] 黄晓明.路基路面工程[M].2版.南京:东南大学出版社,2011.
[27] 范立础,徐光辉.桥梁工程[M].北京:人民交通出版社,2003.
[28] 叶见曙.结构设计原理[M].2版.北京:人民交通出版社,2005.
[29] 韩理安.港口水工建筑物[M].2版.北京:人民交通出版社,2008.
[30] 交通部第一航务工程勘察设计院.海港工程设计手册(上册、中册)[M].北京:人民交通出版社,1994.
[31] 严恺.中国海岸工程[M].南京:河海大学出版社,1992.
[32] 陈万佳.港口水工建筑物[M].北京:人民交通出版社,1989.
[33] 程昌华,等.航道工程学[M].北京:人民交通出版社,2004.
[34] 交通部第三航务工程勘察设计院.码头新型结构[M].北京:人民交通出版社,1999.
[35] 长江航道局.航道工程手册[S].北京:人民交通出版社,2005.
[36] 中华人民共和国行业标准.JTG B01—2003 公路工程技术标准[S].北京:人民交通出版社,2003.
[37] 中华人民共和国行业标准.JTG B03—2006 公路建设项目环境影响评价规范[S].北京:人民交通出版社,2006.
[38] 中华人民共和国行业标准.JTG/T B05—2004 公路项目安全性评价指南[S].北京:人民交通出版社,2004.
[39] 中华人民共和国行业标准.JTG A03—2007 国家高速公路网命名和编号规则[S].北京:人民交通出版社,2007.
[40] 中华人民共和国行业标准.JTG B04—2010 公路环境保护设计规范[S].北京:人民交通出版社,2010.
[41] 中华人民共和国行业标准.JTJ 002—1987 公路工程名词术语[S].北京:人民交通出版社,1987.
[42] 中华人民共和国行业标准.JTJ 003—1986 公路自然区划标准[S].北京:人民交通出版社,1986.
[43] 中华人民共和国行业标准.JTG D60—2004 公路桥涵设计通用规范[S].北京:人民交通出版社,2004.
[44] 中华人民共和国行业标准.JTG D62—2004 公路钢筋混凝土及预应力混凝土桥涵设计规范[S].北京:人民交通出版社,2004.

人民交通出版社股份有限公司　公路教育出版中心
交通工程/交通运输类教材

一、专业核心课

1. ◆▲交通规划(第二版)(王　炜) ……………… 40元
2. ◆▲交通设计(杨晓光) …………………………… 35元
3. ◆▲道路交通安全(裴玉龙) ……………………… 36元
4. ▲交通系统分析(王殿海) ………………………… 31元
5. ▲交通管理与控制(徐建闽) ……………………… 26元
6. ▲交通经济学(邵春福) …………………………… 25元
7. ◆交通工程总论(第四版)(徐吉谦) ……………… 42元
8. ◆▲交通工程学(第三版)(任福田) ……………… 40元
9. 交通工程学(第三版)(李作敏) …………………… 48元
10. ▲交通工程(吴娇蓉) ……………………………… 45元
11. ◆交通运输工程导论(第三版)(顾保南) ……… 25元
12. 交通运输导论(黄晓明) …………………………… 43元
13. 交通运输工程学(过秀成) ………………………… 45元
14. Traffic Enginering 交通工程学(王武宏) ……… 38元
15. Introduction to Traffic Engineering 交通工程总论
    (杨孝宽) ………………………………………… 59元
16. Transportation Planning(王元庆) ……………… 58元
17. ◆交通管理与控制(第五版)(吴　兵) ………… 40元
18. 交通管理与控制(第二版)(罗　霞) …………… 38元
19. Traffic Management and Control(杨　飞) …… 24元
20. 交通管理与控制案例集(罗　霞) ……………… 25元
21. 交通管理与控制实验(罗　霞) ………………… 22元
22. ◆道路交通管理与控制(袁振洲) ………………… 40元
23. ▲交通安全(裴玉龙) ……………………………… 48元
24. ▲道路交通安全(鲁光泉) ………………………… 48元
25. ▲道路交通设计(项乔君) ………………………… 38元
26. 交通调查与分析(第二版)(王建军) …………… 38元
27. ◆交通工程设计理论与方法(第二版)
    (梁国华) ………………………………………… 36元
28. 交通工程设施设计(李峻利) ……………………… 35元
29. 交通工程设施设计(丁柏群) ……………………… 45元
30. 道路交通安全及设施设计(王建军) ……………… 45元
31. ◆道路交通工程系统分析方法(第二版)
    (王　炜) ………………………………………… 33元
32. 交通工程专业英语(裴玉龙) ……………………… 29元
33. ◆智能运输系统概论(第三版)(杨兆升) ……… 49元
34. 智能运输系统(ITS)概论(第二版)
    (黄　卫) ………………………………………… 24元
35. 运输工程(第二版)(陈大伟) …………………… 39元
36. ◆运输经济学(第二版)(严作人) ……………… 44元
37. 运输组织(彭　勇) ……………………………… 40元

二、专业选修课

38. 道路勘测设计(第二版)(裴玉龙) ……………… 59元
39. 微观交通仿真基础(张国强) ……………………… 35元
40. ◆道路通行能力分析(第二版)(陈宽民) ……… 28元
41. 道路运输统计(张志俊) …………………………… 28元
42. ◆公路网规划(第二版)(裴玉龙) ……………… 30元
43. 城市客运交通系统(李旭宏) ……………………… 32元
44. 城市客运枢纽规划与设计(过秀成) …………… 35元
45. ▲城市客运交通枢纽规划设计(孙立山) ……… 35元
46. 交通项目评估与管理(第二版)(谢海红) ……… 45元
47. 公路建设项目可行性研究(过秀成) …………… 27元
48. 交通组织设计(张水潮) …………………………… 30元
49. ◆交通运输设施与管理(第二版)
    (郭忠印) ………………………………………… 38元
50. 交通预测与评估(王花兰) ………………………… 45元
51. 交通运输经济与决策(马书红) …………………… 45元
52. 交通工程项目经济与造价管理(臧晓冬) ……… 40元
53. 交通工程基础方法论(臧晓冬) …………………… 38元
54. ◆交通与环境(陈　红) ………………………… 30元
55. 道路交通环境影响评价(王晓宁) ……………… 25元
56. 交通信息工程概论(崔建明) ……………………… 40元
57. 交通地理信息系统(符锌砂) ……………………… 31元
58. 高速公路通信技术(关　可) ……………………… 36元
59. 交通供配电与照明技术(第二版)
    (杨　林) ………………………………………… 36元
60. 信息技术在道路运输中的应用(王　炼) ……… 42元
61. 运输市场管理(郭洪太) …………………………… 38元
62. 交通类专业大学生职业发展与就业指导
    (白　华) ………………………………………… 30元

了解教材信息及订购教材,可查询:"中国交通书城"(www.jtbook.com.cn)
天猫"人民交通出版社旗舰店"

公路教育出版中心咨询及投稿电话:(010)85285984,85285865
欢迎读者对我中心教材提出宝贵意见

注:◆教育部普通高等教育"十一五""十二五"国家级规划教材
　　▲交通工程教学指导分委员会推荐教材、"十三五"规划教材